国家"双一流"建设学科"南京大学中
江苏高校优势学科建设工程"南京大
江苏省2011协同创新中心"中国文

南京大学戏剧学科百年传统研究丛书

陈瘦竹教授纪念集

周安华 编

南京大学出版社

图书在版编目(CIP)数据

陈瘦竹教授纪念集 / 周安华编. —南京：南京大学出版社，2022.11
(南京大学戏剧学科百年传统研究丛书)
ISBN 978-7-305-25916-6

Ⅰ.①陈… Ⅱ.①周… Ⅲ.①陈瘦竹(1909—1990)—纪念文集 Ⅳ.①K825.78-53

中国版本图书馆 CIP 数据核字(2022)第 125504 号

出版发行	南京大学出版社		
社　　址	南京市汉口路 22 号	邮　编	210093
出 版 人	金鑫荣		

丛 书 名　南京大学戏剧学科百年传统研究丛书
书　　名　陈瘦竹教授纪念集
编　　者　周安华
责任编辑　刘慧宁

照　　排　南京紫藤制版印务中心
印　　刷　江苏扬中印刷有限公司
开　　本　635×965　1/16　印张 26.5　插页印张 0.5　字数 391 千
版　　次　2022 年 11 月第 1 版　2022 年 11 月第 1 次印刷
ISBN　978-7-305-25916-6
定　　价　120.00 元

网　　址　http://www.njupco.com
官方微博　http://weibo.com/njupco
官方微信　njupress
销售咨询　(025)83594756

* 版权所有，侵权必究
* 凡购买南大版图书，如有印装质量问题，请与所购图书销售部门联系调换

武汉大学学生陈瘦竹

中央大学教授陈瘦竹

1963年陈瘦竹与沈蔚德结婚30周年纪念

创作沉思中

休息时光

老骥伏枥

1987年在南京梅花山

晚年的陈先生

授课中的陈先生

和青年教师交谈

1988年6月6日出席奥尼尔国际学术会议,南京金陵饭店

和硕士生们合影

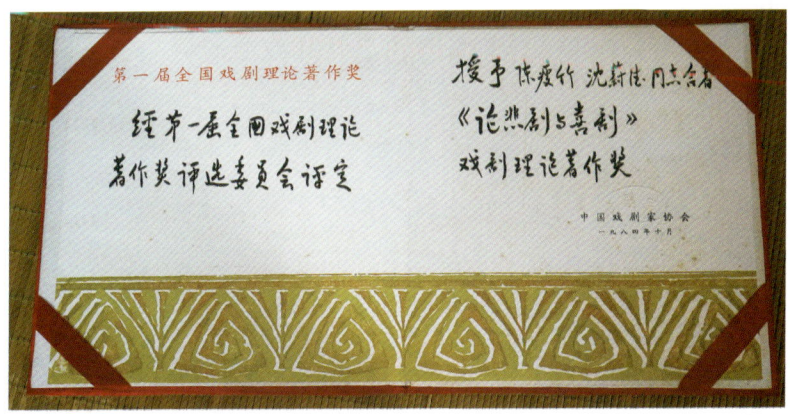

获得全国戏剧理论著作奖

《论田汉的话剧创作》1961年版

《现代剧作家散论》1979年版

《论悲剧与喜剧》1983年版

长篇小说《春雷》1986年版

《戏剧理论文集》1988年版

《陈瘦竹戏剧论集》1999年版

目 录

朱栋霖 | 一代宗师，垂范后世 ·· 1

陈瘦竹 | 自传 ·· 5

沈蔚德 | 灯下絮语
　　　　——悼陈瘦竹君 ·· 9

钱谷融 | 敬悼陈瘦竹先生 ··· 12

吴调公 | 缅怀陈瘦竹教授（三首） ··· 15

赵瑞蕻 | 追寻消逝了的时光
　　　　——怀念瘦竹兄 ·· 16

杨　苡 | 背木枷的人 ··· 22

孙家琇 | 缅怀陈瘦竹先生 ··· 26

海　笑 | 忆瘦竹老 ·· 31

田本相 | 那高大的梧桐树
　　　　——纪念陈瘦竹先生 ·· 34

杨景辉 | 忆陈瘦竹先生二三事 ··· 39

陈　辽 | 不尽的哀思
　　　　——忆陈老 ··· 43

丁　芒 | 先师身影无穷大 ··· 48

国立剧专江苏校友会全体校友(甘竟存执笔)	一日为师　终身为傅 ………	50
沈　尧	雪泥鸿爪忆陈师 ……………………………………	55
李国文	陈先生永生 …………………………………………	59
杨　颀	两斗稻谷 ……………………………………………	62
焦一明	忆瘦竹老师二三事 …………………………………	65
肖宗环	永远记着他,我们尊崇的瘦竹老师 ………………	69
周　牧	最后一课 ……………………………………………	75
丁古萍	这人字该怎么写	
	——戏剧理论家、文学家、教授陈瘦竹辞世周年纪念	77
陆文蔚	耆年硕德　一代楷模 ………………………………	80
曹谷恺	永恒的怀念 …………………………………………	84
郭维森	永久的追忆 …………………………………………	87
邹　恬	忆陈先生 ……………………………………………	90
包忠文	师道表率	
	——纪念陈瘦竹先生 ………………………………	96
裴显生	他奉献了自己的一生	
	——缅怀瘦竹师 ……………………………………	100
秦家琪	永恒的怀念 …………………………………………	104
叶子铭	我永远忘不了 ………………………………………	111
谷辅林	陈老师永远活在我们心中 …………………………	118
魏绍馨	庚午深秋怀念瘦竹师 ………………………………	125
倪　波	忆恩师 ………………………………………………	126
徐永端	心香一瓣礼吾师 ……………………………………	129
吴　修	学术深湛　人生楷模	
	——缅怀敬爱的陈瘦竹先生 ………………………	132
骆寒超	又是雪花飘飞的时候…… …………………………	138

| 汪应果 | 为了永恒的纪念 …………………………………………… 148
| 朱栋霖 | 永铭的教诲
　　　　——忆陈先生指导我完成学位论文 …………………… 156
| 任天石 | 夕照晚晴尽春晖 ………………………………………… 166
| 王文英 | 师生缘 …………………………………………………… 172
| 胡润森 | 哲人虽逝　风范长存 …………………………………… 177
| 宁殿弼 | 学子慕高贤　教泽溉后人
　　　　——忆陈瘦竹先生 ……………………………………… 181
| 杨有业 | 我所知道的陈瘦竹先生 ………………………………… 184
| 丁　帆 | 对下一代的忧虑和期待
　　　　——忆陈瘦竹先生 ……………………………………… 190
| 姜　建 | 沐浴在爱的光辉中 ……………………………………… 194
| 张　东 | 难忘恩师情 ……………………………………………… 198
| 毛　迅 | 迟到的忏悔 ……………………………………………… 202
| 朱寿桐 | 夏日的追念 ……………………………………………… 206
| 赵康太 | 生当做人杰
　　　　——忆恩师陈瘦竹先生 ………………………………… 210
| 闫广林 | 忆恩师 …………………………………………………… 216
| 周安华 | 最后一个悲剧诗人 ……………………………………… 218
| 刘　俊 | 不该发生
　　　　——悼陈瘦竹先生 ……………………………………… 225
| 黄丽华 | 爱生命　爱太阳
　　　　——献给先师陈瘦竹先生 ……………………………… 227
| 周　宁 | 悼恩师陈瘦竹先生 ……………………………………… 231
| 章俊弟 | 怀念恩师陈瘦竹先生 …………………………………… 234
| 万书元 | 先生之风，山高水长
　　　　——陈瘦竹先生散忆 …………………………………… 237

郭瑞龙	陈瘦竹教授和落榜生 ···	242
中共无锡县港下乡党委　无锡县港下乡人民政府	故乡的怀念 ·········	243
田本相	陈瘦竹先生对戏剧事业的贡献 ································	247
骆寒超	从当年授课记录稿看瘦竹师的艺术分析 ·····················	254
朱栋霖	陈瘦竹对中国现代戏剧理论研究的贡献 ······················	267
王文英	人格、学识的结晶	
	——陈瘦竹的现代剧作家研究 ······························	281
马维干	陈瘦竹先生对悲、喜剧理论的贡献 ···························	286
朱寿桐	学术流派意识的学术文化意义	
	——陈瘦竹学术文化观念的价值省思 ······················	289
赵康太	陈瘦竹学术精神论 ··	301
闫广林	陈瘦竹喜剧思想的历史图谱 ···································	315
胡志毅	陈瘦竹戏剧理论研究的经典性	
	——从"文化记忆"来看中国话剧理论的奠基意义 ········	328
邹　红	慧眼与灼见	
	——略述陈瘦竹先生的曹禺研究 ···························	344
周安华	民族悲剧美学的丰碑	
	——陈瘦竹悲剧学思想新探 ·································	350
张红扬	陈瘦竹早期著译研究 ···	367
黄丽华	附录:陈瘦竹传略 ··	384

后记 ··· 416

朱栋霖

一代宗师，垂范后世

　　陈瘦竹教授(1909—1990)是我国著名戏剧学家、教育家。一代宗师，垂范后世！

　　陈瘦竹教授是中国现代文学学科的奠基人与创建者之一。二十世纪五十年代始，陈瘦竹先生主持南京大学中国现代文学学科。那时中国现代文学学科初创，他在中国高校较早开设中国现代文学课程并任主讲教授，他精彩的讲解与出色的演讲能力、惊人的记忆力，使他的现代文学课程誉满南京大学，蜚声中国高校。1960年他主持编著《左联时期无产阶级革命文学》，填补了现代文学史研究的学术空白。同年出版《田汉的戏剧创作》，与他之前发表的丁西林、郭沫若历史剧论著，一起构成了中国现代戏剧史研究的开创性成果，奠基了中国现代文学学科的基本成就。

　　二十世纪三十年代，陈瘦竹以乡土文学创作与剧本翻译知名文坛。抗战时期他任教国立戏剧专科学校讲授戏剧批评课程，以翻译英美戏剧理论家尼科尔《戏剧理论》为起点，从事戏剧理论研究与教学。八十年代，《中国剧作家散论》《论悲剧与喜剧》《戏剧理论文集》一系列鸿篇巨制,显示了中国戏剧美学研究的最新成果。就此,陈瘦竹戏剧理论体系的基本构架已经成型。这就是:在西方戏剧理论和中外戏剧史的参照下,以戏剧本体论、悲剧喜剧论和现代剧作家论构成其基本内容。戏剧本体论回答作为一种艺术门类的戏剧,其本质、内涵和特征是什么,构成这个体系的基石;悲剧喜剧论探究戏剧艺术的两种基本形态,构成这个体系的主体。陈瘦竹的悲剧美学,其要义推崇悲壮崇高的悲剧精神。他着眼于悲剧人物与悲剧精神,将悲剧分为三种美学样式。他吸收了黑格尔、哈兹列特等西方美学家的理论,强调"笑来自矛盾",对讽刺、滑稽、机智、幽默、嘲弄这些在中国喜剧理论界长期被混淆的概念,进行了深入的理论探讨。现代剧作家论以创造性的厚重论述为中国现代文学研究开辟了一个新的重要领域。这些具有典范性质的经典论著从作家作品的角度,探讨中国戏剧家们如何在创作中体现对戏剧的理解及由此达到的艺术高度,它们构成陈瘦竹戏剧理论体系中耀眼的篇章,至今是现当代文学、戏剧研究的经典之作。它具有两方面的意义:第一,从理论上阐释了中国剧作家们的杰出成就,确认了中国现代戏剧文学的历史性贡献;第二,在研究深度上,将中国现代剧作家研究整体推进到综合研究的新层面。"以陈瘦竹《论郭沫若的历史剧》等文章的发表为标志,郭沫若史剧研究进入第二个阶段。……正是这一系列开拓和掘进,使郭沫若历史剧研究开始以一个崭新的姿态自立于文学研究之林。""结束了过去只重单篇鉴赏的局面,开创了综合研究的新路。"五六十年代,陈瘦竹是唯一"坚持话剧文学研究"的孤军先驱。他的系列剧作家论给予后来者的影响,可以不夸张地说,活跃在今日中国现当代戏剧研究队伍的研究者,无一不是从学习陈瘦竹的剧作家论而走上论坛的。

以上三者从面、线、点的不同层面进入,彼此构成一个互相支撑、互相阐发深入的整体——中国现代戏剧理论体系。半个世纪以来,陈瘦竹为建设中国现代戏剧学筚路蓝缕,开拓创业,他自成一体的戏剧理论,以其理论深度、学术创新与美学魅力对中国戏剧研究、现代文学研究与戏剧创作产生了重要影响,影响了整整一代与几代人的戏剧创作与理论研究。

陈瘦竹深厚凝重的戏剧理论体系,既建筑于中外古今戏剧创作与理论的对应与融会贯通,又立足于当代中国戏剧创作与理论的实践。他的理论思维与方法论,以视野开阔、厚重广博、大气凝重、旨意深远著称,成为中国现代戏剧理论研究的典范,令学界同仁叹为观止。陈瘦竹的理论资源从古希腊到荒诞派、黑色幽默,从西方经典到中国戏曲,从理论原理到代表性作家,几乎无所不包而能独出机杼。他论述种种戏剧理论范畴的历史演变和在二十世纪的多元发展、最新态势,其丰富的理论信息、广阔的知识构架和上下两千年戏剧理论史,探究、论述纵横捭阖。从柏拉图到伊凡蒂乌斯、但丁、特里西诺、瓜里尼、麦西哀、本·琼生、康格里夫、菲尔丁,从康德、黑格尔、叔本华到车尔尼雪夫斯基、柏格森,从苏珊·朗格到当代荒诞派、黑色幽默的理论,资料浩繁却主线清晰。他检视每一历史时期研究侧重点的变化,审察一种观点、一个美学概念在理论史上的发展踪迹,又独具慧眼给予精要评点。他的一系列分量厚重的研究成果,已成为我国戏剧理论界珍贵的理论文献,成为戏剧研究者引经据典的重要资源。

陈瘦竹的研究方法论,以恩格斯"美学观点和历史观点"为主旨,这就是陈瘦竹所说的马克思主义的研究。他熟悉黑格尔著述的辩证法与矛盾论,自译了黑格尔的相关论述。陈瘦竹提出:"运用历史手法,必然要求将作家同其作品放在当时文学的发展过程中进行比较研究,从相似或相异的作品的比较研究中,可以发现作家所接受和所产生的影响,可以看出成效得失以及作家及其作品的独特风格。文学不是抽象的思想材料,而是生动的艺术作品,必须以情动人,使人在美感中接受教育。我们将某一作家的作品和其他作家的作品进行比较研究,除思想外,必须强调艺术分析,细致分析创作过程、结构方式、遣词造句以及语言的色彩和音律,充分揭示其美学特征。"他还说:"我们评论文艺作品,当然应该做出理性判断,但是首先要有感性的直觉,直觉愈敏锐,判断也就愈精确。"他论郭沫若浪漫主义历史剧的美学特征、论田汉戏剧的艺术转变、论曹禺戏剧结构、将斯坦尼关于角色贯穿动作的分析引入曹禺戏剧研究,令艺术剖析一向干涸的现代文学、戏剧研究(文学与戏剧评论一向只关注剧作思想内容)为之一震!

40年前,我拜师陈门,从瘦竹先生研究戏剧。我的研究生论文《论曹禺的戏剧创作》就是遵从美学观点和历史观点相结合的理论思路,从艺术分析入手探索曹禺戏剧创作,思考戏剧美学理论。先生为我撰写长篇序言,并称"我与栋霖同志相知甚深且有同好"。

沐浴师恩,馨念终生!

2020年10月22日

读万卷堂

(朱栋霖:苏州大学二级教授,博士生导师,中国昆曲评弹研究院院长,中国话剧理论与历史研究会名誉会长,曾获"中国文联文艺评论奖"特等奖。)

陈瘦竹

自 传

我是江苏无锡人，1909年11月29日（清宣统元年十月十七日）生于农村南陈巷贫苦农家。我有一个哥哥，比我大一岁。我出生后不久丧父，全靠母亲织布、养蚕和做农活维持生计。我从小就过继给守望门寡的婶母，取名定节，意思就是，以我这个继子来安定节妇的心。像一般农村儿童一样，我在幼年就学会割草、放牛、摸鱼和捉鸟，并且喜欢听故事和看滩簧（锡剧）。我们的舅父是顾山镇上的一位小学教师，竭力主张我们上学读书，于是哥哥和我先后进了顾山镇上的锦带高等小学。传说昭明太子曾到过顾山，临别时以锦带相赠，小学因此得名。1924年我考入在无锡的江苏省立第三师范学校，因为该校不收学膳杂费，只花极少的钱，就可上学。这是一个注重文史、比较守旧的学校，写作要用文言。但在五四新文学运动的影响下，我在课外就爱读新文学作品，并且学写短篇小说，第一篇发表在学生会主编的刊物《弘毅》上。当时大家爱用笔名，取本名的偏旁或部首，我就以定节二字的部首宀竹作为我的笔名。后因宀字比较生僻，而且我哥哥望绅在上海发表小说时署名瘦石,我就改名瘦竹。我的短篇小说《红豆》等,曾在上海《泰东月刊》等杂志上发表。我虽曾在无锡城里读书,但对家乡农村生活还很关心,在寒暑假回家中,见闻尤多。在国民党的政治压迫和帝国主义经济侵略下的江南农村,不仅民生凋敝,而且在革命斗争影响下,农民暴动时有发生。在创造社和太阳社提出无产阶级革命文学运动的启发下,我于1928年上半年写了中篇小说《灿烂的火花》,描写江南农民的苦难生活和烧毁地主住宅的故事。同年,就由上海励群书店出版,其后即被国民党反动派禁止发行。1929年春,我因参加学生运动而被学校开除。暑假中我借用高班同学陈泰来的文凭,考入国立武汉大学外文系,学名陈泰来,1933年毕业。在这期间,我曾为华中图书公司主编《武汉文艺》月刊,并在上海《真善美》月刊上发表短篇小说《大林和小林》等和翻译高尔基的中篇小说《滚石》,在天津《国闻周报》上发表论文《华兹华斯的诗歌理论》。

1933年7月我到南京国立编译馆任编译,不久就和沈蔚德结婚。她笔名维特,常在武汉报刊上发表小说和散文,并在武昌中华大学外文系肄业。她后于1935年考入南京国立戏剧学校,学习编剧和表演。我利用业余时间从事小说创作和翻译工作。抗日战争时期,我写了关于农村经济破产和知识分子不幸生活的小说十五篇,先后发表在上海的《申报月刊》《文学》和《东方杂志》上,后来收入短篇集《奈何天》,1939年由商务印书馆出版。除我和哥哥瘦石合译的罗素所著欧洲近百年史《自由与组织》(商务版)外,我还译了希腊塞奥夫拉斯托斯的《人物素描三十六篇》(载1933年南京《文艺月刊》)、英国本纳特的《文艺鉴赏论》(载1934年《文艺月刊》)。

全面抗战爆发后,我随国立编译馆到重庆。1938年,我加入中华全国文艺界抗敌协会。次年春天,我又随馆迁至江津白沙。这年我写长篇小说《春雷》,描写江南人民反抗日寇和汉奸的斗争,1941年由重庆华中图书公司出版,后又被改编成话剧《江南之春》,曾在重庆演出。1940年我到江安国立戏剧专科学校任教,因为我爱人沈蔚德早在那儿教书,我的母亲和孩子们都在江安，从此我就开始了关于戏剧文学的教学和研究工作。同时我还继续写小说，印行的有短篇小说集《奇女行》（1942年，重庆商务版）和《水沫集》（华中图书公司版）以及中篇小说《声价》（1944年，国民图书公司版）。我所写的戏剧论文二十篇，分别刊载于《东方杂志》《学生杂志》《文史杂志》《观察》《时与潮文艺》《时事新报》和《大公报》等。我翻译的剧本有雨果的《欧那尼》（1947年上海群益公司出版社）和萧伯纳的《康蒂妲》（收入1956年人民文学出版社所印《萧伯纳戏剧集》第一集）。我在国立戏剧专科学校时，曾任讲师、副教授，并兼理论编剧组主任。1947年，我兼任国立中央大学中文系教授。1949年4月1日，南京学生游行示威，要求反动政府接受中共和平条件，不幸遭到血腥镇压。我因前往营救剧专受伤学生，而被卫戍司令部拘留。

南京解放后，中央大学改名南京大学。我在该校任教授直到现在，曾兼任中文系主任。1949年7月我出席全国第一届文学艺术工作者代表大会，1950年任南京市文联常委。1953年参加赴朝慰问团，同年加入中国作家协会。1954年任南京市人民委员会委员，并任江苏省文联常委，1956年任江苏省文联副主席到今。我于1961年4月8日加入中国共产党。

解放初期，我想从事专业创作。因此，除参加南京郊区土改运动外，还常到工厂去体验工人生活，积累素材。但是组织不同意我离开教学岗位，我无法长期到工农中去，我对解放前后知识分子的思想和生活的变化虽然熟悉，本可利用业余时间进行创作，但是这类题材的作品似乎不合当时潮流，所以我终究放弃再写小说的念头。建国三十年来，除"十年浩劫"外，我的精力主要用在教学上，其次写了关于文学和戏剧的论文五十多篇，散见于《文汇报》《人民日报》《雨花》《江海学刊》《南京大学学报》《群众论丛》《江苏戏曲》《上海戏剧》《文艺论丛》《文史哲》《文艺报》《文学评论》《剧本》和《戏剧论丛》等报刊，这一时期著有《易卜生〈玩偶之家〉研究》（1958年，上海文艺出版社）、《论田汉的话剧创作》（1960年，上海文艺出版社）、《现代剧作家散论》（1979年，江苏人民出版社，其中评论曹禺和老舍剧作的论文系与沈蔚德合作）。我近已选出部分戏剧论文编为一集,书名《悲剧、喜剧及其他》,修改补充完毕后,交出版社印行。今后一段时期,我将与沈蔚德同志合作编写《中国名剧选评》和《外国名剧选评》。

(1980年8月)

沈蔚德

灯下絮语
——悼陈瘦竹君

深夜,十分宁静。宿舍里的人已经进入梦乡。高楼上下灯光全部熄灭,留下一片黑暗。唯独我辗转反侧不能成眠,只得起床,打开桌上的微光灯。在柔和的灯光下,我看见墙上你的照片,那是你最喜欢的一张放大的半身照,是你一次外出讲学时被一位有心人抢拍下来的。你微微侧着身子,昂着头,笑容满面。讲台上摆着的一盘花,用它疏落有致的几枝鲜艳的花朵作为陪衬,越发显得你朝气蓬勃,容光焕发。可是镜框上为什么披了黑纱呢?这黑纱像一把利剑刺痛我的心,像一道高高的铁栅栏,想在你我之间设下不可逾越的路障。我全不顾这些,在今夜我一定要像平时一样和你面对面地回忆往事,倾诉衷肠。

你一定记得——

那是在抗战时期后方四川的一个小城里,我们都在一个戏剧专科学校里教书。正如你在《戏剧理论文集·后记》中所生动描写出的情景:"白天我们各自忙于工作和家务,吃过晚饭,等孩子们都已就寝的时候,我们一起坐在八仙桌旁，在昏暗的桐油灯光下，比较悠闲地谈论戏剧问题。"我俩有时争得面红耳赤，有时又和孩子似的一笑便和解了。我们就这样"亲密而严峻地合作"，开展教学和研究工作，每每直到深夜。那时生活十分清苦，但因我们有共同的志趣，可谓苦中有乐，多么值得回味！

你一定还记得——

那是在全国解放前夕南京"四一"学生运动的当天。下午我俩到剧专开会，听说游行的学生在大中桥被截住遭打，后又被劫持到军官大队。你心急如焚，不顾自身安危立即要去探望。我考虑四个年幼孩子无人照应，只好分手回家。可是，从天黑到深夜直到拂晓，还不见你回来。我在屋里彻夜未眠，坐立不安，时而踱到房门口，时而向窗外张望。窗外校园中树木阴森，不见人影。远处偶尔传来几声犬吠，一派肃杀气氛。在这漫漫的长夜里，我心潮起伏，想得很多。我想到白色恐怖的残忍：被捕、失踪、酷刑、监狱、孩子们流落街头……我仿佛觉得这一夜等于经过了一个世纪，自己也老了许多。我们常说忧能伤人，不禁联想起"伍子胥过关，一夜须发俱白"的传说。好不容易煎熬到快天亮时，想不到你居然经过一夜的拘留和审讯，带着一脸的憔悴和疲惫，从卫戍司令部脱险归来了。真是喜出望外。你我共同度过的这惊涛骇浪似的一夜，又是多么令人永世难忘啊！

你最后一定还会记得——

新中国成立以来，你在南京大学四十年如一日地仍然不断从事现代文学和戏剧理论研究和教学工作。直到去年，你已经被病痛折磨了一年多，勉力送走毕业的那批博士生之后，竟毅然又招收了两名。以后，在家养病时和今春住进医院时就时常和他们讨论学习方法和撰写论文等问题。你视力极差，在指导他们所写论文时只能以耳代目，听他们自己朗读其中内容。一天，夜已深了，从书房里又传出这种朗读的声音。我很奇怪，以为到这时候还有学生来。我要去阻止，好让你休息。等我赶到书房一看，不见来人踪影，只见书桌上摆着一台录音机，上面小红灯闪闪发光，声音就是从那里出来的。我不禁怔住,再一看你,坐在沙发里,轻闭双眼,皱着眉头,歪着身子,用手紧压着右胸,分明是忍受着剧痛在倾听。不仅如此,在某一段落上你还把录音带倒回,反复地听,唯恐自己没听清或没记住,不便提出赞赏或评论的意见。我感到心酸,但我不忍心去阻止你。我知道只要你一息尚存,就会为培养人才而付出最后的精力的。

在人生的旅途上,你终于披着黑纱走了。你为人正直,治学严谨,执着地追求正义和真理,为开拓戏剧美学作了种种探索。我相信这种精神是会强烈地影响着后来人并使之为此而继续努力的。至于我自己,正如希腊一位哲学家所说,相爱的夫妻本是一个整个的灵魂,而我却失落了另一半,自然会像在沙漠中独自彷徨,一切都茫茫然、空荡荡,几乎被悲痛的风暴所击倒。此刻,照片上的你却带着笑容在抚慰我,你仿佛在说:"不,什么也不能使我们分开,今夜,不就是我俩灵魂的一次大契合吗?"是的,你永远在我的身边,作为我生活上的精神支柱。等时间慢慢医好我心上的创伤,我会振作起来,因为我还有些事要做。

你的一生,是过于勤奋和辛劳的一生,现在才是你能得到真正的休憩的时候。安息吧,我的亲人!

(沈蔚德:陈瘦竹夫人,现当代戏剧理论家,1935年入国立戏剧专科学校学习,后在该校研究实验部深造。1938年起,任国立剧专助教、讲师。新中国成立后,先后任中央戏剧学院讲师、南京师范大学教授,并兼任南京市和江苏省文学艺术界联合会委员、南京市文学工作者协会副主席、中国作家协会江苏分会理事。与陈瘦竹合作《悲剧与喜剧》一书,获得1984年全国戏剧理论著作奖。)

钱谷融

敬悼陈瘦竹先生

陈瘦竹先生于今年六月以八十二岁高龄在南京逝世，我因得信较晚，来不及赶去与他的遗体告别，深以为憾。

瘦竹先生是我的师辈，我1942年毕业于南京大学的前身中央大学，他则从1947年起就在我的母校任教了。他又是我的老学长，我们同是江苏省立无锡师范学校的毕业生，不过他比我要早毕业将近十年，我们只是先后同学，并未见过面。虽然我在四十年代就读过他所翻译的雨果的名剧《欧那尼》，早就知道他的大名，但在解放以前，却一直无缘认识他。直到1956年，我作为华东师大的代表随许杰先生一起去南京参加江苏师范学院（即现在的南京师范大学）举办的学术讨论会，才在宴会上第一次与他见面。那次从上海去南京参加学术讨论会的，除许杰先生和我以外，还有上海师范学院（现名上海师范大学）的代表覃英和许志行两位先生。南京大学和江苏师院的几位教授，我记得有方光焘、罗根泽、孙望、吴奔星以及瘦竹先生和他夫人沈蔚德先生等，联合做东宴请上海去的代表。除罗根泽先生外，我和几位东道主原先都不认识,因为罗先生是我的老师,也请了我,我得以敬陪末座。但席间与瘦竹先生除一般寒暄以外,几乎并未交谈。1978年在厦门举行九院校协作编写的《中国现代文学史》书稿的讨论会,我和瘦竹先生都参加了。因为不在同一小组,接触也不多。会议期间我曾去他的房间拜访,做过一些交谈。1979年我们一同出席了第四次文代大会,虽住在同一宾馆,由于出席的人多,会议日程又安排较紧,也未有畅谈的机会。真正和他熟悉起来,这是以后的事。

不知是哪一年,我们一同应邀为中国现代文学研究会在大连举办的讲习班讲课,沈蔚德先生和内子杨霞华也同去,后来又同船回上海,我们四个人住在同一个房舱,得以朝夕相处,尽情畅谈,彼此都感到十分欢快。有一年华东师大受教育部委托举办现代文学助教进修班时,瘦竹先生曾应邀来校讲课;还有一次中国现代文学研究会在上海举行理事会,瘦竹先生也来了。这两次,他都曾来我家欢聚畅谈。

但最使我难忘的是下面两件事。

第一件事大概发生在1980年。他先写信告诉我,说是要带领他的研究生来上海访问。一天,我正在窗下看书,一抬头,忽见他正大步向我住处走来,后面跟着几个年轻学生。我连忙迎出去,他已到了我家门口,说是专程来请我为他的学生讲课的。瘦竹先生比我年长十岁,是我的前辈,本来他已给我写过信了,只需让学生们自己来就是,他却特地亲自跑来了,态度之诚恳,礼貌之周到,使我深感不安;同时也更增加了我对他的敬重之心。瘦竹先生做什么事都是严肃认真、一丝不苟,于此可见一斑。

第二件是去年冬天的事。他要我为他的三个博士生主持毕业论文的答辩会。这时他的病情早已恶化,患处经常作痛。这三个博士生,本该今年夏天才毕业,他知道自己的日子不多了,所以提前给他们举行论文答辩。答辩前我对他说:"你到一到就可以了,不必始终参加。"答辩过程中,我又几次劝他回去休息,他都强忍着痛楚坚持参加到底。答辩结束,南大中文系宴请参加答辩的委员们,大家都劝他不必相陪,他却一定要尽主人之礼。尽管他很少举箸,却仍坚持到席终,非常令人感动。

瘦竹先生学术上的成就,无待我赘言。他是我国著名的戏剧理论家,在这个领域里,知识之广博,造诣之精深,很少能够与他相比肩的。他关于田汉、曹禺、老舍等剧作家的研究,更是独步一时、有口皆碑。尤其是他对青年学生的提携爱护,真可以说是无微不至。别的不说,只要读一读他为骆寒超同志的《中国现代诗歌论》一书所写的序文,那关怀之深、爱顾之重,真是使人感泣。也是在这篇序文里,瘦竹先生作为一个作家的充盈的才情,作为一个理论家邃密的思致,也充分显露出来了,不能不引起人们由衷的赞赏。

这样一位在学术上有杰出成就、对我国的教育事业作出了卓越贡献的爱国知识分子,竟与世长辞了,再也不能重新见到他了。不但我个人失去了一位良师益友,对整个国家来说,也是一个重大的损失,真是万分使人悲痛的事!

瘦竹先生,安息吧,我们将永远怀念你!

1990 年 11 月 16 日

(钱谷融:著名现代文学学者、曹禺研究专家,华东师范大学中文系教授,曾任中国现代文学研究会副会长。)

吴调公

缅怀陈瘦竹教授（三首）

绝代风华五四春，梁溪一帜转天钧。
译文、剧论传双美，绛帐南雍早有声。

早年同社并同文，更喜通家肺腑亲。
长忆浮生闲半日，珍珠泉畔听声声。

彩帖瑶笺方过眼，素车白马遽怆神。
漫惊无住人琴杳，名世名山总不贫。

（吴调公：南京师范大学中文系教授，曾任中国古代文论学会理事、江苏省作家协会顾问、江苏省美学学会会长、江苏省诗词协会副会长。）

赵瑞蕻

追寻消逝了的时光
——怀念瘦竹兄

世上有些印象,不是时光,也不是任何境遇所能抹掉的。

——卢梭《忏悔录》

　　瘦竹兄不幸逝世的噩耗传来不久,我就想写篇东西表达我的悲悼和哀思。他在两年病痛中猝然辞别了人间,我感到深沉的惋惜!他的离去使我想起许多跟他密切相关的往事来;我想起他的为人,他的学问,他多方面的才华;对我国现代文学、鲁迅研究的贡献,以及对外国文学介绍和翻译,特别是他的专长——中西戏剧和理论研究等方面所做出的卓越贡献;想起我们平日来往,随意聊天,对我的帮助,在一起教书,参加过的文艺界各种活动,在一起参观访问旅游;尤其是我们共同经历过的那些难忘的岁月——各式各样的政治运动和斗争。我几次拿起笔来想写点什么,也曾想写首挽诗呈献在他的灵前,心中浮现着他的面影,起伏着一缕缕难受的思绪……如今纪念陈先生的文集正在集稿,准备印一本书,我应该赶紧写好一篇回忆和缅怀他的文章。

近十五年来，我校中文、外文、历史三系的老教师同事（其中也包括几位中年教师）、前辈们相继去世，据我所知，竟有四十人之多，我参加过多少次追悼会和遗体告别！我有着无限的感叹！三年前除夕，那天早晨，我忽听见瘦竹兄在我住处的园子门外，以沉郁的声音叫我的名字。我出来时，他告诉我："范先生昨天晚上去世了！……"范先生就是范存忠先生，是我们共同敬仰的外国文学界前辈。几次春节，瘦竹兄总约我一起到范老家拜年。真没想到不到两年后他自己也随着去了。

我在南大工作快五十年，所以对许多教师同事都是很熟悉的，特别是中文、外文两系。我一直想到在已故的许多同事老教授当中，我和瘦竹兄有许多相同的地方，也因此有不少共同的语言。陈先生和我都是外国语言文学系科班出身的。他1933年毕业于武汉大学，我1940年在西南联大毕业。他比我大六岁，大学毕业早七年，他是我的老学长。我们两人都是从学习和研究外国语和外国文学开始，各自在不同单位工作了若干年之后，终于都进入了我校中文系讲授中国现代文学，但仍未放弃外国文学的介绍工作。还有，我们两人都是较早地开始文艺创作，他主要写小说，我主要是写诗。由于这些因缘，我一直感到对陈先生有较多的了解（在长期共事期间，我对陈先生也曾有过误会，但不久就明白、消除了），有着精神上的交流、共同的思想感情基础。

新中国成立前，四十年代初期，我们都在重庆生活和工作，他在剧专，我在南开中学和中央大学外文系。我是从1943年3月创刊的《时与潮文艺》（当时大后方一种很有影响的大型纯文艺的月刊）上知道他的名字，陆续读到他在这刊物上发表的论文（例如《象征派剧作家梅特林克》《法国浪漫运动与雨果的〈欧那尼〉》），以及他翻译的肖洛霍夫的《为祖国而战》和《顿河保卫战》等。肖洛霍夫这两篇报告文学，陈先生是从《苏联文学》（英文版）上译过来的，很受欢迎，对当时我国抗战和反法西斯斗争起了一定的鼓舞作用。后来，我读到了陈先生译的雨果《欧那尼》（*Herrani*）和萧伯纳的《康蒂姐》（*Candida*）。

前者曾有过曾孟朴(东亚病夫)先生的译本,但我看了陈先生翻译的本子,感到语言生动流畅,适合于上演。他那篇引言介绍法国浪漫主义运动和雨果生平,尤其是关于"欧那尼之战"前后情况的评述详细而精当,是一篇很值得一再读的外国文学的好论文。陈先生当时以及新中国成立后的其他有关外国文学的论著诸如古希腊三大悲剧家及其代表作《俄狄浦斯》《美狄亚》等、莎士比亚《麦克白》和《罗密欧与朱丽叶》、易卜生《玩偶之家》(后来他出版了一部研究专著)、奥尼尔和高尔基的剧作,以及长篇论文《马克思主义以前欧洲戏剧理论》等几十篇都是精心之作,表现了一位对西方文学特别是西方戏剧有着湛深研究和广博修养的学者专家一生的实绩、对中外文化交流所做出的贡献。我在这里只就陈先生和外国文学(主要是西方戏剧)的关系进行简略地介绍。他作为中国现代文学、中外戏剧作家和作品、戏剧理论研究的专家,以及新文学的创作家,成就是巨大的。我想其他同志、他的学生和朋友们一定已有较详尽的叙述,这里就不重复了。

我想起我们在我校中文系(瘦竹兄是1947年夏从剧专到中大中文系任教的;我是1953年春由南大外文系调到中文系工作)共事三十七年中许多往事陈迹、他淹留在我心上的印象、我对他的了解和认识、我所得到的他不少次真诚的帮助……我总的感觉是瘦竹兄的的确确是一个勤奋的人,一个坚强的人,一个真诚的人。我这么说,我相信大家,其他的同事和朋友会赞同的,会在他们所写的纪念文章中以具体的事例说明这一点。

从1955年夏天开始的揭露和批判所谓"胡风反革命集团"罪行运动——那年暑假我从民主德国莱比锡大学讲学回国休假,也要我在系里参加这场斗争约两个星期——直到1976年"文革"万恶的"十年浩劫"结束以前,瘦竹兄受到了沉重的冲击,经历了许多痛苦折磨,特别是"文革"十年,据我所知,在整个系里的教师当中,他吃的苦头最多。但是不管当时境遇多恶劣,那些人为的风风雨雨莫须有的"罪名"多么可笑,多么厉害,他都能以清醒的头脑、强大的意志力、对光明前途没有动摇过的信念,接受各种严酷的考验。我从未见到过他心灰意懒、悲观绝望。相反的,在运动过后,他仍然怀着满腔热情,继续讲课,积极工作;继续从事学术研究,写出一篇又一篇很有价值的论文,在各种报刊上发表;继续为中国现代文学、戏剧研究作出可喜可敬的贡献。

1960年冬起,陈先生被任命为中文系主任。同时,他推荐我当现代文学教研组主任。他眼光远大,任劳任怨,责任心极强,对我系的规划和发展竭尽心力。他关心教师们讲课,甚至多次亲自到教室听老师上课,十分认真地了解情况。关于这些,我自己深有体会,应该在此提一提。记得是1961年上学期,陈先生和我合开了一门"鲁迅研究"选修课。我们分工合作,我讲鲁迅前期思想和作品,他讲鲁迅后期。我在介绍和分析鲁迅《摩罗诗力说》一文时,陈先生来听课,事后就肯定了我的见解,同时对我提出了不少宝贵的意见。他甚至告诉我鲁迅这篇文言文里我有些字眼读错了。我也是从这时起,专心学习和研究《摩罗诗力说》,二十年后才完成一本专著。后来,我专讲外国文学史。有一次,我讲欧洲文学中现实主义和浪漫主义相结合的一节课时,陈先生和另一位外国文学教师赵梅君同志来听课。由于陈先生对欧洲文学很熟识,理论修养深厚,他后来在教研组开会时,对我的讲课提出了几点实事求是的批评意见,同时认为我的论述基本上是好的,是符合实际情况的。后来,关于此事,赵梅君同志专门写了一篇有关的报道,公开发表在我校《教学通讯》上。我在这里,还应该特别感谢瘦竹兄对我那种恳切的鼓励。我以前对撰写学术论文曾有过偏见,有些不正确的看法,而且重创作轻研究。他当系主任后,除了狠抓教学工作外,对科研也异常关心;他是组织我校学报中文系稿件的负责人。1962年,他劝励我应该多写几篇论文,向学报投稿。还是在他的热忱督促下,我在学报上发表了最初的一篇约两万字的论文,这就是《论郭沫若的〈前茅〉、〈恢复〉和中国无产阶级革命文学》。从那时起,直到今年我在《南大学报》第一期刊登《"池塘生春草,园柳变鸣禽"——论谢灵运山水诗》这篇文章为止,我在学报上已先后发表了十来篇论文了。一想到这里,我眼前立刻闪现出陈先生的亲切面容。我对他的感激是难以用笔墨形容的。

我生性很容易激动，遇事处世往往不冷静，而瘦竹兄一般说来总是沉着温静，善于客观分析，长于明辨是非，很有说服力。我还记得"反右"结束后不久，1958年底到1959年初又掀起了所谓"拔白旗，插红旗，搞臭资产阶级个人主义"的斗争。当时我受到了较大的冲击，我校西南大楼一间教室里贴了许多批判我的大字报（其中一部分是批判我早年翻译的《红与黑》）。我当时非常不服气，心情十分沉重。有一天，在系里开完了一次会后，陈先生要和我一起回家，我们就在校园里绕了不少圈子，边散步边谈心。他劝我一定要冷静、再冷静听听大家的意见，决不能冲动。他有句话直到现在仍滞留在我的心头，给了我很大的安慰："天下有许多纷争到最后总会搞清楚的。……世界文学名著是批不倒的……"

如今我以沉重的怀念瘦竹兄的心情写了这篇散文，我感到可以谈、应该谈到的还有不少。从《时与潮文艺》月刊上拜读陈先生的论文和译作迄今已有五十年；从1947年陈先生到中大中文系任教后我认识他迄今，四十四年的光阴消逝了。其间，天翻地覆、风云变幻、人世沧桑、可歌可泣、可喜可悲的事情和现象实在是写不完的；我们共同经历过的情景也是一时难以描述的。

瘦竹兄病中，我和杨苡隔些天就到他家里看他，他仍然与我们自在聊天。他住进人民医院后，我们去看过他三次。最后一次，我们看见他坐在沙发上，他女儿陈玫不停地揉着他肿痛的右手。他和我们说话，关心这一个朋友、那一件事情。我们要离开时，他坚持要送我们，一直走到三楼电梯口，我又送他回病房，他又转过来送我们，就这样，来回三趟。当我们走进电梯时，他仍站在门口频频向我们挥手告别……生离死别是人生多么深沉的悲哀啊！从前英国十九世纪诗人和翻译家柯瑞（Cory）写道："死亡带走了一切，但夜莺和悦的歌声仍然留在大地上。"对于瘦竹兄来说，他留在我们大家心上的印象、他的著作、他的品德是永存的，我们对他的怀念是消逝不了的。作为瘦竹兄一个同行、一个老友，长期以来我对他的认识和印象仍然是下面一句话——

一个勤奋的人，一个坚强的人，一个真诚的人。

最后,我想抄录近年拙作《诗的随想录》(组诗)150 首(均发表于《香港文学》)中的一首作为结束语:

追寻消逝了的时光

寂静的深夜,独自一人,

悄悄地开启了,那记忆的门扉,

往日旧事闪现点点火星;

我悲悼多少师辈亲朋先后别离,

多少优秀人才竟死于非命!

我赞美高洁心灵不灭的光辉。

梦里追寻消逝了的时光,

且让怀念哀思在诗中飘荡。

1991 年 1 月 8 日灯下写完

(赵瑞蕻:现代诗人,文学翻译家,南京大学中文系教授。曾任南京文联委员、南京诗联副总干事、中国作家协会江苏分会理事、全国外国文学学会理事。)

杨 苡

背木柶的人

认识瘦竹兄与蔚德姐还是在1949年9月南京才解放之后的事。我们一同被南京文工团邀请去看演出,当时的主要演员大多是他们的学生,在演出前我们也互相认识了。到1950年春夏之交,当时的中央大学分配宿舍,恰恰我们都住在一个宿舍里,在碑亭巷板桥新村的大院里,我们同住一排,每家都占有楼上下几间,除亭子间外还有很大的平台可以乘凉。

这时两家由于共同的兴趣较多,来往也增多了,常常和蔚德姐交换两人亲手做的风味小吃,常有些共同的文艺界活动,积极地投入每一个运动——土改、抗美援朝、"三反"、"五反",1952年还参加了文艺界整风(我作为专业文学翻译者是自始至终全部参加的)。当然,那年的五一节游行,我们两家更是豪情满怀地走在文艺队伍中的。

1953年院系调整,我们两家分开至两处,但总是有来往的,比如拜年、看戏,参加什么会时,我们会在出国前和他们辞行,回国后则向他们畅谈东欧国家状况,然后又是运动、运动、运动……

已经养成了习惯,遇到什么为难的事、不痛快的事、令人愤愤不平的事,甚至于没想通却又应该想通的事,总想找比我们年长的瘦竹兄谈谈,听听他的意见。1959年我为了写儿童文学作品,受到莫须有的批判,其实当时他们也正由于积极写作而遭非议,心境也不轻松,但我当时似乎只想到自己的委屈,必须向朋友们倾诉,却丝毫没想到:作为旧知识分子,人家也有个"资产阶级世界观必须改造"的问题!

这之后没有几年便遇到史无前例的"文化大革命",我们都经历了程度不同、难以想象的侮辱与损害!……

我曾在1980年《当代》杂志中发表过一首诗《木枷》,那便是写瘦竹兄的。只是偶然一次谈到了"文革"中个人的遭遇,瘦竹兄的眼睛陡地阴暗下来,轻轻说:"还提那个做什么?!"我忽然感到他还在背负着木枷踽踽前进。之后我写了《木枷》,在诗中我问道:

是记忆造成的木枷?!/是衰老造成的木枷?!/是恐惧造成的木枷?!/是伤痕造成的木枷?!/还是有一种/说不出、看不见、摸不着的木枷?!/使你感到窒息、感到重压,/使你的头只能深深地、深深地低下?!

关于这诗我却从来没敢向他们提示过。当时我只希望我们的朋友,当然也包括我们自己,早日抖落背负在知识分子肩上的沉重木枷,坚强前进。"十年浩劫"的可怕经历虽是努力压在记忆深处,但即使沉没,也有时还会浮起的。

十年中由于我们各自处境艰难,很少来往,但在句容县南师农场里,在那荒诞的人情薄如纸的年月,我和蔚德姐偶尔在路上相遇,总要悄悄点头或低声问好。也许同属于"一丘之貉"吧,我们之间并不存在什么"划清界限"的问题。1972年以后显然松一点了,到了1976年他们又一次搬了家,搬得稍好一些,一南一北的小小居室,与原来被放逐的一间阴湿平房不能相比了。

住得靠近些,也由于相继被开恩"解放",我们又恢复了旧日的来往。周总理逝世时,我们两家在他家那小小的黑白电视机前默默流泪,哭泣这位千方百计保护知识分子的好总理离开人间。过年时我们虽不互相宴请,但总是互相拜年,祝愿下一年大家过得顺顺当当。

我一直没有丢掉这个习惯;遇到令人气愤不平的事,别扭的事,以至于意想不到的恶邻、伤害,还是要先请教瘦竹兄该怎么办。每次从他家走出,步子也轻快多了。直到前几年,有时看到年轻的研究生在他家给他念着论文,瘦竹兄日益衰退的视力使他不得不靠听力来分析文章了,他却还是那样认真、那样精神专注、那样一丝不苟。我常想,中国知识分子这种难能可贵的高尚情操、这样无私的奉献,原是不应该也不能够轻易被人抹杀的!

常常为别人着想,一心想减轻别人的困扰,总是给予却从来不愿索取,有时也愤愤不平,但更多是压在自己心底,也许这正是这一代历经艰辛的知识分子的普遍性格。瘦竹兄曾在寒风凛冽中同一些比他年轻多了的同事们(也曾是他的学生)久久地站在宿舍门口迎接一位远道而来的为了职称问题而愤然辞职他往的学生的骨灰盒,在追悼会最后他顿足大哭,是为这毕业留校三十年的十分用功的学生骤然去世而恸哭,还是哭他自己对于死者遭受不公平待遇却无能为力?!

我总觉得这些年每死去一个他的学生,就像死去他心上的一部分,也就因此在心底种上了一份他从不外露的忧郁!

十二年前瘦竹兄从武汉讲学归来,他曾为一位1957年落难的老友调来南大到处奔走想办法;十二年后他又为这位老友精神崩溃而跳楼自杀,悲痛得不顾自己日益加重的病体,仍然摸着上楼去安慰老友的爱女。去年当他听说赵瑞蕻突患急性心肌梗阻已住院时,他赶忙打电话问我详细情况,非常激动地要我提醒瑞蕻安心养病,别紧张着急。他打了一个非常长的电话,说话是那样有力,那时他已因胸痛多日而一个肩膀抬不起来了,却非常喜欢说:"没事!"热情欢迎每一个来访者聊天。我们这些人明知他已患有不治之症,也不得不嘻嘻哈哈地到他家去聊天,谈到外面有趣的事,他也哈哈大笑着。

每来电话，他自己要接，到后门口取牛奶他也抢着去做，怕影响半个多世纪与他同甘共苦的妻子的休养。在大雪纷飞时，他居然不顾病体独自走到医院去陪伴心脏病复发的亲人！而对待人家的关心，他的回答总是："没事！"

在他弥留之际，离清晨只有几个小时的夜晚，他却还清醒地向那晚留在病房服侍他的他最亲密的学生（当然已成为专攻现代文学的中年学者）打听一位在北京的学者的情况。似乎到最后还免不了忧国忧民，到最后还是背着那副无形的木枷……他能理解去年未能如期举行庆祝他从事戏剧理论五十年的盛会，在小范围的会议上，他当众流了泪，但他不曾抱怨过，他能理解比他年轻的人！

几乎整整一个夏天，我们总是觉得瘦竹兄在我们小院的铁栏门外叫着"杨苡同志！"那是在1988年，中文系决定要出版一个中外比较文学的论文集，第二年春天，那时范存忠老师已经辞世，为此书题名当然非瘦竹兄莫属，因为他数十年来致力于中外戏剧比较研究。出版社负责同志跟赵商议要为此书起个恰当而不烦琐的书名，赵转告了瘦竹兄，第二天一大早就听得瘦竹兄在院外叫着我的名字，他认真地思考了一个晚上，认为用"中外文学因缘"六个字比较合适，他谦虚地说："不知行不行？"我们说："太棒了！"出版社也认为这非常好！虽然书出后我们找不到一处印有瘦竹兄的大名，前言中也吝啬得连半点感谢也没有，但我们知道只有瘦竹兄才肯做出这样无私的默默的奉献……

人走了，声音却是永不会消逝的，我们仿佛总能听到他那沙哑而又十分有力的声音叫着我们的名字。我只是确信他已抖落了背负了四十多年的沉重木枷，轻快地走在我们前面了，而且他仍在回头不停地鼓励我们在时日不多的余生继续认真工作、热诚待人！

1991年元旦

（杨苡：散文家、翻译家、诗人，抗战胜利后，在国立编译馆工作，1957年起主要从事儿童文学创作，曾任《雨花》特约编辑、南京市文学工作者协会副主席。）

孙家琇

缅怀陈瘦竹先生

和瘦竹同志过往的机会不算多,却总有一种互相了解和信任的感觉。他是我的老同事、老同行;正是通过他,我从一般大学文科教学跨到戏剧教育领域。抗战胜利后不久,由于迁居南京,我从武汉大学转到了金陵大学任教。他受当时去英国的余上沅校长委托,来我家聘我到国立戏剧专科学校任兼职教师,讲授西洋戏剧文学及理论。我感到很兴奋,因为戏剧既是我的专业,又是我历来喜爱的文艺。他本人是从 1937 年开始就到剧专教课并且担任理论编剧组主任的,因此到 1949 年我随剧专来北京加入中央戏剧学院为止,他都是我的"顶头上司"。

他给我的第一个印象,是谦虚和蔼、为人正派;以后我逐渐得知他教课认真,对待学生既严格要求,又热情关怀。他总是以充实的讲授内容和正确的教学方法引起学生的兴趣和求知欲。最记得有一次,在南京解放前夕的黑暗日子里,我去学校上课时,看到院内一大群学生正围在席地而坐的陈老师身旁,他们神情严肃,专心致志地望着老师的面孔,听他谈话。那当然不是平日的讲课,而是非常时期的集会和引导。他和同学们正在密切地注视着时局变化和关心着国家命运。再有,印象强烈的是同学们进行抗争运动遭到反动派毒打之后,他带着我和几位教师去慰问受伤学生的情景。所以,很自然的,他给我的印象同我素来向往和引以为骄傲的中国卓越知识分子的形象,不仅吻合而且高大起来。瘦竹同志是一位最佳教师的代表者,他和青年学子们教学相长,共同战斗。五十余年来他哺育了众多得力的戏剧人才;在他的心中只有理想、爱和责任感。作为戏剧教育家,瘦竹同志的贡献是值得人们永远纪念的。

但这还只是一个方面,同样重要和影响深远的,是他长期投身于中国戏剧文化事业的决心与实践。正如田本相同志在"陈瘦竹戏剧理论研讨会"开幕词中所说的,在中国现代戏剧史上,坚定、执着和无私地把自己的一切献给中国戏剧文化事业的先辈们都值得我们尊敬,"而像陈瘦竹先生以这种执着、坚定和无私的情怀献身于戏剧理论研究,并在这荒漠般的领域中踽踽独步、苦心孤诣、奋力前行的却无二例"。

在这方面,他给我的印象是一位丝毫不为名利、不赶时髦、不畏艰辛——以至连目力严重衰退的障碍都阻挡不住他进行研究的——真正的学者。

我们都知道,他对中国戏剧文化事业的贡献是多方面的。这使我以敬佩的心情想到和看到他是怎样默默而又积极地在开拓着他的研究领域,孜孜不倦地写出他的心得。他翻译介绍了不少外国戏剧文学和理论,但他不囿于西方戏剧,还对中国传统戏曲、现代话剧以及现代地方戏进行研究和探讨。他正是从这开阔的基地上进入更深或更高层次的戏剧理论和戏剧美学的钻研的。这不仅表现出他的兴趣广泛——这一点给我的印象颇深,而且足以说明他是要囊括古今中外有代表性的戏剧艺术成就或经验,加以批判地比较综合,进而创建出新的中国戏剧理论来。

我没能深入阅读他的全部论著,但我所接触的部分,就给我留下了几个突出的印象:

一、他的历史辩证唯物主义观点,除体现为简明准确的历史性介绍与回顾之外,还更表现在他着重突出了戏剧的创作和理论如何随着时代而有发展变化的论证上。这种侧重使他关于继承创造、戏曲改革等论述具有了理论的说服力。

二、绝不迷信权威或所谓经典性的"定论",而是从思想体系、时代局限和生活真实,去加以臧否和取舍,比如他对亚里士多德"悲剧作用"的评析,对黑格尔以及不少现代英美戏剧理论家的悲剧观念的批驳,等等。但他同时采取开放态度,不怕肯定错误观念中的合理成分或因素,他对待苏珊·朗格"悲剧节奏"说的态度就是一例。

三、他对悲剧、喜剧美学范畴的探讨,深入浅出,具有扎实的科学性和学术性,特别是他以大胆探索的精神提出了悲剧往何处去的问题,很有启发性。他的喜剧论中关于幽默与机智的阐述、关于通俗与庸俗的区分等,都表现出了精到的见解。

四、针对性和目的性——他从事深入的学术研究,但也能关心当前的戏剧动态和论争。比如他对《麦克白》演出之后出现的各种看法,加以评论和进行商榷;比如他指出了我国悲剧创作不够繁荣的原因之一是有关悲剧的错误概念。

五、广征博引,驰骋自如——从亚里士多德到胡可,从泰伦斯到莎士比亚、莫里哀,从《滑稽列传》的优旃到唐·吉诃德、福斯泰夫,到赵盼儿、谭记儿、《陈州粜米》的包公、《评雪辨踪》的酸秀才,如此等等,既有助于扩大视野、融会贯通和比较鉴别,又开创了中国戏剧理论渊博与精到相结合的新特征。

在瘦竹同志的论著里我们常常会读到以下这样的论述:

我们的国家,现在已经进入社会主义现代化建设的新时期。我们的文学艺术在满足人民精神生活需要、培养社会主义新人、改革和完善社会制度以及批判各种错误的思想和行为方面,具有重要作用。在日常生活中,我们随时以笑来表示我们的憎恶和鄙夷或赞赏和欢乐之情。因此各种喜剧,从来就受到广大观众的欢迎。在我国社会主义社会中,劳动人民的个性得到发展,聪明才智大有用武之地,虽然目前还有不少问题,但和过去却有本质区别。就戏剧创作说,除悲剧和正剧外,喜剧作品尤其是幽默喜剧和机智喜剧,完全符合时代的需要。(《论喜剧中的幽默与机智》)

当前我国亿万人民正为建设高度物质文明和高度精神文明而斗争,那么悲剧所歌颂的叱咤风云和崇高善良的正面人物形象,将会给我们以巨大精神力量,鼓舞我们为实现社会主义现代化而献身。(《论〈麦克白〉、〈理查三世〉及悲剧人物》)

我们正在党的领导下,以无产阶级的革命乐观主义精神,披荆斩棘,努力前进,建设现代化的社会主义强国。我们需要有更多的喜剧,除讽刺喜剧外,更需要塑造正面形象的喜剧,以振奋人的精神。(《从〈破窑记〉到〈彩楼记〉——论川剧〈评雪辨踪〉的渊源及其艺术特色》)

篇幅有限,不能多举。总之,一句话:吸收已有的戏剧艺术精华,创作出丰富多彩的、能促进我国伟大社会主义事业、满足人民需要的新型社会主义戏剧,是瘦竹同志念念不忘的目的与要求。这也正是我们从事戏剧、戏剧教育、戏剧理论研究的工作者的强烈愿望。

有高度社会主义责任心的戏剧理论和戏剧美学工作者,都应该开动脑筋,接受挑战。这需要以革命文艺思想和美学观为指针的钻研和集思广益,而做法应该是有针对性地进行专门深入的探讨与总结,同另一方面经常性的开门见山、生动活泼的戏剧和影视评论相结合。这也就像陈瘦竹同志所采用过的做法。我们十分珍视他的,以及一切先行者的榜样和引导,让我们以前进的步伐追随、深化和扩充他们的足迹吧。

(作者单位:中央戏剧学院)

(原载《戏剧(中央戏剧学院学报)》1996年第2期)

（孙家琇：当代戏剧理论家、莎士比亚研究专家，1935—1939年留学美国，1939年回国后历任西南联大英语系教授，南京国立戏剧专科学校教授，新中国成立后，任中央戏剧学院戏剧文学系主任、教授、中国戏剧家协会及中国文联理事、国务院学位委员会学科评议组成员，创立并主持了莎士比亚研究中心。）

海　笑

忆瘦竹老

"陈瘦老!"我习惯这样称呼陈瘦竹教授,为的是与其他的"陈老"区别开来,而在心里我总是亲昵地称呼他为"陈老师"。

四十年前,进城不久,我就闻知陈瘦竹教授的大名,他是著名的作家又是著名的理论家,尤以戏剧理论见长,他治学严谨,深得学生的爱戴。

我很想认识他,很想拜他为师,可是我长期在经济界工作,隔行如隔山,总是无由得见。

1965年之夏,我调入文艺界,才有幸认识陈瘦老,他与我想象中的形象基本吻合,一位忠厚长者,一个模范师表。他每次的发言都是言之凿凿、有理有据、逻辑性强、思路清晰。我欢喜听他的发言,因为得益匪浅。

可惜时间不长,全国便刮起一场毁灭性的狂风,他因是"理论权威"而被打倒,我也因是"阶级异己分子"而被下放。

等到我们重新聚首时,他已从风华正茂的中年而进入老年,头发稀少而灰白,步履蹒跚,眼睛越发近视,简直到了离开眼镜就如盲人的地步,我每次拜见他后，心头总不免涌出一丝悲哀。因此作协江苏分会开会时，我们都做好了他请假的准备，可是每次他接到通知，都是准时地来参加会议。他这种认真负责的精神使我和同事们都感奋不已。

1980年仲夏，中国文联和中国作协安排一批作家理论家去北戴河疗养，我和陈瘦老一同前往，相处半月，情谊更深。我知道自己不仅是去疗养的，还有保护好陈瘦老的任务。每天下午，我便心情矛盾，总想让他多睡一会儿而不愿喊他下海。而他一到游泳时，却早已换好泳装在等我了。于是我们便一同下海，到了海里，他仰泳俯泳，比我游得还好，活跃得就像年轻人一般，每次游泳回来，他的精神始终很振奋，又抓紧时间读书写作，我放心了，高兴了，心想一个良好的环境对一个博学多才事业心很强的教授来说是多么重要啊！

由于友谊深厚，这十年中我们的来往就增多了，每年我至少去他家两次，一次是春节拜年，一次是年中问候，他总说过意不去，一定要和夫人沈蔚德老师去我家回访，我劝他不必如此，可是他还是去了，而且十分遗憾的是那次我们一家人正好外出，他们夫妇两位老人气喘吁吁地摸上三楼，碰上的竟是铁将军把门。后来每一提到这件事时，我就抱愧不安，于是我去他家跑得更多了，每出一本新书都要及时给他送去，并且在他小小的会客室里聆听教诲，亲切交谈。

我原以为至少还能再听到他十年的教诲，他虽年逾古稀，但他的精神尚好，何况还有许多作品要写，还有几名博士研究生要带，还有不少事情要做，我知道他有一股拼命精神，他想努力工作，弥补损失了的时间。然而没料到病魔这么快地夺去了他的生命，也许就是由于他太拼命，不注意自己的身体，病魔才得以逞凶的吧！

悲夫，现在也已进入老年的我，每想念到瘦竹老时，只能去翻阅他签名赠送的《春雷》《论悲剧与喜剧》了，这时，我好像就看见了拿着放大镜一个一个字地在读，一个一个字地在写的他，我禁不住默默地对他说："陈瘦老，历史的发展是不以人的意志为转移的，中国和世界一定会越变越好的，你安息吧！"

1990年10月25日急就

(海笑:当代作家,著有长篇小说《青山恋情》《部长们》《白色诱惑》,儿童文学中篇系列小说《红红的雨花石》《战争中的少男少女》及散文集《坚贞的冰郎花》等。)

田本相

那高大的梧桐树
——纪念陈瘦竹先生

每纪念起瘦竹先生,就联想到南京城的法国梧桐;而每一次见到法国梧桐,就又纪念起瘦竹先生。

那挺拔的法国梧桐,那法国梧桐的绿荫,总让我想起瘦竹先生倔强屹立的形象。

瘦竹先生虽然不是我的业师,但我一直把他作为我的导师来尊重、来对待。

这原因,也许是瘦竹先生有着像我的业师李何林先生同样的侠骨傲然的性格、正道直行的品德,使我感到分外熟悉分外亲切。

我和先生见面的次数是可数的,但从我内心来说,这不是以此为限的,我时常怀着对他的感激、对他的敬重。先生的形象是默默地逐渐走进我的心中的,是终生不能忘怀的。

还在大学时代,就曾拜读过先生的大作——《论田汉的戏剧创作》。这在那时是唯一一部研究现代剧作家的专著,因此,显得格外突出,给我留下最初的印象。

　　而真正同先生进行心灵的交流,仔细阅读先生的论著,是在我开始研究的时候。我多么想得到研究的启示啊！可是遍查资料,发现我们对现代剧作家的研究太薄弱了。而唯有先生关于这方面的论著是那么多,那么深刻而有见地。他对我的启发,不仅仅是具体的观点,而是他那字里行间所渗透的谨严治学的精神,以及博学广识的修养,使我深感对现代话剧文学进行研究是一件不轻松的事情。他在现代剧作家研究上树立了一道道界碑,为后人开拓着道路,而这些,确实为我的研究提供了深刻的教益。于是,在这默默的阅读中,也就拜先生为师了。

　　记得《曹禺剧作论》的开初几章写出来,我就冒昧地寄给先生请教。那时我不知道先生眼疾甚重,已经不能过多阅读。很快,就有了回音。他让正在做他的研究生的朱栋霖同志给我写了一封长信,其中除鼓励外,还提了许多宝贵的具体意见。从信中才得知先生是听学生读我的稿子,然后提出意见嘱栋霖写的。这使我十分感动,也深深感到一位前辈对一个陌生的求教者的无私的爱护和支持。

　　先生对我的奖掖,是出乎我的意料的,也是使我最难忘记的。1984年全国戏剧理论著作评奖,我的《曹禺剧作论》为评委会选中。当我领奖之后,才从朋友那里获悉,是先生在评委会上发表了重要的意见。以他在戏剧研究上的权威性,博得评委们的认同。其实,那时我和先生未曾谋面,也只有一次间接的通信联系。我并不认为我的著作一定获奖,但先生对晚进的鼓励支持却是无私的公道的,其着眼并不在于人情世故,而在于推动话剧研究事业。我和先生非亲非故,而他那样力荐此书,对我来说,是感到既受之有愧又格外感动的。而我对先生的公正无私的精神,是感受最深的。

　　其实,瘦竹先生对《曹禺剧作论》中的一些论点是不赞成的,他在为朱栋霖的《论曹禺的戏剧创作》一书所写的序言中,就针对我书中的论点谈了他的看法。而且特别让朱栋霖同志告诉我,他将在序言中同我讨论。也就是说,先生既没有因为他不赞成我书中的某些论点，而影响他的评价，相反却大力推荐，而让栋霖同志转告我，也是想得十分周到的。从此，我对先生更为尊敬，也更看出先生为人治学的高尚品德。他爱护晚进，他更追求学术真理。也正是在这期间，朱栋霖同志写了《读〈曹禺剧作论〉》一文发表在《文学评论》上，我也深深地感到，这也是先生对我的一种鼓励。

我和先生第一次见面是在 1985 年 10 月，在中国话剧文学研究会的成立大会上。

这个学会的成立同先生的大力支持是分不开的。1984 年秋末，栋霖和黄会林同志先后找我商量，为了推动现代话剧文学的研究，能否成立一个学会。我们从先生那里寻求支持，他不但积极赞成，而且不顾年事已高，答应亲自来京与会，答应为大会致开幕词。这给了我们以信心和力量。

使与会同志感动的，是他来京开会期间，坚持和我们一起住在中央戏剧学院招待所里，和大家一起在学校的教工食堂吃份饭。他眼睛不好，行动不便，但每次大小会他都坐在那里，为大家作出表率。这次会开得十分紧张，又十分节俭，开得十分成功。与会同志都说，是瘦竹先生的榜样力量鼓舞了大家。在这个会上，没有一个同志因为生活问题发过怨言、提过意见。

他为大会所作的开幕词——《开创话剧文学研究的新局面》寄托着他对中国话剧事业的殷切期望，并提出了十分宝贵的意见，特别是对中青年的话剧文学研究者怀着信心和厚望。他特别强调要重视中国话剧文学的研究，他说："话剧，作为一个年轻的剧种，短短七十多年的历史，是那么丰富多彩，它所走过的道路，又是那么曲折、坎坷。对它的这样不平凡的历史，的确是值得我们话剧文学潜心研究的。"

他提出："要提高中国话剧文学研究水平，必须以马克思主义为指导，对基本的戏剧观念进行再认识，在研究方法上也要进行突破和革新。研究中国话剧文学必须着眼于当代，对于当前的话剧'危机'要有紧迫感。在当代话剧文学研究中，也应紧密结合历史的考察，把握住话剧文学发展的历史规律。

同时,对中国话剧文学的研究也应进行比较研究。可以同我国传统的戏曲文学比较,也可同外国的戏剧文学做比较,还可进行多层次的比较研究。为发展我国具有民族特色的、群众喜爱的新话剧理论在研究上贡献我们的力量。"

这些意见,今天看来都是十分宝贵的、富有远见的。就是在这次大会上,大家一致推举先生为中国话剧文学研究会名誉主席。

先生待人极为诚恳。在这次会议中,由于朝夕相处,我深感他对中青年怀着一颗温暖的心。我在会上曾作了《关于〈中外比较话剧文学史〉的构想》的发言,会后,先生详细询问了我的具体设想,给予很大的鼓励,并且愿意把这一研究项目推荐作为国家教委"七五"文科研究规划的项目。他回到南京不久,就写来推荐意见。正是先生的大力推荐,在各大学文科上报的众多项目的竞争中,我的项目终于被列入"七五"规划。先生就是这样不遗余力地支持着我,确实给我以鼓舞和推动。可以告慰先生在天之灵的是,这部书稿在大家的努力下已完成初稿,还想进行反复修改,使之达到更高的水平,以不负先生的生前厚望。但遗憾的是,我曾请先生为此书作序,现在却成为永恒的遗憾。

此后,我和先生师生之情日深,每次去南京必去拜望。就在先生家的小客厅里,先生总是兴致勃勃地谈戏剧、谈研究、谈教育、谈国家大事……先生的性格是十分开朗的,向人敞开胸襟,他的谈话,不但给你以教益,更给你以感染,让你充满信心地去从事工作。在我担任话剧所所长后,他一再鼓励我们创办一个话剧研究的学术刊物,这是他所期望的。他说,有了刊物,就有了阵地,才能切实地推动话剧研究,才能培养队伍。先生的意见对我颇有启示,尽管困难重重,在中国艺术研究院领导的支持下,我们终于创办了《中国话剧研究》丛刊,并且在董健的诚挚的支持下,实现了与南京大学戏剧研究所联合主办,也可以说完成了先生生前的夙愿。

由于先生的关系,我同先生的弟子,也成为亲密的朋友,像朱栋霖、王文英、朱寿桐、周安华、闫广林、赵康太……为了话剧文学研究,也是为了先生一生为之奋斗的事业,相互帮助,相互支持。特别是他们对话剧所的支持,给我的工作以助力。显然,这也是先生在背后为我撑腰助劲,我是深有体会的。

对于先生的坚强性格和对生命的执着,我是在他病中才真正感受到的。去年秋天,我和杨景辉同志一起去看望,知他已身患不治之症,据他的学生说是十分痛苦的,但是,仍然在那个小客厅里,见到他,我们的心情抑压着。而先生却只字不言病。我感到他心情的沉重,但绝不是因为他自己的病,而是对国家命运的焦灼和忧虑。至今,我仍然清楚地记得他的话:"我们这个国家再不能这样折腾下去,不能再乱了!"他渴望的是国家的富强昌盛,是中华民族的振兴腾飞。至今,我仍能清晰地记起他那忧郁的面庞,他对国家民族前途的忧虑远远超过了他对自己生命的忧虑。

告别先生出来,我们的心情依然沉重,我们在马路上蹒跚着,法国梧桐在秋风中挺拔着、屹立着。

先生的一生,多么酷似这挺拔的梧桐啊!他那坚毅的生命躯干,他那生命的绿荫,他奉献给这世界,但他去了。他留给我们的,是那永远难忘的高大的法国梧桐的形象!

(田本相:戏剧理论家、戏剧史家,1987—2000年任中国艺术研究院话剧研究所所长,文化部研究系列高评委委员、副主任,曾任中国话剧理论与历史研究会会长、华文戏剧节委员会主席。著有《曹禺剧作论》《郭沫若史剧论》《曹禺传》《田汉评传》《中国现代比较戏剧史》等。)

杨景辉

忆陈瘦竹先生二三事

有一次,陈先生无意中问起我是哪个学校毕业的,我答曰:毕业于武汉大学中文系。他十分高兴地说:"咱们是老同学呀!"当时我很惊讶。他是我的老前辈,为何说与我是同学? 后来我才知道:1929 年春,他在江苏省立第三师范学校读书时,因参加学生运动而被学校开除。暑假中他借用高班同学陈泰来的文凭,考入国立武汉大学外文系,学名陈泰来,1933 年毕业。而我却是二十三年之后才考入武汉大学的。我在毕业前夕,由于对田汉剧作的爱好,读过陈先生的专著《论田汉的话剧创作》,而真正面受陈先生的教诲,却是 1984 的事。

1984 年,中国戏剧家协会决定主办"第一届全国优秀戏剧理论著作奖"评选活动,陈先生被聘请为评奖委员会委员。我负责评委会办公室的工作。我和沈梅同志(评委会办公室的工作人员)受评委会的派遣,先后在北京、扬州、南京、上海等地召开了数十次座谈会,征求戏剧理论工作者对评奖工作和候选书目的意见。

5月7日到达南京时,我们还没有来得及找旅店就拜访了陈先生。这是我和陈先生第一次见面。记得这一天上午十一时许,我们找到了南京大学宿舍区陈先生的寓所。先生十分热情地在他的会客室接待了我们。这间会客室虽然很小,但花架上的兰草和墙上的字画,把这陈设简朴的斗室,点缀得特别雅致。我们虽是初次见面,但却一见如故。沈梅同志的父亲是陈先生的学生,也许因为有这一层关系的缘故吧,她更显得无拘无促。寒暄一阵后,言归正传。我们征求陈先生对此次评奖的意见。他非常认真,侃侃而谈,从评奖的意义、标准、方法到具体书目,都提出了重要的意见(后来我们还做简报印发了他的这次谈话)。他说:"这项评奖对发展理论工作很重要。搞理论工作的人很少,重视它,可以吸引一些年轻同志投入到理论队伍中来。理论工作历来薄弱,评奖是个促进,是对过去的总结,对将来的启发,特别要考虑全面。""要真正体现双百方针。"在谈到评奖的标准时说:"要求作者完全运用马列主义观点,这很难做到;至于在理论上要达到什么样的高度,我看这不一定要求得很严格,但在学术上要有贡献。一部书要看它大的方面,不能求全,只要观点正确,材料翔实,在研究上有它的价值,就能参加评选。"这些意见,对这次评奖起了重要的作用。

　　先生很健谈,说着说着,不知不觉地过了十二点,当我们起身告辞时,他和沈慰德先生执意要留我们吃午饭。盛情难却,我们就高兴地同陈、沈二位先生共进午餐。也许是我们有口福吧,先生刚好托人从扬州带来了冬菇三丁包子(据说这是扬州的名点,就是扬州本地人也很难买得到),让我们一起品尝,味道实在鲜美,加上又有江苏名酒,的确是别有风味的"午宴"了。席间,先生谈笑风生,神采飞扬。在这里,我们感到格外亲切和温暖。先生患有严重的眼疾,视力几乎等于零,但我们临别时,不管我们如何劝说,他一定要送我们到楼下。我们依依不舍地告别了先生。

　　国庆过后,评奖委员会在承德举行全体会议。陈先生在沈先生的陪同下参加了这次盛会。我们又一次见面了。在评委会上,先生对每一部候选著作都认真发表意见,持论公允,实事求是。既表现了先生秉公办事的品德,又显示了他渊博的学识。首届评奖能获得成功,并在海内外引起强烈反响,与先生和所有评委的热情支持和认真负责的精神是分不开的。

　　1984 年底,一些热心于中国话剧文学研究的同志,建议召开中国话剧文学学术讨论会,并同时建立相应的学术团体。这一建议,立即得到陈先生的热忱支持。在田本相、董健、黄会林等同志的努力下,很快召开了筹备会议,成立了筹备组。我参加了筹备工作。陈先生是戏剧理论方面的杰出学者,对话剧研究的造诣很高,因此,在筹备会上,大家一致建议请陈先生为这次学术会致开幕词。会上,大家要我执笔撰写此文。为了不负众望,我不自量地欣然接受了这一光荣任务,赶写出了题为《开创话剧文学研究的新局面》的开幕词初稿。当文稿在筹备会上讨论通过后,寄给陈先生审定。

　　1985 年 10 月 7 日,首届中国话剧文学学术讨论会在北京开幕。七十多位戏剧界的专家、学者以及许多戏剧研究工作者、研究生出席了会议。陈先生和沈先生都参加了这次在中国话剧史上具有重要意义的盛会。陈先生热情洋溢地致了开幕词。我国著名剧作家夏衍、曹禺、吴祖光等亲临会议,并作了重要讲话。会上,隆重成立了中国话剧文学研究会,陈先生被选为名誉会长。

　　会后,研究会和戏剧出版社商定,出版此次会议的论文集(后作为该社"话剧文学研究"丛刊的第一辑于 1987 年出版了),将开幕词排在卷首,署名陈瘦竹。但在征求陈先生的意见时,他一再提出,不要署他的名字。当年 12 月 20 日他写信给我说:"因该稿为你们几位集体创作,非我所写,不敢掠美。"后经研究会常务干事会研究,认为已成事实,不好更改,出版时,还是署上了陈先生的名字。同时,将稿费寄给了先生。而他却把稿费又如数退回来了。这是一件小事,但它使我们清楚地看出,先生对"名、利"二字看得如此淡泊。

　　还要提及的是,这次会议的经费十分困难,几个发起单位资助的少得可怜的一点钱,只够支付会议场租和交通费用。因此,所有与会的专家、学者,只好被安排在中央戏剧学院非常简陋的内部招待所里住宿。陈先生和沈先生也和大家同吃同住、同甘共苦。每天自己带着碗筷到学生食堂排队买饭菜。所有代表在先生的影响下，没有一句怨言，我们感受到的是浓厚的学术氛围，为以后中国话剧研究会所召开的一系学术讨论会，开创了良好的会风。

陈先生从三十年代起就从事翻译和戏剧理论的研究。他满怀雄心壮志，勇敢地、坚持不懈地攀登戏剧理论的高峰，在四五十年代就萌发了"运用马克思主义的观点和方法综合外国戏剧和中国戏曲和话剧，建立一个新的理论体系"的意念。陈先生非常勤奋。他花费了十五个春秋，阅读了古今中外大量的戏剧资料，写了大约三十万字的关于戏剧理论的札记。不幸的是，在那一场史无前例的"文革"浩劫中，这些珍贵的手稿，已被洗劫一空，全部被焚毁了。当他同我谈起此事时，他是多么痛惜！"四人帮"被粉碎后，先生年已古稀，而且双目在"文革"中受伤接近失明，因此，建立我国自己的新的戏剧理论体系的宏愿，已不可能实现了。这对我国的戏剧理论建设是一个多么大的损失呀！

但是，先生并没有悲观失望，他仍在顽强地攀登。他凭借着高倍放大镜，在蔚德先生的悉心帮助下，涉足戏剧美学、话剧、戏曲等诸多领域，写了数十万字的单篇论文。记得，在1984年承德会议上，当时担任中国戏剧出版社总编辑的杜高同志和我，曾向陈先生约稿，希望他将新时期以来写的文章整理出来，汇集出版。他欣然应允。1988年5月，中国戏剧出版社终于出版了他的近四十万字的《戏剧理论文集》，为我国的戏剧理论研究，作出了新的贡献。

去年六月底，我和本相同志应南京大学之聘，加入陈白尘、董健二位教授指导的博士研究生陆炜的论文答辩委员会，获悉先生重病住院，每星期可回家度周末，我们利用这个机会，于6月25日去看望了他。当时，他虽然显得有些憔悴，但精神还好。万万没有想到，这是我们和先生的最后一面。

长江后浪推前浪，世上新人超旧人。陈先生虽然离开了我们，但他桃李满天下。我们相信，先生创立我国独有的新的戏剧理论体系的夙愿一定会实现！

1990年11月26日于北京惜薪司

（杨景辉：戏剧评论家，中国戏剧出版社资深编辑。）

陈　辽

不尽的哀思
——忆陈老

陈老离开我们已有一些日子了,但我仍不时忆念他。几件往事,尤其使我难以忘却。陈老虽然没有教过我的课,但却是我事实上的、真正的导师。

"搞好作协工作,要多听会员意见。"

1958年7月,我从人民解放军转业到中国作家协会江苏分会工作。苏隽同志下放后,分会只有鲍明路、魏毓庆和我三个人。因为我才来分会工作不久,鲍明路同志要我看望一些知名人士,征求他们对如何搞好作协工作的意见。1958年11月中旬,我看望了陈老。那时陈老一家住在小粉桥的一所平房里。陈老接待我的房间不大,陈设也很简单,除两书架书籍外,就是茶几和竹椅。当我向陈老自我介绍了所在单位,说明是鲍明路同志要我来听取陈老对作协工作的意见后,我就说:"陈瘦竹同志[按:'文革'前,作协江苏分会的工作人员对陈老、孙(望)老、吴(调公)老等先生都称呼'同志',对他们尊称

'老'是粉碎'四人帮'以后的事],我从部队转业下来不久,怎样搞好作协工作可以说一点都不懂,请您多多指教啊!"那年陈老49岁,身体很好,精力充沛,两眼炯炯有神,表情和善温煦,他笑着对我说:"我看过你和陈其通同志辩论的文章,知道你的名字,在作协江苏分会工作很好。作协工作怎么搞,我也说不出系统的意见。(按:作协江苏分会于1958年才成立筹备委员会)我想,作协是作家的自愿结合的群众性组织,千万不能搞成'衙门',机关化。作协的工作人员,主要是为会员服务。你们也可以搞些创作和评论,这样你们和会员就有了共同语言,容易交上朋友。搞好作协工作,要多听会员意见。会员有什么问题,存在什么困难需要解决,不要等会员找上门来才给予考虑解决,而是要主动听取他们的意见,主动帮助解决。"陈老的话虽然不多,却指出了作协工作的方向。我回去后,把陈老的意见向鲍明路同志做了汇报。后来,作协江苏分会的几个工作人员(1960年,顾尔谭同志来分会负责办公室的工作)就是本着这一精神开展工作的。虽然只有三个人,大家的积极性很高,工作搞得挺"红火",会员同志对分会的工作也比较满意。在我离开陈老家时,陈老把我送到门口。"一位多么平和可亲、多么乐于助人的作家和学者啊!"这是我告别陈老时心中说出的话。

不作"反修"发言

1960年4月,春寒料峭,江苏省文艺工作者代表大会在苏州举行。这是江苏省文联的第二次代表大会,除了总结上届代表大会以来的工作外,主题是反对修正主义。那时中、苏交恶,我们把苏联说成是"搞修正主义"。为了防止国内也出现"修正主义",文艺上开始"反修"。然而,在江苏文艺界实际上并没有人搞修正主义,也没有宣传修正主义的作品。可是"修正主义"总得反呀,于是便找出了几篇当时认为是有问题的作品和理论文章批起来了。我记得,南京大学张威廉先生、南京师范学院的吴调公先生、苏州师范学院刘开荣先生（女）的文章和作品都受到了不公正的"批判"。陈老是文联的副主席，当时省委宣传部的负责同志示意陈老作一次"反修"发言，要我把这一意思告诉陈老。当我婉转地转达领导上的意见后，陈老冷冷地说："什么是修正主义，我还不清楚，还要好好学习。我自己都不了解修正主义是什么，我怎能做'反修'的发言呢？！请你告诉领导，这个言我不能发。"于是，作为著名文艺理论家的陈老并没有在江苏第二次文代会上作"反修"发言。陈老不肯讲违心话，不愿做违心事，在当时的历史条件下是多么难能可贵啊！

在课堂上亲自听老师上课

俞铭璜同志调到华东局宣传部任副部长后，陈老接替他担任南京大学中文系主任。这时，我也从省作协调到省委宣传部文艺处工作。大约在1962年9、10月间，宣传部主管文艺的副部长钱静人同志为具体贯彻《文艺八条》事，要我到南大听取陈老的意见。我到了中文系，系里同志告诉我，陈老听课去了。我问他在哪个教室听课，他告诉我教室的方位，我便自去寻找了。到了教室的门口，我发现陈老就坐在教室的最后一排，专心致志地听课，写着听课笔记。我不敢惊动陈老，就在教室门外等候，看着陈老听课。整整一节课，陈老没回过一次头。有时他望着讲课的老师，不自觉地点头，表示他对老师讲课的称许；有时他在听课笔记上疾书，大概有什么意见在写；有时观察学生的反应，考查教师讲课时的效果。系主任如此亲临教室听课是不多见的，而像陈老这样如此认真听课更是罕见的。这对我是一次深刻的教育。那次陈老在听课后和我说了什么贯彻《文艺八条》的意见，我已经想不起来了，但陈老作为系主任认真听课却给了我难忘的印象。后来听南大中文系的教师说：陈老不仅听课，还检查教案，主持座谈会倾听学生对教学的意见，在新中国成立后至"文革"前的南大中文系的系主任中，陈老对教师教学工作的要求是最严格的。"文革"期间，我"下放"到南京市郊区盘城中学工作。如无特殊情况,我坚持每天听一节老师的课,这一方面是因为我在部队从事过教育工作,另一方面也是受了陈老那次听课的影响。"大学系主任、名教授能到课堂听课,我是一个农村中学的负责人,不是更应该天天到课堂听课吗?"我是这样自己要求自己向陈老学习的。

我永远的不安

"十年浩劫"过去,陈老已是六十七八岁的高龄,我也早已进入中年。再见时,陈老的头发已很稀疏,但精神矍铄,著作迭出。为了表示对陈老的敬意,我把我在新时期出版的书籍都寄给了他。陈老收到我的书籍后,总是打电话给我,对我进行勉励。我的六十六万字的《马克思主义文艺思想史稿》由四川文艺出版社出版后,我又寄给了陈老。陈老收到书籍立即给我打了电话。那天下午,文学所开会,我正在发言。接电话的同志也不知道打来电话的是陈老,竟回说:"他正在发言,请你等一等。"待我发言完毕后那位同志才告诉我有电话,这时陈老已等了五六分钟了。这使我十分惶恐和不安:让七十多高龄的陈老拿着电话机等我接电话,而且等了五六分钟,这是多么大的罪过啊!因此,在我得知打来电话的是陈老时,我立即向陈老请罪,告诉他接电话的同志不知道您是陈老,让您等了五六分钟,我真是万分不安。不料陈老一点也不见怪,而是笑着说:"没什么,没什么!我打电话给你,是向你祝贺的。祝贺你的《马克思主义文艺思想史稿》出版,并预祝你在今后马克思主义文论研究中取得更新更大的成就!"接着还说了不少鼓励我的话。陈老这种扶持后辈的热情,更加使我对陈老长时间在电话机旁等我接电话感到不安,因此我除了感激陈老对我的勉励外,要再一次表示我的不安和告罪。直到现在,我还为此事感到不安。这是我永远的不安!我只有在实际行动中认真学习陈老提携、鼓励后辈的精神,才能稍稍减轻我这一永远的不安!

重病期间参加博士论文答辩

1989年11月19日,陈老三位博士研究生的毕业论文答辩在中文系会议室举行。这时陈老的癌症已进入晚期,身体正处于极大的痛苦中。但是,他为了对博士生负责,仍然在重病期间参加了这次论文答辩。答辩前,陈老请我对他的三位博士生的毕业论文提出评审意见并邀请我担任答辩委员会委员。在我阅读这三位博士生的毕业论文时,我从论文的字里行间,看出了陈老的戏剧美学思想对它们的深刻影响。三篇博士论文各有分工:一篇是论悲剧美学,一篇是论喜剧美学,一篇是论悲喜剧美学,合起来涉及戏剧美学的几乎全部问题。三篇博士论文都是高水平的,我既是审阅者,也是受教育者,在审阅过程中我学习到不少东西,也对陈老精心指导博士论文写作感到由衷钦佩。那天博士论文答辩,因考虑到陈老的身体情况,只花了半天时间。但答辩的过程却极其严格、认真。我眼见陈老以很大的毅力忍受着痛苦,坚持参加完全部论文答辩,还以指导老师的身份讲了话,对他指导的博士生的今后论文的进一步修改、定稿、出版提出了宝贵意见。我为我国有陈老这样的高水平、严要求的博士生导师感到骄傲,也从陈老的忘我工作精神中受到启示和深深的教育!

我在陈老的八十寿辰、学术活动六十周年庆祝会上说过:"我是陈老的私淑弟子。"的确,从我1958年与陈老结识起,我是一直把陈老作为尊敬的老师对待的。"斯人已逝,风范长存。"陈老的逝世,怎么能不引起我不尽的哀思呢?!陈老的道德、学术、文章,将永远作为我的楷模鼓舞我在人生的道路上前进!

(陈辽:文学评论家,中国作家协会会员,曾任江苏省作家协会秘书、中共江苏省委宣传部文艺处指导员、《雨花》编辑部理论组长、江苏省社科院文学所研究员。)

丁 芒

先师身影无穷大

我少小离家,新中国成立后又北去,直到1979年始来南京。在作协江苏分会一些会议上,认识了瘦竹先生,固淳厚笃诚、可敬可亲的饱学之士。初无其他接触。旋与骆寒超相交,骆系先生得意弟子,当年因研究艾青而被错划为右派,窜逐温州海隅,近年纠正。先生一向器重他,因借调来南京,助他编纂、论析左联时期文学,徐图安置。于是从寒超口中,得悉先生种种性状,其持正秉公、重才爱人、严谨治学、简朴自奉,都令我钦敬不已。

寒超竭平生积学所作《中国现代诗歌论集》,亦因力荐,得以在江苏人民出版社出版。先生又亲为撰序。这篇序文又可以说是先生对寒超惜爱之情的结晶,真是言彻肺腑,情动肝膈,阅者无不动心。于是益知先生胸襟,来往渐多。先生对我的处境,也多所垂询,久亦知我为人。我有著作出版,亦往往奉正于先生,每得其教益。平日话题更涉及当代文坛种种。通过这些交往,先生固渐知我,而我对先生也益增倾慕之心了。

一次,寒超来宁,言及我的诗选。瘦竹先生先是说自己固然着力于戏剧研究,而年轻时也曾与诗结过不解缘,近年接触我的诗作,也有所思考。接着他竟主动提出与寒超合作,为我的诗选作序,并相商内容、篇幅、完稿日期。这篇八千字长序,其实是对我的新诗做了一个全面的艺术鉴定。先生亲自寄给所熟的某理论刊物,不料该刊不知何故竟然退还。瘦竹先生告诉我这一情况,歉然之情溢于言表,而眉宇之间却微露愤然不平之色。我已猜测到退稿原因,转过来安慰他,先生嗟咄久之,不能释怀。后来这篇长序终于在外省的理论刊物——《福建论坛》——上发表了。先生的反应是一声苦笑。

我因写作太忙,不能常去探望求教,而心固常在先生周围。他对我是:先识人后识诗,多所眷顾,其情已令我感动。其实他对人已经非常尽心,却因无法达到预期效果,爱莫能助,无可奈何,因而自谴自伤。这种胸怀,每每念及,无不为之泣然。

他先是住院一段时间,后来渐渐痊愈。春节期间我曾去看望,他似乎信心满怀。谁知后来又入了院。我最后一次去看他,他坐在沙发上,女儿正在喂他吃粥。我来要他写给他的几位研究生的一首感怀诗,准备刊登在《江海诗刊》上。这首诗深情地传达了他对后辈学者的殷殷瞩望。谁知,诗还未刊出,他已不幸。那时我刚经外地回来,腿伤未愈,不能行动,遽闻噩耗,悲急交迫。只好振笔立成一诗,并书赠蔚德先生。我虽未亲受业,瘦竹先生固吾师也,诗云:

历史星空曾有炬,
光芒永照万千年。
先师身影无穷大,
百卷雄文写在天!

1990年11月17日

(丁芒:当代著名诗人、作家、文艺评论家、散文家、书法家,中华史学研究会名誉会长。)

国立剧专江苏校友会全体校友　（甘竟存执笔）

一日为师　终身为傅

敬爱的瘦竹先生与我们永别了。

陈先生不仅是为我们传道、授业、解惑的师长，他还是我们人生旅途中最可信赖的向导，他还是与我们同患难、共欢乐的亲人。

记得刚刚粉碎"四人帮"那年春节前夕，剧专校友相约在莫愁湖畔的胜棋楼聚会。那天清晨，寒风料峭，雪下得很紧，大伙儿都以为瘦竹先生和沈先生可能不会来了，没想到话还没说完，他们两位老人互相搀扶着，一步一步、小心翼翼地踏着积雪走进公园。我们赶紧上前照应，有的说："下这么大的雪，陈先生还来了，真想不到。"他慈祥地笑着说："难得见面，难得见面。"这简单的话语包含着多少深情、多少艰辛，外人恐怕是难以领会的。"十年浩劫"一开头，陈先生就受到巨大的冲击，遭受最严酷的折磨。但他以无比坚强的意志"挺"过来了，而且对祖国的未来仍旧充满信心与希望，对一切丑恶的人与事表示仇恨与蔑视，他还始终关怀着朋友和学生们的命运。这是多么伟大的人格啊！

回想四十多年前,我们刚进剧专的时候,陈先生不过三十多岁,我们还是十几岁的小伙子、大姑娘,他就像对待自己的子女一样,关心我们的学习、生活,保护我们的安全与自由;如今,我们也已经是五六十岁的爷爷、奶奶了,陈先生还像当年一样对大家关怀备至。有的同学写了剧本或论文,陈先生用放大镜艰难地逐字逐句仔细审阅,一节一节地提意见;有位同学一直没有结婚,陈先生和沈先生每次见到他,总要喊着他的名字亲切地说:"××,你的终身大事要抓紧解决啊。"有位校友的女儿考上了南大中文系,陈先生得到消息急急忙忙地打电话给他们报喜,等到孩子毕业的时候,陈先生还关心她的工作分配,嘱咐她要继续努力学习,不要荒废了所学的专业。

还有位校友年近花甲,评上了教授的职称,陈先生请他吃饭,在小客厅里同他促膝谈心,接连谈了两个小时,陈先生语重心长地说:"希望你不要就此止步,停滞不前,要像古人所说的立德、立功、立言。你是当教师的,立功,就要为国家多培养一些有用的人才;立言,就要写一些有价值的文章、著作。"陈先生进一步强调说:"立德,就是要堂堂正正地做人,要正直、善良、待人以诚,不搞歪门邪道,更不可玩弄阴谋诡计陷害别人。"

陈先生对他每个学生的进步都同样关心,对每个学生在事业上取得成绩都感到喜悦和欣慰。1986年秋季,十四届校友徐晓钟、胡伟民来南京开会,他们两位都是全国著名导演,晓钟还是中央戏剧学院院长。为了欢迎他们,校友们在白下饭店聚会。陈、沈二位先生从家里步行到鼓楼,再挤上公共汽车,准时来到会场,从下午到晚上,他们始终兴致勃勃地同大家亲切交谈,问长问短。祝酒的时候,陈先生站起来激动地说:"晓钟、伟民,还有其他许多同学这些年来为新中国的戏剧事业做出了重要贡献,我感到非常高兴,希望你们'更上一层楼',在各个不同岗位上继续奋斗,为我们祖国的繁荣昌盛作出更多的贡献。"宴会结束,退席的时候,陈先生谦虚地要请徐晓钟走在前面,晓钟诚惶诚恐地赶忙退让,大伙儿都说,不管他当了什么大官,陈先生永远是老师,当然要请老师先走。陈先生风趣地笑着说:"他们是客人嘛。"

其实,陈先生自己也十分注意"尊师重道"。他年轻时在武汉大学外文系读书。当时武大的文学院院长兼外文系主任陈源先生曾经给他不少帮助,几十年以后,他还一直念念不忘。在1985年写的《〈春雷〉重版前记》中满怀深情地记述了陈源先生对莘莘学子的关怀爱护、对祖国的无限热爱,借以表达自己对老师的敬意与哀思。

1987年,剧专有位校友写了一篇文章,提出要以历史主义观点重新认识陈源,给他以公正恰当的评价。陈先生看了他的文章后表示赞同,并说:"过去我对现代文学史上指责陈源是帝国主义的'巴儿狗',总是有所怀疑。据我所知,陈源先生虽然有错误,但始终是一位热爱祖国的学者,他的夫人凌叔华女士是一位爱国的作家。"后来事实证明:瘦竹先生对陈源夫妇的评价是完全正确的。

另有一次,陈先生对校友谈到原国立剧专校长余上沅。当时余校长的冤案还没有平反。陈先生说:"余校长未到剧专以前在北京工作,薪水很高,生活也很舒适。为了创办这所学校,他作出了牺牲,不仅减少了收入,而且吃尽了苦头,为发展中国戏剧事业献出毕生的精力,培养了众多的优秀人才,而且他始终没有与国民党反动派同流合污、出卖学生,解放前夕又根据我们党的要求,坚决不去台湾,留在大陆为人民服务。所有这些我们都应当充分肯定,才对得起这位戏剧界的前辈与开拓者。"

由此可见,陈先生为人忠厚诚恳,讲究实事求是,无论是谁,只要为祖国、为人民做过有益的事,他总是深深地怀念他们。

更令人难忘的是,解放前夕他不计个人安危,保护剧专同学的光辉事迹。1948年8月,剧专学生自治会主席殷登翼被特务逮捕,被扣上了"匪谍"的罪名,同学们组织营救委员会,请求老师们给以支持,陈先生挺身而出,担任营救委员会主任,带头签名要求释放被捕学生。11月份,殷登翼出狱后,陈先生又参加欢迎会,对他表示亲切慰问,鼓励他不要气馁,继续前进。

1949年"四一"惨案发生,剧专几十名同学在大中桥被打伤,关押在学校附近伪军官收容总队的营房里,四周高高地架起机关枪,反动军官吼叫着要把学生送去枪毙,丢进护城河。陈先生闻讯后立即赶往现场,亲眼看到同学们一个个双手被捆绑着,脸色苍白地蹲在露天地里,有的伤势很重,头上还滴着鲜血,反动军队不仅不给治疗,还不给饭吃,不给水喝。陈先生十分愤怒地说:"就是牢里的犯人也不能这么虐待。"他要求立即把受伤同学住医院,同时又从口袋里掏出钱来要当兵的去弄些开水、买些大饼给同学们充饥解渴。

天黑以后,被押同学转送到国民党首都卫戍司令部,陈先生又赶到那里进行交涉,要求立刻释放同学……

时间过去了整整四十年。1989年6月,当年被捕、被打伤过的剧专同学来到陈师家中祝贺他老人家八十寿辰。甘竟存代表校友会宣读了贺词,他激动地说:

我们是陈先生的老学生,虽然早已离开学校,但一直受到陈先生的亲切关怀和谆谆教导。我们不仅在戏剧理论与治学方法上深受您的影响,更深深钦佩您的道德情操。我们亲身感受与认识到:您是一位严肃的人,一位高尚的人,一位真正的人,不愧为高尔基所说"大写的人"。您不仅治学严谨、生活严肃,对学生要求严格,更可贵的是您几十年如一日,真正做到了:

热爱祖国,热爱人民,热爱青年;

追求进步,追求民主,追求真理。

全国解放前,在历次爱国民主运动中,您始终与青年学生站在一起,义无反顾地抗议国民党反动派镇压迫害学生的法西斯暴行。您这样做是为了祖国的未来,您永远寄希望于青年。

陈先生听完贺词以后,谦虚地表示:"把我说得太好了。"接着他回忆了四十年前同敌人进行面对面斗争的情景:"'四一'晚上,我在国民党首都卫戍司令部,与一名科长'斗'了两个多小时,他不断对我进行威胁,说我是'八路教授',挑动学生上街闹事,我回答说,我还没有资格当'八路',也没有挑动学生的本事,我是教授,我就要爱护我的学生,要你们立即把他们送往医院。最后,那名科长理屈词穷,阴险地说:'你先回去吧,我们后会有期。'我也回敬说:'你们不释放学生,我一定要再来找你们。'"

陈先生回忆往事后,深有感慨地说:"那时我营救同学完全是从人道主义出发的,现在……"

听完陈先生的话,剧专校友们激动不已,一个个同他紧紧握手,对他的崇高的人道主义精神与无私无畏的气概表示深深的崇敬。

这一幕动人的情景还在眼前,不到一年陈先生便离我们而去了,我们内心的悲痛无法用语言文字表达,只有谨记陈先生的教导:立德,立功,立言,把"威武不能屈,贫贱不能移,富贵不能淫"的高尚品格一代一代地传下去。我们相信,这将是我们对瘦竹老师最好的纪念。

(甘竞存:南京师范大学教授,中国现代文学研究专家,曾任中国鲁迅研究学会理事、江苏鲁迅研究学会副会长、国立剧专江苏校友会会长。)

沈 尧

雪泥鸿爪忆陈师

一

那是1948年秋天,在大光路南京国立剧专的一间不大的教室里,我听了瘦竹老师讲的第一堂课。这一课的内容已经记忆不清,只是瘦竹老师站在讲台上的肃然神情,黑板上写着的端端正正的"戏剧原理"几个粉笔字,至今仍旧赫然在目。这是一堂我的戏剧理论启蒙课,瘦竹老师的形象从此镌刻在我心中,任经岁月的风雨洗刷,也不能抹去。

以后,我随剧专迁平,在中央戏剧学院、中国戏曲研究院、中国艺术研究院工作,瘦竹老师留在南京大学任教,我再也没有机会听瘦竹老师讲课了。不过,瘦竹老师每有著作问世,总要惠我一册如《现代剧作家散论》《论悲剧与喜剧》《戏剧理论文集》等。捧读老师这些著作,老师上第一堂课的情景——那肃然的神情,那几个端端正正的粉笔字,像电影中的闪回一样,马上浮现在我眼前,使我如坐春风、如沐时雨,沉浸于若干年前学生时代的生活。今天回想起来,是欢乐,是哀伤,是思念,是默悼,也是一股永恒的导引力量。

二

我每去江南,瘦竹老师每来京华,我都要去探望老师。大概是1981年,我到南京参加《中国大百科全书·戏曲卷》的审稿会,住在中山门外。梅花落尽,玉兰初绽,江南春光正浓。在一个闲暇的日子,老同学杨顾约我同去见瘦竹老师。由他带路,来到南京大学的职工宿舍。瘦竹老师已是南京大学的名教授,我以为,他一定住处宽敞,陈设典丽。殊不知老师把我们领进的竟是一间不足十平方米的客厅,几张沙发、一方茶几,就布满整个空间,典丽也就无从说起了。瘦竹老师倒是不以为小,谈笑风生,顿使斗室充盈着欢快,好像扩大了许多。

我问老师:"寄给您的《中国戏曲通史》,收到了吧?"老师说:"收到了,已经匆匆读过一遍。"我又问:"关汉卿、马致远、弋阳诸腔作品概述、珍珠记、沈璟、李渔、雷峰塔几节是我执笔的。陈先生看后有什么意见?"老师说:"都写得很好,就是对《笠翁十种曲》估价低了一些。这是学术问题,可以有不同看法,也应该坚持自己的看法。"我觉得这是老师在鼓励我。后来,果然读到瘦竹老师和蔚德老师写的一篇关于李渔剧作研究的文章,确有新的角度、新的见解,使我得到新的领悟。

辞别老师,走在大街上,我想起《陋室铭》中的名句:"苔痕上阶绿,草色入帘青。谈笑有鸿儒,往来无白丁。""南阳诸葛庐,西蜀子云亭,孔子曰:'何陋之有。'"的确,室雅何需大,花香不在多,在精神上本无所谓"斗"与"不斗"之别的。我的心胸真不如老师寥廓。

三

若论佛家因缘,我与瘦竹老师应是有缘分的。1984年,在秋色满山庄的承德,我们相聚竟达半月有余,十分难得。中国戏剧家协会在这儿召开了全国第一次戏剧理论著作评奖会议,不少戏剧理论家应邀与会。我记得除瘦竹、沈蔚德二师外,还有郭汉城、刘厚生、陈恭敏、徐晓钟、陶雄、席明真、祝肇年、何慢、黄克保、何为、曲六乙、龚和德、颜长珂、丁扬忠等先生,以及中国戏剧出版社的杜高、杨景辉和承德的于家乃诸君,算得上是一次盛会了。

在这次会议上,瘦竹老师显得很兴奋,讲得很多。对一些他认为应该得奖之作,也作了详尽的一分为二的分析。我坐在承德宾馆的会议室里,感觉就像坐在大学课堂里聆听一次又一次学术报告,真是花雨缤纷,使我从心底折服。

我的女儿沈梅以大会工作人员的身份,也来参加会议。瘦竹老师和蔚德老师特别喜欢她,说她文静、大方,非常像我的女儿。一次,去避暑山庄和外八庙游玩,在须弥福寿(扎什伦布)寺下,瘦竹老师和蔚德老师一定要我和沈梅同他们一起合影。摄影时,在许多专家、学者的注视下,沈梅有点不好意思,瘦竹老师高兴地看着她:也就这样留下了一张十分值得纪念的照片。我想,老师高兴,可能是由于看到了也是搞戏剧工作的又一代人。

四

1989年,又是春天,我到江苏无锡参加《中国戏曲志·江苏卷》审稿会。会后,回故乡南京探亲访友,不想刚到南京就患重病,不得不入鼓楼医院就医。余下的春天,都在洁白、安静的病房中度过了。我爱人俞赛珍闻讯,从北京匆匆赶来南京,照料我的病中生活,结果她也累病了。待我们病愈出院的时候,已是绿荫蔽日、蜂鸣树梢的初夏了。

　　一天,老同学关世楠突然来访,告诉我们:"陈先生患癌症,已入医院治疗。就住在附近的百子亭的一所专治肿瘤的医院里。"我和赛珍大吃一惊,第二天就去医院看望老师。瘦竹老师见到我们非常高兴,斜倚在沙发上,强忍着胸部的疼痛,问起我们的情况。知道我在鼓楼医院动了一次大手术,他歉疚地表示:"本来应该是我去看你们,现在反倒麻烦你们来看我了。"我说:"即使您不病,也是应该我们来看您的。"我们很为老师患上不治之症而心里难受,可是脸上还不得不尽量挂着微笑。瘦竹老师问起《中国戏剧年鉴》1989年本的编辑情况,赛珍做了回答。又问我《中国戏曲通论》的写作情况,我告诉他:"《中国戏曲通论》已经由张庚、汉城先生定稿,交给上海文艺出版社了。如果顺利,今年也许能见书。到时候,一定寄一本给您,请您提意见。"

　　我没想到,等到这本书问世,瘦竹老师已经作古了。我多么想瘦竹老师再活十年、二十年,能一本又一本地给我写的稚拙论著多提一些意见。但是,这已不可再得。即使献书灵前,也是生死两茫茫了。

　　写这篇文章追忆老师,其实远未写出老师的气质、人品、学问,只记下我意识流程里留下的一些比较鲜明的印象。雪泥鸿爪,用以寄托对瘦竹老师的无尽哀思!

1990年深秋
北京红庙北里

　　(沈尧:中国艺术研究院戏曲研究所研究员,1948年考入南京国立戏剧专科学校理论编剧系,受业于陈瘦竹、孙家琇、陶雄、刘静沅、沈蔚德等戏剧家。曾任戏曲史研究室主任、所学术委员会副主任、中国艺术研究院和文化部职称评定委员会副主任,为国务院学位委员会第三届学科评议组[艺术学]成员。)

李国文

陈先生永生

陈先生去了。

他的学问,他的人品,仍留在世上,令人高山仰止,钦敬不已。

先生治学严谨,授教有方,桃李遍天下。忝列门墙,但我受业于瘦竹老师门下,时间并不长,而且恰逢一个方生未死的历史转折时期,1948年、1949年的南京,是很难让大学生安下心来读书的年代。现在回想起来,不禁后悔,所以瘦竹老师讲授的易卜生、斯特林堡、萧伯纳、奥尼尔等课程,并未深刻领会。随着时光流逝,如俗话所讲的那样,老师教给的东西,早还给老师了。但也情有可原,血气方刚的年轻人,又有几个不患这种时代病,而在象牙之塔里潜心读书呢?那时的南京,政府腐败,贪官横行,通货膨胀,民心浮动,对知识分子加紧迫害、钳制思想,白色恐怖笼罩全城。所以学潮汹涌,此起彼伏,反动政权已经到了衰败的末期,想好好读书也不成了。

这当然是件遗憾的事,很辜负了瘦竹老师教诲的一片心血。

直到前十年,我有幸拜读先生论亚里士多德悲剧理论的文章,受益匪浅,才产生了这种对于年轻时居然从宝山空手而返的怅惘之感,很遗憾未向先生讨教更多,错过大好良机。该做学问时不好好做学问,上街啊,游行啊,直到挨打受伤,差点送命。细想想,似乎不很划算,但也只好无可奈何了。这大概是一种历史潮流,在其进展过程中,必不可免地要付出一点代价,命运使你碰上了,也就只有认命。然而等到悟醒过来,想做学问时,第一,时光不我待;第二,天南海北,再无机会听到瘦竹老师的谆谆训诲了。

前些年,曾去南京,拜访过瘦竹老师,无缘得见。所以留在我脑海里的先生形象,还是在新中国成立前在国立剧专读书时残存的一些记忆。说来惭愧,由于历经坎坷,饱尝生活的艰辛以后,暗淡的岁月阴影,竟使许多往事变得模糊不清,有关瘦竹老师的一些细节,已全然淡忘了。

但是,1949年的4月1日,当我们这些去进行反政府游行的学生,在返校途中被埋伏的国民党军队包围殴打,从大中桥一直被摧残折磨、沿大光路被押解到军队营房,一个个遍体鳞伤、血肉模糊,被关在马厩里的时候,第一个跑来营救我们这些学生、向国民党当局交涉抗议,并且到马厩里来看望我们、安慰我们的,是陈瘦竹老师。

当时我受伤颇重,因失血过多,处于半昏迷状态,听到同学们如见亲人似的呼喊着"陈先生""陈先生",而他脸色严峻,心情沉重,既包含对他学生的爱心,又充满对反动政府如此卑鄙下流残害学生的愤慨,可以说是大义凛然,不畏强暴。陈先生的影子,铭刻在脑海里,永远也磨灭不掉。

时隔四十多年,岁月蹉跎,而今我已双鬓斑白,但只要提起瘦竹老师,我在那个昏黑的马厩之夜所感受到的恩师之德、之情,就会涌上心来。

陈先生身上所体现出的这种中国知识分子的铮铮风骨,也是我们这些虽然受业不多,但却毕生敬仰的学生念念不忘的原因。尤其在看过了太多的软弱、卑微、背叛和出卖以后,就益发感念先生的刚正不阿了。

记得那个四月一日的夜晚,又被转押到警备司令部逐一审讯,至于瘦竹老师怎样为我们这些死去活来的学生奔走,已不得而知。但直到子夜以后,终于获释被送到鼓楼医院抢救。这时又看到了陈先生,他和我们一样,度过了一个不眠之夜。他在挨着个儿查询我们伤情时,那慈爱之心所给予的温暖,直到今天,还能依稀地回味出来。

陈先生是我走上文学道路的最早的启蒙老师之一,如果说由于当时政局动荡,国事多艰,未能得到陈先生在学识上更多的培育,甚至也可以说是未得真传的弟子。但我深信,陈先生的人格力量,是我一生受用不尽的楷模。无论治学,无论为人,无论在多么强大的压力底下,无论面对如何严酷的现实,我只要想起那个昏暗的马厩之夜里陈先生的光辉形象,我就以能作为他的一个及格的学生而自勉,而增添生活的信心。

陈先生虽然去了,但我觉得,他仍活在我们中间。

(李国文:当代作家,1949年毕业于南京戏剧专科学校理论编剧专业,中国作家协会第四届理事。)

杨 颀
_____

两斗稻谷

瘦竹老师逝世一周年了。

他的音容笑貌时常萦绕在我的心头，闪现在我的眼前。特别当我读到有关他的文章时，更会勾起我和老师相处的历历往事和深沉的思念之情。

1947年我进国立剧专读书时，他是理论编剧组主任，并给我们讲授"戏剧概论""名著选读""希腊戏剧"等课程。他讲课时细致认真，不厌其详，边讲边写黑板。在他的引导下，我们这些莘莘学子渐渐地进入了戏剧艺术的殿堂。

瘦竹老师不但是一位学识渊博的教授，而且是一位慈祥善良的长者。他像爱护自己的儿女一样，关心我们的学习和生活。

记得在1948年年初的寒假，北风呼啸，寒气凝冰，阴霾的天空飘着碎雪。临近春节，同学们都回家过年了。只有我们少部分同学或因离家太远，或因战火阻隔，没有回去过年，留在学校，颇感寂寞凄清。

一天黄昏，我和姜炯同学正在宿舍聊天。门突然被推开了，一个小男孩呵手说:"爸爸请你们到我们家玩!"我们认得这是瘦竹老师家的孩子,便随他来到学校后院的教工宿舍。

瘦竹老师亲切地招呼我们坐下,还给我们倒茶,我们真有点拘束了。他笑着指指姜炯:"你是陕西人!"指指我:"你是河南人!对吧!战火阻隔,不能回去!想家了吧!"这一问反而使我们不紧张拘束了。"你感到冷清了,可以多读点书,多来我家谈谈,我非常欢迎。"接着他给我们谈易卜生,谈莎士比亚,谈一些戏剧家的轶事。我们听得津津有味。

过一会儿,天渐渐黑下来。沈蔚德老师拉开电灯,又从里面端出了菜肴。我们赶忙起身告辞,瘦竹老师笑吟吟地拉住我们的手:"今晚就在我家过年啦!"

窗外寒风呼呼,室内却是饭菜飘香,欢声笑语,温暖如春。瘦竹老师待我们像春风一样温暖,把我们的一腔冷清、寂寞、乡愁,吹得无影无踪。

瘦竹老师善于体察我们学生的困难,及时给予帮助。

1949年南京濒临解放。淮海战役大捷后,解放大军乘胜兵临长江。南京已是风雨飘摇,物价飞涨,抢米风潮迭起,人心惶惶不安。老百姓担心像长春一样围城,日子没法过。

这时,我在读书,爱人失业,还有一个孩子。常常担心抢不到米,生活无着。

一天,在校园中遇到瘦竹老师。那时,他的家已迁到鼓楼大钟亭中大宿舍。他喊住我告诉我他家新址,并说:"晚上到我家一趟。"

晚上,我带着疑虑找到了瘦竹老师的家。他神情严肃但又分外诚恳地对我说:"眼下时局纷乱,一旦围城,你一家三口怎么办?"我低声说:"是啊!我也在犯愁呢!"

瘦竹老师拉住我的手:"我知道你很困难,也给你帮不上大忙。这里有两斗稻谷,你扛回去养家活口吧!"我心里激动得话也讲不出来,只是"老师!老师!"地喊,眼泪止不住流了下来。

这时,沈蔚德老师把装好稻谷的口袋,交给了我。背了口袋走到大楼拐弯处,我回头望望,瘦竹老师夫妇站在楼门口灯影里向我摆手。

在那动荡不安的年月,生活实在太艰难了。这珍贵的两斗稻谷,确实帮我渡过了难关。

四十年过去了。我从未忘记这激动人心的场景,从心底铭记瘦竹老师的恩情。

瘦竹老师离开我们与世长辞了。他学者的风范、长者的慈爱永远让我们敬仰、缅怀、学习。

最忆瘦竹师,难忘救命粮。

(杨顸:编剧、导演,国立剧专十四届专科理论编剧组毕业,江苏省文化厅《剧影月报》杂志社副编审。新中国成立后长期从事戏剧、戏曲的编导和编辑工作。在南京市越剧团任编导时,曾为该团导演大型越剧六十多部,其中《柳毅传书》拍成电影发行海内外,《南冠草》曾获江苏省第一届戏曲观摩演出导演奖。)

焦一明

忆瘦竹老师二三事

陈瘦竹老师走了。他是一位忠诚不二的教育家,一位治学严谨的学者,一位爱国主义者,又是一位关怀青年的长者……

我只想就我与陈师接触中的几件小事,为他的品格作小小的脚注。

第一印象

我初识陈师,当回溯到1948年秋考入剧专的时候。

当时他在中大中文系执教,兼剧专理论编剧科主任。我是剧场艺术科的学生,不直接受教,但常见他那健壮的中等身材、端庄含笑的面庞出没在校园中。

某日在教学楼前,三两理编同学围着陈师闲谈,我正好在侧,有位同学道:

"陈先生,我想先把编剧理论学扎实,再尝试写剧本。"

陈师笑着回答:"不必。世界上总是作品在先,理论在后,理论是从作品中分析出来的,'三一律'就是如此。莎士比亚写过大型剧本和十四行诗,但他并不是理论家。鲁迅早就说过:编过《小说作法》的人不一定能写出好小说来。你想写就大胆写,不要先想什么法则……"(大意)

这是我第一次聆听陈师的谈话,虽只简短几句,却给我这初学者以极大启迪。我认识陈师就是这样偶然开始的。

不久,解放大军进行了淮海战役,南京吃紧,不少老师回家离校,但少数老师仍坚持为我们授课。后以人少,干脆不分专业,兴起"听大课"。记得也听过陈师的编剧课,具体内容已记不清,总印象是:学识渊博、条理清晰、旁征博引、涉猎极广……每次听课都有很大收益,同学们都给予高度评价。

难忘之夜

陈师在当时的情况下,没去台湾,毅然留在南京,对"学运"给以热情支持并参加了解放前夕的护校活动。

1949年4月1日下午,剧专同学游行归来,于大中桥惨遭特务及反动收容军官拦截毒打。时学校教职员正在开会,消息传来,闻讯而去大中桥的老师为数不多,陈师则为其中之一。他为营救同学而被特务扣留,失去人身自由、被逼讯达数小时之久(此事另有专文,兹不赘述)。

当天下午几百名中大同学为营救剧专同学在伪总统府前示威请愿,又遭特务毒打。我们几个剧专同学和中大同学为逃避棍棒砖石而冲进伪总统府,被困至八、九点钟才得乘中大派的汽车到了中大。我和于乐庆同学无处可去,忽然想起陈师即住在校园西侧,便奔夜投宿。陈师一见我们的惨样,非常激动,一边询问同学的情况,一边让师母沈蔚德去做饭。

我们当时听到的传闻是同学被打死十几人(次日始得知游行同学一百余人受伤,三人死亡),便痛心地对陈师说了。他十分悲恸,义愤填膺地说了很多话,主要内容如下:学生游行反对内战、要求和平,喊出了大众的愿望,有什么罪?!竟然出动特务打死了这么多人,欠下了这么一大笔血债!……国家弄成这个样子,国既不国,家不成家,是民族的耻辱!这样反动、腐败的政府能不垮台完蛋吗!……

交谈之后,我们才知道陈师也为特务所扣,忙问他是否也挨了打。他说:没有。我只是要求他们释放学生,他们就指着我的鼻子说我是共产党,简直荒唐可笑。这些家伙像群疯狗,没有半点人性。而操纵他们的黑手,恐怕还是来自溪口。……

他沉思了一下,又说:这样黑暗的日子不会太久,天快亮了。

我们已一天没有吃饭,饭后师母见我们太劳累,便安排我们睡下了。次日一早起来时,陈师及师母已早起床,没惊动我们并准备好了早点,我们急于出去打听同学们的消息,匆匆用了早餐即便告辞。陈师及师母把我们送到楼门口,一再嘱咐:不要太难过,同学们的血不会白流。你们自己一定要多加小心,千万、千万不要再出事了!……说着说着他俩的眼眶都红了。

当时南京是风雨飘摇,一片白色恐怖,反动派为了逃脱覆灭的下场,什么事都干得出来。以后我稍懂事理时,曾为投宿一事而后悔,这很可能为陈师增添了麻烦,但陈师正气凛然、光明磊落、毫无顾虑地接待了我们。作为一位有正义感的爱国教授,他做到了他所能做的一切。

这是我毕生难忘的一夜!

最后欢聚

新中国成立后,我们赴京,陈师留宁,孰知这一别竟达三十五年之久。其间偶见报刊上发表的陈师论文,立即认真拜读,读师文如见师面,倍感温馨。

1984年陈师所著《论悲剧与喜剧》一书荣获全国第一届戏剧理论著作奖,他参加领奖后,在一个夜晚来到中央戏剧学院,与三十五年前的学生欢聚一堂。

在学院门口见到陈师时,他外形虽无大变化,却已显出老态;他患有严重的关节炎,行走不便,大家便扶着他上了二楼。面对十来个老学生,他精神亢奋、心情愉悦,不少往事都能娓娓道来,记忆力之好出人意料。

院长徐晓钟(也是陈师当年的学生)将与会同学逐一做了介绍,陈师能叫出大多数人的名字,还打听因事未来的同学的情况。

同学们衷心祝贺他的著作获奖,他说:

我老了,眼睛又不好,写东西很困难。这些年一直在教书,只在业余时搞些戏剧理论研究,没做出什么成绩。今天能见到大家,非常激动,感到无比欣慰。希望大家继续努力,扎实地做学问,取得更大的成绩。

这番话体现了陈师谦逊、质朴的品格,对大家都是鼓舞与鞭策。当我们得悉陈师是用高度放大镜读书、写作时,心情都非常沉重!为他无须扬鞭而奋蹄的精神而感动;又为他在"十年浩劫"中失去的岁月而惋惜。只能在内心祝福他健康长寿,为人民多写出几本巨著。

经这亲切的长谈,大家依依不舍地送陈师上车,无可奈何地目睹汽车消失在夜幕中。

陈师的言谈笑貌、殷切期望……犹在眼前,没想到这次短暂的欢聚竟成永诀。

1990 年 10 月于北京

(焦一明:《戏剧》(中央戏剧学院学报)副主编、副编审,1948 年考入南京国立剧专剧场艺术组,参与编辑出版《中戏校友会剧专分会校友录》及《剧专十四年》)

肖宗环

永远记着他,我们尊崇的瘦竹老师

在我一生中,有几位使我非常尊崇的老师,瘦竹师是其中的一位。

在江安时,在剧本选读课中,我早已选读过瘦竹师翻译的《康蒂姐》了。但那时我刚从一个偏僻的小县城出来,从一个男女生同课堂但从不说话的中学,一下到了剧专这个宽阔自由的艺术天地,我眼花缭乱,晕头转向,兴奋得要命,新奇得要命,哪能理解艺术的真谛!一个"疯姑娘"是学不懂《康蒂姐》的。

1944年寒假,我休学到外县去演戏,情况很糟,地方势力给剧团多种刁难,还要女演员去陪酒,剧团垮在那里了,我化了妆半夜三更逃了出来,翻山越岭,过官山(乱坟地),躲匪袭,途经万县到了重庆。

(附带说一句,在万县我偶然在海报上看见同届同学王耀璧的名字,他知道了我的情况,立刻把我从情况杂乱的小客栈接了出来,与他单位的女同事白鸥同住。当时,我身上长满了虱子,白鸥全给我换上她的衣服。在学校,王耀璧和我,没有说过一句话,可在我困难中却这样热情地帮助我,后来还弄了不要钱的船票,把我送上船,我才到了重庆。)

那已经是1945年的事了,就在这年暑假,学校自江安迁到北碚,我就在北碚复了学。

经过这一番折腾,复学后的我,确实变了一个人了。埋头读书,苦苦学习,这时我才发现,我所在的国立剧专,原来是这么一座蕴藏着无数璀璨夺目珍宝的艺术宝库!

就是在这种情况下,我开始了对瘦竹师所教授的"戏剧概论"的认真学习。

瘦竹老师上课,喜欢叫学生朗读一遍他发的课文讲义,他很多时候叫着我,可是我读不好,总是疙里疙瘩不流畅。我看得出瘦竹老师是失望的,我自己心里也着急。可是随着时间的行进,瘦竹老师的"戏剧概论"也逐渐把我带进了一个奇妙的世界:古希腊的圆形剧场,充满哲理的合唱队,那些神、人、命运、复仇、战争……斑斑驳驳,震撼人心,使我完全折服了、投入了,我的心灵感到战栗,我含着眼泪,充满激情朗读着瘦竹师发下的讲义,同时,自己也好像步入了一个无底的深渊。

有一次,我请教瘦竹师一个问题:"马克白斯打了胜仗归来,在途中遇见了女巫,女巫预告他将做王,后来他真的做王了。女巫的预言应验了,这是不是带点宿命的色彩?"

那时我廿岁,我的并不彻底的唯物主义思想正朦朦胧胧进入我的认识,《马克白斯》剧中的这个问题,已经纠缠我很久了。于是,在北碚,在学校教务室的门口,我向瘦竹师提出了这个问题。至今我还清楚地记得瘦竹师听我提问时的神态:专注、认真,耳朵听着,眼睛看着地下。

"不是女巫的预言应验他做了王,"瘦竹师说,"而是马克白斯打了胜仗骄傲了,他内心深处已经在萌发野心,女巫的预言正好吻合他内心的奢望,更促使他野心膨胀,使他为实现做王的野心而采取了积极的行动和手段。"

真高!简单的解释、深刻的道理,我的疑问消失了,我从心底里服了!

瘦竹师治学，是非常严谨的。他从不带任何强制性，但决不疏忽马虎。他总是认认真真地把他的学识，一点一滴地灌输进每一个学生的头脑中，使我们在"戏剧概论"这个宽阔的领域里遨游、学习、猎取，吸吮着丰富的营养。

瘦竹师为人，没有表面的温馨热情，但却极为细致深厚。1960年，我们剧团到南京演出，那时正值经济困难时期，人们随时都处于饥饿状态中。瘦竹师和蔚德师特地在夫子庙订了酒席请我们全家：我，北原，三个孩子。我们知道，这不是一般的宴请，而是给我们解馋。

在对待在政治上受到打击的同志，瘦竹师的态度更是值得我们深思、学习和牢记。

同学某君被打成"右派"了。"右派"的处境是谁都知道的，社会的冷淡，友人避嫌，连亲人也要"划清界限"，就在这样的政治气氛中，某君找到瘦竹师，瘦竹师和往常一样接待了他，不应付，更不排斥，既不带感情色彩，也不是充当教师爷讲大道理，只是诚恳地鼓励某君要振作起来，很好地生活下去……他对某君，不在于他给了钱和粮票，帮助某君解决了困难（当然，在那种情况下，钱和粮票也是重要的），更在于在精神上，他给了某君以支撑的力量，使某君终于熬过了艰苦的岁月，直到纠正。现在，某君正在为人民做着可观的、有益的工作。

"文革"后，我们有幸和瘦竹师多次在一起。

1978年，瘦竹师在厦门讲学后第一次到广州来。我们从火车站接他和他的同行者们到了我们家。见到瘦竹师身体和精神都好，我们非常高兴。可听见瘦竹师说他的三十万字的笔记在"文革"中被毁了时，我们的心沉重了，我们深知，三十万字的笔记对他意味着什么，是他多年的心血！而且这三十万字还将会和应该产生的精神财富去哪寻找……接着我们更知道，近些年，瘦竹师的视力非常差了，他看书和写文章，都是靠倍数很大的放大镜来帮助进行的，而……

1979年,应四川"郭沫若学术研讨会"的邀请,瘦竹师和蔚德师一起到成都开会,那时,正值我在成都治病,病好后出院,我们又有机会好多次在一起欢聚。我们和成都的校友们一起,与瘦竹师蔚德师同游"望江楼""武侯祠",一起照相、游览。在宴席间,我们尽情畅谈,有时笑得前仰后合,二位老师也不时大笑,看得出,二位老师从内心感到欣慰。

会议结束后,大会组织他们游览峨眉山,刚好在同一天,一位友人也备了吉普车约我们到峨眉山游览。他们的大客车和我们的小吉普虽然不在一起,但实际上是他们的车在前面跑,我们的车在后面追,真太戏剧性了!更巧不过的是,当天晚上,两辆车又都留宿在半山腰的"万年寿"里。

夜晚的"万年寿",安静极了。池中的青蛙,鸣叫出音乐般的琴弦声音,在万籁俱寂的深山林中,这真具有一种特别的空灵和奇妙的味道。我们一住定,我立刻打听瘦竹师、蔚德师所住的庙楼房号,在峨眉山的"万年寿",我们和二位老师又相会了。

庙里的回廊,曲里拐弯;庙楼的楼梯,窄狭陡斜;庙院的小径,深幽昏暗。考虑到瘦竹师的眼睛不好,蔚德师心脏有病,我给他们端去了滚热的洗脚水。当晚,庙里的主持请他们去参观缅甸进贡的"佛牙"(这一般是不开放的),瘦竹师又特地着人来通知我们,我们也观看了"佛牙",并听了主持的讲解。

这真是一个极有趣味和意义的"峨眉山之夜"!

瘦竹师视力不好,但游兴极高,他穿了双解放胶鞋,第二天又随大队向"洗象池""金顶"进发了。

除了在广州、成都相会之外,最使我难忘的,是1983年我到南京那次了。

1983年初,我姐姐在上海病逝,为排遣亲人逝世后的哀伤,我决定到南京一行,探师,访友,寻觅在剧专读书时的足迹。当我突然地来到二位老师家的时候,二位老师热情地接待了我,瘦竹师把他的小睡房腾给我住。第二早,他们已经从鼓楼公园锻炼回来了,见我还没起身,二老不放心了,蔚德师在门外轻声叫我:"宗环！宗环！"原来他们是怕电热毯出了问题。

接着,瘦竹师把他自己的牛奶亲自煮给我喝,我怎么也不肯,可瘦竹师一定要给我。我喝着牛奶,那分量比什么都重！

今年春天,我们托出差到南京的翠邦校友带去对二位老师的问候。翠邦自南京来信说,二位老师的身体不错,他们详细地听了和问了在穗校友们的情况,瘦竹师还带着研究生。为两位老师的健康,我们感到高兴。可是事隔不久,我们接到海华自南京的来信,说瘦竹师已经住进了医院,而且……她去探望瘦竹师时,瘦竹师已开始瘦弱了,而她,是流着眼泪跑出医院的……

像是晴天霹雳,轰得我们不知如何是好。难过,焦灼,又不敢写信去问……

不多久,我们收到瘦竹师逝世的讣告……

遗憾的事太多了,好多情景好像还是昨天的事。他最后一次到广州,我们还向他请教对各种戏剧的认识,和对其概念的解释;"四人帮"倒台后,我们兴奋地读到白尘老师的《大风歌》,很想在广州演出,当瘦竹老师知道北原要去南京时,他写信并画了图示意去他家的路线;北原到了南京,他又领北原一起去了白尘老师家……

想着这一切,不由使人百感交集……

去年,南京为瘦竹师举办了学术研讨会,我们因排戏未能参加,使我们失去了这次学习瘦竹老师的人品、思想、精神的机会,失去了更深刻认识瘦竹老师对我国戏剧创作、戏剧理论、戏剧教育、文学创作所做贡献的价值的机会,这真是万分遗憾的事！可万没想到,自那以后,再也不可能和瘦竹师会面,再也不可能向他请教了……

瘦竹师永远离开了我们,但我们——他的学生们,却永远记着他！

1990 年 11 月 21 日晚
广州

（肖宗环：1943年考入国立剧专乐剧科，先后在南京中国万岁剧团、成都中国艺术剧团、成都市军管会文工一队、四川省人民剧团、四川省文联工作。1964年调到广州羊城话剧团工作，曾获广州市文艺创作二等奖、广州市人民政府"从事话剧四十年"荣誉证书、中国话剧艺术研究会"从事话剧事业四十年"荣誉证书。）

周　牧

最后一课

南京来人说陈瘦竹先生病危,我便急急忙忙乘火车赶去探望。

我到瘦竹先生的病室时,见他曲着腰,背缩在沙发里,似乎正忍受着剧烈的癌痛。

"陈先生!"半个世纪之前我在学校读书时就这样称呼他,至今也没有改过口。瘦竹先生见我突然到来,非常意外,愣愣地看着,半天不出声。他的神情顿然使我忆起当年我被下放至南京梅山工地与他最初相见的一刹那。那年头为避免增添麻烦,就尽可能地不与人交往,虽然我分明知道瘦竹先生是在南京大学任教。可是有一天他突然来到工地,在芦席棚里找到我。当时瘦竹先生眼见我满身尘土一脸泥灰地站在他面前,那一刹那,他也是这样的惊异,这样愣愣地看着我,目光是湿润润的。过了好一会,我才在喉咙里冒泡泡似的叫了一声:"陈先生!"自那以后,我每有机会就溜到南京城内,去瘦竹先生家,师生共着一壶酒,三两碟小菜,海阔天空,无所不谈,但是彼此墨守一条:只叙旧情,不论今朝,谨防隔墙有耳。当时瘦竹先生也是被扫地出门的

"反动权威",住在低暗的小木屋里,家徒四壁,一住好几年,但他安之若素,只痛心多少年积下的丰富藏书被抄走一空。

青年时代的一件往事,我至今忘怀不了。当时,我在听陈先生的"戏剧批评"课。那是1944年秋后,日寇的铁蹄进逼贵州,正当湘桂大撤退之际,陈先生临时改变了课程内容,而讲了都德和他的著名小说《最后一课》。我记得,他当时非常沉重而又动情地凝视着教室的那扇雕花窗门。他说,在这个巨大深刻的悲剧里,原本是微不足道的一批小人物——老教师哈迈尔、霍塞老头、卸任村长、退职邮差和顽皮的小孩子,都对法兰西祖国表现出无限的忠诚和爱,对普鲁士军队的入侵表现出无比的仇恨。他们都自动来到这所平时一点不被人重视的小学堂上最后一课,他们的这种行动与其说是告别法兰西语文课,毋宁说是聚到这里起誓,他们忠诚于自己的祖国,誓以全部的爱奉献给她。

当我今天向瘦竹先生回述这件往事时,他听得入神,似乎忘记了癌痛。他目光炯炯地望着我说:"《最后一课》内涵的悲剧美通过哈迈尔的形象及其悲剧的戏剧动作得到了充分完美的艺术体现,从而产生很强的悲剧魅力,哈迈尔是不朽的。"我很专心地听瘦竹先生发表见解,仿佛又回到半个世纪前在四川小县城那座简陋的课室里。这时我忽觉瘦竹先生并无病痛,他依然健朗,依然在继续上课,那既富于哲理性又含现实意义的最后一课。

他倦了。我得离开,好让他休息。陈先生挣扎着对我笑道:"下次见面时,我们一起喝酒,西凤酒。"

我点点头说:"好!一定、一定的……"

夕阳的余晖已经尽收,一点也没有留下,唯陈先生和哈迈尔老教师的形象交替在我的脑际浮现。

(周牧:原江安国立剧专学生。)

丁古萍

这人字该怎么写
——戏剧理论家、文学家、教授陈瘦竹辞世周年纪念

教室是培植才智的天地
你辛勤耕耘那方黝黑之沃土
有雪纷纷扬扬纷纷扬扬
滋润着渴求的花蕊
诱发纯洁的真实之果
粉笔悄悄抽长你绵绵心绪
这人字该怎么写啊
你以身作则紧握椽笔
流出了你滚烫滚烫的热情
流出了你为国为民的抱负
人字该怎么写啊
你把那支爱国之笔
交给一棵棵文学新树

渐渐你幡然大彻

那笔并不认识老粗

嘴巴与嘴巴都是渡口

有感情之舟流来流去

于是你毅然跨上戏剧之洲

在小洲上面北站立着

淘洗千卷剧作寻出金珠

喜剧美学扎下坚强的根须

在这块绿洲上没片刻小坐打盹

扶正一棵棵戏剧幼株

用迎风搏击的姿态

用火烧黑夜的气度

渐渐你恍然大悟

原来浓雾正笼住民主的星光

冰雪已锁住正直的路

人在镣铐里求生

家已成风雨飘摇中的雀窝

当年那座石头城

就是一座大炼狱

牛头马面掀起腥风血雨

熊熊秦火狞笑着在"焚书坑儒"

你的学生也一个个身陷囹圄

你仿佛倏然被截去手指

被割断了动脉

心在滴血流泪抑制不住

这人字该怎么写啊

你白发千丈教鞭化作剑戟

一头冲进斗争的漩涡

阎王殿上展开善与恶的战斗

怒火从你眼窝里喷出

雷电从你舌头上鸣响

你舌战群魔众鬼

邪恶被撕得体无完肤

营救善良保护民主

…………

这人字该怎么写啊

我看见雪地里站立一群正直之树

挥动枝叶对春深情倾诉……

(丁古萍:江苏省作家协会会员,世界华文诗人联谊会会员,中国诗歌学会会员,中国科学诗人协会会员,苏州市诗歌学会副会长,苏州诗词协会理事。)

陆文蔚

耆年硕德　一代楷模

陈瘦竹先生,我早闻盛名,但是识荆很晚。1976年9月初,我被借到江苏人民出版社,协助搞鲁迅著作注释本工作。《集外集拾遗》的注释,分工给南京大学中文系,由先生总负责,因此才得以拜见先生。其时,毛主席刚刚逝世,"四人帮"还在肆虐,全国人民正处在忧患之中。

先生在动乱中被迫害,所居住的地方,既简陋又狭窄,两三位同志一来,就显得拥挤,没有回旋余地。但先生安之若素,笔耕不辍。先生虽早是全国著名学者,但是待人接物,平易亲切,不以我这个江海之滨的无名小卒为鄙陋,每次交谈都极为诚挚恳切,因此,也就解除了我的顾虑。

不久,"四人帮"被彻底粉碎,我们一起欢庆胜利,先生的心情尤为兴奋,每次交谈,先生情绪格外高昂。

先生对工作极端负责任,每条注释,寻根究底,一定找出依据。

1977年6月,先生带领南大注释组同志一起赴上海、杭州、绍兴查找资料,我有幸得以参与。在上海,住处离上海市图书馆较远,但先生同样和年轻人一起挤公共汽车,到了图书馆,一坐就是半天,晚间回到住处,整理所摘抄的资料,仍旧工作到深夜才就寝。第二天一早就起身,又一起到图书馆去。后来到杭州市图书馆,同样这般工作,先生其时已年近古稀,我从内心深处深表敬佩之情。历时十多天,回到南京以后,冒酷暑整理成注释初稿,而南京又无处可以打印,蒙先生信任,由我带到南通文印社昼夜打印,半个月内打印装订成册。携回南京,先生甚为满意,接着又冒酷暑携带油印注释本,赶赴北京汇报。1977年暑期,南京连续高温,有好多天连续38度—39度,先生就是这样冒酷暑工作的,赶在8月间把油印注释本修改好,铅印成册;先生开列名单,交代我送给谁、寄给谁先行审阅,然后再召开审稿会。我按先生所开列名单,送到南京师院孙望先生家,因涉及版画内容,又送到南师美术系陆地先生处。孙望先生在半个月后,毛笔蝇头小楷写了十张信笺纸的意见和提供的资料,亲自送到出版局,交给我,老一辈学者认真负责的精神,深深感动了我。

在十月召开七十多人的专家审稿会,真是把江苏所有对鲁迅有研究的同志都请来了,群贤毕至,少长咸集(有二十岁左右的工农兵学员和产业工人)。我亲记得:审稿会开始时,在江苏饭店的会议室里,先生首先作搞这一注释本的说明,上午三个小时下午两个小时,一连作了五个小时的讲话,先生都是站着讲的。先生目力不行,虽然有底稿,但从不看讲稿,滔滔汩汩,连续讲下去,条分缕析,纲举目张,清晰明白。与会者莫不惊叹先生精力之充沛,记忆力之强,文学修养语言素养功底之深。事后几位代表在一起议论,可惜当时未曾录音,如果录下来,是一篇好文章、好讲演。

历时一周的审稿会以后,留下两三位同志和南大注释组一起整理,十一月初交付新华印刷厂排版。这一段时间,我有时天天和先生在一起,聆听先生的言谈教诲;有时两三天到先生家中汇报一次工作进展情况。几十万字的《集外集拾遗》注释本,终于在1978年1月23日装订成书,当我将书送到先生手里时,先生无比兴奋和激动,说了许多勉励我的话。我因要赶回南通,到扬州师院南通分院(师专恢复初期的校名)上课,在两三天内把近千本注释本包装寄往全国各地有关部门，以及参加审稿会的成员和凡是涉及的人和机关单位。当先生知道我将于1月28日回通，于行前一天，先生自己掏腰包，自己带了酒，约了两位同志作陪到四川饭店为我饯行，我既感到愧惶，又深深感谢先生的盛情。先生就是这样认真对工作负责，热情对待同志的。

1978年2月，我回到南通分院中文科主持教学工作后，多次邀请先生到南通做学术报告。先生在百忙中，终于在1979年5月偕同沈蔚德先生来通，轮船到达南通是凌晨三点，其时，还未刮购买小汽车之风，我乘师专仅有的一辆吉普，接了先生径赴如皋（其时分院中文科八个班借如皋师范上课），到如皋后吃早饭，上午休息了半天，下午为分院师生和如皋一部分中学语文教师和文学爱好者作讲座。当时，南通、如皋正在放映《三笑》这一电影，观众对这一电影有不同看法，褒贬不一。在先生做报告过程中，有人递条子，要先生对《三笑》作评价，先生在报告结束前，临时插入一段对《三笑》评估的讲话，实事求是地论是是非非，独抒己见，毫不含糊地阐明自己的观点，使听众从内心深处感到敬佩。报告结束，掌声经久不息。

在如皋，休息一天，游览了水绘图，合影留念，回到南通，又在文化宫为南通文艺界做了一场报告，也对《三笑》做了评论，使听众受到深刻教育和巨大震动。

近十年来，我因参加省政协和省人大会议，每年都到南京三五次不等，每次到南京，我必定去看望先生，见先生健康，善谈如常，居住条件有了改善，在带博士生，私心窃喜。每次相见，先生都把我看作老朋友一样接谈。前年，先生已经患病，住院一个多月，十二月我到南京开会，看望先生，先生以新出版的戏剧论文集签名赠我，我未敢提先生患病之事，只祝先生健康。

去年到南京，先生正在住院，沈蔚德先生将祝先生八十寿辰的祝寿卡赠我。

今年四月初我到南京，沈先生告诉我，先生病较重，住在省工人医院，我本不愿打扰先生，请沈先生代致问候，但晚间想想，我还是要看望一下先生，哪怕不讲一句话,不妨碍先生疗养。4月6日上午,我终于冲破重重阻力,进入工人医院高干病房区,到先生病室中看望先生,先生正在闭目养神,我未惊动先生,站立在病床前约两三分钟,先生张目看见了我,说谢谢你来看我,伸手与我握手,神志十分清楚,神态安详一如往昔,我劝先生不要多讲话,我站立了一会就告辞出来,不禁落泪,这就是我和先生的最后一面。

6月7日早晨,收听中央台广播,惊悉先生已经逝世,立即写了唁函给沈先生。

我虽在先生晚年才得接近先生清辉,但受益是很深的。先生严于律己,宽以待人,为人正直,终生勤奋,不愧是一位共产党员的学者专家,确确实实是当代知识分子的表率和楷模!

写于南通师专

(陆文蔚:教育家、语言学家、修辞学家,曾任通州师范学校教导主任,南通师范专科学校中文系副主任、副教授。主要从事语文教学与语法、修辞研究。)

曹谷恺

永恒的怀念

往事如烟,随着时间的推移,许多事情在逐渐淡薄、飞散,以至无迹可寻。好些天来,只有与陈瘦竹先生交往的几件事,像是电影的跟镜头或特写镜头,越来越鲜明地在眼前闪现。

我受业于陈瘦竹先生已经是四十年前的事了。1949年我转学考进南大中文系,整个二年级的一年恰恰就有陈先生担任的"戏剧研究"课。四牌楼校园那幢砖木结构的三层小楼——文学院的一间小小的教室里,七个学生总是津津有味地静听陈先生讲课。陈先生穿着一套稍旧的西服侃侃而谈(当时先生们的衣着大致只分西服和长衫两种),他用形象生动的语言熟练地剖析很多剧作,透露出他对戏剧的深邃理解与精湛研究,十分引人入胜。我们总是算计着时间,盼望每周一次的陈先生来临。

我在中学就喜读剧本,抗战时期在重庆还看过一些话剧演出,因此自以为比别的同学懂戏而沾沾自喜,但是在陈先生的课堂上服到了一剂清醒剂。陈先生上课不像别的老师只讲不问,他的课是有往有来的,常要学生谈谈自己的理解体会,甚至用提问来代替考试。有次他要我谈谈《罗密欧与朱丽叶》一剧的主要人物与戏剧风格。我自以为这个剧本并不深奥,很是得意,站起来夸夸其谈地说了一通。陈先生听了默然不语,这时已到下课,这一堂就此结束了。几天后在校园里相遇,陈先生叫住了我说:"那天你自以为谈得怎么样?"我说:"还可以吧。"他说:"从理念上看,你谈得也基本算对。但是谈得太空了,而文艺恰恰最忌空泛。看来你对剧本还不熟悉,一些细节记不清,因此就不了解特定情境与人物的密切关系,深入不了人物复杂的内心,体会不了人物的发展变化。读作品要有自己的感受领会,再上升到理论。"这一棒喝对于我真是对症下药。几十年来如果说我在文艺教学中还能起码作到从形象感受出发,这是陈先生教我懂得一点艺术真谛的结果。

毕业离校后我做了一年机关工作就调入中央戏剧学院戏剧文学系任教。陈先生常来北京开会,也常来戏剧学院看望他的一些老朋友,我也可以常常见到他。他勉励我安心教学,他说教书必先充实自己,因此甘多于苦,要我珍爱这个好机会好环境。

在"文革"这段黑云压城的日子里,我很为陈先生担心,写信给在南京的亲戚探听消息也一直不得要领,没有确切答复。到了1975年夏,我院已结束军管回城招生。有天接到一个电话,在确认是我之后,话筒里轻声说"我是陈瘦竹"。我惊喜万分,当晚找到阜内大街子俊同志(陈先生在京工作的儿子)家里见到陈先生沈先生。把晤之下恍如隔世。关于自己,陈先生只说了一句"已经解除监督劳动",他却向我询问了几乎每个熟人的情况,他对同志和朋友诚恳关切的挚情深深感动了我。

此后又两年,陈先生参与了鲁迅著作新版注释工作的领导。《集外集拾遗》中美术方面的疑难问题很多,我协助邹恬、鲍明炜等同志找线索、找关系并陪同他们访问了李桦、江丰等人。有次再见陈先生,我又主动提出要帮忙买返宁火车票,陈先生有点犹豫,我说:"交我办,陈先生放心。"陈先生说:"你是最让人放心的人了。人家递情书都能放心托付你。我们是怕你太累。"(我们班上有一对谈恋爱的同学,谈了一年吹了。女方索还数十封情书。男方此时已离校参加工作,他托我转交,不许偷看,我忠实完成了任务。)这一说大家都笑了。

新时期的十年,陈先生与戏剧学院的交往比以前增多。

1979年冬我们请他为戏文系78级戏剧创作与戏剧理论两个专业讲过课。他对"四人帮"倒台后话剧创作的繁荣作了肯定,并对当时大家注目的几部新作(如《丹心谱》《于无声处》)做了艺术剖析。他精辟的见解、深入浅出的语言,使人至今不能忘记。

1984年11月,我院演出由黄宗江先生据奥尼尔《安娜·克里斯蒂》改写的《安娣》。适逢陈沈两先生在京,我们的院长徐晓钟(是陈先生国立剧专时期的学生)和我陪同两位先生看了戏。看后陈先生听说有人讥讽这个演出搞成了"四不像",失去了原作的光彩。他说:"不能说什么'四不像',我看改编和演出都是严肃的,有一种淡雅朴素的风格。"他又对我说:"话剧史上有过不少改编外国剧本的戏,对这些不要随便否定。"

戏剧学院的同事,提起陈先生都带有一种崇敬的心情。他们说陈先生在戏剧艺术特性的研究以及作家作品如田汉、郭沫若、丁西林、曹禺、老舍的研究方面精深严密,是我国戏剧理论方面最当之无愧的一位真正学者。

陈先生的逝世,使我十分悲痛,虽然他长寿八十一岁。想起先生生前对我的教诲与期望,我就感到内心愧疚,不能自已。我平常写的一些小东西是不敢拿给先生看的,只有自认稍为像样的《鲁迅对戏剧的见解与期望》这少数几篇,才寄给了他。他仔细看过,加以肯定和鼓励,要我打开眼界,继续并扩展这些探索与研究。可是我至今还没有达到他的要求与期望。

我只有努力,只有赶上去。

(曹谷恺:中央戏剧学院教授。)

郭维森

永久的追忆

我认识陈瘦竹师已经四十年了。回想四十年来老师对我的教导,眼中不免感到酸涩。

记得当年初踏进大学的校门,便听到高班同学介绍,"四一"惨案时,我系的几位先生怎样保护学生,抗议反动派的迫害。当时听了,我心中不禁油然起敬。这几位先生中便有瘦竹师。后来(包括我留校工作以后)陆陆续续听过瘦竹师讲授的多门课程,并不断向他请益。从他那里学习了不少知识,尤其是学习了怎样成为一名称职的教师。

当年中文系教课最成功的有三位老师。胡小石师以其渊博的学识和传神的引导,唤起了学生强烈的求知欲和对古代文学钻研的兴趣;方光焘师则以其鞭辟入里、层层深入的分析,启迪了学生进行独立思考和理论探讨的热情;陈瘦竹师则以其优美的语言表达了丰富多彩的讲授内容,提高了学生的分析鉴赏水平,激发了学生写作的愿望。这三位老师授课各具特色,最受欢迎。同学们无不佩服瘦竹师惊人的记忆力和讲课的艺术。五十年代他的目力已很不好,不得不更多地依赖记忆。他上课不看讲稿,大段引文脱口而出,写在黑板上也一字不漏。他曾向我们传授过,播音的速度为每分钟二百字,他是参照了这一速度备课的,所以他的每节课都自成起讫,掌握得十分精确。他的讲课受到普遍欢迎,而他的教学精神更值得我们学习,他眼睛不好,所授课程中却有"文学作品选与写作",这门课必须批改许多作文。他对我们的作文都做了认真的批改,在评讲中有表扬也有批评,对我们有很大的帮助。我工作以后,每逢批改作业,搞到头昏眼花有点感到不耐烦时,一想到瘦竹师眼睛贴近纸面批改我们作业的情景便悚然而惊,赶快回到工作中来。

"文化大革命"中,瘦竹师受到极不公正的待遇,身体和心灵都受到很大的摧残。但看得出来,他的精神、意志并未被摧毁。他出生农家,从小吃过苦,惩罚性的劳动并压不垮他。无休止的批斗,虽给他的心灵带来极大的痛苦,但从他不失分寸的"检查""认罪"中,可以看出他始终不肯给自己无限上纲,而放弃某些应该坚持的原则,为此常使得某些人怒气冲天,加给他更多的迫害。整个"文化大革命",瘦竹师是在各种磨难中度过的。

拨乱反正之后,瘦竹师已是近七十岁的老人了。他既没有沉陷于历史的怨愤之中,也没有产生所谓"黄昏思想",却以加倍的热情投入工作之中。他花费大量心血,接连培养出好几届高质量的研究生。他的目力更差了,只剩下 0.03 的视力,靠着高倍放大镜的帮助写出了百多万字的论著。"文化大革命"之后,一些在"文革"中挨过整、受尽各种折磨的人,在批判极"左"错误的同时,对于中国共产党的领导则毫不动摇,他们坚定地信仰社会主义,坚持马列主义原则。瘦竹师正属于这一种人。在他一百多万字的著作中,随处可见对于马列观点的坚持和对于资产阶级思潮的批判。

人到晚年,往往不自觉地放松了对自己的要求,瘦竹师却不是这样。近十年来,他仍以合格共产党员的标准要求自己。按时参加组织生活,在他的学生们——也是他的同志们面前,坦露思想,严格地开展批评与自我批评,感动并教育了年轻的一代。他受目力限制,工作是极其艰辛的,却从未有过抱怨。前年，他被确诊为癌症，大家相约对他隐瞒。我每次去看他，都照医生所说的"炎症"来安慰他。他也像是从不怀疑，时间一久，我就疑心他可能早已猜到了真相，因为他曾进行过多次化疗，疼痛却不断加剧，这种种迹象，他不会不想到，至少不会不向这方面去怀疑。我以为他是在与疾病作斗争的同时，也在努力宽大家的心。既然大家为了宽慰他而隐瞒了真相，他又何必揭穿这一点呢？瘦竹师是一个坚强的人，痛苦自己担起来，也不愿给别人增加感情上的负担。

在他最后的日子里，他的坚毅顽强和对工作极端负责的精神，更给我们树立了光辉的榜样。他指导的博士生写成几十万字的毕业论文初稿请他审阅，他眼睛看不见，便录制下来，反复地听，逐段提出修改意见。论文完成后，组织答辩会，他一定要亲自参加。听说他忍受剧痛作了导师发言，而这竟是他参加的最后一次会议。

改革开放以来，人们不时听到社会上以至党内确有一些人乘改革之机大捞了一把，对这种挖社会主义墙脚的现象，有的人气愤，有的人甚至感到灰心。但是，请记住，在不良风气大量存在的同时，确有许多人在庄严地工作。像瘦竹师这样历尽坎坷的知识分子，一旦找到了真理便决不动摇决不后退，直到生命的最后一刻都在为自己的信仰庄严地工作着。正因为世界上还有这样的一类人，才足以令人相信：人类的前途毕竟是有希望的，社会主义事业毕竟是有希望的！

正因为如此，陈瘦竹师才值得我们永久的追忆！

1990年12月

（郭维森：南京大学中文系教授，长期从事中国古代文学的教学和研究，尤长于楚辞学、先秦两汉文学。曾任中国屈原学会副会长、南京大学中文系主任。）

邹　恬

忆陈先生

陈先生追悼会后,我就想写一篇悼念文章,很激动,写不下去,现在半年已经过去,心情渐渐平静下来。

我认识陈先生已经四十年,1950年我进南大中文系,陈先生是中文系最年轻的教授。他常穿一件蓝呢西装,系深绿细花的领带,人很精神,但视力很差。中文系有三个视力很差的教授,一是方光焘先生,他看书时书本贴着鼻子上下移动,一是刘继萱先生,他为礼貌周到起见,路上逢人便鞠躬,还有就是陈先生,我们一见面他就申明,如果路上相遇没有致意,不要见怪。我们觉得都很好笑。这三位学问都很好,尤其是方和陈。方先生是创造社之老,陈先生在解放前夕"四一"惨案中不顾危险营救被捕学生,是出名的"进步教授",所以学生对他们格外尊敬。他们都爱学生,对学生和蔼可亲,学生也喜欢往他们家里跑,那时的师生关系比现在密切,师生之间常来往,但学生也少,全系不过四五十人。他们两人的课都讲得好,听他们讲课真是一种享受。方先生是有些"创造气"的,好发议论,他上课旁征博引,侃侃而谈,一学期下来才讲了个绪论,但这绪论把观点与方法都给了你,余下的章节就可以自学了。陈先生就严谨多了,他上课从不看讲稿,口若悬河,滔滔不绝,两堂课下来中间不停顿,而且思路清晰,逻辑严密,语言简洁准确,录下来就是一篇好文章。下课铃一响,要讲的课恰好讲完。他的讲课艺术使学生啧啧称奇,大家私下议论,认为除了学识才华过人外,一定是视力差,所以记忆力特别好。这个解释在病理学上也能找到依据,一直到我留校当助教后才改变了看法,那时我正准备开课,他对我说教师最要紧的是讲好课,要做充分准备,他说他自己上课前是要打好全部腹稿的,有时还面壁从头到尾默诵一遍。我初次上课他要我讲稿写详细,最好每个字都写,但讲课时不要看讲稿,最好一次也不看,完全沉醉在自己的讲课中。我这才知道他备课是这样认真。陈先生的特点就是认真,而且十分勤奋。我听过他四五门课,每门课都内容充实,自成系统。他先后为中文系开过十来门课,开这么多课在南大恐怕难找到第二人。除上课外,他在科研上也不断出成果,还在构想中国的戏剧理论体系。1960年起他又担任系主任,中文系历来有"坐而论道"的风气,但陈先生是实干派,他主持中文系时,工作抓得紧,抓得具体、切实。我那时很佩服他这种认真、勤奋、实干的作风。对他我们也有不以为然的地方,他人很刚直,但处世谨慎,讲话很艺术,常常绕开矛盾,不露棱角,这不合我们年轻人的脾气。但他这样做也有原因,这只要看他1956年的《文艺放谈》中"人在家中坐,祸从天上来"的话就可以了解的,那时说话不慎是会招来一些是非或罪名的,这篇《文艺放谈》就是因为"放"了一下,险些惹下大祸来。以后他是更加谨慎了。

但灾祸究竟降临了下来。1966年"文革"才开始他就被打成反动学术权威。先是靠边站,接受批判,许多诬蔑和辱骂脏水般地泼在他身上,而后是抄家、劳改、扫地出门,搬进了陶园北楼地下室,像是被打入了生活的底层。我有次路过北楼,从装着铁栏的窗洞往下看,在昏暗的光线里,沈蔚德先生俯着身在拾掇着什么,陈先生枯坐在旁边,他说他那时感到"人生是何等的孤寂"。那时对他精神上打击最大的是他十年时间撰写的三十多万字的笔记被全部销毁。事情的经过是沈先生后来告诉我的,那天她和陈先生又被提去劳动,造反派第三次来抄家,他们归来时地上白花花地一片如同盖了层厚雪,十年的心血都变成了纸屑。沈先生说,他们惊呆了,站在门口,说不出话来,以后长久长久谁也不敢提这件钻心刺骨般痛苦的事。

陈先生有时也去"听"大字报,眼力不济,只能侧着身站在人群后听别人的议论。我看到了就带着他选重要的或与他有关的念给他听,但也只有两三次,以后他就进了"牛棚",只能在批斗会上看到他。批斗后是吃忆苦饭,也不知造反派从那里拣来了这么多的烂菜根、黄菜叶,煮了一大锅,说是每人一碗,陈先生特别优待,两大碗。我远远望去,他吃得很艰难,颈根一下下抽动,人是衰老多了。

他在"牛棚"里的遭遇我只是耳闻,都是令人发指无法叙述的。他的病根恐怕也是这时留下的。一次他被提审,所谓提审,其实是拷问,他被人从背后猛地推了一下,跌在前面桌角上,胸口顿时疼痛难熬,以后透视发现阴影,最后就这地方恶化癌变。去年我忍不住又问起这件事,他说是人从背后推的,看不见是谁,又说中间隔了二十多年,难说清楚。但我总觉得说到底是"文革"给他留下了致命的创伤。

我和陈先生接触较多是1975年一起参加《集外集拾遗》注释工作以后。参加注释组的还有叶子铭、朱月瑾、黄政枢、倪波等不少人。这时陈先生已经"解放",心情很好,以后有过一次反击翻案风,也是一层阴云,很快就过去了。不久"四人帮"粉碎,普天同庆,他心情之舒畅愉快是可以想见的,他兴致勃勃地和我们一起写稿通稿,一起北上南下,搜集资料征求意见,一起去绍兴访鲁迅故居,去杭州泛舟西湖,到天安门缅怀总理,他游兴也足,对生活又充满了乐趣。每到一个地方总喜欢买些小物件作纪念,我们知道他要带回去送给沈先生分享。他眼睛不好,我们得照顾他,但走路他走在前面,爬山也爬得最高。他高兴地说自己身体还很好,我们都不如他。1978年他七十寿辰,我们几个老学生为他祝寿。十年受难,他仍健在,我们无不欣慰,劫后重聚,师生之情更深更浓了。这几年我想可能是陈先生一生中最愉快的时候了。

也从这时期起,我们发现陈先生的精神面貌发生了大的变化。如经历了炼狱一般,他的思想进入了新的境界。他变得敢说敢讲,好提意见,与"文革"前判若两人。他对"文革"的遗风流毒和党内外的不正之风深恶痛绝,因此看到问题就直言批评,而且语言尖锐,不留情面,有时觉得自己无能为力就会郁郁不乐,他说:"'文化大革命'中,死亡对我敞开了大门。"所以"文革"之后,他对个人的生死看得很轻,而忧国之心日重。和他相反,我在"文革"后变得谨慎起来,有时也劝他,他颇不以为然,反嫌我畏葸。他这时一个经常性的话题是讲做人的道德,讲立德而后立言。他钦佩李何林和曹靖华,说李何林正直,曹靖华忠厚,他们都是勤勤恳恳做事的人。他时常怀念方光焘先生,说方先生思想深,有见解,语言锋利,脾气是倔些,但为人耿直。我觉得他这些话都是有所感而发的,而且想得很深很远。

这时期他下决心要实现自己建立中国的戏剧理论体系的愿望。他面临着很多的困难,三十多万字的笔记已全部销毁,而自己已是古稀之年,视力又衰退到只有0.03,他看书太费劲了,盯住高倍度放大镜看了一阵,就得抬起头来闭目休息,所以我老看见他在案前不断地仰伏,他的手稿上伍分钱币大的字时常叠在一起,搅成一团,谁也辨认不清;视力差,他只能凭着感觉写。但挫折和困难反而激发了他的精神力量,他原有的刚强不屈服的性格这时充分表现出来。他不知疲倦,终日伏案,以每年十万字的惊人速度赶写论文,病魔缠身后仍奋斗读书。我们都知道他是在抢时间,想以加倍的努力挽回"文革"中的损失,在有生之年实现自己的理想。陈先生是研究悲剧的,而我们都在他身上感到了悲剧的力量。又是十年时间,他终于取得杰出的成果。虽然只完成了计划的一部分,已经赢得了学术界的高度评价。每次当我接到他赠送的新著时,不能不由衷地感佩他那种顽强的拼搏精神。

但这时期更令人感动的是他对中文系、对青年人和对学生的那种关心。他不再担任系主任,但四十年的风风雨雨已经使他与中文系紧紧联系在一起。只要是中文系的事,他事事关心。无论是学科建设、科研规划还是教学改革,他都积极地提出切实具体的意见,不满意的地方也忍不住要批评。自己的工作则尽力地做、出色地完成。对教研室工作他更是多方面地支持,我们教研室比较团结,其中大半是他的功劳。对青年人他一向关心,这时更增添了老年人的慈爱。他把许多心血都倾注在人才的培养上。青年人去看他,他总是问长问短;长久不见,他会惦记;有疑难问题找他,不管是工作上、学习上、生活上的,他总细心地倾听,耐心地解答,热情地鼓励,从不吝惜时间精力。他主持过不少科研项目,付出的劳动比谁都多;但事成之后,却不愿具名,把成果让给青年人,说都是你们在搞。他是心甘情愿地做"孺子牛",为青年人铺路。他爱才惜才,侯镜昶同志早逝,竟至于痛哭失声,知之者无不为之动容。对青年人他有时过于偏爱,则也是老年人难免的心态。对研究生更是怀着"舐犊之情",对他们要求很严,又从学习、思想到家庭婚姻、经济状况关怀备至,他把事业的未来寄托在他们身上,把他们看作子女一般,研究生就学于他门下都有如沐春风的感觉,回想起来大家都感怀不已。1988年他病已重,为招不招研究生犹豫不决,我们知道他离不开学生,劝他招,但只招一个,那天来口试的是周宁、章俊弟二人,口试后他对两个都舍不得,说:"两个人都很好。他们来也不容易,还是都招过来吧。"他死前最放心不下有几件事,其中一件是周宁、章俊弟才入学;一件是几个应届毕业的博士生工作没有着落,病榻上梦萦魂牵的都是这些事。他病重的消息传开后,他的学生,在校的和已经毕业的,本地的和在外地的,都十分焦虑,探望的络绎不绝,年轻些的争着要值班陪夜护理。我觉得"热爱学生""关怀后辈"是陈先生身上、是他一生中最可贵的精神,是他作为教师最可贵的品格,也是他晚年生活中最感人的地方。

去年5月中旬,他病情急剧恶化,开始接氧,他说臂膀疼得像断的一样。6月1日医院通知中文系去人。医生告诉我他随时可能发生意外,陈先生知道我去了,问我医生说些什么,我还编着话瞒他。那天我有些留恋,在他身边坐的时间比较长,他忍着剧痛,我抚着他肿胀的臂膀,相对默然,间或说两句话,到六点多我才离开,没有想到十二小时以后他便溘然长逝。第二天我赶去时病房已空,医生说他死得突然,很少痛苦,神情也安详。但陪夜的靳和,他的侄儿告诉我,那夜他睡得很不安宁,一直在做梦,先是梦见特务逼他交出进步学生的名单,被他严词拒绝了;又梦见有人在骂他,这大约是"文革"中的事;最后是在课堂上讲莎士比亚,学生不爱听,他很生气,又着急……这些梦好像是他一生的象征,又似乎流露出对下一代的忧虑和期待。

陈先生逝世我是很难受的,我失去了一个好老师。所幸他的著作已经流传于世,他培养的学生正在各自岗位上继续他的事业。他死后,中文系将他的照片挂进会议室,作为给中文系作出过杰出贡献的教授与胡小石、陈中凡、汪辟疆、方光焘先生的照片并列在一起,我想这是很符合他的心愿的。他将一生献给了中文系,献给了中文系的事业,献给了他的学生,那么,以后只要中文系存在,总还会有人想起他、纪念他的。

(邹恬:南京大学中文系教授。)

包忠文

师道表率
——纪念陈瘦竹先生

陈瘦竹先生堪称一代宗师。先生好学不厌,诲人不倦,著述等身,潜心育才,师道表率,感人至深。敬写感怀二则,以作纪念。

一

半年前,初夏时节,6月2日,始终以满腔的热诚、关怀,培育、教导我整整四十年的陈瘦竹先生逝世了。这是早有预感,但又不希望过快到来的严酷事实。然而,它还是来了!唉!在那些不平静的日子里,四十年来的变幻,陈先生的悲欢、荣辱、毁誉、沉浮,一件件都涌现在眼前,悲痛、困惑、苦涩充斥着我的胸腔。

"夕阳无限好,只是近黄昏。"从党的三中全会以来,陈先生从自身的经历中,意识到党和人民的事业无限光明,但个人的生命毕竟有限。因此,他做什么,都"赶着做"。他以惊人的毅力,强撑起被"文革"毁损了的身躯,教书,育人,著书立说,做出了重大的贡献。作为老学生,我从陈先生的言行中,感受到为师者的风骨,为师者所以受人尊敬的真谛。师者,不仅在学问上可以尽到"传道、授业、解惑"的责任,而且通过言教、身教,为后学树立做人的风范。陈先生在"文革"之中虽然受到不公正的待遇,多少有名、无名、莫名的恶水泼在他身上,但他仍然坚信共产主义,按党和人民的要求,走自己艰难的路。"文革"之后,加到他身上的"罪名"完全推倒,他得到了"第二次解放"。这十年来,他从不计较个人的安危、得失,从不提起自己往日的厄运,而是面对现在和未来,全身心地扑在科学研究和教学上,带领新老学生,向新的学科领域进击。陈先生曾经对我说:"'文革'对于知识分子,是一场噩梦。梦醒了,就应当直面现实,追求未来。决不能再让过去的噩梦、梦幻罩住自己,要义无反顾地向前奔!""文革"中,陈先生虽然被批斗,被跪罚、揪打,被抄家、扫地出门,但他的共产主义信念却在残酷的斗争中越来越纯正、坚定。在陈先生身上,渗透着理想主义和悲剧精神。"文革"之后,由于他清醒地认识到"文革"是我们民族的一场"浩劫",所以并不看重个人的悲欢。从这里,我看到了陈先生作为中国知识分子的优秀代表所具有的广阔的胸怀、深刻的历史眼光和为共产主义事业"虽九死其犹未悔"的献身精神。

二

到今日,我还清楚地记得我第一次走上大学讲坛讲课的情景。

那是1956年秋,我在西平房一号为学生上"文艺学引论"课。那天,陈先生特地穿了一套西装,还打了领带,神情兴奋,又显得庄重。我知道,陈先生每逢喜庆的日子,总是这身打扮的。他把我这个学生第一次走上讲坛看作喜庆的日子,这是我事先没有想到的。当时,我有些紧张。上课前,他嘱咐我:"上课,要把注意力集中到学生身上,最重要的是镇定。"我上课时,他坐在靠窗口的最后一排,全神贯注地听我讲课,并注意课堂上的气氛和反应。第一节课讲完后,他迎上来,对我说:"就这样讲!"他还提醒我:"情绪可以放松一点。注意节奏,尽量控制自己的情绪,咬词要准确。"接着,我上第二节、第三节课,按陈先生预定的计划,讲完了一个单元的内容。我一下课,陈先生就紧紧地握住我的手,兴奋地说:"这门课就交给你了!好好教!"面对严师的信任和热诚,我感动得掉下了眼泪。大学的讲坛是神圣的,陈先生扶我上了大学讲坛,这是我一生中最值得纪念的大事!

现在回想起来,上这个单元课,还真不容易啊!

记得1955年春,陈先生决定由我来接替他的"文艺理论"课。一方面,他为我开列了一大批古今中外的名著,要求我边读边写读书笔记,以备他检查;另一方面,他要我承担他的课的辅导任务。陈先生这样做的目的很明确,就是要我打好专业基础,同时又能面对学生提出来的种种业务问题去思考,培养分析问题、解决问题的能力。

在进入讲课阶段,他给我提的要求十分具体,这就是:写出四份备课笔记,经过重点章节试讲之后,才正式走上讲堂。这四份备课笔记是:(一)按章节的要求,阅读、研究、整理有关材料,对本课研究的历史和现状有一个全面的、历史的了解;(二)写出详细讲稿,要求论点明确、材料准确、论证和思路清晰,便于同学接受;(三)在讲稿的基础上写出提纲,以便讲授时抓住重点、难点、疑点;(四)写出讲课提要,只提示思路、论点、例名,要求写得简明,上课时一看就明白,目的在讲授时摆脱讲稿,可以比较自由地进行上课。陈先生提出的这些"要求"是严格的。它表明:陈先生的教学态度是极端严肃的。这些要求,同时也切合备课的规律,因为抓住了这四个环节,可以促进备课的深入,可以达到"厚积薄发"的目的,可以确保一定的教学水平和教学质量。

回想自己三十五年来教学历程,陈先生这四个要求一直成为我遵循的原则。每当要开一门新课时,我总是不由自主地按陈先生这些要求去做。假如某一要求没有达到,心里总感到不踏实。看来,我之所以能在大学讲坛上站住脚,还是应该归功于陈先生当年的教导。

重点章节试讲,是对我的业务能力、教学能力的一次严峻的测试,也是对我的讲课是否符合上面"四个要求"的严格检查。我记得,那时候,每次试讲,都是在教室里进行。陈先生一个人坐在下面,听我试讲,一听就是一个单元时间。我讲完之后,陈先生总是从学科要求的角度,从学生听课的角度,给我提出许多中肯的意见,让我思考。时间过去三十五年了,如今陈先生又过世了,每回想起这段经历,我总是对陈先生充满感激之情。一个教师,对待后学者,能够像陈先生那样,既满腔热情,又严格要求,并不是一件容易的事啊!

毛泽东同志在一首咏梅词里,写道:"俏也不争春,只把春来报。待到山花烂漫时,她在丛中笑。"陈先生正是教师中这样的"梅花"。他非常热爱大学的讲坛,课讲得特别好,但他从不想"独占"讲坛,考虑的是让自己的学生尽快地走上讲坛,站稳脚跟。陈先生过世了,但他永远活在我们的大学讲坛上。如今,中文系的事业发展了,一批又一批教师走上了讲坛,中文系教学出现了一片兴旺的气象,正在向"山花烂漫"境界发展。陈先生"报春"的理想正在逐步实现。先生地下有知,一定会对此感现欣慰吧!"待到山花烂漫时,她在丛中笑!"

1990年12月2日

(包忠文:南京大学中文系文艺学专业教授,曾任江苏大众文学学会会长、江苏鲁迅学会副会长、南京作家协会主席、南京大学图书馆馆长等。)

裴显生

他奉献了自己的一生
——缅怀瘦竹师

瘦竹先生走了。他为祖国的戏剧事业和教育事业，奉献了自己的一生。年过八十，在戏剧理论建设上作出了举世瞩目的贡献，在高教岗位上培养出一批学士、硕士、博士，桃李满天下。在这个意义上说，瘦竹先生是可以毫无遗憾地走了。作为受过他几十年教诲的老学生，我总觉得他走得太匆忙，人世间还有许多事在等着他去做，学生们不能没有他。痛失良师，一件件往事涌上我的心头……

1952年，我从浙江东部的一个山区小县，来南京大学中文系读书。进中文系的原因，是喜欢读文学作品，自己也想学着写一点。由于山区的闭塞，我能接触到的只是一些古代通俗小说和地方戏曲。"五四"以后的新文学，在我的头脑里还是一片空白。是方光焘、陈瘦竹、孙望等名师，把我带进文学的天地，拓宽了我的文学视野。瘦竹先生教的课最多，教过我们班文学概论、现代作品选和多门戏剧方面的课程。直到现在，我给学生讲课时讲到戏剧方面的一些理论和作品，还是不断说明是从瘦竹先生那里学来的。

瘦竹先生的课讲得极好,人们往往只注意到他的讲课艺术,在我看来,更应该注意的是他对教学的极端认真负责的精神。至今,我仍然清晰地记得瘦竹先生上课的情景。每一次,他都穿着整洁的服装,提前慢步走进教室。上课铃响了。他面带微笑站在讲台前,拿出一厚叠讲稿,面对学生注视了几秒钟,然后开始精彩的演讲。他讲课,从不看一眼讲稿,却讲得条理清晰,生动活泼,并能讲出自己独到的见地,记录下来就是一篇好文章。当讲课中引用经典言论和剧中人物的台词时,他在黑板上用斗大的字写出,从没有错漏过一个字、一个标点符号。瘦竹先生的双眼患黄斑部变性,读书写字都得用高倍放大镜,讲课时自然无法看讲稿,得全凭记忆。我们学生听课,只觉得声声入耳,获益甚多。而在这里面,倾注了老师多少汗水和心血啊!据我所知,瘦竹先生上课前,都不顾眼疾带来的严重困难,翻阅各种有关材料,写出详细的讲稿,由于字大,一堂课的讲稿就是一厚叠。临上课前,还要默默在心里"试讲"一遍,像演员登台前作好准备进入角色一样。唯其如此,他才能把每一堂课讲得十分精彩。后来,他曾对我们年轻教师说过:"当教师要对学生负责,不能误人子弟。每教一堂课就好比打一次仗,都得认真对待,不打无准备之仗,要有必胜的把握走上讲台。"他自己正是这样做的。言传身教,为后辈树立了榜样。

瘦竹先生对青年教师十分关心,手把手地"传、帮、带"。我们这一代教师都不会忘记他的培养之恩。1959年秋,我独立开"作品选读与写作实习"课,方光焘和陈瘦竹两位前辈亲自来作示范教学。方先生讲鲁迅的小说《示众》,陈先生讲田汉的剧本《获虎之夜》,都受到学生的热烈欢迎,也让我更清楚地认识到自己的差距,鞭策自己努力提高素养,把课教得好些。1961年夏,系里决定开设"现代作家研究"课,先由瘦竹先生讲剧作家,再由我接下去小说家、散文家。我虽接受了任务,心里挺紧张,怕学生听了瘦竹先生高水平的课后,再听我讲课,落差太大,会不满意。瘦竹先生看出了我的紧张心情,把我找到家里去,鼓励我勇敢地挑起担子,给我详细讲了怎样教这类研究性的课程,并要我先听他的课,一起研究这门课的建设。我听了他讲的曹禺、老舍,从中学习、体味,然后才充满信心地去讲赵树理、周立波……不仅向瘦竹先生学习如何教好课,也向他学习研究作家、作品的方法。在多年的教学中,遇到困难和问题,去向瘦竹先生请教,他总是耐心帮助,并指出解决问题的思路,让我受到教益、满意而归的。

"文革"十年,"四害逞凶"。广大教师被贬为"臭老九",吃尽苦头,瘦竹先生这样的"权威",受的罪就更多。这些,现在都不想再去说它了。我要说的是:瘦竹先生不管在什么情况下,都严肃地对待人生,教书时是这样,干农活时也是这样。记得在溧阳农场劳动期间,瘦竹先生年已花甲,干起农活来像个庄稼汉,经常挥动四齿钉耙翻地,热了,就脱去上装"赤膊上阵",干得汗流浃背,从不叫累。他做的活质量都属上乘。这虽与他出身农家有关,但更体现出他干什么事都认真,都讲究质量。粉碎"四人帮"后,他从不重提自己吃的苦头,只是多次为自己十几年来呕心沥血写成的几十万字关于戏剧理论的札记被焚毁而痛心。他要在古稀之年,一面教课,带研究生,一面写戏剧理论著作,以弥补这一损失。要这样做,需要付出多少艰苦的劳动,需要多么坚强的毅力,是可想而知的。别人做不到的事,瘦竹先生做到了。他陆续发表了一篇篇论文,出版了《论悲剧与喜剧》《戏剧理论文集》等著作。每当我们这些学生劝他注意健康、放慢节奏时,他总是说:"时间不多了,得抓紧做";"一个人的能力有大小,因此成就有高低,但是只要勤劳刻苦,也就于心无愧"。瘦竹先生勤劳刻苦,奋斗到生命的最后一息,把一生献给了人民的事业,他是"于心无愧"的。

瘦竹先生后半生因眼疾困扰,从事教学研究工作,需要付出比别人多几倍的劳动。他在《戏剧理论文集》的《后记》中说:"虽然医生早就警告过我,患有这种眼病而用高度放大镜等于饮鸩止渴,但我不敢懈怠,总想有所前进。"我的眼睛高度近视,年过五十以后,视力越来越差。瘦竹先生多次提醒我:"要注意保护眼睛,晚上少看书,早点睡觉。"先生的关怀,我自然十分感激。

但有先生的榜样在,我也"不敢懈怠",即使明知"开夜车"是"饮鸩止渴"也要奋力工作。不敢奢望取得什么成就,但求"于心无愧"。

瘦竹师走了,留给我们的是说不尽的思念。他的奉献精神,将永远鞭策着我们奋力向前!

(裴显生:南京大学中文系文艺学专业教授,曾任中国写作学会常务副会长、江苏省写作学会会长。)

秦家琪

永恒的怀念

6月2日上午,惊闻先生之噩耗,如遭雷殛。先生去了?！两年多与顽疾苦斗,先生活得好艰难,好劳累;先生去了?！这么匆忙,这么突然,昨天我还想着要去探望先生。在大悲恸中我记起每次探病时先生的嘱咐,迅疾地奔向北京西路二号新村去看望师母——蔚德老师。门敲开后,我对着悲痛欲绝的师母语无伦次地劝慰说:"您不要哭,先生最担心您为他难过,他让我们对您说,他很好……"这时,我们两人都已泪下如雨。6月3日,我开始在案头的稿纸上写下了悼念先生的最初几行文字:"先生去了,先生还在,在我们心里……"但是,终于不能完篇,十来天前,先生倚歪在病房沙发上,忍着病痛,询问我有关工作与职称情况,谆谆给予我鼓励和开导的那一番话,亲切如在耳边。如今,却已幽幽冥路,天人永隔。我上哪儿去呼唤、寻觅先生?三十八年师生情谊,丝丝缕缕地铭刻于心间,哀思如潮涌来,但心绪浩茫难以清理。这才体会到鲁迅所说:"长歌当哭,是必须在痛定之后的。"终于,我这篇悼念文章,直到半年后才得以写完。

先生是我的导师、引路人,是先生将我引上现代文学研究之路的。但对我来说,先生于我影响尤为深广的,却不止于学术研究,而在于做人,在于先生的精神、意志和人格力量所给予我的巨大感召和鞭策。

开始喜爱上现代文学,是在1952年南大小粉桥教室聆听先生讲授中国现代文学课程的时候。先生讲课极富魅力,风度潇洒,言谈亲切,往往融深刻、睿智的见解于诙谐、幽默的表述之中。先生讲叶绍钧的《潘先生在难中》,把小市民庸俗、卑琐的灵魂剥露得惟妙惟肖,让人一辈子都难以忘却那一家四口牵着手,摆成长蛇阵,以苟安求生的可笑复可怜的形象。之后我参加了现代文学兴趣小组,几个志同道合的后生小子有事没事总往先生家里跑,去请教现代文学方面的问题,同时也不知深浅地对当时刚刚发表于《人民文学》上的诸如阮章竞的《漳河水》、路翎的《洼地上的战役》等作品,乱发一些评论。也许,在那时我已不知不觉地定下了选择现代文学这一专业的意向,而起决定性作用的则是对先生学问的敬重与仰慕。这影响力是如此强大,以至于后来在已经当上了刘大杰、朱东润两位导师的研究生以后(那一次是学校选送考试),仍然情不自禁地挤进了现代文学研究领域。大学毕业后,整整二十年浪迹于复旦园,对先生只是偶有通讯或拜访。"文革"期间,先生罹难,受虐良苦,我与先生几乎断绝了联系。直到1975年我调回南京工作,这才得以重新回到先生身边。不过这时我已是"南师大人"了,南大已成为我的"娘家"。在此后的十五年间,我并没有直接进入先生的教学与研究工作领域,但对于先生、师母的家庭生活是十分贴近的。也许正因为如此,我能获得一份殊荣,既能经常追随先生,于学术上长沐教泽,又能在无拘无束的相处中,点点滴滴,如春雨润物般地,感受先生宏大的人格力量的熏陶。

先生铁骨铮铮,一身硬气,对于自己的吃苦受累,从不向人轻发牢骚和怨尤,这是我回宁后重见先生时的突出印象。"十年浩劫"中,先生最早被"抛出",历经磨难,遭受到非人的精神凌辱和肉体摧残,这是我早就听说的。先生现在怎么样了?我怀着急迫而忐忑的心情到处打听先生,终于在渊声巷一个工人住宅区的小平房里见到了他和师母。他们的房子矮小、狭窄,又极阴暗,是一个长筒间分隔成的前后两间小屋。先生的前室仅容得下一床一几一椅一凳,而师母的后间是连白天也要开电灯的。家中仅有一样"特殊化"的财产是一只小九寸的黑白电视机,为了怕邻家革命小将来冲击,只能白天把它隐藏起来,而在晚上门窗紧闭后用最小音量播放。但与居室环境之恶劣形成强烈反差的是先生豁达、硬朗的神采。尽管当时"四人帮"未倒,烈焰仍炽,但先生笑声爽朗,深感先生襟怀之开阔,使我在小屋子里如见阳光灿烂。明知先生受苦极深,但他就是不谈自己,不发牢骚。诸如那颈挡"重枷",在红卫兵鞭笞中,一路匍匐躬行至雨花台烈士墓请罪的惨状,是闻之令人战栗的。可这些事情,我后来偷偷询问师母时,连她都不甚清楚。她说他们两人先是长期隔离着,后来准许住在一起了。先生每每被喊出去劳役,只见他身上手臂上贴满了伤膏药,但即使在自己妻子面前也不吭一声。就像许广平回忆鲁迅时所说,鲁迅在受到重创后,宛如一只受伤的狼,总是躲起来独自舔吮自己的伤口的。

先生早年丧父,由寡母带大,年轻时生活极清苦,从小养成了特别能吃苦,经得起摔打、熬炼的坚韧品格。先生的坚韧与顽强,不仅表现在历尽政治磨难,九死一生,终于重新焕发学术青春,辛勤著述,成果斐然,更表现在他晚年不为沉疴所压倒,夙兴夜寐,苦斗病魔,辛苦育人,为现代戏剧研究领域培养出了一批成绩优秀、极有前途的青年学子。

先生为恶病所累已有两年余,但他始终没有躺倒在病榻上。由于先生体质素佳,涵养极好,能够积极配合医生治疗,故能于几度住院,药疗与化疗并施后,使病情的发展较为缓慢,其间甚至有过好转的迹象。我们曾私下揣度,所谓C.T.之说恐系误诊;也真心祈祷,但愿真是误诊。但今春起,先生病情开始恶化,剧痛加深,寝食难安。每每去探望先生时,总见他倚歪在病房的小沙发上。为了保持身体平衡,右臂用支架吊撑着,左胸前固定地插着一支注射止痛剂的针筒,以备剧痛袭击时可以随时推进药剂。见到先生时,最令人痛不忍睹的是他进食的情景。从北京来的女儿帮助先生吃饭,他很痛,完全没有食欲。看着馒头,摇摇头;看着面包片,皱皱眉。但先生还是吃了。女儿掰着馒头,一小块,一小块,送往他嘴边;先生吞咽着,一大口,一大口。吃得那么快,吃得大汗淋漓,倒像是一个饕餮者。我蹲在先生面前为他擦拭额头的汗水,心痛如绞。这哪里是吃饭,分明是一场为了生命的拼搏。这时已是癌症的晚期了,可是先生不相信自己是患了绝症。他忍着剧痛,按时按量地强迫自己进食,付出了超人的毅力,是为了增强体力,配合医疗。先生并非吝惜一己之生命,他是为了争取早一些回家,回到他自己的书房,那里有着许多许多工作等待着他去完成。即便已是生命的弥留时刻,先生仍然硬撑着,向我们微笑,让我们放心,催我们回家。他总是说"还好,还好……",以至于令我们产生了一种错觉:即便不能力挽狂澜,先生至少还能支持一些日子。直到6月2日的晴天霹雳将自己震呆,还久久不能相信,先生已经去了。先生去了,但先生于病危中艰难进食的情景,却像电影的定格镜头,永远浮现在自己眼前。瞬间如永恒,先生于生命最后时刻的表现,可以说是他毕生人格、精神力量的光辉显示,将永远铭记于我心。

  先生为人严谨、认真、一丝不苟,多少年来先生时时事事以榜样的力量教育、影响着我。我与先生交往、接触较多,先生于我极亲切,颇多宽容,因此平时与先生的言谈相处,我是毫不拘束,十分随便的。但由于我深知并敬重先生的严谨和认真,有时我也很"怕"先生。这里说一些小事情:1978年暑假,高校恢复研究生学制,先生于"文革"后第一次招收现代文学研究生,四方青年仰慕先生者甚多,报名极踊跃。我在复旦时的学生小王也参加了这一场竞争。她毕业后到新疆十多年,这次考试的成败,关系着她今后的事业与前途命运。为了帮助她复习荒疏已久的现代文学,我于她考试前一个多月就将其接住我家,使其能潜心攻读。此事,我曾对先生说起,他也表示过欢迎,并对如何复习做过极简单的指点,从此,不再过问此事。以我和先生的私交,当时我极想为自己学生争取到先生更多的帮助,但由于素稔先生的为人,又不敢造次提出，做其他非分之想。就这样，不但小王来南京后，一直到被选入口试时才得以见到先生，连我自己，在小王考试前的整个一个多月内也自觉地"回避"，没进先生的家门。不仅如此，小王在考试时，也为先生凌厉的提问而大受惊吓。她说，先生连珠炮式地提问题，第一个才回答两三句，第二个又逼上来，不断地换题目，一直问到"阿随在《伤逝》的悲剧中起什么作用"这样的小问题。"文革"十年，大家都没有接触学术研究，考生匆促准备，要通过这样严峻的考试是很不容易的。我是在得到小王被录取的消息后才去先生家的，当时先生比较高兴，对小王的考试成绩表示满意，并直率相告，他起先对于来自上海的女孩子能否朴实和扎实地研究学问，有所疑虑。所以严格地考一考，现在印象很好，可以放心了。先生终于成为小王的导师和"太老师"，而小王也以自己的努力，取得了良好的学习成果，没有辜负先生的期望。

另一件小事是 1987 年的夏，我为先生评审一篇他的硕士生的毕业论文。文章是写得不错的，但我发现了一个不应该发生的差错：论文作者将文中所论及的对方的基本观点弄错了——论文所批评的观点和原作者的意思恰恰相反。而偏偏我与被批评的这篇文章有关，所以情绪有些激动，认为在一篇硕士生的毕业论文中出现这样的问题是很不应该的。但其时离答辩日期很近，即便指出已来不及修改了，我要不要向先生指出这个问题呢？如果提出来，是否有拂导师面子，而使先生感到尴尬和不痛快呢？私心杂念使我在这件事上踌躇了一下，但后来我还是坦诚地向先生谈了这件事。先生对此极其重视和十分认真。后来我才知道，在答辩会上，先生专门就这个问题，对参加答辩的研究生作了有关学风问题的"现场教育"，并对我的评审意见做了充分的肯定和高度的评价。事后，我为先生对我的理解与支持而欣慰，因为我正是按照先生平时的言传身教来处理的；但也为自己一度有过的"思想斗争"而惭愧。先生对人对己，从来是襟怀坦荡，一丝不苟，我怎么会害怕招惹先生不愉快呢？这一次显然是我"怕"得不该，"怕"得无理了。

但是，先生毕竟不是令人"怕"的人。在生活中的先生平易、宽厚，充满爱心。对于后辈,先生是十分宽容的。由于我的疏懒,这些年来于学术上进益太少,成果不多,与先生谈起时,常常颇感沮丧。但先生对我总是鼓励有加,对我的教学、科研等工作做出了高于我实际情况的评价。我知道这是先生催我奋进,促我向上,所以我是从不敢因此而沾沾自喜的。但先生也有让我"洋洋自得"的时候,这是由于我的苏州菜。先生是无锡人,喜欢吃江南口味的菜肴。当我偶尔送一些自己做的苏州小菜给先生下酒时,常常为先生那孩子气的欢颜和夸张性的称赞而颇为"得意",这时,我觉得先生就像我的父亲。1989 年 11 月是先生的八十寿辰。在这以前,我们已于 6 月份为先生集体祝过寿了。而去年 11 月底先生的正式生日时,我与必扬二人又另外做了一桌菜,搞了一次家宴式的小型祝寿活动。其时先生已不能随便外出走动了,我们大饭盒小罐子地端到先生家去,热闹地摆了一桌子。那一晚先生真高兴,比平时多吃了许多,以至于令我惴惴不安。次日早晨即打电话询问先生感觉如何,身体安否。电话是先生接的,传来了先生洪亮的笑声,我才放心。当时曾再三劝慰先生保重身体,相约明年时我们再来为先生做生日。遗憾的是,这一愿望已是永远不能实现了。

  先生深厚的爱心也表现在他的家庭生活中。他们的子女大多不在身边,但先生与师母的感情生活是十分美满的。自从 1931 年他们于武汉邂逅,由对文学的共同爱好而相识相恋(其时先生已读大学,师母还是高中女生,都是文学青年),此后六十年间,他们一直相濡以沫,患难与共,是互相搀扶着支撑着度过这艰难而漫长的岁月的。他们抚育子女,是生活的伴侣;又切磋学问,共同著述,是事业上的同志。先生与师母的伉俪深情,到晚年尤为深切。从北京路到上海路,我们经常看到他俩形影相随,蹒跚缓行的身影。晨晖中,先生拎着菜篮子,陪同师母去买菜;夕阳里,他们又相偕出来散步,舒缓、松弛一下工作后紧张的神经。先生对师母体贴关怀备至,在师母偶或住院治疗期间,先生是每天必去相伴的。去年一个大雪天气,上午并非探病时间,但先生心系孤身在严寒中住院的妻子,像年轻人一样,感情冲动地突然跑去看望师母。其时先生自己已是重病在身了,鼓楼医院虽不算远,但雨雪泥泞,师母病区又在九楼,真不知道是怎样的情感力量使先生来到师母身边的。为了让师母放心,还故意说是由学校派车送来的,后来研究生小周闻讯赶去医院接先生,师母这才弄清原委。这件事我听师母说过两次,每次她都是泣不成声的。师母说,先生一辈子都是为他人着想比想自己要多。在先生自己生病住院时,他顾念师母身体不好,是极不愿意她去医院探望的。特别是在病情加重后,他更是谆谆关照我们不要让蔚德老师知道,只要告诉她"很好"就行。师母当然还是不放心的。于是在每次师母去探望前,先生必定加大服用止痛剂的药量(这是事先和陪同人员讲好的),使自己能在与师母病房相会时"谈笑自如",保持一个"很好"的形象。分手时先生又必硬撑着送到走廊上,让师母怀着几分轻松、几分欣慰的心情,回到家里打发那孤灯独影和刻骨铭心的思念。晚恋,是人类情感世界中一种崇高而美好的境界,因为这是一种经过生活的锤打、考验而成熟了的男女之情、夫妻之爱。有时在路上遇到他们,我会悄悄地尾随于先生与师母之后,揣摩与体会着在那迟缓、滞重的步履中所深蕴着的坚定与和谐,并且为之深深感动。拥有这种感情的人是有福分的,是要进入天堂的。先生,您听见我的这一祝愿了吗?

怀念,使我伤心、痛苦;但怀念,也使我欣慰与满足。先生是我一生中最为敬爱的师长,我以能有这样一位师长而感到自豪,同时,我也为自己能拥有这一份永恒的怀念而感到幸福。

先生去了,但先生还在,在我心中!

(秦家琪:南京师范大学中文系教授,曾任中国现代文学学会江苏分会副会长。)

叶子铭

我永远忘不了

世事沧桑，岁月无情。想不到前年六月初旬刚参加过陈瘦竹先生八十寿辰的庆祝活动，今天竟然要提笔来写悼念先生逝世一周年的文章。此刻，我的心比铅沉，笔重千钧，脑海里浮现出半年前在医院里最后见到的那张犹如蜡像般苍白然而沉静坚毅的脸。透过那张脸庞，我感受到陈先生那颗永不轻易向命运低头的倔强的心，仿佛依然在跳动。

这是我永远也无法忘怀的记忆。

那是去年6月2日上午8时余，我突然接到朱家维同志的电话，他以低沉的语调告诉我：陈瘦竹先生已于2日凌晨6时50分病逝了。这一噩耗来得太突然，我几乎怀疑自己听错了。近两年来，陈先生以惊人的毅力同癌症进行顽强的斗争，一边治疗一边还坚持指导博士研究生，前年刚毕业了一届，接着又招了一届。医院曾几次发出警告乃至病危通知，但他的病情都奇迹般地化险为夷，大家无不为陈先生那种可称之为同病魔搏斗的超人毅力所折服。虽然，我从各种渠道得知先生的病痛已被确诊为癌症，但也曾因此而一度怀疑医生们的诊断有误,犹如张月超先生的情况那样。然而,这回不幸的消息终于被无情的事实所证实了。当天上午9时左右,当我和邹恬、周勋初、朱家维等几位陈先生的老学生和袁湘婉、许志英等校系领导赶到工人医院时,病房里空荡荡的,已是人去床空,陈先生的遗体已被转移到医院的临时冰库里。

  6月初的南京,天气已十分炎热,医院采取这样的措施是完全可以理解的。但是,我却永远也无法忘记,在冰库太平间里最终寻觅到陈先生遗体的那番曲折离奇而又令人心酸的经历。起先,在那座狭小嘈杂的两开间冰库里打听不到消息,经查阅登记册,确证陈先生的遗体已送到此地后,工作人员才领着我们到里屋,拉开那一只只存放遗体的长方形大冰柜,一一翻开那条蓝色的裹尸布,逐个查找,出乎大家意料的是,查遍仅有的几只大冰柜,竟不见陈先生的踪影,却意外地发现孙望先生的遗体。孙望先生和陈先生是交谊甚笃的挚友,他们先后同住在一个医院里,也先后于6月1日夜与2日凌晨悄然无声地离开人世。这两位我所尊敬的师长,虽非同年同日生,最后却奇迹般地联袂飘然仙逝而去。此刻,孙望先生的遗体安然地躺在冰柜里,而陈先生的身影安在?我们焦急地四处寻觅,突然发现冰库屋外小房间里停放着一辆普通木制的小板车,车上摆着用蓝带严严实实包裹着的遗体。会不会是……?怀着惴惴不安的心情,我们请工作人员打开看看。天啊!当蓝布打开后,陈先生那张犹如蜡像般苍白然而沉静坚毅的脸庞,立即清晰地显露出来,鼻孔里塞着两团棉花。大家连忙小心翼翼地把他抬进隔壁的一只长方形的冰柜里,正好与孙望先生排列在一起。其时其刻,我脑海里闪现一大问号:是工作人员的不负责任,还是历尽劫难而意志弥坚的陈先生,不愿就此匆匆地离开他为之牵肠挂肚的人间,才出现这种令人心碎的情境?我宁愿推想原因盖出于后者。因为,我知道陈先生不是个厌世者,也不是个遁世者;相反的,他对于我们国家民族的未来,对于自己为之奋斗终生的未竟事业,对于亲人、朋友与学生,还有诸多眷恋和牵挂。此刻他虽已瞑目,然而那颗坚毅倔强的心仿佛依然在跳动,不愿超然物外地就此匆匆离去。

我永远忘不了那张蜡像般沉静坚毅的脸,还因为他使我联想起陈先生坚韧不拔、辛勤耕耘的一生,想起他以自己独特的经历与成就,为中国现代文学学科的建设与发展所做出的重要贡献。新中国成立以来,在执教于南京大学中文系的四十年间,他始终不渝地为建设与发展中国现代文学这门年轻的学科,为培养一代又一代的后继人才献出了毕生的心血,做出了独特的贡献。

新中国成立后,特别是1952年院系调整以后,根据教育部的规定,全国各高校开始把"中国现代文学史"(起先又叫"中国新文学史")正式列为中文系的主要课程。但当时还处于初创阶段,能独立承担并始终如一地从事这一学科的教学与科研工作的,在全国只有为数极少的一批人。他们为建设与发展这一新建的学科专业,做出了具有开创性与奠基意义的贡献(尽管各人的贡献程度不同)。陈瘦竹先生就属这批人中的一个。记得1953年秋,当我就读于南京大学中文系时,系里的古典文学师资力量雄厚,拥有如胡小石、陈中凡、汪辟疆、罗根泽等著名的老一辈学者,相比之下,现代文学方面的师资力量就比较单薄。解放初期,孙席珍、孔罗荪、路翎等曾在学校里任教过,但时间短,很早就离开了。我入学时,孙席珍、路翎都离开了,系主任方光焘先生是早期创造社成员,可称得上是新文学运动的过来人,但他已转而从事语言理论与现代汉语的研究,为我们讲授的是"语言学引论",只偶尔做点现代文学专题报告。当时,独力支撑"中国现代文学史"教学的是陈瘦竹先生,他那时只有四十多岁,然视力已很差,上课从不用讲稿,全靠惊人的记忆力如数家珍地为我们讲授现代文学的发展历史和名家名作,同时还兼教我们"文学引论"课。他的课深受同学们的欢迎,使我们这批五十年代的大学生对现代文学产生浓厚的兴趣,其中有一些同学由此开始步入现代文学研究的领域。我在大学时代从爱好古典文学到后来转向撰写现代文学方面的毕业论文,也是受到陈先生的影响。就我所知,从解放到他逝世前,在四十年的风雨岁月中,除了那受尽摧残的"文革"十年外,陈先生为南京大学中文系的中国现代文学的学科专业的建设和人才培养,可谓殚思竭虑,耗尽了大半生的心血。南京大学中文系的中国现代文学专业,从解放初期陈先生独撑局面,发展到今天成为国内仅有的几个同时具有硕士与博士研究生授予权的专业,同陈先生几十年的辛勤耕耘有密切关系。应该说,他起了奠基、开拓与组织推动的核心作用。

如果我们再简单回顾一下历史,陈先生对南大的现代文学学科建设所做出的重大贡献,就更加清楚了。南大是由过去的中央大学与金陵大学调整合并而成的,而新中国成立前这两所高校是不开设新文学史课程的。从1917年"文学革命"开始到新中国成立前,中国现代新文学运动的中心主要集中在北京、上海,作为国民党政府首都的南京,对新文学运动尤其是左翼的、革命民主主义的文学运动,则采取抵制、查禁的方针。因此,新中国成立前的南京高等学府里,虽然集中了一批学有专攻的国学方面的专家教授,但现代新文学的教席在这里却不可能占据应有的位置。这种情况,自然给新中国成立后南京高校的现代文学教学,带来比北京、上海高校更多的困难。陈先生正是在这种特殊的历史条件下,挑起建设这门学科的重任的,或者说,是历史选中了他。

陈先生辛亥革命前出生于江南的贫苦农家,青少年时代在"五四"新文学的影响下很早就开始小说创作。1928年他年仅19岁时,就出版了中篇小说《灿烂的火花》,该书因描写江南农民反抗地主的斗争而被国民党政府查禁。三四十年代,他又接连出版短篇小说集《奈何天》《奇女行》《水沫集》和中篇小说《声价》。1940年他到国立剧专任教后,又开始把兴趣转向戏剧文学与戏剧理论的研究,新中国成立前就发表了许多戏剧论文,翻译出版了雨果的《欧那尼》和萧伯纳的《康蒂妲》等剧作。由于他在文学创作与翻译研究方面的成就,1949年南京解放不久,他就被推选出席同年七月在北京召开的全国第一次文代会。正是他的这种创作成就、独特经历和强烈的历史使命感,在解放初期艰难创业时期,他就被选中并以巨大的热情,肩负起在南京大学建设中国现代文学专业的重任。从五十年代初期起，他长期在南大执教"中国现代文学史"与各种现代文学的专题课程，组建了现代文学教研（组）室，关心指导青年教师的成长，培养了一批又一批现代文学的教学与研究人才。"文革"以前，他把主要精力集中在本科生的现代文学课程的建设，以及中文系的学科专业和师资队伍的建设上，同时开始招收研究生，是新中国成立后国内较早招收现代文学研究生的少数导师之一。"十年浩劫"期间，南大中文系被说成是鼓吹三十年代文艺黑线的黑店，陈先生首当其冲，先后被打入劳改队与专政队，受尽常人所难以忍受的侮辱与折磨，身心都受到严重的摧残。四人帮垮台后，他逾67岁，却仍然以满腔的热情与惊人的毅力，为中国现代文学专业的重建与发展，倾注了大量心血。1978年全国开始恢复学位制度后，他又成为"文革"后国内首批招收现代文学硕士生的导师之一，此时他虽已进入古稀之年，却依然以坚韧不拔的精神与严格认真的态度，培养了一届又一届的硕士生和博士生，直至他生命的最后时刻。

我永远忘不了陈先生那张蜡像般沉静而坚毅的脸，还因为他对中国现代文学学科专业建设所做出的贡献，虽然是立足于南大，但并不仅仅限于南大。近四十年来，他默默地耕耘着，在现代文学的教学、研究和人才培养等方面，培壅浇花，并以对中国现代戏剧理论的渊博学识与丰硕成果，对新中国成立以来这门新兴学科的发展和研究领域的开拓，做出了自己的独特贡献。现代戏剧文学与戏剧理论，是中国现代文学的重要组成部分，然而从这门学科建立的初期起，从事这方面研究的学者就寥寥无几，其间陈先生堪称重要的开拓者。五六十年代，他就出版了《易卜生〈玩偶之家〉研究》和《论田汉的话剧创作》等专著，以及戏剧理论与现代剧作家研究的论文。"文革"以后，他不顾年迈视力差所带来的种种困难，在生命旅程的最后十余年中，依靠高倍放大镜，继续潜心于现代戏剧与戏剧理论的研究，先后又整理出版了《现代剧作家散论》《论悲剧与喜剧》和《戏剧理论文集》等学术论著。他的一系列研究成果，为推动中国现代文学专业的戏剧理论研究方向的发展，为构筑具有中国特点的戏剧理论体系，做出了重大的贡献。

除此之外，从解放初期到"文革"前，当现代文学学科还处于初创与建设的阶段时，陈先生就积极参加一些全国性的重要学术活动，并主持了现代文学方面的重要课题的研究。这里，仅就我直接、间接了解的情况，再说三件事。第一件事，1954年暑假，就在我考入南大的第二年，刚挑起现代文学教学重任的陈先生，出席了在北京大学召开的综合大学中国现代文学史教学大纲讨论会。这是继1951年在教育部的领导下，由李何林、老舍、王瑶、蔡仪草拟新中国成立后第一个"中国新文学史"教学大纲之后，又一次关于这一学科建设的重要学术活动。会议由李何林、王瑶先生主持，出席者仅有十余人，其中除陈先生外，还有余上沅、吴组湘、刘绶松、楼栖、刘泮溪、高兰、华忱之等。关于这次会议的内容，当时作为一名学生，我自然无从知道，事后也未曾听陈先生提起过。但从出席会议的只有十余人的情况看，也足以说明当时现代文学的学科建设还处于初创阶段。出席这次会议的大部分学者，包括陈瘦竹先生内，后来都数十年如一日地为这一年轻学科的发展倾注了心血，成为开辟草莱的一代人。第二件事，记得在1959年的春夏之交，在系主任俞铭璜同志的倡导与支持下，以陈先生为负责人的领导小组成立，发动师生撰写纪念"左联"成立三十周年的论文集——《左联时期无产阶级革命文学》。当时，陈先生不仅亲自撰写《左联时期的戏剧》一文，而且在一些青年教师的协助下，认真地审定书稿，为此书的编审出版付出了大量的时间与精力。这本书于1960年公开出版时，署名南京大学中文系编，并没有说明陈先生在编审过程中的重要作用，所以我在这补写一笔。今天看来，无论在观点还是史料上，这本书都存在许多错讹与不足之处，但它毕竟是新中国成立后国内第一部系统论述左翼文学的书，因此出版后在国内外产生过一定影响。第三件事，1961年春由周扬同志主持召开全国高校文科教材编写会后，曾集中国内一大批著名的专家学者编写文科各系的教材。记得在同年夏天，陈先生同孔罗荪、田仲济等，共同编选《中国现代文学作品选》的教材。当时，我作为以群主编的

《文学的基本原理》编写组的成员,曾一度和陈先生同住在上海国际饭店里,目睹陈先生为编好教材不辞辛劳地工作的情景。那时住在同一饭店编写教材的还有一些老专家,如郭绍虞、钱仲联、田仲济等。以上所记,只是我所知道的陈先生"文革"前的二三事。"文革"后,他对现代文学学科建设所做出的重要贡献,越来越受到学术界的重视和公认,并被先后推选为中国现代文学研究会顾问和中国话剧文学研究学会的名誉会长。

如今,无情的岁月已把陈先生带离了这喧嚣的人间,而且将离我们越来越远,但是他所留下的足迹与业绩,将永存人间,激励后来者继续前进!

陈先生那张蜡像般沉静坚毅的脸,将永远留在我的记忆里!

1991年元月16日于南秀村

(叶子铭:南京大学中文系教授,曾任国务院学位委员会第二、三、四届学科评议组中文组召集人,中国现代文学研究会副会长、中国茅盾研究会会长、中国作协江苏分会常务理事,专于现代文学、文学理论和茅盾研究。)

谷辅林

陈老师永远活在我们心中

敬爱的导师陈瘦竹教授虽然与世长辞了,然而,他的谦逊、朴实的品格,渊博的知识与惊人的记忆力,严肃认真的治学态度与科学精神,却永远铭刻在我心中。

一

陈先生给予我的第一印象是谦逊、朴实、亲切。

那是32年前的秋天,我等待着华东师范大学研究生班的入学通知。可是等来的却是南京大学的入学通知。对于南大,久已向往,自然是高兴的。到南京后,方知华东师大1958级现代文学研究生班全部学员均转入南大。南大的研究生是四年制,我们二年制的称为进修生,与四年制研究生编为一个研究生进修生班。这个班包括古典文学、现代文学、语言学、文艺理论等专业。这个班成立的那个下午,中共江苏省委常委兼南大中文系系主任的俞铭璜同志、康贻宽书记及有关教师罗根泽、陈瘦竹、方光焘、包忠文等先生出席了会议。康书记主持会议,俞主任讲话,并一一介绍了各专业的导师。此后,康书记请导师们发言。一时沉默。我暗暗希望我们的导师陈先生能够讲话。在俞主任介绍导师后,陈先生笑着站起来时,我鼓了掌。早闻先生大名,而今才得相识。高兴之情,难以抑制。陈先生中等身材,穿一身藕粉色中山装,风纪扣是扣着的,圆而略胖的脸,特别饱满、宽广的额,黄色皮肤,标准的龙的传人。短暂沉默之后,我心愿实现了,首先开口讲话的导师正是陈先生。陈先生笑容满面,用眼睛扫视大家,可又明显地感到他的眼色不同常人,正在寻思时,陈先生讲话了:"我说几句。蒙领导信任,让我负责现代文学专业的指导工作,我很愿向青年朋友们学习,同大家一起研究学问。只是我需申明一点,我的视力很差,视觉模糊,看不清面前的影像,我们以后会常常见面,甚至在路上、街头也可能碰上,请大家不要误会我不理人……"陈先生的话,既简短精悍,又谦逊朴实,句句印入我的心田。

陈先生名高望众,开始接近时未免有点拘谨,接触的机会多了,就逐步感到他的亲切、诚恳与民主。他一律以礼待人,不论职位大小,身份高低。学者、专家、官员去他家拜识,他以烟、茶、糖果招待,我们青年学生去他家,也是如此,而且都是在同一个客厅里,享受同等规格。在议论问题时,他只讲个人见解,而很少涉及他人。我们向他提出问题请教时,他常常让我们先说。我们的看法或对或错,他均不做正面回答。他只是表明个人见解,而且每次讲话后,总要加上一句:"我的话不一定准确,仅供参考。"其实,他的话,我们很满足。从他那里,我们获得了自己所需要的。他从未批评过我们,可又常常觉得陈先生的某些意见正是为了纠正我们的偏颇。我觉得与陈先生在一起,很愉快。

陈先生个人生活也很俭朴。他基本上不抽烟,饮酒也不多,茶水不浓,饮食极普通,普通的饭,普通的菜,并不追求山珍海味。这是我与陈先生交往三十多年所知所感的印象。

二

有一次,陈先生问我爱读什么书。我说,如果只讲兴趣的话,我最喜爱的是古诗词与唐宋散文。接着我说明兴趣来自童年时代的熏陶。我童年时代上的是私塾馆,背诵的是古诗古文。先生听后,漫不经心地说,研究现代文学,需有古文的根基,也需有世界文学的素养。知识是海洋,记忆是宝库,理解是钥匙。不博览难以求其广,不精读难以求其深,不理解难以举一反三。记忆很要紧。假如一个人从有记忆力起,便能听而不忘,视而不忘,那便可能成为博学家。我说:"您的记忆力便很惊人。"先生笑笑:"哪里哪里。"我不是面奉先生,而是我的实感。陈先生给我们讲授"田汉的话剧"专题,整整一个学期,未见他拿过二指宽纸条上讲台。他两手空空,甩着膀子大步走上讲台后,便开始讲授。他用带着吴语口音的普通话,精练地述说剧本的故事情节,论证剧本的构思艺术与主题。为了论证,他既引经据典,又旁征博引,只听一段段剧本中的台词,一句句至理名言,像流水似的从他口里流出,流入我们的耳际,流入我们的心田。听他的课,是美的享受,是启迪思维拓宽智慧的良机。有一次,他在南京市文联、作协举办的文艺讲座会上,把整个会场震动了,掌声空前热烈。会议准时开始。主讲人只陈先生一位。只见他大步走上讲台,两手空空。他是侧重于艺术构思与表现手段这一主旨讲述的。他从理论到实践,从中国到外国,从名人名作到他本人亲自审阅过的剧本或小说,既高屋建瓴,又深入浅出。为了讲"悬念"这一构思与手法,他以《狂人日记》为例,他滔滔地背诵着鲁迅《狂人日记》第一段"今天晚上,很好的月光。……我怕得有理",接着就这一段文字,提出一系列问题,说明鲁迅运用此悬念手段的目的在于引起读者迫切阅读全文的兴趣,从而说明文学创作构思的苦心与奥秘。无悬念的作品,不会产生巨大的艺术感染力。在一阵掌声之后,陈先生走下讲台,只见不少听众走上前去与陈先生握手攀谈,不少人在议论先生演说的精彩,佩服先生记忆力惊人,感叹先生知识渊博、理论深厚。此情此景,我看在眼里,听在耳里,乐在心里。我为有这样的导师而自豪。一位听者问我是哪个单位的,我说:"南大的,陈先生的学生。""你太幸运了,有这样的老师!""是的!"我愉快地回答着。

多少年后,我又在山东、在北京,追随先生的足迹,聆听他的演讲。虽然,他已年逾古稀,而讲话的风采依然如故,仍然两手空空,仍然健步登上讲台,仍然是那带有吴音的普通话,仍然是所到之处,皆受到热烈欢迎,每讲一次,均获得热烈掌声。而人们所议论的常常是先生的渊博精深与他惊人的记忆力。

三

我在南大期间,听过不少名人讲课,俞铭璜老师讲马克思主义与美学,郭影秋、孙叔平先生讲哲学,罗根泽、陈中凡先生讲古代文学中的现实主义与浪漫主义,方光焘先生讲鲁迅与左联,王士菁先生讲"鲁迅研究"专题,吴天石先生讲"毛主席诗词",赵瑞蕻老师讲"中国现代文学专题",此外还听过郭小川、夏阳等人的报告,我学了不少,也交了不少朋友。但是当时联系最多的是陈先生。这原因之一是我继叶子铭同学之后,担任了班级的学习班长。而学习班长的任务之一便是当好导师与同学间的纽带,上传下达。包忠文先生是陈先生的助手,也是协助陈先生领导现代文学教研室工作的,因而联系也较多。以至于系里聘请王士菁先生讲授"鲁迅研究"期间,也指派我专门陪同侍候。从王先生的饮食起居到上课下课到他拜访友人,我始终跟随着。随着时间的推移,我与陈先生之间的距离也日益缩短,勇气也逐渐增强,对先生的麻烦也就多了。请教先生,开始时间较短,慢慢地,就长一些,再后来,就能达到一个半天的时间。比如,我请先生指导我写论文,开始汇报题目、大纲,比较简单,可在论文草成后,却要求先生系统指点。先生视力不好,不忍心请先生过目,于是我率先提出请先生听读。先生同意了,我与惠淇源同学在约定好的一个上午去先生寓所。先生的客厅里明窗净几,茶几上仍然像平时那样陈列着烟与糖果,我们刚到不久,便有保姆送来热茶,陈先生也早在等候我们了。彼此客气之后,先生让我们读文章给他听。我与惠淇源兄轮流着读,先生靠在沙发上静静地听,有时提出疑问:"嗯?怎么说?"这时,我们便慢慢地一字一字地加以重复着,我们知道自己普通话不好,咬字吐词不清晰,先生一犹疑,便表明他未听清楚,也表明他听得很认真,很细心。我们一边读,一边感到心里热乎乎的,特别是先生一声"嗯……"我们尤觉"嗯"得温暖,"嗯"得认真、严格。长达一万八千字的文章,我们终于读完了,先生也终于听完了。我们首先向先生表示抱歉,让他老人家疲劳了。可先生却乐呵呵的,一边让我们饮茶,吃糖果,一边开始了他的评议。他总以商量的口气说话。但我们认为他的意见均很中肯。我们不断地记录着。最后,我们临别时,先生嘱咐着:"文章修改后,我还想听一遍,怎样?"呵!我们的恩师!您真好!我们求之不得您能再听一遍呵!可我们怎好再张嘴呢?我与淇源兄彼此一望,都很激动地说:"那太好了,只是怕累着老师!"先生笑着说:"哪里哪里。"此后不久的一天上午,陈先生在他的客厅里又一次听完我们读了文章的全部。陈先生听后,比较满意地笑了。他嘱咐我们抄写清楚一份,交给包忠文先生。他说:"这篇《论郭沫若历史剧中的妇女形象》,是个有一定学术价值的课题,目前国内学术界还没有这样的文章发表。"不久之后,包忠文先生将论文打印了好多份,分发到中文系许多教师与研究生、进修生手里。并让我们在中文系的学术报告会上宣读了论文。从此以后,我对撰写论文产生了兴趣。是陈先生引导我走上了学术研究的路。

后来,中国现代文学专业的十几名青年,由我带头倡议编写一部《中国现代文学史》教材。那是被全国大编教材热鼓动起来的热情。当时认为,别的大学能办到的事,我们也可以办到。自然,事先也请示过陈先生与包忠文先生,是在他们同意与支持下开始的。教材编出来了,几十万字,厚厚一大沓。

陈先生看不了，也听不了，我们只是向他报告了编写提纲与一些主要章节的处理。当先生问我们自我感觉时，我们毫不谦逊地过高地评价了我们这个集体成果，我甚至提出请先生写个序言推荐给出版社。先生笑了："自然，我很希望你们的成果能出版。可我还要慢慢看看才行，看看究竟是怎样的质量。这样吧，你们把它抄写工整后交给包忠文同志先看看再说。"包先生看后，便打印出来，厚厚的上下两册。此后先生又嘱咐我们："这教材，可以在有关学校试用一下看看，检验一下，此后再作修改、提高。"经陈先生一指点，我们已感到自己头脑发热得可以了。陈先生正是为了爱护我们，才严格地冷静地对待这部教材的。他未曾亲自审阅过的，绝不轻易表态说好说坏。这才是严肃的科学的态度，才是真正的学者风度。

后来，我打算撰写学术专著了，便又想到先生。1982年5月，南京大学八十周年校庆期间，我又聆听了陈先生长时间的教诲。就在那年下半年，我日夜苦战，一鼓作气完成了一部长达二十二万字的学术专著《郭沫若前期思想及创作》，并于1983年秋出版了。我把此书寄给陈先生不久，便收到他热情洋溢的信，表达了他对学生成长的由衷关怀和喜悦。此后，我招硕士研究生之前，请教过先生，决定向国务院学位委员会申报博士导师时，也请教过先生。每次，我都从先生那里获得了满足。先生那里好像有我所取之不尽用之不竭的智慧的源泉，他总是像高山似的令我仰望，令我尊崇。

1989年6月3日，我被邀在山东师范大学参加了硕士学位论文答辩之后的当天夜间，便急匆匆地由济南登车南去，为的是参加陈先生八十寿庆。陈先生的生日本是11月29日，为何提前？这一提前，便暗示着某些变故。就在4月，我在先生家时，他只告诉我他患了良性瘤，从沈蔚德先生的表情上也看不出什么，午餐时，我们边吃边谈了很久，先生的精神很好。当时，尽管有好心的学友悄悄告诉我，陈先生可能是不治之症。可我实地观察后，又不十分相信。因此，我怀抱着极大的侥幸心理："或许不至于吧！"可是当我接到南大通知，陈先生八十大寿将在6月举行时，我心里便沉了一下，好像预感了什么。所以,才那样急匆匆地奔赴南京。一到南大,我便挂电话给先生,报告我来了,他很高兴。接着便有中文系派人嘱咐,来客最好有秩序地拜见陈先生,以免他过于疲劳,而且说,若不是他的惊人抵抗力与坚强意志,早就不是现在这样了。只怕等不到11月,所以才决定提前举行八十大庆。根据系里统一安排,我与先生又交谈了近一个小时,那是对我的极大优惠。6月6日下午,在庆寿会上,我激动地即席发了言,大体意思即如上所述。陈先生在答谢讲话时,激动地流下了泪,不少人哭了,我也红了眼圈。不料,那竟是我与先生的最后一次见面。此后,我通过各种渠道,关心先生的病情发展,也曾写过信给先生,但特别声明请他不用回信,若一定要回信可请任天石或邹恬等友人代笔即可。

今年6月7日,突然接到陈先生逝世的讣告,我本来因重感冒而引起的头痛越发严重起来。我多么想再见一次恩师!终因体质不佳难以启程。我失去了与先生最后告别的机会,这是我终生感到遗憾的事。

敬爱的陈瘦竹导师虽然离我们而去了,但他的崇高品格与博大精神却永远活在我们心里,陈先生的精神永远不死。陈先生离我们去了,但愿他的伴侣我们的沈蔚德先生健康长寿!

1990年11月1日于曲阜师范大学

(谷辅林:诗词学者,山东曲阜师范大学中文系教授。)

魏绍馨

庚午深秋怀念瘦竹师

忆昔求教"跃进"中,师处逆境仍从容。

遭斥走访诉不解,促膝痛话"反右倾"。

"十年浩劫"断音讯,雨过天晴喜相逢。[1]

敬佩古稀展壮志,更感八旬亮高风。[2]

1990年10月18日于曲阜师范大学

(魏绍馨:山东曲阜师范大学中文系教授,曾任中国现代文学研究会、鲁迅学会理事。)

---

[1] 十年"文革"后我们久别重逢,在交谈中他深为十几年辛苦积累下来的关于戏剧理论的札记三十万字全部被劫而心疼,又为重新获得为人民而工作的机会而欣喜。并以此激励学生努力治学,夺回失去的时光。
[2] 瘦竹师年逾古稀且视力极差,尚奋力笔耕、成绩卓著,堪为后学楷模。尤其在学生们为他举办的八十大寿庆祝会上的那一番为国为民的慷慨陈词,更是永远铭记在每一个与会者的心中。

倪 波

忆恩师

我的恩师陈瘦竹教授，匆匆离别了我们远去了。他将丰硕的科研成果连同他那光辉坦荡的一生全部留下来了，而他自己却是空着双手悄然离去。虽然我并不是他教过的学生，也不是南京大学的"嫡系"，但他对我有着知遇之恩。他对我的培育、关怀与鼓励，使我终生难以忘怀。

"文革"期间我们曾同在农场锻炼与改造，过着"早出晚归勤劳动""夹着尾巴做人"的特殊生活。初次相识不禁使我大吃一惊，这位使我多年景仰的学者却是如此平易近人。我最初读到他的著作，是他于 1957 年 3 月在第一届全国省市图书馆工作人员进修班上所讲授的"现代文学书稿"。大约是因为他老人家从不"居高临下"，也许是因为同是"五七"战友，或许是因为搞文学的比较容易和其他任何专业"嫁接"……不知是怎么的，反正我们很能谈得来。

当年我家三代数口蜗居旧屋，家父靠拾废纸糊口，侄儿流落街头。此时此刻经常能来我家探望的"大人物"，只有陈老一人了。陈老视力极差，若交臂擦肩而过只要你不说话他都看不清你是谁。而到我家又必经过二段狭小的台阶,可他至少每月来一次。尽管有时他很忙,只能门口站一下说几句问寒问暖的话也从未间断过。陈老比家父还要大好几岁,他每次步履维艰的到来都使我们全家感激不尽。他是一位教授,我是一个连讲师都不是的小职员;他是一位长者,我是一个青年;他是一位令人敬仰的党员,而我是一个普通的群众。他从未鄙视过我,总是满腔热忱鼓励我生活的勇气,鞭策我不要丢掉专业,不要荒废学业。一直到我晋升为副教授、教授以后,他就再也没有来过我家,改用电话保持同我的联系。其实他不仅对我如此,记得他对中文系其他职员与工人也都是十分谦逊和热情,我就曾随他一起看望过刘蔚云等同志。陈老出身清苦,一岁时丧父,家境非常窘迫,全靠母亲辛劳为生。童年一面参加农业生产劳动,一面勉强进入小学求读。1924年考入无锡的江苏省立第三师范学校,刻苦攻读并酷爱文艺。困苦的生活与悲惨的遭遇,成为他与当时新思潮接触的思想基础。1928年他的中篇小说《灿烂的火花》由上海励群书店出版,书中便难能可贵地描写了农民的苦难生活和佃户焚烧地主房屋的斗争,该书不久就被国民党反动政府所查封。由于他同情劳动人民、赞扬革命,曾被学校除名未能毕业。1929年只得借用同乡陈泰来的毕业文凭,考入武汉大学外文系。

我曾两次被借调到中文系,都是由陈老提名并直接在他指导下进行工作。第一次是1976年为了参加对鲁迅先生《集外集拾遗》一书的注释工作。对于文学我是标准的门外汉,他经常围绕《集外集拾遗》给我介绍有关背景材料,那样耐心、慈祥,甚至有时还和我谈到深夜。但是,当他在审阅经我手查检到、考证出的史料与结论,却又是那样严肃与认真。他虽然视力不好但记忆力相当惊人,只要你给他念一遍,最多两三遍,他就能立即背诵出来。要想在他面前顺利通过任何一条考证的史料谈何容易,不出一身汗、不掉几斤肉、不经反复论证那你就休想。为此,我不得不硬是老老实实地在龙蟠里南京图书馆保管部坐了几个月的冷板凳,后来又去上海徐家汇藏书楼等地查阅了大量的资料。否则,我在他面前就自觉地"免开尊口"。如果他要"克"起人来,也真的叫你无地自容。一年多的严格要求,反倒使我终身受益。我开始真正懂得,写文章固然不容易,而从事史料的鉴别与考证同样也是很难很难的啊!立论必须言之有理、持之有据,并能经受起历史的检验。我们的注释成果,经过大家共同努力特别是邹恬等同志的反复修订,终于被收进新版《鲁迅全集》。第二次是1980年,为了纪念中国左翼作家联盟成立五十周年,陈老要我担任《左翼文艺运动史料》一书的编辑,该书是《左联时期文学论文集》的附册。经陈老的介绍,我们顺利地走访了巴金、施蛰存、赵景深、许杰等老前辈。"史料"一书付梓时,鉴于当时的情况,书封、扉页、版本记录页上都不能署我编辑。于是,陈老坚持要我写一篇《编者后记》。陈老对我说,这样他既不"掠美",又能较好"曲折"地说明这本书真正的编者是谁。陈老还特意将我在《编者后记》中所提到的审阅者名单里他的名字划去,好让世人更清楚明白。经我再三坚持仍然无效,这是我所预料不到的。

陈老是一位感情丰富的人,他对于青年学生的培育倾注着全部心血。从做人、读书,到治学,他都敢于管、善于引导。学生进步他高兴,学生受挫他心焦,中年人谢世他失声痛哭……陈老先生晚年还是那样谦虚好学,记得他还特地打电话给我,问起有关文献信息交流的理论,竟然能就拙作中的某些观点提出咨询,问及申农、维拉的学术观点。

陈老的一生追求进步、崇仰真理。1930年曾主编进步文艺刊物《武汉文艺》月刊,1938年在重庆加入中华全国文艺界抗敌协会。曾于1949年南京"四一"大血案中因支持进步学生运动,而被国民党反动派所拘留。因而,人们早就尊称他为进步教授,在师生中享有很高的威信。1952年他参加赴朝慰问团,1961年4月8日加入中国共产党。在林彪、"四人帮"横行的十年里,他遭到残酷的迫害和凌辱,但他始终坚信党,立场坚定,旗帜鲜明。他平时总是要求我们自觉地学习马克思列宁主义、坚持马克思列宁主义,他确实是一位我们崇仰的教书育人的好老师。

(倪波:南京大学文献情报学系教授。)

徐永端

心香一瓣礼吾师

我初次见到瘦竹老师,是刚进南大不久。

南大前身为"中大",又为"东大"。父亲曾执教过,母亲毕业于斯。他们告诉我:其上曾有刘师培所书墨迹淋漓的大字:东壁图书,南州冠冕,大师陶冶,学海源泉。

我有幸来此父母旧游之地求学,甚感亲切。虽由大石桥迁至汉口路,但那班底仍如旧,依旧是人文渊薮、大师陶冶的巍峨学府。我初来时,亦确能承其盛时之熏沐。记得陈中凡老师扶节策杖而来,兴致很高讲元曲;唐圭璋老师自南师来兼宋词课,常作曼声吟哦;方光焘师深度近视,主讲语言学,并担任系主任;图书馆长胡小石老师白发萧萧,亦偶尔为我们做学术讲座。除这些老辈名家之外,还有些中年教授,给我们印象亦极其鲜明,其一便是瘦竹老师。

犹记我们在女生宿舍研究"秦时明月""汉家陵阙"是怎样的意境?在北大楼前芍药花坛边,想象"名花倾国"是何种风神?更为难忘者,是拎着书包并饭盒,直奔西南大楼大教室抢坐前排听课的光景。那是瘦竹老师为中文、外语两系合开的新课——文艺学引论。他自编讲义,参考书为苏联季摩菲也夫的"概论"。

瘦竹老师因视力差,不看讲稿,有时手持纸片,大约旧信封或香烟壳之类,上面也许有几个用作提示的大字。而他凭仗着惊人的记忆力,是那种伴随着深刻理解与认识的记忆力,讲得精彩之极。只见他那一支粉笔在手,刷刷地写出一大片:书名、剧名、人名、地名、时间、事件,毫发无爽,直令我辈咋舌不已。他的讲解、剖析如此明晰、透彻;征引如此丰富,兼通中外、博览古今,足见其学问之大且深。其中格外好的,便是那种科学的态度,执着地追求真理的精神,不亢不卑,书生本色,时常保持着理性的清明,使我们深受教益。我们感到瘦竹老师是一位中年的可亲可敬的大师学者。他那浑厚有力的男低音,如同汩汩清泉流过我们心田,至今记忆犹新。那时大教室座无虚席、鸦雀无声。

这便是1956年,那个"解冻"的春天。

这和煦春风吹过以后,接着有"不平凡"的日子到来,又有"大跃进"的日子到来,我们这般后生小子在为学之路上愈感迷茫。我很心痛于一些想听的课程被砍掉,又庆幸还能听到瘦竹老师为我们开设的选修课——"田汉戏剧研究"。这门课,瘦竹老师讲来更具特色,更有所发挥。听完他的课,我们便匆匆毕业,离开母校了。

后来,困难时期刚过,元气尚未完全复苏,"史无前例"的大折腾又自天而降,我则先进"牛棚"后入"铁窗"。我知道,瘦竹老师和许多正直之士一样,定然饱受磨难。

在那煎熬中,有时我会记起昔年的书声,记起师长们的话语,其中瘦竹老师清泉般的讲课声,亦能唤起我对于那美好春天之回忆,这有助于我振作精神度过艰难岁月。

于今,瘦竹老师离我们而去已数月了。灯前捧读他手赐《戏剧理论文集》

一卷,缅怀他的高风亮节、学问文章,我追思、仰慕不已。

那时还很年轻的包忠文老师,是瘦竹老师的助教,也给我们上过一些课,我记得他上课亦颇有瘦竹老师之风。现在,他命我写一点纪念文字,我心中涌起无限情思,然而也只写了这篇短文与一首小诗,敬献于瘦竹老师灵前:

负笈长忆好花时,逝水流霞惹梦思,
雨化春风无限意,心香一瓣礼吾师。

1990年11月于姑苏

(徐永端:苏州大学文学院教授。)

吴 修

学术深湛　人生楷模
——缅怀敬爱的陈瘦竹先生

　　1990年6月初接到母校发来的陈瘦竹先生逝世的讣告，抚简泫然，我的心不禁一阵抽搐，不胜悲伤与怅惘，哀痛于我失去了敬爱的恩师。数月来我经常沉浸在回忆中，默念往事，思之怅然，情难自已，不由涌出接受先生教诲的许许多多往事，它犹如千条万缕的雨丝，真不知从哪条哪缕说起。虽岁月如梭，世事沧桑，人情多变，但我对母校的依恋，对老师、同学的怀念并没有如烟散去。四年大学生活犹如醇酒，永远给我以无穷的回味。名垂士林的胡小石、陈中凡、陈瘦竹、方光焘、罗根泽等著名教授的课堂教学永远使我魂牵梦萦，难以忘怀。苍天不仁，罗根泽、方光焘、胡小石、陈中凡诸先生已先后作古，而今陈瘦竹先生亦溘然辞世，人天永隔，能不悲夫！

　　最近一连数日从书柜中取出四大本大学时代（1953年9月—1957年7月）的日记，记录陈先生讲授"文艺学引论""现代文学史""文学理论"的三大本厚厚的笔记以及陈先生的亲笔信件、亲笔题赠的长篇小说《春雷》、学术专著《论悲剧与喜剧》《戏剧理论文集》，反复诵读之，使我有陶渊明"步步寻往迹,有处特依依"之感。今摘录几则日记如下,以表示对陈先生的深切怀念。

《日记》(第一本)1954年2月23日记载:"上午在北大楼204室听'文艺学引论'课,初识陈瘦竹教授,的确是名不虚传,气度不凡。陈先生刚从朝鲜战场慰问中国人民志愿军归来,就给我们一年级新生开设'文艺学引论',令人景仰。先生博闻强志,内容丰富新颖,才气横溢,妙语如珠,声调抑扬顿挫,节奏鲜明,使我听得趣味盎然。尤其是先生讲的'现在社会主义的阳光正照耀着同学们,同学们应该自觉地去迎接社会主义灿烂的阳光'的警句叩开了我的心扉,话语像温煦的阳光洒进了我年轻的心田,它将永远鼓舞和激励我在人生的道路上奋进。"

《日记》(第二本)1956年5月8日记载:"晚饭后去陶园陈先生家,听取对我的业余习作独幕剧《体操队长》的修改意见。以粗劣的习作去麻烦先生,心里总是惴惴不安。可我一进小客厅,先生就非常热情、亲切地接待了我,感情上一下就缩短了距离,使我拘谨、不安之隔倏然消除。三年来每次拜谒先生使我均有如坐春风、如沐春雨之感。先生心里有学生,令我钦敬。我一定要根据先生精辟的修改意见把剧本改好。"该独幕剧后来在1956年8月10日的南京大学校刊第五、第六版上发表,这也是我的处女作。

《日记》(第四本)1957年4月20日记载:"晚上去陶园陈先生寓所听取对我的毕业论文《论戏剧文学》的意见。该论文在从构思到完成初稿的半年时间里,自始至终得到了陈先生的悉心指导。一开始陈先生亲笔开了十余本必读参考书,耐心地指导我做卡片与笔记、设计论文框架,并着重指出应通过对巴金的长篇小说《家》与曹禺的戏剧文学《家》的异同剖析,顺理成章地归纳出戏剧文学的特点,这样才有新意,才有价值。我进入会客室,陈先生便把论文初稿递给了我。我在柔和的灯光下一页一页地阅读,二万余字的论文经陈先生修改润色的就达十六处之多,连病句、错别字、标点符号都一一订正过来。凡是经陈先生改过的地方均文通理顺,颇具文采。尤其是需要我自己进一步修改、补充、润色的地方先生均留下了一行行流畅、遒劲的文字,令我激动,令我肃然起敬。"毕业论文经陈先生的指点、批改,到定稿时总算还透出了一些光亮和生气,最后成绩是优。后来我在天津编写《文艺理论》教材时曾用了该论文的部分内容,有的内容则写成别的文章发表在天津的文艺刊物上。

《日记》(第四本)7月20日记载:"今天上午系里杨咏祁老师公布了毕业生分配名单,我被分配到天津人事局。是夜,月色溶溶。我整理好北上的行装后立即去向陈先生辞行。陈先生语重心长地谆谆教导:'祝贺你即将走向生活了,你到天津不论到什么单位,都要踏实地工作,真诚地待人,多读书,勤练笔,做到时不空过,足不踏空,路不空走。希望你今后的生活过得充实,能为祖国做出较大的贡献。津宁遥隔,我们不能经常见面了,但还可以经常通信保持联系嘛!'告别陈先生,不觉一阵心酸,眼中滴下了泪水。陈先生居住的平房并不宽敞,但在我心中却是一片多么开阔的天地,这是令我神往、催我成长的美丽的地方啊!"三十余年过去了,至今我还清晰地记得坐在客厅窗下在月亮洒下的柔和的清辉中聆听恩师临别赠言时的风采以及陈先生送我出客厅后紧紧握手互道珍重、依依惜别的情景。此情此景,三十余年来我一时也没有忘却,可谓刻骨铭心,我十分珍惜先生对我培育的恩情。

1957年7月21日晨离别母校,登上了北去的列车。到天津人事局报到后,因当时(1957年夏季)的特殊氛围我被分配到天津第二十八中学(初级中学)教初一,因与我的愿望相去甚远,再加上人地生疏,一种孤寂与失落之感油然而生。我在给陈先生的信中就曾运用杜甫的"古来材大难为用"的诗句,以表达与倾诉一种怀才不遇之感。我感谢陈先生,先生及时给我复信。信虽不长,但字里行间充满了真挚的感情。先生严肃地指出我正走在人生的十字路口,深刻地分析了我的孤寂感与失落感是危险的信号,并殷切地期望我振作精神,做好工作。最后又勉励我:"只有教好初中才能教好高中,只有教好高中才能教好大学。"先生的金玉良言给我敲响了警钟,使我猛醒,使我心头燃起了希望之火,使我看到了光明的前程。在我困惑迷惘时是先生的信给我以盈盈的师情与温馨的慰藉,是先生的信拨正了我这艘刚在生活的海洋里扬帆起航的小舟,是先生的信使我又朝气蓬勃地战斗在初中教学岗位上。工作二年后(1959年夏)我就升到天津第七中学(市重点高级中学)教高中。时隔三年(1962年夏),我把七中的高中毕业生送入大学后又奉调到天津教师进修学院任教文艺理论。七十年代初又调入天津师范大学中文系任教文艺理论。我在天津三十余年的生活道路证实了先生信中的科学预见,我多么地感念先生的知遇之恩啊!我经常以此自勉。先生对我的亲切关怀与热情鼓励的恩情,使我终生难忘。

今天我又一次重新阅读了记录先生讲授"文艺学引论""现代文学史""文艺理论"的笔记本,先生苍凉沉郁颇有音乐感的声音又萦绕在我的耳畔,先生的神情笑貌又一次浮现在我的眼前。深感先生学问渊博,思维敏捷,见解新颖,语言简练(从没有多余的话),因此我们常听得入神。我还记得当时在课间与黄景欣同学说:"听陈先生的课好像是出席了一次精神食品的盛宴,得到一种美的享受,其乐无穷。"黄景欣也有同感地说:"陈先生眼力不好,看不清书与讲稿,仅以两枝粉笔讲得条理多么清晰,逻辑又那么严密,尤其是大段大段引用作家作品的原文竟能如此从容,一字不差,先生的记忆力真是惊人得神奇。"的确是这样,先生的课我们最爱听,往往刚下课又急切地盼望下一周的先生的课,先生课堂教学之魅力由此也可见一斑。先生的教学艺术的确是达到了炉火纯青的境界。

先生的短篇小说《小快船》、长篇小说《春雷》以及译作法国大文豪维克多·雨果的戏剧文学《欧那尼》等作品我最爱读。先生的文学作品文采洋溢,华茂蕴藉,警句泉涌,发人深省。先生撰著的《论〈雷雨〉和〈日出〉的结构艺术》《关于喜剧问题》《论悲剧与喜剧》等学术论文和专著,有的是玉想琼思、宏观博识、清晰缜密;有的是高屋建瓴、鞭辟入里、烛幽探微;有的则是条分缕析、擘肌分理、新颖精辟。确是学术深湛,令人心悦诚服。先生的戏剧理论当属于国内第一流的学术论著。先生尽毕生精力在戏剧理论的殿堂中不断求索,晚年又呕心沥血地培育了许多优秀的硕士研究生、博士研究生,成绩卓著。先生勤奋的教学、科研生涯,深湛的学术思想、道德文章将昭示后代学人,给后代学人以榜样,给后代学人以力量。历史将作出科学的评价,先生的业绩将永烛人间,名垂青史。

我在母校受业四年,得益却是一生。更引以为荣的是在母校与陈先生接触较多,对先生的为人、治学感受颇深,先生吐哺握发诲人不倦的深长情谊至今萦绕于我心中。三十余年时时感念先生之恩,有说不完的敬仰之情,有忆不尽的怀念之意。每当我读先生的宏文华章,仿佛又见到先生当年端庄持正与豁达洒脱的风度。接到先生逝世的噩耗后我更强烈地怀念先生给我们上第一堂课的北大楼204教室及多次聆听教诲的先生的陶园故居。我常常期待着能有一天再回母校虔诚地、仔细地瞻仰一下令人难忘的教室与先生的故居。

先生一生为人正直善良,意志坚强,待人热情,处事谨慎,精于理论,勤于实践,追求真理。先生一生从不趋炎附势,也不赶时髦,不哗众取宠,认真踏实,真诚坚韧。先生为人正如先生之名,名实相符。瘦竹虚心劲节,色泽秀润,清淡高雅,四时常茂,有荣衰不殊的高风亮节及挺拔秀逸之气。

敬爱的陈先生,是您使我懂得了做人的道理,使我增长了学识,掌握了治学的方法。热爱学生、精心培育学生的先生是永远令学生尊敬、怀念的。常忆陶园窗前月,梦里犹闻教诲声。我永远深深地怀念敬爱的恩师陈瘦竹先生。我崇尚先生的正直、乐观、充满朝气的生活态度与攀登学术高峰的勤奋、顽强、执着追求的精神。今后我无论处在怎样的人生境界,也不管遇到什么样的关口,顺利或是困难,我会以先生为楷模,把毕生的精力献给祖国的高等教育事业,做到无愧于人生,无愧于先生,无愧于母校。

最后以《七绝》(悼念恩师陈瘦竹先生)诗一首,敬献给先生在天之灵:

教学科研一生勤,

文章道德举世闻。

殚智竭虑育英才,

芬芳桃李满庭门。

1990年11月感恩节完稿

(吴修:1953—1957年在南京大学中文系学习,后在天津师范大学中文系任教。)

骆寒超

又是雪花飘飞的时候……

又是雪花飘飞的时候,我久立南向窗畔,仰望灰蒙蒙的天空,身子一阵哆嗦,恩师陈瘦竹先生的面影又在心头浮起。

是的,我对陈先生的回忆,总是和雪花飘飞联系在一起的。

忘不了三十六年前,也是这样一个岁暮时分,陈先生来给我们上中国现代文学史,讲艾青专题。他为了激起大家对诗的直感,叫王维中同学先朗诵一遍艾青的代表作《吹号者》。维中圆润的女中音和富于情调的朗诵技巧,竟把几十颗心全带到庄严而神秘的境界中去了,全教室一片肃静。如今几十年过去,我参加过不知多少次诗歌朗诵会,可总觉得没有哪个朗诵者能超越王维中的。不过,那次当她朗诵到"太阳以轰响的光彩/辉煌了整个苍穹"的地方时,我的脑子里忽跳出了一个问题,并且迅速地把它写在了一张纸条上:"请问太阳光怎么会有轰响之声呢?"等下了课,我趁陈先生还在给几个同学解答问题时,偷偷把纸条放在讲台上,一溜烟到系资料室看书去了。这时,南京上空飘起了雪花,我怀着课堂上获得的兴奋情绪,找来了一本《艾青选集》,

读着其中的一篇《雪落在中国的土地上》,心陷落在一片民族离乱的忧郁中了。突然,门口有个洪沉的声音在唤我的名字。抬头一看,我简直不敢相信这是真的:陈先生满身雪花地来到了我的面前,拍拍我的肩膀说:"你躲在这里呀!总算找到了。来,谈谈你提的问题。"在学生时代,我是个整天低头沉思、羞涩胆怯的人,从不被同学和老师注意。陈先生是为大家所崇敬的作家、教授,跟在身边的人不少,凭想象,我总觉得他更其不会注意到我这个默默无闻的学生的;至于提个问题呢?也根本不奢望得到解答。可事实竟然是先生冒着雪寻来向我做解答,并且还叫得出我的名字来。寒超何幸,受此恩宠!我被先生这种真诚地培育下一代的大爱精神深深地感动了,忍不住眼眶一酸,几乎要掉下泪来了。

那次谈话的印象实在太深。我记得陈先生好像是同一个年轻朋友在聊天。聊作家应具的素质——艺术感觉与感觉联想,聊诗歌创作中的交感技巧,聊波特莱尔的交感诗,等等。当他把谈话绕了一个大圈子后才向我点出:"轰响的光彩"是艾青受了象征派影响而获得的新颖诗歌艺术风格。我真是茅塞顿开,原来诗歌中竟有那么广阔而多彩的一片创作艺术天地!伴随而来的是我还隐隐约约感到自己已把握住诗歌中一些更深的东西了,或者说,诗歌艺术的迷宫已在我面前开启了一扇小门,那里面有许多神秘美丽,强烈地吸引着我跨进门去探索。

可以说:这一场雪花飘飞时候的谈话,影响了我一辈子,去从事诗歌研究。

从那次以后,我对陈先生的文学课就特别认真听了,并且越听越觉得他与当年流行的那种非文学化的文学研究不大相同。他给我们讲授文学引论时,始终把文学看成语言的艺术,着重去探讨这种艺术的存在方式。记得1956年"五二○"校庆活动时,陈先生就给我们做了一个《论艺术技巧》的学术报告,这在五十年代真可说有点不识时务,但先生毫无顾忌。我记得他把艺术技巧分为概括的技巧与表现的技巧两大类。他把在特定的时代和一定的世界观制约下对生活所作的典型化纳入艺术技巧的范畴中,既不脱离创作思想去形式主义地谈技巧,又不割裂艺术性去空谈世界观对创作的作用,显得既辩证又有胆识。他在给我们讲授中国现代文学史时,就牢牢抓住文本,即从文本分析出发,推进开去,考察作家的风格特征、流派的消长规律,以及文学现象的动态存在格局。而在具体地作文本分析时,他又善于采用新颖独到的切入角度和现代化的研究方法。如讲授曹禺的《雷雨》,他先列出一大串从古希腊悲剧到奥尼尔的有关剧本,与《雷雨》做情节比较,然后揭示《雷雨》的情节原型,以及曹禺立足于民族传统所作的创造性贡献,并从中阐述中国现代文学受西方文学影响而发展的特殊情况。这种从艺术分析、文本分析出发去对文学作内在规律考虑的研究路子,也影响了我一辈子,使我能避开庸俗社会学的泥淖而走上文学研究的本体化路子。

就这样,我从感情上亲近了陈先生,也从行动上接近了陈先生,成了陶园那幢小平屋主人家的常客。每每在暮色苍茫时分,我悄悄地敲开了先生家的门。沈先生热情地招呼我坐,而陈先生边喝着小酒盅里的酒,边和我聊天。我在先生面前拘谨的心态渐渐淡化了,也敢大胆地提问题了。年轻人对自己的师长走过来的道路总是怀着一种异样的好奇心想去了解的。有一次我问陈先生怎么会走上文学之路的。他放下酒盅,沉思了好一会,低沉地说:"我出身农家,农村的贫困与农民的苦难使我忍不住要向社会发出控诉,这就找到了文学。因此当我还在念师范学校时就学写小说了,十八岁写了部小长篇,十九岁出版,比你现在的年纪还小一点。"讲到这里,他一口气喝完残酒,左手拿起一只盛饭的碗,站了起来,微侧着头,朝我凝视了一会,忽然一挥右手,激动地说:"不过,单凭善良的愿望是解决不了问题的,要扎扎实实地干。搞文学创作,搞学术研究,都一样,要胸有大志,干得有规模、有气魄、有系统,但又要扎根。千枝万叶都不离这条根,从这条根抽出千枝万叶。大规模的工程是日积月累成的,所以还要不断写、天天写。当然,要这样就得有毅力。不要把毅力当成某种抽象的东西供奉起来,必须让它渗透到你的生活方式中去,转化为一种习惯,一天不写上点儿就会叫你不舒服,那才好了。"这席话对当年二十刚出头正在性格形成中的我来说,所起的潜在影响真是不可限量的。如今我回顾自己在追求文学事业途中,还能做到真诚而不投机取巧、求实而不哗众取宠,还能在艰难困苦的条件下仍然坚持把读书、写作作为自己的生活习惯,也全是先生教给我的。

在陈先生这种大爱的洁光照耀下,渊博的知识滋育下,坚韧不拔地追求事业的精神鼓舞下,我这株细嫩的苗,本来是可以长得茁壮一些的。谁料得1957年不平凡的夏天,一阵急风暴雨袭来,使苗的枝叶凋残了。记得那一年的九月二十号傍晚,我怀着羞惭而屈辱、孤苦而幻灭的情绪,再次去敲开陶园那幢小平屋的门,向陈先生告别,到东海岸边一所农村中学去教书。先生厚实的手紧紧地握住了我,一种无言的情感交流,使我浑身震颤,恍惚间我正在往深渊里掉,蓦然这一只强有力的手托住了我的腰身。我再一次想流下泪来,但没有!因为我听到了先生的声音:"别难过,只要有志气,你所追求的文学世界还会是属于你的。"

是的,只要有志气!多干脆的五个字,像五块炭火,年年月月通红地燃烧在我冻结的心里。记得前几年有位评论家在评论我的时候,曾感慨地说过我的名字改得好,有深意,而我的苦难的岁月实在也得说成超寒的岁月。我欣赏他的机智,可有谁晓得使我真正进入超寒之境的,是恩师瘦竹先生。

花开叶落,雁飞燕归,岁月悄悄地流走了22年……

1979年的早春,我为了改正右派错案,重返久别的母校。那也是一个雪花飘飞的日子,我徘徊在北京西路上很久很久,最后毅然进入南大教师宿舍区,当站在303号陈先生的新居门口时,我的心跳得那么急速。穿过如此漫长的一段人世风尘路,陈先生还能在一个憔悴的中年人脸上唤回对我的记忆吗?而"文革"中被打成江苏特大反动学术权威、受尽肉体与精神的折磨的先生,而今又变得怎么样了呢?正在难以言说的困惑之际,门开了,陈先生站在我的面前。岁月多情,竟没有使他变形多少:仍是略微显胖,敦敦实实的身子,仍是紫棠色的脸、宽阔的前额闪闪发光,并且也还像当年那样向右微侧着头,凝视了我片刻,还没等我做自我介绍,他已惊讶地呼出了我的名字,厚实的手拉住了我,发出那么爽朗的笑声,大声唤着沈先生出来。

就这样,我们重逢了。相对而坐后,我简单地讲述了一遍自己二十多年来的生活经历后,陈先生的第一句话是:"还能活着见面,已经够幸福了。"随即他沉默了一会儿。在这阵沉默里我潜在地感到先生的心头有着多少凄苦的回忆难以言说!接着他又说:"你不晓得,当年我要把你留下来做助教,后来就批判我重用右派学生,到'文革'时还为此重算了一笔账呢!不过这一切都过去了,现在是千载难逢的好时代,可以好好地做学问了——你,还搞诗歌研究吗?"说出这句问话后,他紧紧地看定了我的脸。我懂得他是急于想在我的脸部表情上捕捉到期待的反映的。于是我从提包里拿出一份清校,送到先生面前,不无惶恐地说:"这篇《论郭沫若早期的三篇诗剧》将要在《钟山》创刊号上发表,请陈先生看看。我是不是还可搞诗歌研究,我实在没一点信心,还得请先生给我判断一下。"陈先生就是这样一个人:万事认真,特别在做学问上,更严肃,从不肯盲目鼓励。所以听了我的话以后,就把文章紧紧拿在手里,干干脆脆地说:"也对。先吃了饭,你回去休息,晚上再来谈我的看法。"那一夜我再到陈先生家去的时候,南京城已盖满了皑皑白雪,一片严寒,但在先生的小客厅里我却享受到好多年没有过了的精神温暖。陈先生对我的判断是直截了当的:"你的艺术敏感力没有退化,颇能发现一些深层次的问题。你还能在诗歌研究上做一番事业。"当时我受宠若惊得几乎停止了感觉,但我又立刻清醒过来,先生还讲了一段这样的话:"不过你脱离良好的学术环境毕竟多年了,学术思潮的现状了解不多,把握不准,想想办法看能否把你调回来!"

就在那一夜,陈先生还把他即将出版的一部新著《现代剧作家散论》的部分校样给我看了看,并且说:"我已七十岁了,总感到生活刚开始,也还要在戏剧理论上奋斗一番,甚至我还打算写小说呢,写一写我们这一代知识分子,新儒林外史,哈哈哈!"先生的朗笑也感染了我。我们都很兴奋。

是的，对于我们这一代饱经忧患的知识分子来说，1979年是个千载难逢的好时候。当我怀里藏着政治平反的组织结论，心里藏着叶子铭等老同学的友情和陈先生殷切的期望，坐上火车返回温州时，听着车厢里所播放的歌曲《我们的心里充满阳光》，真是感动得热泪盈眶了。那年的春夏雨季，我把已被"文革"的火焚毁的毕业论文《艾青论》重写了出来，还写了些其他的论文，真是下笔如有神。而南大方面，在陈先生的一再提议下，也已在向温州方面提出调我的要求。可是到了秋天，我的心境再次感到寒意：温州不放我。而比我更焦急的是陈先生。他焦急的着眼点在于：倘若我调不到南大，仍长年僻处边海小镇，没有一个"空气"流通的学术环境，要想在学术上取得大的进展是很难的。在调动已几乎到完全绝望时，我忽然收到陈先生的信，说他打算主编一部《左联时期文学论文集》，并决定把我借调到南大中文系去，写左联时期的诗歌。陈先生这一番处处为我着想的苦心已到了何等赤诚的地步！我再一次领受了他大爱的洁光的照耀。

陈先生对学生的爱，说得上是藏着火的。但这是严父的爱，严格得有时令人畏惧。当我于1979年底以借调者的身份再次来到南大后，陈先生一见面就说："要你来参加左联时期诗歌的综合研究，你的第一步工作就是必须把1927年到1937年间书报刊物上的诗都查出来、抄下来。"当时我着实吃了一惊：这要花多少精力和时间呀！但先生斩钉截铁的话是无法违拗的。因此，我就和汪应果、任天石、王文英、朱栋霖这四位先生的研究生，还有南大图书馆的倪波老师一起到上海图书馆去查阅资料。他们走后，我一个人还足足再查阅了一个月，抄了厚厚的八本笔记。回南京后又在南大图书馆、南京图书馆查阅，南师大的孙望先生也借给我不少新诗资料。那些夜以继日查阅抄录的日子，正逢南京深冬奇寒之际，我也不敢去看先生，因为我还没有执行好他下的"命令"。这样足足两个半月。

1980年的一月下旬，又是雪花飘飞的时候，我应陈先生之约，前去他家汇报情况。先生比任何一次都要严肃地问我："寒超，左联时期的诗歌一文你看谁执笔好？"我当时的确怕由我来执笔。我还是有自知之明的，在一些老师和师兄弟面前，我这个来自农村中学的教师功底浅，知识荒疏，学术思想落后毕竟是个事实。所以我嗫嚅着说："还是让我专门提供资料，由别人执笔写吧！"先生"嗯"了一声后，又向右微侧着头，看了我一会儿，忽然说："那你讲讲：就你的想法，这十年的诗歌如何论述好？"我实在没有料到先生要考我，考得那么突然。退路已经没有，只得硬着头皮把自己毫无把握的一点想法讲了。我说："从二十年代末到三十年代前期，中国新诗坛由两大股诗潮左右着，一股是后期创造社和太阳社向中国诗歌流派演变，共同组孕成一个呐喊在时代的暴风雨里的革命诗潮，另一股是新月派和象征派向现代派演变，共同组合成一个低吟在艺术的象牙塔里的唯美诗潮。这两股诗潮当然是对立的、相互排斥的，但也必须看到它们之间还有统一的、相互渗透的一面，即革命诗潮以它强烈的时代内容向唯美诗潮渗透，而唯美诗潮则以它动人的艺术特色向革命诗潮渗透。正是在这种对立统一的关系中，经否定之否定，必然会有人联系二者之所长而闯出创作的新路子，这就是在三十年代的中期终于出现了艾青、臧克家、田间三个重要的诗人……"谁知讲到这里的时候，陈先生突然打断了我的话："好，不用讲了。就你写！"容不得我分辨的决定，迫使我鼓足劲头在一个星期中把一篇长达四万字的专论写了出来。当我把全文向陈先生以及撰写组成员宣读后，总算获得了出乎我意料的好评。说真的，我当时对自己的看法是没有一点把握的，要不是陈先生一锤定音，也许我根本不敢写出来。作为学术经验丰富的学者，陈先生在捕捉学术思路时目光之犀利，评估学术水平时判断的果敢，都是非常人之所能及的。

又是十年过去了。

此刻，我坐在南向的窗畔，写着这篇回忆瘦竹先生的文章。雪花漫天飞舞所引起的往事怀想，还是绵绵无尽而丰富多彩的。

在生活中，我远不是个幸运儿。这十年来，我的人生旅程仍旧是又曲折又坎坷的，我的步履每前进一步，总显得十分沉重。多元的世界文化趁改革开放的年代汹涌而来,在和我旧有的文化积淀作交汇中,我不能不感到茫然。我多想鲸吞一切,又化为自己之所有。但这有多难呵!所以孤灯下奋笔疾书时,文友间激烈争辩中,我常常感到难以把握住自我,更难以站稳民族传统的基点。我活得太累乏。那种向深渊掉下去的感觉又不时袭来。不过,每当斯时斯境,我也仍然会感到有一只强有力的手前来托住我的腰身,给我以踏实地站住的感觉。这只手仍是属于陈先生的。说真的,如果说这十年来我在文学研究上多少也做了点事,有了一点成绩,那么主要的依靠还是陈先生。他一如当年——甚至比当年更强烈地关怀着我,注视着我的成长。可以说,我的每一部学术著作都是经他严厉的督促与他反复的推荐才得以出版的。譬如那部《中国现代诗歌论》,他不仅为我联系好出版社,还花了很多心血为它写了篇长序,使得有一位知名的老学者对我说:"了解你和你那些学术研究的价值,我是从陈瘦竹先生那篇序文开始的。"不仅如此,陈先生还对我的工作调动、家庭安排诸方面,也无不细细地关心到。经他多方奔走、呼吁促成我在工作环境、家庭生活方面都初步安定下来。要说这十年来我人生旅程的每一个前进的脚印中都渗透着陈先生的汗水,一点也不过分。其实何止对我,几乎每一个先生所带的学生,他都是全心全意地赐出关怀之情的。为了解决他们各式各样的困境,他到处打电话说情,就着高倍放大镜亲自写信,顶着烈日冒着寒雨奔走。俗语说大树底下好乘凉,我和我的师兄弟们多想依着陈先生这棵大树,一直这样过下去呵!谁料得当他把大爱不断地发散出去的时候,他的心力也在一点点耗尽。

1988年的4月下旬,为了修改和审定黄丽华的硕士毕业论文,我回南大住了段时间。在结束这项工作返回杭州的前一天,陈先生邀我和黄丽华一起去游白鹭洲公园。那天先生显得特别高兴,一早就在等我们了。我记得他那天还特地穿了一身很挺括的银灰色中山装,黄丽华开玩笑地说:"陈先生今天穿得真神气,像去参加节日哩!"先生笑笑说:"是呃,我们三代人一起走走,难得呀!"就这样我们说说笑笑一起挤上公共汽车、到秦淮河边先转了转,又散步到白鹭洲公园。那天的天气特好。我们先是坐在亭子里,后来又坐在一座圆洞石桥的桥栏上,一边欣赏李白笔下"两水中分白鹭洲"的眼前风光,一边听先生谈自己的往事。后来又到夫子庙去,由先生请客,品尝南京特产春卷和小烧饼,尽兴而返。第二天我就回杭州。谁知过不了一个来月,先生来信说左胸肋骨间隐隐作痛,想把黄丽华他们这届研究生提前答辩后,进医院检查。6月中旬我赶去参加答辩,16号结束,第二天先生就住进了工人医院。我在他身边待了两天。有一次他还与我、朱寿桐、黄丽华详细地谈了自己的家世。讲到疼痛的病因时,他指指左胸说:"这地方'文化大革命'中曾被造反派狠狠打了一拳,当时就没有医治,痛了些日子,也就过去了。现在的病就是在旧伤上发起来的。"他说得颇平静,我们也总觉得凭先生的体质是很快就会恢复健康的。谁知从此他就一病不起了。这中间时好时坏,虽然还延续了两年,但从此我们再也没有可能陪他一起去玩玩了。如果当时老天能暗示一下这是先生最后一次出游,那我们无论如何也得和他多拍些照。可惜那天竟没带相机,一张照片也没留下来。

陈先生在整整两年和病魔搏斗的日子里,表现出了一个勇士的顽强。肺与胸膜之间的肿瘤是最为疼痛的,因此,每天先生都靠服大量止痛药来换得几个小时的安宁。而就在这几个小时中,他还要为几个博士生授课,指导他们写毕业论文,为他们毕业分配的事操劳,也还要拿着高倍放大镜查阅各种各样的外文资料,撰写文章,以支付各地的约稿。记得他发病的那年年初,《浙江学刊》曾约他写一篇戏剧研究的论文,他一直也挂在心头。那年初冬,一当病况略有稳定,他就写了篇近一万五千字论述奥尼尔戏剧的长论文,由我转给主持《浙江学刊》的包维岳研究员,后来在该刊的1989年第二期上发表了。

"春蚕到死丝方尽!"李商隐这句诗用来象征陈先生的献身精神是最恰当不过的。他终于在奉献出最后一丝精力后,于1990年6月2日清晨,告别了这个世界。

先生不是死在战斗中的,但他和勇士面对死神一样无畏;

先生不是死在沙场上的,但他和勇士捐躯沙场一样壮烈;

先生的肿瘤竟然是在旧伤上滋生,以致夺走了生命。历史呵,应该对这块旧伤进行沉思;

先生的旧伤竟然会在今天恶化,以致夺走了生命。人生呵,应该沉思这块旧伤的历史。

……又是雪花飘飞的时候。我那漫长的回忆踏遍苍茫,终于走到路的尽头。那儿是荒野,荒野上浮雕样突显着一方建筑基地,上面铺着的是《灿烂的火花》《奈何天》《春雷》《现代剧作家散文》《论悲剧与喜剧》《戏剧理论文集》……厚厚的书籍砖石。我知道这是陈先生为我们奠基好的。还等待何时呢?我们应该赶快在这块基地上继续兴建中华文明的大厦。

这是对恩师瘦竹先生最好的纪念。

1990年岁末写

(骆寒超:浙江大学中文系教授、系主任及浙江大学文科指导委员会副主任,中国作家协会会员,中国诗歌学会理事,第五、六、七届浙江省政协委员。)

汪应果

为了永恒的纪念

这些日子以来,我一直想写一篇怀念恩师陈瘦竹先生的文章,但又迟迟没能动笔。这也许是因为,自己早已过了"为赋新词强说愁"的年龄,而对世事人生早就产生了"欲说还休"的体验的缘故。更何况,先生的一些想法,至今,也还没到重新提起它们的合适的时宜。这样一想,几次提起的笔,都重新放下了。

然而我的心情又总不能释然。尽管先生已去,然魂梦仍常相见,音容笑貌,一如往常……我想,就单单是为了给自己留个纪念的缘故,记下一些哪怕是不能畅怀欲言的文字,也还是值得的吧。

一

我和先生相识,是在十二年前。那时候,我们国家正从一场旷日持久的"高烧"中降了体温,开始提出恢复研究生的招考。当时的中国人,还没有找到今日类似"当官""经商""出国"这样的好出路,"研究生"竟成为十分光彩荣耀的好名字。一时间应者云集。我就是在这股热潮中,投奔到了先生门下。

说实在话,以我达到研究生考试的最高极限的年龄,来与一群后生们厮混到一起,这也实出于无奈:那时的我,已在南京的一所中学里工作了很长的时间,"文革"中吃尽苦头且不说,就连想出版那几本被形形色色的"政治教条"强令修改得乱七八糟的小说,单位的领导也拒绝为我开证明,以免沾上我这个"准反革命"的腥气。在僵硬的人事制度之下,我就像一个手脚被捆绑的病人,丝毫动弹不得。没办法,一跺脚,上了"梁山",真正地当上了一名八十岁新学的吹鼓手。

我和先生的接触就这样地开始了。起初的一段时间,先生对我分外地客气,我多次注意到,对我其他的几位学弟们,他每每直呼其名;而对我却不然,每提及必冠之以"同志",而有一次,竟然误称了"汪应果老师"。作为一个大龄入学的人,对自己的年龄自然比较敏感,我也从心中对于先生对我人格的尊重十分感激。然而我也同时注意到,先生与我单独相处时,很有点"相敬如宾"的味道,这当中总还缺少点什么:每次他都是听我提问题,听我谈自己的看法,从不纠正我什么,也绝不谈他自己——在这种双方都客客气气的拘谨中,一直到第一个学期的结束。

然而这一年的春节,我竟然意外地得到先生的邀请,而且不仅是对我,还包括我全家。说实在话,当时我真有点受宠若惊的感觉,最后想想,还是决定一个人去拜年。这一回,我明显地发现,先生的脸上有着十分明朗的表情,他的话很多,也比较随便。谈话中,他突然说:"你的过去的一些学生对你反映很好。"

我愣住了,不知该说什么。

"你的以前的同事对你反映也不错。"

他看看我,又说:

"不过你跟领导处得好的不多,听说只有一个人跟你不错……这一点你要注意。"

先生的话顿时把我搞糊涂了,我不知道何以他对我的过去了解得这般细致。他大概看出我的疑惑,笑笑说:"你有几个学生就住在附近,早晨锻炼身体时,他们偶尔说起你。"他停了一下,又问我:"听说魏先生有一封给我的信在你这里,是不是?"

我点点头,魏先生是著名教授,全国学部委员,他与陈先生是挚友,他的女儿与我同在一所中学共事,我和他们一家处得很亲密。他们在得知我想考研究生后,魏先生曾特意写了封信,让我交给陈先生,意思是请他多多关照。这封信我一直放在身边,直到正式录取我以后,也没有提起这件事。现在先生既然问起来,我只得如实相告。

先生在看了魏教授的推荐信后,如释重负地对我说:"这封信你幸亏在这之前没有交给我,否则我将十分难办——魏先生与我是十分熟悉的。"

从那以后,先生和我之间的那一层拘谨明显地消失了。后来,我才从别人的嘴里听说,先生在"文革"期间很吃了一些所谓"学生"们的苦头,对我这个经历过"文革"的中年人,自然有种种疑虑和戒心。他哪里知道,"文革"当中,我也同样尝过"革命小将"的钢丝鞭,我与先生本应是同病相怜哩!

二

三年的学习生活一晃就过去了。这一千多个日日夜夜,先生为我付出了多少心血!我们之间的师生情谊也愈深愈笃了。

然而先生也对我发过一场脾气。

那是在临毕业的前夕。关于我们几个人的未来工作安排,我从一位老师那儿听到了一些设想,当时我并未想过这是组织上未经公开的意图,就冒冒失失地说了出来并且表示个人的看法。先生一听立刻表情严肃,一再追问我消息的来源,并且说:"像这样的事你是不该知道,更不该过问的。"

我这才感到问题的严重。然而我这个人平时虽然随随便便、不拘小节,但却从未出卖过别人。即使在先生面前,我也不能坏了自己的规矩。这样我就不得不在逼问之下三缄其口了。先生大概知道其中有些蹊跷,顿时火冒三丈,对我严加批评,措辞也相当尖锐。在这样的情势下,我也只得唯唯听从庭训了。

以后,大概是又过了一个多月吧,先生突然又把我叫了去,对我说:"有一件事我要向你郑重道歉——那件事是错怪了你!我和那位老师无意间谈及此事,那位老师承认是他对你说的。你是代人受过了。"接着先生一再自责自己,说:"我人老了,难免头脑会有些僵化,看问题也不容易做到全面、客观……这一点希望你能谅解才是。"先生说到这儿,神情相当沉重。

我听了此话,心里顿觉涌起一阵暖流。我想,以先生的高龄,以先生之德高望重,以先生的孤高禀性,这区区小事,又何须在一个无名小卒面前低声下气请求原谅?更何况,在我们这个做任何错事都可以找出理由来证明其正确性的时代里,先生此举岂非多余?然而,就在这一番沉痛自责中,先生的坦荡胸怀、无私品格已灼然可见,它给我上了人生最好的一课!它使我看到了,什么才是我们中华民族的真正的知识分子的风范。

三

也许是因为我过于疏懒的缘故,在其后与先生共事的时间内,除了逢年过节,或是遇有特别需要麻烦先生的地方我才去拜望先生,平时,我们之间并没过多的接触。然而先生却时时记挂着我:记挂着我出国,提名让我担任博士生副导师,还再三为我的职称晋升力争,以致为此得罪了一些人……这种种的关心和提携,总使我想起人世间通常存在于父子之间的关系:事实上,长辈的关怀总是单向的,它远远超过后辈所能做出的报答。

其时，先生已是病入膏肓之人了。

对于先生的病我是极为有数的，心里也总想为先生尽点力量。可是由于"梁上君子"的彻底光顾，在一段时间里我也搞得相当窘迫。先生也知道这些情况。有一次他把我叫去，说："这里有一笔博士生指导教师的报酬费，你拿一半去。"

我当然执意不从，因为指导博士生的工作绝大部分都是先生在做，我只不过有时帮点忙而已。再说，我也知道此时先生也需要钱，因为他曾不止一次地说过："我膀子疼得很，疼得很，……要是能找个气功师发发功就好了，可这需要很多、很多钱……"在这样的时刻，这点钱是多么烫手啊！

我们争执了很久，最后，先生气喘吁吁地说："你拿着，不然我……我送你家去……"

我知道先生的脾气，只得收了下来。

过了几天，我买了些补品，找了个口实给先生送过去。先生没有办法，收下了。我想这办法很好，于是又过了几天，待到了春节，正准备如法炮制，不料先生大概已经看出了我的意图，提前打来了电话，说："春节你就不要来了，你刚来过没几天嘛！"

可是我还是去了。

这一回我们谈的时间很长，我想这也许是他在世时和我谈得最长也最动感情的一次谈话吧。先生先说了自己的病情正在加剧，他说："我疼得直想哭，直想大哭一场……"接着他就关心地问起我最近在写的那本书。当我向他简短地介绍书的内容时，先生一面痛得轻声哼着，一面仍目光炯炯地听我的介绍，不时还点着头，说："很有意思，很有意思……不过，有几个地方在提法上要注意一点。"然后我们又对世事、人生广泛地交换了看法。我怕谈话时间太长，影响了先生的健康，几次提出告辞，但都被先生止住了。最后先生问及我的调动情况——那一时期，先生和我的心情都不好，我由于一些个人的原因，曾打算调换个工作单位。

先生问我:"这件事是不是你的最终的考虑?"我点点头,说:"是的。"

先生听了,脸色一阴,顿时泪如泉涌,哽咽不止。

看着先生的眼泪,我的心如刀绞锥刺!先生啊先生,想我来这人世一遭,除自己的亲人外,还没有人更没有哪位老师为我如此之动容!先生的眼泪,学生如何消受得起!学生是愧领了⋯⋯

几天以后,我得到了先生病情危险的消息,我知道,最后的时刻到了。我为他联系了医院,并且决定,亲自送先生上路,当我用电话通知先生准备动身时,他似乎感到有点意外,说:"怎么?还要你亲自出马吗?"

但是我知道,这是先生最后的人生之旅,从此,他再也不能回到他那日夜奋作的书房,再也不能回到他那朝夕相伴、相濡以沫的亲人我的好师母的身边了⋯⋯

去医院的路,很短,很短,又仿佛很长,很长⋯⋯先生坐在我的身边,神色很安详,他的双臂仍紧抱在胸前,紧紧压住疼痛的部位,微风阵阵吹来,拂动着他鬓边的根根白发,疾病已把他折磨得脱了形。

我们俩谁也没有说话,各自想着自己的心思。

路在向前延伸、延伸,仿佛没有尽头。

我仿佛看见了,在路的另一边,先生披一身霞光,沾一脚露水,正从太湖边朝我走来;

我仿佛看见了,先生正和师母并肩散步在嘉陵江畔,一边兴奋地讨论着《雷雨》和《哈姆雷特》;

我仿佛看见了,先生站在营救中央大学被捕学生的师生队伍的前列,正愤怒声讨着国民党反动派;

呵,此时此刻,我仿佛走了整整一个世纪,看见了一个世纪内一颗伟大的心所走过的心灵的历程!

如今,让我陪伴着它走完这最后的、最后的几步吧,我是多么地、多么地希望这路没有尽头。

而先生之对于我,意义又是何等巨大!如果说,我一生多坎坷、多逆境的命运犹如茫茫沙海的话,那么先生就是我生命中遇到的唯一的一片绿洲。如今,绿洲已枯萎,哺育生命的清泉也即将干涸,迎接着我的将仍是瀚海、烈日以及扑面的风沙,但我毕竟恢复了体力,恢复了勇气,我将顽强地走完我自己的人生之路。

四

人生苦短,如白驹过隙,还没等到回过味来,上帝就匆匆招他们回去。作为中国人就更是如此,一生的日程安排早被轰轰烈烈的经济计划、热热闹闹的政治运动塞得满满腾腾,人们都在按照计划规定好的各项指标,匆匆忙忙地赶路,潦潦草草地完成人生目标。作为先生,疑虑过我,批评过我,更爱惜过我,其目的无非是在弟子身上寄予厚望,期望我们完成先生在学术上未竟之事业。然而,先生乃大器,以夙兴夜作、日夜兼程、数十年如一日之劳作,早就能建立与世争一高低之伟业,然而却不能完成戏剧理论大厦之十一,非不为也,实天不助也,而况弟子乎?而况弟子乎?

在我看来,先生的一生,价值既在事业的追求之中,更在事业的追求之外。先生向世人昭示了,中国的优秀知识分子有着不逊于世界任何先进民族之智力、之毅力、之崇高人格。先生为天地间增加了一份正气,它不随世风之涨落,永不苟且,永不流俗,只要认定了真理,就义无反顾地飞过去。而这,才是弟子下决心传之于后的永恒的瑰宝!

写到这里,我向窗外望去,夜已深沉,大地一片静寂,唯有夜幕中寒星点点,似乎像先生炯炯的目光,又似乎像先生那一颗永不熄灭的燃烧的心,在给世人以祝福……

1990年圣诞前夕

（汪应果：南京大学中文系教授,文化经济研究所所长,1985年加入中国作家协会。著有长篇小说《玉龙的眼睛》《听,听那云雀》等,专著《巴金论》《论巴金早期世界观》分获江苏省哲学社科优秀成果二、三等奖,《科学与缪斯》获江苏省教委优秀社科成果二等奖。）

朱栋霖

永铭的教诲
——忆陈先生指导我完成学位论文

那是今年三月尾我与先生最后一次会面，我刚从香港返回，听说先生已病危住进医院，立即匆匆从苏州赶往南京。金陵初春已露春意，但是我的心情是沉重的。我带着一束鲜花踏进病房，只见南大中文系几位领导正俯着与先生谈话。先生见我前来，第一句话是："你从香港归来，想不到我们在医院里见面。"我见他的脸已肿，一只眼难以睁开，素日坚毅的脸容露出凄怆的神情。记得去年十月我从南京启航赴香港中文大学，先生已是病重，但是他在家中设宴，抱病为我饯行。这六七年来，我每次到南京，先生与师母总是设宴款待我。师母告诉我："瘦竹只要听说你来南京，总是特别高兴。"过去，席间大家谈笑风生，这次先生已是强忍病痛，他谆谆告诫我赴港访学应注意的事项。我不希望我从香港归来，却只能在医院病床上见到被病魔折磨的先生。我的心一酸。但是先生捧着鲜花，接着说："你把春天带到了我的病房。"他的心中仍然向往着春天与生活。在我简单地汇报了香港之行后，先生低声和我谈了要我协助他指导两位博士生论文的事。在我与先生的接触中，自从他知道自己患病后,他最关心的就是培养博士生的问题。他多次催促我快点办手续来南大工作,把他手中的事接过去。遗憾的是,先生要求我第一学期(1989年下半年)就给博士生讲课,我却因赴港而将这课仍让病重的先生去讲授。这次先生要我多讲点课,还要确定博士论文选题,将来指导这两篇论文。他为这些事操心太多,似乎早就思考多时,胸有成竹地一桩桩安排给我听。为了让先生安心养病,我只能一一答应。我们已经低声谈了半个多小时,我赶紧告辞,先生临走嘱咐我:"你对他们要严格要求,听课要认真记录。还要有考核成绩。"等等。

之后,我又接连探望过两次。每次都是先生嘱咐我这类问题。他对培养博士生的重视,以及对我的信任,令我感动与敬佩。十年前,我受业于先生门下,他也是这样严格要求我,谆谆教育我,耐心细致地指导我的毕业论文。

记得最初确定我以曹禺戏剧研究作为学位论文,是1980年初。在这之前,我完成了一篇学年论文《论〈北京人〉》,被《文学评论》的编辑王信同志选中,已决定发表于该刊。我当时对文学研究,完全是门外汉,尽是瞎撞乱摸,东一榔头西一棒。王信同志毅然决定发表我的处女作,在当时无异有创举性质。因此我对王信同志一直怀有知遇之恩。这件事也决定了我后来的戏剧研究方向与学术道路。我不知道自己该研究什么,尤其不知道该选择什么课题作为研究生学位论文。我只能胡乱拈了三个题目作为候选,请教先生。陈先生素来当机立断,他要求我研究曹禺戏剧。那是1980年初,第四学期开学后不久,我带着毕业论文的初步构思去见先生。曹禺研究,一直是现代文学界的热门话题,历来名家辈出,从周扬、茅盾、李健吾到钱谷融与陈先生,以及当代一些中年学者,前辈的研究成果已经筑起高高台垒。这是我这位小字辈人物面临的现实。我怀疑自己能否成功。陈先生首先鼓励我,他认为我的基础、爱好与个人气质适合于研究曹禺这一类作家,适合于从事艺术研究。他说:"至于你写的这本书,能否提供新的东西,远不用担心。凡是自己真正动了脑筋的,是自己的心灵感受到的,总会同他人不同。你的艺术感受比较好。在艺术感受方面完全相同的,不会有。中国研究界最缺少的正是艺术感受与艺术分析。"我提出了这篇论文写作的几种方案:评传、创作道路论、作品论、综合论。陈先生一一指出多种方案的优长弱点,他要求我从国内研究工作现状出发,以作品论为主体,其中贯串作家思想、艺术发展的探索。但是这不是一部论文合集,而是一部有完整体系的书。先生赞同我其中贯串几个基本理论问题,最后一章论曹禺的艺术贡献。陈先生还要求我研究曹禺戏剧创作所受外国戏剧的影响。当时比较文学刚刚在中国开始引进,大多数人只知道国外有一门显学"比较文学",不知道怎么个比较法。我当时跃跃欲试。陈先生肯定地指出:曹禺戏剧是比较文学的好课题。

陈先生与我的这席谈话,基本上决定了我的学位论文以及后来修订出版的那本书《论曹禺的戏剧创作》的大体格局。

在这次谈话中,我提出文艺创作主要是写人的灵魂而不仅仅写外部性格,传统的文艺理论是强调"性格论"的。我希望把这一理论问题的探索贯串曹禺研究,曹禺戏剧是心灵的艺术。陈先生赞同我从心灵艺术的理论角度论曹禺戏剧艺术,但他认为不必因此而否认"性格说"。

自此我就围绕这一课题阅读中外戏剧与艺术理论著作,思考问题。我的每一本书的写作都不是从头至尾依章节撰写,而是先写我思考最成熟的。1980年夏,我撰写《日出》论。《日出》的评论已经很多,这对我确实是个难题。陈先生非常关心我的工作进展。六月二十三日他派人送来一张便条,那是他用毛笔亲笔书写的:"《日出》论文进展如何?盼于明日或后日上午八时半来寓一谈。"这下可急坏了我。二十五日上午我带着一个详细提纲向陈先生汇报。这个提纲主要是谈陈白露与"五四"女性的个性解放、陈白露的内心悲剧性冲突,她的两个"自我"的矛盾。陈先生认为,对于陈白露那样"五四"以来第二代女性的个性解放,要看到其两面性,资产阶级提出的这个口号有历史进步作用也有局限性,特别是面对中国现实社会就会发生问题。他提醒我对个性解放要有所批判,陈白露式的"这条道路是应否定的,告诉人们此路不通。"我提出要探讨陈白露的幕前生活,她的悲剧在大幕拉开之前已经种下前因。陈先生说:"这个想法很好,要揭开大幕拉开前陈白露的内心隐秘。"这一段生活,在新中国成立后出版的有的版本中删去了,但人物形象中应该有的。陈先生还提醒我注意陈白露在四幕中感情的发展:"台词的感情色彩的幅度的变化,从第二幕到第四幕,她的情绪有大幅度下降。"先生要我仔细体会一下第四幕开头陈白露与王福升的一段对话。同时注意小东西事件对陈白露思想的影响。

那年夏天,梅雨下个不停。我受到先生的启发,就执笔《日出》论文,虽然已经放假,仍没有回苏州家中。因为先生的严谨学风的影响,我们几位师兄弟不完成预定的学习计划是不回家的。7月15日我带着《日出》的论文初稿去先生寓所。由于先生视力极差,我们的习惯总是我朗读论文,先生在仔细听后能立即发表出精辟的指导性意见。他的记忆力惊人,思路清晰,不仅立即把握了你的文章的思路与脉络,指出问题,提出修改方案,而且即使细节及个别遣词的分寸的失当,都会一一点出。因此,一篇一万余字的论文,两个小时朗读过后,聆听先生的谈话,就犹如听先生讲课,不仅知识上获得提高,而对先生惊人的记忆与精辟详细的分析,敬佩不已。至今回忆起来,仍能回味这种可贵的精神享受。这次,陈先生说:"这篇文章有好几处写得很好。尤其是关于从竹均到白露的分析,对陈白露内心矛盾的两个侧面的发展的分析,写得很好。"对陈白露最后自杀的分析,"基本上是很好的"。但是陈先生认为,我的文章中对陈白露自杀原因中受金钱社会腐蚀这一方面的分析,比较少,"有点避重就轻"。应该写出陈白露受腐蚀性的一面,让人受到教训,她是"迷途失足",除同情外,还需要批判。同时陈先生对我关于"性格与灵魂"的说法又提出意见,他认为"这个说法不够细致,不够确切"。陈先生还指示我去查找三十年代好莱坞电影《大饭店》资料。他认为这部影片对《日出》创作有一定影响。后来,我查到了这方面资料,写进了论文。

1980年下半年我开始研究《原野》。这个剧本历来受到否定。我认为主要有两个难点需要解决：一是对仇虎的复仇与后来的精神分裂,如何评价？二是对于《原野》第三幕受《琼斯皇》影响,如何分析？十月九日我向陈先生汇报了初步想法。陈先生提出,应该把《原野》同《雷雨》《北京人》联系起来看,曹禺在寻找出路,他追求永恒的东西"人性"与哲理。像很多西方作家一样,创作愈发展,对象征的追求愈强烈。在文艺思想上,曹禺推崇朱光潜《文艺心理学》一书的理论。陈先生认为,《原野》的现实性不如《雷雨》《日出》强,要求我着重探讨曹禺的文艺思想。我提出《原野》受到《李尔王》《马克白斯》等剧写人物心理的影响。陈先生同意。我又认为,关于焦母、金子、焦大星三人的关系是弗洛伊德性学理论的再现,并举出剧中台词。仇虎的"力"中也有"性力说"影响。陈先生同意我对剧本的这个看法,但是他明确主张,弗洛伊德的理论不能成立。这是《原野》的不足。陈先生认为,这个剧本受表现主义影响,中国观众有自己的欣赏习惯,观众看不懂,观众要解答的社会问题,在剧中找不到答案,当时的演出情况比较冷淡。吸收外国的艺术方法要改造成自己的。

这之后我反复思考曹禺为何要写仇虎的复仇及精神分裂。因为过去的否定,都集中于这一点,认为"这个人物被作者所加的复仇、爱与恨、心理谴责等因素神秘化了","损害了这一形象的真实性",使"作品的现实性比较薄弱"。我认为,问题的症结是人们忽略了仇虎复仇杀人的现实对象焦大星。按照剧本交代,这是个善良、无能的可怜人。但仇虎的观念是"父债子还",他杀了焦大星,是封建宗法观念指导他复仇的现实行动。当复仇完毕,他的人性发现了,掉进了心灵的"地狱"。这个剧本的深刻之处在于揭示了仇虎在政治上、精神上都未能挣脱封建镣铐。这正是这个表层非现实的剧作的深刻现实性。我先同许志英老师谈这个想法,得到他的赞同。他认为,"父债子还"这一封建宗法观念不仅仇虎有,新中国成立后多次政治运动直至"文革"中的封建血统论,都是一脉相承。这就坚定了我的看法。11月6日下午,我在南大校园物理楼前遇见陈先生,两人就在雪松下条凳上坐着谈这个问题。先生一听,立即赞同我的看法。他做了补充。他谈到仇虎是个没有完全觉醒,有许多封建意识、迷信思想影响的人物。曹禺在这个剧本中写仇虎的心理谴责,就是暗示农民反抗的真正出路必须要摆脱这种精神影响。曹禺仍旧在反封建,同时有人性论思想。陈先生要我再研究曹禺对心理谴责的艺术描写。

11月26日我向陈先生谈了《论原野》的初稿。他基本同意我的分析,但是认为文章中对仇虎"原始性的反抗力量"的社会意义分析不够有力,应该强调其反封建的社会意义,而少谈"原始性""性力"问题,对弗洛伊德学说应有所批判,"这个戏有弱点"。"曹禺为了描写心理谴责,在艺术上追求的东西有点过分,有点神秘化。"陈先生十分强调历史唯物主义。他要求我继续加以思考、修改。

为此,我与专门研究奥尼尔的研究生刘海平反复讨论表现主义与《琼斯皇》的问题。我认为,曹禺较之洪深,成功地运用了表现主义,扩大了中国话剧舞台上表现剧中人心理的领域,而且这一运用是为戏剧的主题、是为塑造仇虎形象服务的。12月4日我将修改过的论文再读给先生听,先生肯定我的分析,认为"用表现主义来表现特殊的心理状态,曹禺很成功","曹禺能够'化'","对《原野》不能一笔抹杀"。

1981年我返回去研究《雷雨》。这个剧本最难碰,因为有分量的评论已经够多。1月12日、3月17日、4月初,陈先生同我三次讨论《雷雨》,主要问题是关于《雷雨》戏剧结构中的主要冲突问题。关于这个问题,历来有不少不同看法,有的见解决然对立。我提出繁漪与周萍的冲突在戏剧结构中是主要戏剧冲突,过去认为周朴园与鲁妈或周朴园与繁漪是主要戏剧冲突,都是从社会意义角度分析的,研究戏剧应该从戏剧艺术规律入手,艺术家反映生活需要另辟蹊径。陈先生毅然同意我的看法,但要我对周朴园在全剧的中心地位及其主要戏剧冲突的关系作出辩证的说明。我们的三次谈话都围绕这一问题。先生非常严格,对于我的行文、措辞字斟句酌,对那段文字一再要我修改,直至我改成现在模样(见《论曹禺的戏剧创作》第 43—45 页),才给予通过。先生告诉我,许多关键提法一定要郑重,既要鲜明大胆提出个人见解,又要全面考虑,绝不能马虎。例如关于《日出》受电影《大饭店》的启发、影响问题,也是反复核证资料,酌定具体提法。尽管如此,最近还有人同我搞"笔墨官司"。文字有时总不能完善地表达本意,引起误解。

1981 年春,我执笔全书的最后一章,总论,共三个问题。3 月 22 日陈先生给我谈曹禺的悲剧。先生对悲剧的理论研究与对曹禺悲剧的独到分析,使我叹服。4 月 11 日我向陈先生汇报关于曹禺戏剧的历史贡献的思考,陈先生认为我对曹禺的三个贡献的提法,拎得很准。同时他要我对所谓"人的主题"讲清楚,单提"人"比较抽象,一般地提"人的主题"没有时代感。他强调曹禺主要写被压迫者与被压迫的妇女,表达反封建主题。在我撰写论文的整个过程中,陈先生都一再强调马克思主义的历史唯物主义与辩证唯物主义,他不赞同抽象"人性论"。

6 月 25 日毕业论文答辩通过后,我继续完成曹禺其他剧作的研究。因为我即将去苏州大学工作,陈先生抓紧同我谈有关曹禺研究的问题。他希望我在毕业论文基础上,扩充、修改成一部专著。对此,他期望很高。这年 11 月,陈先生同我讨论话剧《家》。他主要要求我将小说与戏剧进行比较,对戏剧改编小说问题谈看法。他还强调这部剧作的抒情性和女性形象的发展。12 月 4 日,我完成了《曹禺戏剧与契诃夫》一文,陈先生听完我朗读全文,表示很满意。他对论文中几个术语的提法,提出讨论。例如,"忧伤的美",陈先生认为不能显示出契诃夫戏剧的明朗色彩,而且难以与感伤主义、旧浪漫主义相区别。他还分析了四十年代曹禺同契诃夫的不同,认为其区别在于世界观,曹禺不仅寻找光明,而且也知道光明所在,他比契诃夫对生活前景更乐观。

1981 年 12 月 13 日晚上,陈先生约我再去他寓所讨论曹禺戏剧,因为我即将告别母校回苏州去。我考虑到曹禺创作同他的个人生活有关系,希望陈先生介绍一下这方面情况。因为不久即将辞别先生而去,双方都有些惆怅。陈先生与师母沈先生一起早就在等候我。他俩共同回忆着从1936年夏曹禺到国立剧专任教务长开始的活动。当时沈先生是剧专高班毕业生,她回忆到1937年下半年剧专师生如何随校迁到长沙,然后又雇一条大木船浏阳船入川的情景。先生、师母的回忆,也把我带到了过去,我多少感受到当年在江安的曹禺同剧专师生的生活与工作。陈先生绘声绘色地描述了江安小县城的风情,设在文庙内的剧专的实况,万家宝的教学工作,以及他同郑秀、邓译生的感情纠葛,剧专师生的反对国民党腐败现象的进步活动。曹禺如何写《蜕变》《北京人》《家》等情景,在那一夜都似历历在目。这些都充实了我对曹禺戏剧的感受与理解,但陈先生要我不必过多地写曹禺个人情感生活与剧作的关系,他考虑到中国文化背景的社会接受情况以及剧作家健在的因素。他说:"外国人写艺术家传记都写个人情感生活,内容很丰富,有血有肉,中国的文化环境不容许你那么写,你一写会引来很多误解,甚至给作家也带来麻烦,所以中国的艺术名人传记大多只写社会、政治活动,干巴巴的。"那一夜谈得很晚,直至深夜,双方才依依不舍告别。先生、师母说,还有好多话,等您将来有机会再谈。

月底,我向先生、师母辞别。先生赠我一张他事先准备好的个人肖像以作留念,又特地嘱咐我几件事。他说道:"我因为眼睛不好,平生也不善交游,所以朋友很少。你们几位是我很难得的朋友。过去在一起时不觉得时间少,现在临别却有很多话。"声音低沉,双泪纵横。我同先生交往十余年,只有这一次见他流了眼泪,先生一向很坚强。我回到苏州后不久,就收到先生寄来书信:"你走后我总觉得若有所失,有时想起来,颇感惆怅。相处三年多,见面谈话不算少,现在想来似乎都太匆促。南京苏州虽然相距不远,会晤毕竟并不那么容易。好在你在各方面的基础都很扎实,一定会有很大发展。这样一想,我的精神倒又振奋起来。"今天,我再次展读先生的一封封亲笔书信,他在三年中对我一次次谈话的详细记录,不禁黯然泪下!往昔情景如此清晰地长留记录中,但我却永远地失去了一位谆谆教诲我的恩师!

此后几年中先生曾有好多亲笔书信给我,大都是谈我那本书的出版,他为此多方联系,做过许多努力。我后来又增写了曹禺新中国成立后剧作的研究。我把这些文字录音在磁带上,寄到南京。先生在听了录音后,于1984年3月2日同我又一次谈话。这一次主要是谈创作个性问题,因为我认为新中国成立后的文化环境压抑了剧作家的创作个性,使曹禺新中国成立后的创作不如新中国成立前的。陈先生认为,创作个性本身也应该发展变化,曹禺新中国成立后创作方面的问题也有主观方面的原因。人民文学出版社领导审看了我的书稿后决定出版,他们建议请陈先生写一序言。三个月后,我突然收到大叠厚稿,打开一看,原来是先生写的长篇序言,四万言。这篇序文对历来的曹禺研究进行了综合评价,纵横捭阖,气势宏大而议论精辟。先生治学历来严谨方正,他不因为门生写序而语多溢美,而是客观地评述,对我虽有嘉勉也寓批评,例如先生指出我的文字"颇有文采",但"过于华丽,文气就会柔弱"。记得我刚入学不久,先生就要我多读马克思、恩格斯的论著,学习马恩的文风,要求文气雄健磅礴。我读先生的论著,常感受到先生文气的雄健一如其人。

先生来信说:"写序当然义不容辞。"事实上先生年老事繁,他为写这篇序文足足忙了三个月,师母与天石兄分头誊抄,师母还因此劳累过度患了感冒。

陈先生在这篇序文最后,评及我俩的师生关系:"我与朱栋霖同志相知甚深且有同好。"这八字评语,令当学生的我此生足矣!先生又把这篇文章收入他的《戏剧理论文集》,以作纪念。而我现在端详着先生的遗照,仅仅能用文字表达我的哀思。不久前,沈先生给我寄来一束照片,其中有先生书房的留影。那是我熟悉的环境。先生的小客厅与书房中,曾经留下了许多次先生对我亲切的教诲与关怀,我的知识在那里逐渐丰富,我的学术道路从那里迈出第一个脚印,我的心灵在那里受到陶冶。那是我一生中最熟悉的地方之一,那里有先生的声音容貌,有先生严谨深厚的学风,有先生的精神与思想熏染过我,有我们十余年交往的深情厚谊荡漾相间。虽然先生仙去,但是正像师母信中所说,我们之间的"这种联系无论在感情上、业务上还是'藕断丝连',剪也'剪不断'的"。在这篇短文中,我记下当年先生对我的教诲,让这些珍贵的教诲伴随我走向将来。

1990 年 12 月 17 日

(朱栋霖:苏州大学二级教授,博士生导师,中国昆曲评弹研究院院长,中国话剧理论与历史研究会名誉会长,曾获"中国文联文艺评论奖"特等奖。)

任天石

夕照晚晴尽春晖

今年六月二日,陈瘦竹教授——中国文坛、学界、教苑的一颗巨星殒殁在茫茫天国。受过他教诲的人们心里,深为哀痛,更深切缅恋往昔春晖抚照的温暖。

我们来到他身边攻读中国现代文学研究生时,正值神州大地回春之际。年已七旬的陈老,开学第一次见面会上就深情地说:中国现代文学是"文革"中遭受重创的学科,它不仅要复苏,还要前进。一个时代应当有一个时代的研究水平。把这门学科推向八九十年代的水平,希望在你们身上。我们凝望着这位精神矍铄的老学者,咀嚼着他饱含深情的嘱咐,深幸在任重道远的学术之路上,找到了这样一位德高望重、学识渊博的好导师。自此以来,他把自己的光热与心血,化作春晖与甘露,点点滴滴融进我们的学业与事业中。

他堪称一代良师、名师。当时我们四个研究生都将临中年,精神及家庭负担沉重。陈老对此了如指掌,他语重心长地说,求学是苦事。为了终生的事业,要舍得做出眼前的牺牲,有失才有得。先生对课业一丝不苟。第一次上课是讨论一篇研究小说《药》的学术论文,先生要求我们清理六十年来关于《药》的主要研究成果及本文的超越之处,弄清文章的论点、论据、思路与论证特点,分析文章作者写作前作了哪些准备。从陈老精心设计的这几个论题,可以看出他对培养学术眼光与研究能力的重视。首次上课时,记得已是初冬,先生准时快步来到西南楼三楼那间阔大的教研室,端坐在靠窗的桌旁,摘下帽子放在手边,头上沁出汗珠,身上腾着热气,他首先检查我们准备的讨论提纲,认真倾听,不时发问、指点,最后做了长达三小时的小结,真知灼见时时迸发智慧之光。他以如炬目光看出小说末段所写"死刑和瘦毙的人"与"穷人的丛冢""层层迭迭,宛然阔人家里祝寿时候的馒头"之"馒头"为全文点睛之笔,从体现主题到艺术构思,陈老这一分析令人叹服,至今记忆犹新。陈老博闻强记,讲课时不用讲稿,却滔滔不绝,一字不易,记下来便是一篇结构完整、表达严密的文章,这在校内外是久享盛誉的,他给我们开设的悲剧喜剧理论、曹禺剧作评析等课程便是如此。这得益于他超常的记忆,更来自他刻苦的功力。每次去他家中,都见他坐在书桌前,面前摊满中外书籍,手上拿着两三把放大镜在默默研读、笔耕。为了克服严重的黄斑色素变性带来的视力障碍,他付出了数倍于常人的心血与精力。尽管如此,对于我们的作业、论文,他总是亲自审改。1979年暑假后的一天下午,他为检查我的学年论文《叶圣陶创作历程简论》,足足听我读了三个小时之久,其间不时打断,提出大到观点材料小到注释引文的修正意见,听后他竟对全文思路构架甚至一些句段记得清清楚楚,又提出若干整体修改意见。当时正是"秋老虎"天气,南京更是闷热,虽然他书房那台老式"华生"电扇转个不停,他仍在不住擦汗,我既感动,又敬佩。他重视课业,更重视科研。他常说,你们都是三四十岁的人了,应该尽快拿出成果,在学术领域占有立足之地。南大中文系在三十年代文学研究方面素有传统。我们进校后不久,他便组织我们与老师们一起撰写《左联时期文学论文集》。为了便于我们到上海访学、收集资料,他还或亲自写信或请人介绍,与巴金、许杰、施蛰存、赵铭彝等当年的作家取得联系,请他们为我们讲课、答疑,提高了论文的质量;进入第三学年后,他又鼓励我们抓紧写好毕业论文,力争以此为基础形成一本专著。我的《叶圣陶小说论》出版前,他写了一篇情深意切的序言,看过这本书的许多同志、老师都对这篇情词动人的序留下了难忘的印象。一位知名前辈学者为此特地在电话中提及此文,备加赞誉。在这篇序文中,先生深刻指出研究者与研究对象气质相近可以深化研究成果,我还觉得,作序者对原作者了解甚深方能写出见解真切的序文。当我把样书送给他时,只见他轻抚着封面和内页,脸上显出欣慰的笑容,暂时忘却了病痛。其实这时他已到癌肿晚期,老人自己还不太明白。我不敢看他的脸,只是感到惭愧、心痛……

他是一位慈祥仁厚的长者。陈老平时仪态严肃,不苟言笑。但在那威严的仪表中深蕴着一颗拳拳爱心。我们读研究生期间,起初他住在窄小的二室户内。那时他新买了一台大彩电,每逢播出《王昭君》《巴黎圣母院》之类的名片,他都通知我们几个人同去看电视,狭小的卧室里被我们挤得转不过身来。中秋佳节,他与师母沈蔚德先生还准备了精致的月饼、香茶,邀我们小坐、聊天。我担任他的助手,比较拘谨审慎,对他交代的工作我努力尽心尽力做好做快。他很了解我的品性,每次去他住处办事,工作结束后他都主动问长问短,从工作到生活,从学业到家务,关怀备至。不当助手了,我去得少了,但每次去时,他仍把我让到书房里,办完公事闲聊几句,我从中得到指导、帮助,但悔恨不已的是,直到最后我在他面前仍然十分拘谨、木讷,失去了好多讨教的机会。1987年冬天,我因骨折住进了玄武医院,伤腿吊在牵引架上,痛苦异常,心里更担忧会不会残废。一天下午,陈老熟悉的声音居然传进了病房,真是先生来了,我本能地拗起身来,但一动也不能动;三位博士生陪同先生来看我来了!他热心地开导我,我听一句,点一次头,我至今还记得他叫我不要懊恼、烦躁,安心治疗,别的什么也不想,又让师弟们来陪护我;今年初我又患心肌炎,本不想惊动已重病在身的先生,打算出院后再去看望他;他得知后打电话到医院询问,还责怪我为什么不早点告诉他,我拿着电话筒,说不出话来,眼睛热浸浸的。今年春他由我师兄最后一次送进医院病房,我因心肌炎恢复期在家疗养,为不能常去探望、照护而愧疚不已。一天下午,我与应果兄去看望他,他还站起为我们让座;他显得衰弱多了,但还支撑着与我谈心,我找不出合适的话安慰他,和过去一样,还是他主动问这问那,了解我的恢复情况,告诉我来来去去会影响心肌炎康复。直到这时,他心里想的还是自己的学生,谈到他自己的病痛时,他反而宽慰我们。我了解到他是以最后的毅力与病魔抗争,见面是见一次少一次了;又恨我的病恢复太慢,走远路不易,因此,以后每次我由爱人陪同看望他时都想多待一会。他一次比一次衰竭,说话也比较费力,我们请他不要多说。真是这样,在他身边默默坐着也好。有时他伸出那痛得红肿的手让我们摩摸,我们想了一些办法,也不能减轻他的痛苦。我怕他太累,也不愿他伤感,坐到后来还是向他告别,还打起精神故作轻松地说过几天再来,他出院后到他家去看他。每次临走时,他坐在沙发上和我们握手告别,虽然声气低微,但目光还是那么沉静、亲切,他眷恋人生,他挚爱后辈,因此他有如此顽强的生命力。

　　他是国内知名学者,但在学术问题上他提倡平等研讨。一次我违心地按一位编辑同志的意见改动文章中某一论述,他得悉后不同意这种更动,并批评我说:"此后,你对无论什么人,无论是我还是别的人,都不能盲从,'吾爱吾师,吾更爱真理么!'"对于慕名求教者,无论是学界人士,还是无名之辈,他都一律热情接待。我担任他助手时,每年帮他回复此类信函不下数十件。1979年,与陈老素不相识的南京东方无线电厂崔建军、郭苏闽二位年轻人,怀着忐忑不安的心情登门请求陈老指导自学文学专业,陈老放下手头的书本和蔼地接待客人,年轻人提出的问题过于宽泛,老人耐心指导,热情鼓励,又安排我以通信方式答疑解难。还有不少青年寄来成本的论文或小说、剧本请他提意见,他都用极其宝贵的时间让我读给他听,又亲自口授意见让我回复。他的新著出版后,有不少人来信说当地买不到,他常常把自己的存书寄给那些相识的或不相识的人。他自己生活俭朴,那件中式棉袄涤卡军衣早已陈旧甚至破损，他仍旧年复一年穿着；时间也抓得很紧，走路急急匆匆，平时连闲话也不说。然而，只要是用在青年身上，无论是精力还是资财，他是不顾惜的。有一年本系学生话剧团演出莎士比亚剧作，陈老虽然平时因视力不好晚间很少外出，那一次仍热情出席观看，还发表讲话，支持校园话剧运动，青年们十分感动。陈老的事业为着青年，他的心也永远年轻。

最后十年，陈老像一支红烛，照亮后来者的路，放尽全部的光。他以自己为研究生讲课的内容为基础整理出版的专著就有《现代剧作家散论》《论悲剧与喜剧》《戏剧理论文集》等。我为他抄写文稿时发现，虽因视力太差有时字行重叠，但每叠文稿，总是一丝不苟，连标点符号，中外文注释，都十分讲究。一个几近失明的耄耋老人，十遭半月便能拿出一沓文稿，每当我接过他那用旧讲义背面订成的满页竖写、左边留注的文稿时，总是觉得沉甸甸的。1981年初夏，他已是71岁高龄，为聘请首届硕士学位论文评阅及答辩导师，他亲自赴沪。我们住在申江饭店，每天一早他准时起床，简单地洗漱后便让我给他读材料，早餐后外出办事，与我们一起挤公共汽车，奔走于各大学之间。一天午后，我陪他从申江饭店乘了二路车来到华师大，下车后他急急步行来到师大宿舍，又一口气爬上楼来到许杰先生家中，已是气喘吁吁，他刚一落座，立即与许老谈评阅论文的事，许老连声劝他别急，喝口茶，歇歇再说。下楼以后又步行很长一段路到金沙江路师大宿舍钱谷融先生家中，洽谈完毕，钱先生出门送陈老一程，陈老大步行走在师大校园宽阔平坦的大道上，谈笑风生，精神抖擞。回到宾馆，又接待来访者，全无倦意。他的日程表总是那么紧张，每一件事都安排得井然有序，因此办事效率特别高。七十多岁的人了，不累是不可能的。但一进入工作状态，他就总是精神饱满；只有到了晚间，客人走了，他才觉得疲惫不堪。他为人民奉献了自己，人民当然也记住他，不光是学生、同事，与他接触过的人都如此。记得有一年清明我陪他到南郊扫墓，归途中他兴致勃勃到雨花西路一家花店去看花，不料这正是他参加土改工作的花神庙乡开的铺子，他随即与花农们亲切地攀谈起来，其中有位老人还记得他姓陈,他们互相问候,陈老还关切地打听一些当年花农的近况,老农口口声声用当年的"陈同志"称呼他,他们沉醉在四十多年前的岁月里,他们之间是那么融洽、亲密。陈老真是一支一生光明,又把光热洒向未来、洒向人民、燃尽自己而后已的红烛!

烛光化春晖,晚晴最灿烂。在新时期的十年中,陈老燃起他一生中最辉煌的光焰,又以这辉煌之火,点燃了无数的理想之光、智慧之光,它将生生不息,燃向明天!

1990年6月

(任天石:南京大学中文系教授,曾任南京大学出版社社长、总编辑。)

王文英

师生缘

人与人之间的相识、相关，大致总有某些缘分。我与陈先生之间因了某种缘分，而成了师生。1986年陈先生为我的《夏衍戏剧创作论》作的序中这样写着："那天上午前来应试的考生中，第三名是一个女生。她三十多岁，个子不高，面目清秀，头发不长，在颈后左右分开随意扎着；身穿蓝短袖衬衫，似乎稍嫌宽大。她端坐在指定的椅子上，微低着头，给人最初的印象，她很朴实沉静。她回答问题时，简明扼要，仿佛胸有成竹，表现出她对于中国现代文学有较丰富的知识和较深刻的理解，特别是当她分析鲁迅的《伤逝》中阿随在衬托人物心情和渲染作品气氛的作用时，充分显示出她的艺术敏感。"这是在我当了陈先生八年学生之后，他写出的对我的第一印象，现在读来，还倍受感动。而在我自己，我还有另一重心思。

那是1970年的初秋，我从乌鲁木齐回上海探亲路过南京，因久慕长江大桥的盛名，于是在南京下车作短暂停留。一走出南京站，我的眼前呈现的是怎样一幅景象啊，下着微雨，对面偌大的玄武湖上空浮着一层朦朦胧胧的雾气,棵棵垂柳像婀娜多姿的美人那样拂动着丝丝缕缕的长发,我几乎疑惑是否看到了仙景。呵,实在是久违了,南方的山和水,我的心被强烈地震撼了,甚至在过去了如许年月后的今天,还能感到当时那种被震慑的力量。要知道我是坐了三天四夜的火车,穿过了连绵无尽的戈壁荒漠之后来到这里的,我的心里是多么渴望着这充盈着生命的绿色。于是,我干脆伞也不打,尽情地沐浴着这南京的风和雨,一边在心里祈祷着,有朝一日能让我投到这里来,该有多好! 想不到几年后我的这个埋在心底的愿望居然实现了,在"文化革命"结束后的第一次研究生招考中,我有幸成了陈先生的学生。从此,南京的山水果然依然吸引我,而更吸引我的是南京大学的良师益友们,是我的导师陈瘦竹先生。

与陈先生对我的第一印象一样,我对于陈先生也特别的投合。那次三堂会审式的研究生考试,虽然有些紧张,但却还镇静。陈先生和叶子铭、邹恬老师们的轮番发问,我尚能有条不紊地作答,总算没有被难倒。在回去的路上,陈先生的形象塞满了我的脑海,陈瘦竹,一点也不瘦,胖胖的身躯,光光圆圆的脑袋,给人特别和蔼可亲的感觉。而最奇怪的是他的眼睛,笑盈盈的眼睛中不大有神气,他看我时,他不是看着我的头,我的脸或我的眼睛,却是停留在超越我的头部的某个地方。后来我才知道,陈先生新中国成立前就患有视网膜色素变性的顽症,视力受到严重损害,可视率大约只有0.03。可是我接着又很奇怪,仅仅在经过一次口试之后,我们四位被录取的研究生(三男一女)在开学后去见他时,他竟然一下子叫出了我们每个人的名字,而且从不弄混。而后还有令我更惊奇的事,陈先生在给我们上课时,两三个钟点的课,要引证那么多的资料,要讲述一段又一段的艺术历史,他竟然不用讲稿,条理清晰地一口气讲下去。我实在佩服陈先生那惊人的记忆力。我想,上帝安排好的,一个人某方面有了缺陷,上帝会从另一方面给予补偿的。然而,我以后的发现,使我撇开了子虚乌有的上帝,而对陈先生的为人肃然起敬了。有一次,我为了向陈先生请教某一疑问,来到他的书房,我看到了一位老人扒在书本上,手里移动着一条由黄铜镶嵌着玻璃纽扣似的物件,那玻璃扣子还叠在一起,二层,三层。原来,那是一个个高倍放大镜,陈先生就是靠着它读书、写作的。我明白了,那就是陈先生的眼睛,他那丰富的知识、博大的学问都是靠着这双眼睛一点一滴地攫取而来的。试想,我们看一本书要花去的时间和精力,陈先生将要多少倍于我们呢?陈先生为我们上一堂两三小时的课,那么他备课花去的时间,又是多少倍于它呢?简直难以想象,坚强的毅力和过人的勤奋造就了这位学者,多么难得的一位学者呵。

我们和陈先生就年龄上说,相隔两至三代,思想上精神上多少有些代沟。就我自己来说,考研究生的目的之一是为了回到南方和改变一下工作环境,现在这个目的几乎是达到了,所以对于专业并不见得有多么大的雄心壮志,这种精神状态不知道陈先生有没有觉察,反正我们没有就这个方面做过交流。但是,陈先生所赋予我们的殷切期望,使我的内心感到深深的愧疚,这种愧疚沉甸甸地压迫着我那渺小的个人愿望。1979年的某一天,陈先生送给我们四位研究生每人一本他的专著《现代剧作家散论》,每本的扉页上都用毛笔签上了他亲手署的"陈瘦竹"三个粗粗大大的字,有的第三个字还叠在了第二个字里,但我们都感到了某种沉重的分量。陈先生第一次给我们讲起了他在"文革"中的遭遇。他说早在1965年江苏人民出版社就准备出版这本书,后来因为其中收有《论田汉的剧作》一文,而田汉又较早地被打成"反革命修正主义"分子,因此此书亦被判了"死刑"。他又说,那个年代,"人在家中坐,祸从天上来",他历年珍藏的家人、亲友、朋辈的厚厚几大本相册全被抄出、撕烂、烧毁,而最为痛心的是,他多年心血结集而成的《欧洲戏剧理论史纲》和《现代剧作家作品研究》数十万字的书稿,均被抄走而湮没。他还谈道,祸害四人帮终于被粉碎了,他多年追求的事业现在应该加紧去做。他说他早在解放前于四川江安国立剧专任教时,就萌发了一个思想,为什么讲戏剧理论言必称希腊,虽然戏剧艺术的规律是相同的,但各个国家的国情不同,各个民族的文化历史不同,各国人民的审美习惯不同,因此,要使话剧真正在我国扎下根来,成为适合我国人民审美习惯的一种艺术形式,应该进行具有我国文化特色的戏剧理论研究,要把重点放在研究和探讨我国的剧作家和他们的作品上去。在解放初,他就为自己树立了一个崇高的目标,决心以毕生的精力,去建立一个具有中国文化特色的马克思主义戏剧学体系。"文化大革命"虽然给了他近乎致命的打击,可是如今雨过天晴,希望又在前面召唤,他望着我们,也把沉重的责任压在我们的肩头。

时时处处可以感到陈先生为他的理想目标所付出的踏实而艰辛的努力。陈先生至少同时展开了两方面的工作,一是他抓紧培养学术梯队的工作,除了我们这一届研究生外,他一连又招了两届硕士生,之后又招了两届博士生,直到他病重后,还招了两位博士生。我有时写信劝告他,要他保重身体,研究生可少招或不招。那知道这种劝告却每每提醒或促进了他内心的紧迫感。另一方面的工作是加紧著述。他抓紧一切时间继续戏剧理论的学术研究工作,几乎每天晚上,他拿着高倍放大镜伏案到深夜。似乎令人不可置信,他的记忆力竟并不随年龄的增长而衰退,他那活跃的思维活动常常能唤起十几乃至数十年前的记忆,将已被毁损、湮没的资料和观点整理出来,将那些被无情打断的思绪接续起来。因此,在短短的几年中,他以不可思议的力量和速度向学术界推出了一批高质量的成果。1979 年,那本被延搁十三年之久的《现代剧作家散论》由江苏人民出版社出版;1983 年,《论悲剧与喜剧》由上海文艺出版社出版。在 0.03 的视力和百万余字的理论文字之间,难道不实实在在地展现出一个人间奇迹?能创造这样奇迹的人,难道不具有非常高尚的人格和巨大的精神力量?

有一次陈先生向我谈到过写作的乐趣,他说当你沉醉于写作时,全身就会其乐融融。我当时似懂非懂,只想到自己做论文时那副搜肠刮肚、绞尽脑汁的窘态。不过,我实在值得庆幸,我遇到了一位多么好的老师,学识的博大是第一流的,人品的博大也是第一流的。我哪怕亦步亦趋,能够学到先生的一万分中的万一,也是终身受用不尽的。1985 年中国艺术研究院话剧研究所要出一套中国话剧艺术家传,要找人写陈先生的传,他们征求陈先生的意见时,陈先生选择了我,这是陈先生对我的信赖,但我却深感惶恐,我总觉得自己和先生之间确乎有某种精神联系,但毕竟差距太大,到底不能把陈先生的学术形象恰当地表达出来,当然我只能尽我所能。

得知陈先生得了绝症,我时时牵挂,而陈先生却常来信安慰我,说是良性的,只是有些疼痛,但他能克服。这我相信,因为我相信陈先生有过人的意志和毅力。他还谈到他的关于悲剧和喜剧的研究,还关切地询问我的学术进展。陈先生还有那么多的学术计划尚待他病愈后去完成,他总想为戏剧理论园地多留几块铺路砖石,真真是一位鞠躬尽瘁的导师。想到这些地方,怎不令人心碎。今年三四月间,我写信告诉陈先生,我这儿有位研究生要到南京大学去申请学位,届时我将去看先生。6月2日晨,我做了一个有些离奇的梦,梦中,只有一篓红红的炭,没有火焰,只有红光,醒来有些奇怪,我想大约这几天气功书看多了,什么温盘呀,红化呀,于是把这念头丢开。两天后,收到南京大学发来的唁电,我心里不由一惊。6月8日我赶到南大宿舍,一口气爬上三楼,站在303室门外,我喘了口气,停了片刻,以前,有多少回,我兴冲冲地来敲这个门,开门出来的陈先生总是紧紧地握住我的手,接着那元气充沛的声音便问长问短,问我的爱人和我的孩子,还问我的学术和成绩,而今,他却走了,我是多么悲哀和怅然,我是多么地后悔,我来得太迟了。

陈先生虽然走了,但师生的缘分却永无尽时,每当我遇到磕磕绊绊而心灰意懒时,陈先生总来到我心中,给我激励和希望。

1990年11月5日
于上海复旦

(王文英:上海社会科学院文学研究所所长、研究员。)

胡润森

哲人虽逝　风范长存

　　我有幸同陈先生相识,是在十来年前。那时我在四川大学做研究生,奉命接待应邀前来参加"郭沫若研究学术讨论会"的学界名人。成都盆地的六月天气一般不至于太热,但那几天却猛然袭来令人难忍的热浪。在简陋陈旧的招待所的一个促狭闷热的房间里,我初识了仰慕已久的陈先生,还有沈蔚德先生。那时房间里似乎连台电扇都没有。我看陈先生沈先生实在热得难受,但并无怨言。作为接待者,我自然深感抱歉。现在我记不清陈先生当时同我交谈的内容了,但我至今仍清晰地忆起当时的印象:陈先生穿一件半新不旧的白衬衣,面色黝黑,壮实敦厚,不苟言笑。

　　第二天我陪陈先生他们上青城山。大家都兴致勃勃地直登上天师洞。陈先生和沈先生似乎却只在山脚下转了一圈。我当时很不解,后来才知道可能是因为先生目力不济。在乐山开会时,陈先生是我们组的召集人,我任"秘书"。陈先生一发言就很抱歉地请大家"原谅":因为他得了一种眼病,视力很差,几步外看人就不大清楚了,如果少了招呼应承之类,恳请大家谅解……与会者听后自然都很感动。那时,改革开放的春风刚刚吹破严冬寒冰,知识界横遭摧残和禁闭的心灵正开始苏醒。在陈先生主持下,我们小组的学术空气自始至终自由、民主、活跃。大家都很满意。由此我感到了陈先生人格的另一侧面:谦和、宽厚的仁者和长者的风范。临离开乐山前,大家都高高兴兴地参加了由戈宝权先生主持的"即兴"式晚会。地点是大佛寺的大院子。印象最深的是沈蔚德先生唱"湘灵歌":"沉沉锁着的九嶷山上的白云哟,微微波着的扬子江中的流水哟,你们知不知道知不知道他的所在哟……"暖风在院子里拂拂吹着,寺外不远处黑暗中青衣江无声无息地流着,峨眉山在远方巍然耸峙。

返回成都后,陈先生应邀在川大中文系举行了一次学术讲演,讲题是《论郭沫若的戏剧艺术》。陈先生站在讲坛上,不用讲稿,却以电报般准确和简洁的句子,铿锵的语调,激情澎湃而析理入微地讲了一个多小时,听得满屋青年学子都呆了。这时,我们感受并认识到了陈先生人格的又一面:作为学者和理论家的广博知识、深厚功力、冷静的理性和充沛的激情。

几天后,我送陈先生上返程的火车。路上,陈先生主动询及我的学习情况。我这人在名人面前总显得拘谨。我记得似乎我只嗫嗫嚅嚅地说了些词不达意的句子。我感到这是我向陈先生讨教的宝贵机会。但我就没法想出个确切而有意义的问题。机会白白地失去了。事后我自然后悔不已。这,就是我同陈先生的初识。

1982年在海口,我同陈先生又见了面。是乘车去"天涯海角"的路上,中午小憩时,我向陈先生问好致意,并请教了一个戏剧理论的问题。陈先生答话的具体内容我记不得了。但我却记得他说他还记得我,他问我现在什么地方工作。他说他对四川、重庆很有感情……这是我同陈先生的第二次见面和交谈。可没想到这竟是最后一次见面和交谈。

我和陈先生的交往就这么普通、平常,以任何标准去衡量都不能认为是有"特殊关系"。但是后来发生的事情就令我既出乎意外又万分感佩了。自到某大学任教后,我陆续写了几篇曹禺剧作研究的文章。大约在1985年中,我把几篇拙稿复印一份,给陈先生寄了去。我本意只是略表对先生的敬意,不敢说请先生"指教",因为"指教"就要消耗先生宝贵的时间与精力。如果先生说"收到了",我就很满足了。即使不回信,我也没什么意见,因为我知道先生目力不济,写字不方便。

但过了一段时间,我却收到了陈先生的复信,还是厚厚的一叠,拆开一看,我更是目瞪口呆!信是请人代的笔,陈先生签的字。陈先生在信中说"你已发表曹禺论文多篇,颇为学术界所重视",还说,收到我的论文后,他"曾嘱研究生认真学习",并请一位研究生同志写出"阅读心得",陈先生认为这份心得"尚极中肯,同意此种看法,现特寄上,作为参考"。接着就是那位同志写得密密麻麻的五页"心得",对我的论文作了全面深入的剖析,给了相当好的评语,是我所未敢奢望的。还对论文不足之处做出了深切中肯的指正。而这些看法都是陈先生所"同意"的,换言之,这些就是陈先生的看法!我当时"受宠若惊"的心情实在难以形容。诚然,冷静地思考,我知道我是当不起陈先生的如此好评的。这与其说是先生对我的好评,不如说是他对年轻一代学人寄予厚望的反映。而先生这种虚怀若谷地奖掖后进的精神,在我看来,正是老一代学者最具光辉最可宝贵的品质之一。

这件事给我很大的鼓舞,更给了我很深的教益。后来我同陈先生又通过信,但却无由晤面。今年我正计划着江南行,打算专程去南京拜见先生,谁知先生竟遽然作古!我竟然得到先生已经逝世的讣告!

我当时心中的沉痛是难以言传的。记得我丧魂失魄般急急赶到街上邮局,发出了一封唁电。我心头的悲痛郁结久久不能化解。古人说:"男儿有泪不轻弹。"我这人心中的悲痛历来更难用眼泪去表达或宣泄。我只能在心头暗暗流泪,结果就更难受。

我对陈先生怀有很深的感情。从学术角度讲,陈先生留下的理论业绩是后人攀缘前进的牢靠支点,我曾受惠于他,特别是他的悲剧理论给了我深刻有益的影响。从个人感情角度说,当我这个初出茅庐的学子在学术与人生路上踽踽前进的时候,陈先生以"一言九鼎"的力量给我以鼓励与扶持,我能不铭心刻骨、永怀感念么!我知道我只是陈先生帮助支持过的莘莘学子中的一个,也许还只是并不重要、并不突出的一个,但这个恰恰证实了陈先生胸怀的壮阔、境界的崇高和功德的无量么!

当我有幸同陈先生认识之时,我尚堪称血气旺盛的年轻人,如今,我也跨入中年,满头"二毛"了。于此,我具体深刻地感觉到了人生世代交替规律的无情,"逝者如斯夫"!于此,我更精细入微地领悟到了陈先生一贯奖掖扶持青年的苦心孤诣和远见卓识。那是在向历史发展的基础上浇灌心血!可望开出灿烂之花、结出丰硕之果!因为世界的未来归根结底是属于青年的。中国的未来归根结底也是属于青年的!就个人而言,我体验最深、感受最力也最为钦佩的,就是陈先生面对青年的热情、诚挚、宽厚、仁爱和无私奉献的品质。这是一份富于永恒价值的"遗产",是我在同先生有限的接近中先生所留与我的。现在我所从事的工作主要也是面对青年,故我以为,学习陈先生的高贵品质,并在自己的实践中努力培养这类品质,才是我对陈先生的最有意义的纪念。

1990年12月12日
于西南师大

(胡润森:西南师范大学中文系教授,曾任中国现代文学研究会理事、中国话剧研究会理事、重庆市中国现当代文学研究会副会长、西南师范大学叙事文学研究所所长。)

宁殿弼

学子慕高贤　教泽溉后人
——忆陈瘦竹先生

陈瘦竹先生离开我们快一周年了,先生的研究生章俊弟约我为先生写一点纪念文字,我想这是万不能辞的。因为陈先生的学品、人德我仰之弥高,更何况我是亲聆过先生教益的一个幸运的后学。

我既不敢谬托先生的生前友好,又非先生的弟子,仅仅是同先生有一面之缘的普通的晚辈。记得那是在1983年8月末,东三省的文学界、学术界在哈尔滨联合召开纪念萧军创作生涯五十周年学术研讨会。孔罗荪、姜椿芳等名流赴会,陈先生偕夫人沈蔚德也应邀赴会并到黑龙江大学讲学,下榻于"黑大"专家楼。恰巧我也躬逢盛会,同先生住在一处。得知先生光临,我喜出望外,心想倘若此次会上不仅能一瞻这位素著声望的戏剧理论家风采,而且能拜识尊颜,当面请教,那该多好!可是转念一想,我乃籍籍无名之辈,同先生素不相识,又无人引荐,怎好贸然叨扰。想到这儿,拜访先生的念头又打消了。后来,有一次偶尔适逢与先生同桌共餐,先生在餐桌上谈笑风生,给人以极为和蔼亲切之感,使我消除了心理上的小人物与大学者之间的隔离感。于是,鼓起勇气当场表露了拜访先生的夙愿。先生慨然回答:"那就去我房间里谈,什么时间都可以,随时欢迎你。"

我怀着一种崇敬、期待和紧张不安心理叩响了房门,先生和夫人正在看电视,见了我立即关掉电视,将我让到沙发上,亲切地同我交谈起来。我说:"我想搞现代戏剧作家研究,但不知选什么课题。我不愿研究大家都注目的作家,想研究一下被忽视、被埋没了的作家,但不知确定谁为好,请您多多指教。"陈先生沉吟一会儿说:"现代剧作家中确实有值得研究却长期被冷落的作家,譬如李健吾先生就是一位大家。他的剧作数量丰富,思想艺术上也有独到特色,至今很少有人研究。你不妨试一下。"先生语虽不多,但字字句句力有千钧,恰如在我面前打开了一扇窗子,使我有豁然开朗、顿然悟解之感。

数日后即9月1日,陈先生在黑大的俱乐部向中文系全体师生做了关于悲剧艺术专题的学术报告,中文系师生怀着仰慕之忱,齐集在俱乐部里,座无虚席。我不消说不能错过这次难得的聆教机会。先生从中国古典悲剧《窦娥冤》《赵氏孤儿》讲到郭沫若的《屈原》、曹禺的《雷雨》;从世界悲剧的古希腊、莎翁、易卜生、尤金·奥尼尔四大高峰讲到现代派戏剧中之荒诞派戏剧……他的博学是那样令人惊叹,他的智慧是那样令人折服,他的幽默是那样令人解颐。听众席时不时报以热烈掌声。

谈起研究计划时,先生感慨系之地说:"我多年搜集整理了许多资料,计划写一部西方戏剧发展史和西方悲剧理论、喜剧理论研究专著,可惜这些资料和已完成的部分手稿在'文革'中毁于一旦……"说到这儿先生脸上现出痛心疾首的表情,我也不免心情为之黯然。

我同陈先生哈市别后,便按照先生的指点去搜集李健吾先生的资料,研读李先生著作,花了一两年的时间,陆续写出五篇文章。其中李健吾悲剧研究两篇、喜剧研究两篇、李健吾戏剧评论艺术研究一篇,先后在国内五种学术期刊上发表,又多半被中国人民大学复印资料收入"戏剧研究"专集,全文复印。当我将发表的文章寄呈先生请教时,先生读了很高兴,及时复信勖勉:

"近年以来,你对李健吾剧作进行分析研究,成绩卓著,至为钦佩。"这是1985年12月23日先生的大札。"惠示及大作均已收到,至感。近年以来,你在李健吾研究方面,取得许多成就,使我非常敬佩。你从事编辑工作,想来一定很忙,而在业余不断写出论文,真不容易。"这是1987年5月9日先生的大札。先生百忙中曾四次赐函激励我向学,其情切切,其意拳拳。

中国话剧文学研究会成立后,陈先生众望所归,被推选为会长。先生仍未能忘却我这个遥隔千里之外的学子,特函嘱总干事田本相老师将会员登记表寄我,介绍我加入该会,使我跻身于话剧研究者行列,得以向专家、同仁就教。

陈先生倾毕生心血培养了不知多少学生、学人,在先生身边的弟子足可写出许许多多关于先生精心课徒、倾囊相授的感人佳话,这自不待说。而对于一个异乡偶遇、素不相识的后生晚辈如我者,先生犹能不吝赐教,指点迷津,其诲人不倦、教泽广被就可想而知了。

我在戏剧研究方面能取得点滴成绩,同陈先生的点拨和鼓励是分不开的。陈先生对我的教诲深恩我是铭感终生、没齿不忘。惊悉先生仙逝噩耗,我悲痛难已,当即含泪奔向邮局给沈师母发了唁电,以寄托哀思。

值此先生逝世周年忌辰即将来临的时刻,想起先生的音容笑貌、先生的学养风范、先生的嘉言懿行,伤悼之情便向我袭来,竟不知何以表达我的怀念和感荷。谨以此小文作为奉献先生灵前的一瓣心香吧!

1990年11月10日于沈阳

(宁殿弼:青岛大学师范学院中文系教授、督学,山东省近代文学学会理事、山东省当代文学研究会理事、青岛市现当代文学研究会副会长、青岛市影视文化研究会秘书长。)

杨有业

我所知道的陈瘦竹先生

今年6月6日早晨六点半钟,像无数个忙碌的早晨一样,我正在一边收拾碗筷准备吃饭,一边顺手打开收音机,按照惯例收听中央新闻。突然,在新闻预报中有一句:南京大学著名教授陈瘦竹先生不幸逝世……一时,我惊呆了,妻子小孩们也都愣住了,他们几乎同声问我:"是陈先生吗?"我瞪了他们一眼,没好气地回答:"听听正文再说!"于是,一向欢欢乐乐的四口之家,团团围坐的早餐,顿时,变得索然无味了。好长的二十分钟过去了,当证实了预报的准确性时,全家都低下了头。我的泪水也夺眶而出,竟自言自语地喃喃说道:"多么健壮的老先生,怎么会……"头脑中出现了矮矮的、胖胖的陈先生。就在这同时,也出现了满头白发胖胖的沈先生。"多么幸福的一对老夫妻,几乎形影不离,可今……"于是,放下饭碗,进屋拟电报稿,今天下课后就发出去,一算是悼念陈先生,一算是电慰沈先生。就在握笔的同时,陈先生的音容笑貌再次出现了,最早那是1982年,暑假,大连……

一

这是粉碎"四人帮"以后,中国现代文学界的一次盛会。来自全国各高校或科研单位的现代文学教学与研究人员,一百五十多人,云集大连辽宁师院(辽宁师大前身,也是我的母校),倾听以王瑶先生、唐弢先生、李何林先生、陈瘦竹先生、钱谷融先生等全国现代文学界著名老一辈专家、教授、学者,以及叶子铭先生、林志浩先生、樊骏先生、马良春先生等有成就的中年专家、教授、学者,讲授他们的研究成果,这次盛会取名"首届现代文学暑期讲习班"。那真是群贤聚会,各显神通。上、下午轮流交叉讲课。听者认真,讲者高兴。师生大家都处在劫后余生的科学春天里,心情兴奋异常。当然,其间免不了课后休息室内,评头论足,对每一位先生的课都给以评论。可是,大家几乎都称道瘦竹先生的课,讲得好,吸引人。不仅内容深刻、独到,而且讲课方式灵活、自如。只见他,一把纸扇,一杯茶水,上得台来,滔滔不绝,声音洪亮,一会儿板书,字大如球,英文书写畅达优美;一会儿,大段大段背诵曹禺剧作台词,十分流利。不仅没有讲稿,就连卡片也不带一张。大有讲评书的派头,学员都被他吸引住了,会场鸦雀无声。按说,这些学员的课不好讲,大多四五十岁以上的讲师、副教授,听课竟能如此,说明讲授者具有何等的魅力,那是不言而喻的。

我因是六大组长之一,有幸经常到各休息室去办事,能较全面地听到学员对先生们讲课的评价。大家下课后,议论起来,对陈先生十分尊敬。当然,先生们的讲课人各千秋,各具特色。但是,普遍地认为若论课讲得生动、具体、吸引人,当推陈先生为第一。这印象十分强烈,八年以来,至今不忘。

二

1985年9月23日,南京,陈先生家里,我有幸第二次与先生见面。我虽然仅是辽宁省鞍山师专中文系一名普通的教现代文学课的讲师,但竟能作为教育部在国内首次试办的"国内访问学者"的四人之一,到南京大学中文系进修访问一年。拜的导师就是陈瘦竹、叶子铭两位先生。因此,有更多的时间,当面向陈先生请教学术问题,而留下了终生难忘的美好纪念。

首先,我听了陈先生给六位研究生开的"名剧选读"课程。每周一次,上一学期。在一间小办公室里,师生七八个人团团围坐。陈先生仍然一把纸扇,一杯茶水,除此之外什么都不带。请看当年我的听课笔记"后记"中的一段话。"听陈先生的课,真是享受也。老先生七十多岁了,讲课,自带一茶杯而已,连个提纲都没有。人名、作者、生卒年月、外文字母,以及剧中人物对话,凭口而出,真是少见的惊人的记忆。"直到这时,我才知道,陈先生从青年时代起,就有目疾,经"文革"的迫害,视力仅剩下0.03。多年以来,养成了博闻强记的习惯,故,讲课时,全靠脑子记,从不带任何讲稿和书。令听课者佩服不已。听这半年课,我除了感到先生见解独到,内容深刻外,在教学形式上,有三点值得学习和推广。第一,两种艺术形式的对比。第二,中外剧作家的比较。第三,教学民主,师生一起讲。先说第一点,陈先生的第一讲,就从巴金的小说《家》与曹禺的话剧《家》讲起,中间穿插讲小仲马的小说《茶花女》与他自己改编的话剧《茶花女》,让研究生们体会出小说与话剧的重要区别。这使我想起季镇淮先生在一篇回忆他的老师朱自清先生讲课的特征文里的情景。朱自清先生为了让学生明白唐诗与宋诗的区别,在黑板上,一边抄一首唐诗,另一边抄一首宋诗。然后,边讲解边总结出,唐诗重在抒情;宋诗重在说理。当时,我一边听课,一边就想,陈瘦竹先生与朱自清先生讲课,大有异曲同工之妙。再说第二点,比较文学那时方兴未艾。陈先生的第二讲,就是丁西林与巴蕾,指出丁西林的喜剧与巴蕾的《十二磅钱的神情》的共同之处,在于俏皮;而不同之处,巴蕾写的是风俗喜剧,丁西林写的则是世态喜剧。第三讲是曹禺与契诃夫,比较之处就更多了。陈先生并非趋时,而是运用比较文学的方法,让研究生掌握更多的知识与艺术之间的互相借鉴。最后说第三点,陈先生在课前布置作业,下次讲什么,让学生看什么,并准备在课上发言。下次课,先由研究生一个一个讲,然后由陈先生总结。他表扬有独到见解的学生,指出不足之点,又大谈自己的看法。课上生动、活泼,学生可以自由发言,破除了一言堂,使我感受最深。

其次,我在陈先生的指导下,完成了"曹禺剧作潜台词初探"的课题,同时,在叶子铭先生与陈先生指导下,又完成了"茅盾笔下民族资产阶级形象系列探讨"的课题。在这期间,我翻了一下"访问记录本",共到陈先生家达十四次之多,几乎每周一次,前去请教,聆听先生的指导。给我最大的感受是,陈先生为人,忠厚宽和,有求必应;治学,严肃认真,诲人不倦。尤其是先生仅凭听力,一坐两个小时,听你读论文,看似眯着双眼睡去,实则是注意力高度集中,丝毫不放过点滴差错。每当听出了问题,他会立刻指出毛病,大到内容,小到文字,严格得很。听后他直言相告,一点一点指出你的优、缺点,真是受益匪浅,终生难忘。

三

1986年5月6日晚,我随陈、沈先生夫妇,一起坐长江轮船西上武汉。陈先生应华中师大中文系黄曼君先生之邀,给那里的"中国现代文学助教进修班",讲戏剧专题。

我因为,一是课题未完,正处于收口阶段,离不开先生随时指导;二是先生的课没听够,到武汉听戏剧专题课,机会难得。师母沈蔚德先生不放心,故夫妇同行。然两位老人年龄加在一起有一百五十岁了,一路上数千里,车船劳顿,先生说我这般有侠义之风的东北大汉,确实放心不下。于是,向我校申请同意报销路费,决心追随先生一起前去,给先生当个耳目,也好一路上有个照应。

谁知在这二十多天的时间里,我们师生天天见面数次,几乎形影不离,终于结下了深深的友谊。而且，分手后四年来，书信往来不断。本想抽空南下，再睹先生丰采，哪承想，如今竟成了永诀，实在令人痛心。

在这二十多天里，我与先生几乎无所不谈。最使我难以忘怀的是，船上闲聊与武大漫步两项了。

三天船程，无所事事，船上既看不进书，更写不了字。于是，天天与陈先生在甲板上闲聊。记得，陈先生总结自己一生说，当教师最主要是讲好课，一要学生愿意听，二要严格要求他们。给我印象最深的，有这样一件事。一天，先生说："前几天，我跟六个研究生发了脾气。"我很诧异，这么好的先生也会发脾气，忙问原因。原来，中国首次莎士比亚戏剧节，在北京和上海两地同时举行。作为戏剧研究生，这机会多么难得。陈先生与上海有关方面联系，让六名研究生去参加学术会，公费购买剧票观看戏剧以及食宿等。返校后，陈先生给他们布置作业，写下所看每出戏的观感。等负责同学拿全部剧票要陈先生签字报销时，露出了马脚，原来购票一人一套，可是作业只写了几出戏。一问才知道，其余票大多是越剧等剧种，有的人不爱看，就将票送给上海亲属与同学了。这一下子，陈先生火了："学校拿钱买票，要你们观摩学习，可是你们拿来白送人情，不行！送人情的票，自己掏腰包。考虑你们是学生，我给你们拿30元垫上，这主要是教育你们不该这么做，也怪我事先没嘱咐，故罚我30元。"我听了大笑不已，感到先生古板得有理有情，哪个学生还敢再犯第二次。

一天，我正在招待所内抄写论文，忽然听到走廊上有人喊："有业！杨有业！你住在哪？"我很奇怪，我这东北大汉，在此一个熟人没有，谁来找我。出去一看，只见陈先生来了。忙让他进屋，他没坐下忙笑着问我："你现在不忙吧？咱俩逛武汉大学去！"我说："那好，我去找师大要车去！"陈先生慌忙阻拦说："何必打搅人家呢？你怕我走不动。我腿脚硬朗着呢！前年参观绍兴鲁迅故居，叶子铭、邹恬都被我落在后头，走！"

珞珈山下，东湖之滨，全国校园最美的武汉大学，就在我们师生脚下。从别具一格的学生宿舍,到新落成的教学大楼;从东湖水边到珞珈山顶,陈先生边走边讲。半个世纪前,武汉大学刚刚建校,先生是该校外文系的学生之一。原来,武汉大学是先生的母校,难怪他今天心情这样好,环境这样熟。陈先生接着讲了,他当年如何带着自己的小说稿,初进外文系系主任陈西滢先生办公室的忐忑心情;又讲了他主编《武汉文艺》时,如何结识某女子中学学生,既爱演戏,又爱写小说的"维特"(即夫人沈蔚德先生的笔名),两人如何跃入情网……啊! 武汉大学不仅是陈先生的母校,而且,还是他爱情的诞生地。难怪今天,陈先生兴致竟这样高。两个小时过去了,陈先生竟无返回之意。站在东湖边上,拿出他的眼镜,让我看对岸风光如何美好。我接过一看,这哪里是眼镜,明明是一个缩小的单筒望远镜。将它放在眼前,对岸数里之外的风光,尽收眼底,真是美丽极了。偷眼看看陈先生面对湖水沉思,我怕打断他美好的回忆,躲在一边静静地等待……

南京大学一年的访问学习,尤其是武汉之行,使我们年差三十岁的师生,竟结成了忘年之交。如今,有一张"琴台"前摄下的师生照片为证。今天,我再次捧着这张有"琴台"背景的师生合影,不禁眼泪又流了下来。于是,提起笔来写下这篇东西,以追忆陈瘦竹先生的音容笑貌,也寄托我深深的怀念与感激之情。

1990年10月20日于鞍山师专

(杨有业:鞍山师范学院教授,曾任副系主任、系党支部副书记,现代文学教研室主任。)

丁　帆

对下一代的忧虑和期待
——忆陈瘦竹先生

　　陈瘦竹先生是老南大人,他生于 1909 年,是江苏无锡人,二十年代就开始了小说创作,1929 年考入武汉大学外文系,亦有翻译作品问世,1933 年毕业后任南京国立编译馆编译。这时他一边翻译,一边创作,一边钻研外国文学理论。1940 年执教于国立戏剧专科学校,抗战胜利后兼任中央大学中文系教授,1949 年以后他担任过江苏省文联副主席和戏剧家协会副主席,我经常听到岳父谈起他和陈瘦老在 20 世纪五六十年代在一起商讨戏剧创作的事情,对先生的学识和戏剧理论的学养佩服之至。陈瘦老是 1949 年以后较早担任南大中文系主任的学者之一,与其他系主任不同的是,他是既搞创作又搞戏剧理论的学者,故上课既有理论深度,又生动有趣,很受学生欢迎。据他的老学生邹恬先生回忆:"他上课从不看讲稿,口若悬河,滔滔不绝,两堂课下来中间不停顿,而且思路清晰,逻辑严密,语言简洁准确,录下来就是一篇好文章。下课铃一响,要讲的课恰好讲完。他的讲课艺术使学生啧啧称奇,大家私下议论,认为除了学识才华过人外,一定是视力差,所以记忆力特别好,这个解释在病理学上也能找到依据。一直到我留校当助教后才改变了看法……陈瘦老说他自己上课前是要打好腹稿的,有时还面壁从头到尾默诵一遍。"如此说来,我们就更加敬佩陈瘦老那种对教师职业的敬业精神了。

我认识陈瘦老较晚,那已经是20世纪七十年代末了,那时我在南大中文系现代文学教研室做进修教师,未与先生谋面前,从其名字上来判断,预想中那应该是一个长相十分风流倜傥、潇洒浪漫的老师,可是一见面,便与预想的面目相去甚远:个子不高,头颅却显得很大,俨然就是一个大思想家的形塑,这种身材和脸型的学者印象在我几年后见到钱理群先生时,又一次在大脑皮层下产生了强烈印象。那时会在教研室会议上遇见陈瘦老先生,先生那时的目力已经很不济了,据说视力只有0.03,但是谈锋却甚健,凭着声音就能够认出熟人的面目来,让我更加惊叹不已的是,他的记忆力之好让人感到惊悚,记得那一年的"五二〇"学术报告会,他在没有片纸的讲演中,口若悬河、滔滔不绝地讲了两个小时,其中背诵了大量的作品台词,援引了大量的理论文章警句,那浑厚的嗓音吐出的几近表演水平的台词,博得了满堂喝彩。殊不知,陈先生在背后不知面壁诵读过多少回呢,而台词的轻重缓急、抑扬顿挫也不知练了多少次呢,要知道陈先生年轻时是演过话剧的哦。有好事者事后核对原文,发现竟然一字不落、一字不差,于是,人人只有咋舌的份了。除了创作小说,陈先生的专攻也是现代戏剧,他对现代话剧的艺术分析,至今仍有独到的学术见地。

陈瘦老其实并不瘦,他的胖也许是和他善饮能吃有关吧,据说他的酒量很大,但是我未亲眼见过,倒是见过他豪吃的镜头。那是八十年代末的六月初,适逢江苏省现代文学研究学会成立,在筹备会的工作餐上,我领教了一代知识分子的生活境况。那时会议餐十分简陋,就在南大招待所旁边的教工食堂大厅里拼了桌子,十几个人围着桌子吃将起来,菜肴无非就是食堂打来的大锅菜,皆是那粗盆大碗盛装,记得最清楚的细节就是,某青年教师看到端上来的一盆红烧肉,就说:陈先生最爱吃这个菜,便连挟了好几块在他碗里,孰料有一块大肥肉滑掉在饭桌上了,大家都说算了,陈先生则不以为然,直接就用手摸摸索索地去寻觅那块肥肉,捕捉到后,便一口塞进嘴里……这个镜头便永远定格在我的脑海里,终生不能忘却。在那个已非定量供应猪肉的岁月里,一个大学者同样难以满足一顿红烧肉的口舌之欲,真的令人心酸。

其实,像陈瘦老这样的知识分子是经历过大风大浪的,尤其是在21世纪六十年代,在困顿的岁月里,蹲"牛棚",挂牌游街,吃烂菜叶的忆苦饭,受拷打,成为他那时的家常便饭,这样的生活让他感到"这场'革命',果然史无前例,人类能够创造出这样的奇迹,真不愧万物之灵。一开始我就被点名批判,接着就被隔离审查,从此我真感到天地何其狭小,人世何其孤寂!我困顿于斗室之中,后来几乎不能相信外边还有广阔世界。……看到彼此都还活着(按指与夫人沈蔚德),这已是最大的幸福"(陈瘦竹《戏剧理论文集》,中国戏剧出版社1988年版)。即使是在改革开放以后的十几年中,他也并没有享受到所谓的幸福生活,我想,像这样一位大学者、大作家,倘使能够在晚年充分满足其口舌之福,也算是对得起他们的一生了,可惜他连这样的幸福生活都没有充分享受过。

陈瘦老那一辈的学者对自己的学生都是呵护倍加的,有一个细节让人十分感动,那就是在自己身陷囹圄的时候,还为学生遮风挡雨。据他的学生,也是同事赵梅君回忆,1971年让她交代"五·一六"罪行的批斗会上,其时她正临产,"陈先生总是把自己的毯子折好铺在她座位上,还拿被子作靠垫",且不顾打手们的威胁,总是从容地"照常每次细心地把座位铺好、垫好"。这种舐犊之情不禁让人潸然。想起了蔡元培、胡适、鲁迅等五四先驱者们对学生的保护,今天的我们似乎只有兴叹的份儿。

也正是在见到他吃肉的那个场景一年后的1990年的6月2日,陈瘦老去了,走的那一天我正好在系办公室,他的几个弟子来商量操办后事,我并不知道陈瘦老走时的情形,直到看到了邹恬先生的回忆录时,才知道其中的原委。"第二天我赶去时病房已空,医生说他死得突然,很少痛苦,神情也安详。

但陪夜的靳和,他的侄儿告诉我,那夜他睡得很不安宁,一直在做梦,先是梦见特务逼他交出进步学生的名单,被他严词拒绝了;又梦见有人在骂他,这大约是'文革'的事;最后是在课堂上讲莎士比亚,学生不爱听,他很生气,又着急……这些梦好像是他一生的象征,又似乎流露出对下一代的忧虑和期待。"这是二十七年前邹恬先生的总结,如今这个"走向永恒"的邹恬先生也随他的陈先生去世二十二年了,然而,他对陈先生梦的解析却是有着十分的禅意:四十年代末,在"四一"惨案中,他在国民党的枪下营救学生;五六十年代遭受了苦难的肉体和精神的折磨,但是无论如何,他永远是不忘初心的,这个初心就是对待自己的学生的热忱,对待教学科研工作的热爱。然而,他最后的梦却折射出了一个知识分子的悲剧命运。而这样的悲剧还会如邹恬先生所担心的那样在"对下一代的忧虑和期待"中发生吗?叩问苍天,天国里的陈先生也未必能够回答。呜呼哀哉,魂兮归来的先生们。

(丁帆:南京大学中国新文学研究中心主任、教授,南京大学校务委员会副主任,兼任中国现代文学研究会会长、中国当代文学研究学会副会长、江苏省作家协会副主席等。)

姜　建

沐浴在爱的光辉中

6月的南京,烈日炎炎,可在先生的追悼会上,我却似乎置身冰窖,头发木,心发冷,思维停顿,脑中一片空白。我只像个机器人似的,干着作为一名弟子该干的事。应该说,对于先生的病,我是有所知晓的,但是当噩耗真的降临时,我仍无法接受这一事实,我无法相信身体素来健壮的先生会永远地离开我们。

夜深人静,灯下独坐,望着与先生合影的照片,往事一页页泛起……

对先生,我是始终心存敬畏的。先生对我们要求很严。一进校,先生便告诫我们,不要好高骛远,不要急于发表自己的想法,要甘于寂寞,甘于吃苦,多埋头读书,读原著,扎扎实实打好基础。先生并不声色俱厉,但那不苟言笑的面容,那浑厚的嗓音,自然透着一股威严,常令我们感到凛凛然。有时我们师兄弟私下不免埋怨先生对我们管得太严,不如其他先生那么随和,好说话。先生从不轻易当面称许人。在先生门下三年,我不记得什么时候得过先生的夸奖,如果偶尔听到先生说这一次读书报告有进步,心里便高兴得什么似的。

对我们,先生看重的首先是你是否用功、刻苦、踏实、严谨。才华与否,倒在其次。先天不足,可以靠后天的努力去弥补,凭借小聪明耍滑头是先生深恶痛绝的。做文如此,做人也要如此。

先生患有严重的眼疾,只有借助高倍放大镜,再将头凑上去,方能勉强读书。因此,先生审阅我们的读书报告,总是由我们念给他听。也许是因为不能看的缘故,先生听得格外认真,任何瑕疵都别想滑过他的耳朵。记得写毕业论文时,我每写好一章,便给他念一章。先生如老僧入定一般,仰坐在沙发上,双眼微阖,一动不动。有时我念到一半,怀疑先生是否还在听,便停顿下来。这时,先生仿佛猜透我的心思似的,头也不抬地说一声"接着念"。当我将上万字的稿子念完时,先生便一下坐起,睁开双眼,向我投来一瞥,尽管我知道先生双目不能视物,但我总能感到那目中所蕴含的神光。然后先生从头至尾详细解剖我的论文,指出毛病,一、二、三、四,条条切中要害,再指点我应从哪些方面修改,令我又惭愧又感动。匆忙草就的不成样子的东西,先生得花上一个小时听我念,不仅没有丝毫的不耐烦和倦怠,反而那么认真地提意见,指点我如何修改,甚至告诉我到哪里去查找有关资料,这种认真严肃的态度,诲人不倦的精神,确实体现了老一辈学人的风范。从先生处学到的,不仅是如何治学的方法,更是如何做人的大道。道德文章,先生予我的,将使我一辈子受用无穷。

在先生门下久了,知道先生内心对我们是非常爱护的,只是表面上不愿表露出来而已。我们拘谨之心日去而放肆之态渐萌,有时也敢在先生面前说说笑笑,胡扯一气。一个夏夜,电视台播放话剧《培尔·金特》,先生特意邀请我们去他家看电视。于是,我们师兄弟几个便浩浩荡荡地开到先生家,同坐在他的大彩电前,一边吃着师母沈先生端上的水果,一边对着荧光屏评头论足。先生听我们胡扯,有时也插进来调侃两句,随即"嘀嘀"地笑起来。那种无拘无束的亲切气氛今天想起来依然是那么温馨。

因为眼睛的缘故,先生深居简出,有事一般都是弟子登门或打电话,我们从不敢让先生在外面奔走劳累。可毕业前的那个夏天,一天傍晚,我正在家吃晚饭,先生突然独自一个人摸上门来。当先生精神矍铄地出现在我面前时,我是又惊又喜,先生同我说了些什么话,今天已想不起来,但先生那身穿白色短袖香港衫、足蹬步鞋,手摇折扇的形象,我是再也无法忘却的。见我在吃晚饭,先生不肯久坐,不到五分钟便即告辞。我怎能让一个七十多岁、视力又极差的老人无人陪伴再步行二十多分钟回家呢!我提出要送先生,可是先生坚执不允,我只能目送先生矮胖的背影渐渐融入暮色。

先生善饮,年轻时酒量颇豪,上年纪后,仍爱小酌一杯。一次,维干、张东夫妇自北京南下,先生招待他们,邀我作陪,师母亲自做菜。席间,先生兴致极浓,海阔天空,谈笑风生,频频劝酒,神采飞扬,谈到得意处,便"嘀嘀"地笑起来。先生不时问起我们几个师兄弟各人的近况,工作、学习、生活、家庭,事无巨细,一一过问。这时和我们相对的,已不再是个端庄整肃的师尊,而是个一团和气的慈祥老人了。记不起因何缘由,先生回忆起那梦魇般的十年生活,被抄家,住进陶园北楼的地下室,整日挨红卫兵的揪斗。北楼紧靠我家,是我童年玩耍的地方。对那地下室我太熟悉了,低矮的房间里终日弥漫着阴湿霉烂的气味,窗户在靠近屋顶的地方,与外面的地面相平,根本不能住人。然而,德高望重的先生竟然便住在这里。这时,我才恍然大悟,那次先生为何能准确无误地摸到我家,原来我竟有幸与先生做过邻居。可这是一种怎样的邻居啊!那时还是顽童的我,经常跟在红卫兵的后面看热闹,在人堆里挤进挤出,看那些头发花白的老先生们低头挂牌,忍受着红卫兵的呵斥。我怎能想到,在那靠墙而立的队伍中,竟然便有我日后敬爱的先生。以先生超人的记忆力,对这段侮辱人格和尊严的岁月,无疑是不会忘却的,但先生并未提及任何具体的人和事,也未显出格外的激动,只把它当作一段往事、一种人生体验,平静地告诉给晚辈,体现了一位大智慧者对历史的深刻理解和把握,对人生的超越和升华。唯一让先生感到遗憾的,是他几十万字的手稿和多年积累的资料卡片散失殆尽。那天晚上,维干兄和我都喝了不少,先生为了陪我们,也逾出常量许多,一瓶白酒最后只剩下个瓶底。那晚的情景,真令人神思悠然。

毕业之后,也许脱去了形式上的师生关系,我与先生之间更加随意自然,我有什么喜怒哀乐,得到什么新的信息,总想立刻奔到先生那里诉说一番。但我总是克制着去见先生的欲望,尽量不拿自己的俗事去打搅先生,占去他宝贵的时间,但一年之中,总要去见先生几次。每次,先生总要启口问起几位弟子的情况,兴致勃勃地谈论各人最近做出的成绩。先生晚年的愿望,就是看到他的弟子在学业上有所长进。对远在四川的毛迅兄,先生似乎格外钟爱,夸奖他既聪明,人又刻苦,近年来成绩不小,对未能把他留在身边深以为憾。不过这时候也常使我感到不自在,因为先生也会问起我的近况,我总嗫嚅着无言以对,我是先生弟子中最平庸的一个,几年来碌碌无为,殊少长进。先生并不批评我,但我知道这是一种无言的责备,它令我汗颜,也激励我更加奋发前行,做出值得让先生称道的成绩。

一个春雨霏霏的黄昏,我去探望病重入院的先生,先生侧身斜坐着,用以抵御难言的疼痛,暗淡的光线下,我看到先生明显地苍老了,憔悴的脸上失去了往日的红润,但先生的声音依然那么浑厚、平静。害怕先生劳累,我让先生别说话,但先生还是向我讲述了他的病情和治疗情况,先生还不忘记询问我的书稿,鼓励我争取早日出版。如今,先生已长辞人间,而书稿仍然悬在半空,我实在愧对先生的厚望。如果书稿有朝一日终能面世,我要将第一本书献给先生,以慰先生在天之灵。

先生走了,今后再也听不到他那浑厚的声音,看不到那慈祥的面容了,但我知道,天国中有一双眼睛将会一直注视着我们,注视着我们行进的每一步足印。我当在先生睿智的目光下,将自己的步伐迈得更坚实一点,更迅捷一点。

对着先生的遗像,我起誓。

(姜建:江苏省社会科学院文学所所长,研究员,兼任江苏鲁迅研究会副会长、江苏省中华诗学研究会副会长。)

张　东

难忘恩师情

　　今年四月,我和马维干携幼子回故乡探亲,像往常一样,到达南京的第一天,我们就去先生的住宅探望。开门的是师母,她面带凄楚告诉我们,先生住院已经一个多月了。顿时,一种不安之感笼罩了我的心。两年前,先生来信谈到他胸膜处生一良性肿瘤,正在做放射治疗。当时就心生疑窦,因为以我极浅薄的医学常识,良性似乎是不必放疗的。后来我的猜测竟不幸被证实了,大家心里都很难过。去年马维干出差赴宁,嘱他一定去探望一下先生。回来后说先生还好,看不出与从前有什么两样。悬着的心这才放下来,祈盼着能有奇迹出现。可眼下……才不到一年的时间。

　　赶到医院,看到昔日精神矍铄的先生卧于病榻,显得十分虚弱,不禁感到心酸。半个月后,我们即将离宁进京的那天下午,再次去医院与先生道别,先生很高兴,问起几位同学的近况,还特别抱歉地说,"你们来看我,我也没能招待你们,很过意不去。"握着先生那双微微浮肿的手,我的眼眶湿润了……万万没有想到十几天之后就听到了先生病逝的噩耗。

还是在北师大读中文系的时候,就知道了陈瘦竹先生的名字,因为我从十几岁起就迷一样地喜欢上了话剧。上大学后,恰巧遇上一位同样钟情于话剧的女老师,从此便正儿八经地"搞"起戏剧来了。当时学校里有关戏剧研究的书还很少,因而陈瘦竹先生的《现代剧作家散论》自然而然成了我们几个戏剧迷的必读书。很快,先生精湛的理论,独到的见解就把我深深吸引了。大学毕业的时候我去翻阅研究生招生目录,看到了陈瘦竹的名字,于是毫不犹豫地在志愿书上填上了南京大学。

初到金陵,偶与几位本科即就读于南大的同学谈起先生,几乎众口一词说陈先生治学很严,对学生要求亦很严。于是在我心中已悄悄描绘出先生的形象:一定是身材挺拔清瘦、面孔有棱有角、嘴角紧闭,戴一副深色框眼镜,说起话来有板有眼、不苟言笑……待到一见先生的面,我差点没笑出声来,与我想象的差不多相反,陈先生的外表一点不显严厉,宽宽的额头,并没有戴眼镜,说话也很和气,像个慈祥的老爷爷。特别是那胖胖的、健壮的身材,与"瘦"字相去甚远。只有这一点我老是耿耿于怀,不明白先生为何取个如此不"符实"的名字。别人都笑我痴,照此说法,我的名字似乎应加个"胖"字,更何况,你怎么知道先生年轻时不是英俊潇洒、风流倜傥的英俊小伙呢?总之一面之后,心中的畏惧感顿时走了不少。

不过,先生的"严",我也很快就领略到了。先生患有眼疾,视力极差,平日看人只能看见一个影子,大大小小的放大镜有十几个,教学多凭耳口。上了几次课,我就发现先生手中虽无讲稿,但讲述却十分严谨。在引用别人的理论时,差不多是一字不漏地背诵,并且连标点符号都准确背出,就像看着稿子念一样。真难以想象一位古稀老人竟有如此惊人的记忆力。先生对自己要求严,对学生自然也严,平日里我们写的论文都是读给先生听,有时一篇文章要反复几次,但他从不放松要求。他总是说,做学问最重要的是认真,对每个论点、提法都要有根据,不能马马虎虎,甚至对一个词的使用也要仔细斟酌,文章中的引文一定要核对原文,不能满足于转引,而且一定要注明出处、版本,有些没有把握的问题要反复考虑,不可敷衍了事。记得我在做毕业论文时,曾将喜剧人物的特征概括为一个"丑"字,先生认为,这个字并不能包容所有的喜剧人物,让我再考虑一下,我想了好久,想不出还有什么别的词可以用,打算就这么凑合了。没想到几天后先生突然来电话叫我去,说他认为喜剧人物除了丑,还有一些特征是"怪",问我是否同意。这一提示令我茅塞顿开,很快修改了文章。先生的这种治学精神无形中为我们树立了一个榜样,多年后大家谈起来还觉得受益匪浅。

如果说先生在治学方面是以严著称,在生活中却是个难得的好老头。我们几个学生,家大多不在南京,逢到电视台播放话剧,大家心里痒痒,可又找不到地方观看不免有些沮丧。有一次不知哪个冒失鬼无意中露出此意。先生听了马上说,以后有话剧,或者别的好节目你们就到我家来看。

先生的住房并不宽敞,挤进我们五个学生,空间一下子变小了。先生眼力不行,总是坐电视机前的一个高凳上,脸都快贴到荧光屏上了,为了不影响大家,他总是尽量向一边靠,还老问是不是挡着大家了。看着先生这样直背侧头地要坐上几个小时,大家心里很过意不去,劝他还是往中间坐坐,他从不肯。先生的儿女都不住在家里,平日只有老两口。每次得知我们要来,师母都是早早将椅子摆好,有时备上一小碟瓜子、糖果,有时端出一盒切得薄薄的凉薯片,大家边吃边看,七嘴八舌地发着议论,这个时候,师生、长幼之间的界限似乎都没有了,小小的房间充满欢声笑语,就像一个和睦的大家庭。以后这似乎成了惯例,只要有话剧我们都到先生家去看,一位家住南京的同学即使碰上周末也要从家里跑来,大家心里都有一种感觉,除了节目,更吸引人的是那份浓浓的情谊。三年的时间,我们在这里度过了多少温馨的夜晚,留下多少甜美的记忆。

对于我来说,南京的三年更有另一番的意义。有的同学开玩笑,说我是双丰收:一是学业上的,二是爱情上的。我确实同时得到两份果实:学位和我的"白马王子"。然而很少有人知道,这第二次收获就与先生有关。我入学的时候,差不多就已步入了"大龄青年"的行列,原来不再奢望能有那种书本上描写的充满浪漫色彩的恋爱,没想到竟在同专业的同学中遇上一位十分中意的小伙子。糟就糟在开头大家都是无意的,待到发现陷进去时,已经陷得很深了,然而由于种种原因,我们又都下不了决心走到一起,特别是他面对的压力更大一些,那种若即若离、酸酸甜甜的感觉甚是磨人,我常常是想见他又苦于找不到借口,想躲又控制不住脚步。而在那段时间里,先生不知是有意还是无意,常常叫我们两个一同办一些事,有时是一起去读论文,有时是帮他看稿子,有时也在一起讨论别的问题。逢到这时,我最坦然,最高兴,暗暗感谢老天爷为我们创造了机会。后来终于有一天,我们的两颗心合在了一起,不约而同地,我们都想第一个把消息告诉先生。在去先生家的路上,他告诉我一个小小的秘密,我们俩的事先生早已觉察,而且和他提过不止一次。顿时,一股暖流涌上心头,我没有再问先生对他说过些什么,但我知道先生这一票对于我们是多么重要。毕业后,我们第一次带着儿子去看望先生,他高兴得哈哈大笑,也许他也为自己的成功得意,我却是永远不会忘记先生所做过的这一切。

去年春上,得知学校要举行庆祝先生八十岁生日和从事文学创作60周年、戏剧研究50周年的会议,非常高兴,备好行装准备参加,谁知火车票都拿到手了,却因变故而失去了机会,这是我们终身的遗憾。

先生虽然去了,但他的精神永远留在我们的心中。我们唯有努力、奋发、不停地进取,方能告慰先生的英灵。

1990年11月6日于北京

(张东:八一电影制片厂研究室主任、高级编辑。)

毛 迅

迟到的忏悔

对于我来说，实实在在的瘦竹先生早在 1984 年年末的一个阴冷的冬夜就不复存在了。从那个冬夜起，我与南京便处在了一种分离的状态，而我与先生的联系则限制在了一种非实在的神交状态之中——总是通过言不尽意的书柬来进行看不见摸不着的对话。从那个冬夜起，对于我，那个实实在在的瘦竹先生已成了一种抽象的存在，一行行不动声色的文字。

我思念南京思念母校，我绝对不情愿长此以往地与瘦竹先生固定在这种"纸上谈兵"的虚幻联络中。在作别南京的那个冬夜，在西去的隆隆列车上，我就在暗自盘算着以怎样的方式早日回到南京，回到先生的身边，重新体验那种我们面对面忘情谈笑的愉悦与欢乐。当然，我心里明白，最好的方式是不要两手空空地回去，应该耐心地坚持到真正有所建树、事业有成的那一天……于是，这种念头便自然演变成了我离宁后总是萦绕心底的一个夙愿。

可是现实的轨迹却明明在拉大我与自己的夙愿的距离。在我愈是急于重返南京的时候，我就愈是感到这一夙愿的远不可及：因为我总是不能临近，反而在远离我心目中的"真正有所建树、事业有成的那一天"。越到后来,"这一天"仿佛已成了"不可能"的代名词。

要是自己尽了全力,"这一天"本该早就成为现实了。可是,先生,学生肯定有负于您的希望与期待,有负于您的关心与偏爱——我没能尽全力去拼取"这一天",真的,没能。先生,学生有苦难言。

是的,每次在文字的世界中与您随意地摆上一阵"龙门阵"的时候,我什么都可以向您诉说——没有住房的苦恼,工作之初的不适应,回川后的孤独感,家庭的纠纷,等等;可有一件事我却难以启口,我怕伤了您老人家的心。于是,由于不断地掩饰而生出的对于自己不诚实的内疚,便渐渐积淀成深入到潜意识层次的隐忧,一个老是疏解不开的情结。

先生,我早就想告诉您,在离开您以后,我没能按您期望的那样去坚定不移地走一条我本来极有条件走下去的学术之路,我没能像您那样一如既往地保持住对于学术的献身精神。在现实的种种浪潮的冲击和诱惑下,作为敏感有余而稳定不足的年轻人,我的阵脚很快有些慌乱,学业上难免三心二意。"动摇",这个可怕的字眼居然开始成为我的学术热情的限定词,我的学术态度亦开始偏离您一生苟求的那种"纯粹""严谨"的尺度。人生观念的日新月异,物质欲的扩张,文化价值的跌落,人的意识的日益商品化……面对眼花缭乱的现代文明的快节奏,我真的没法像您那样固守书斋,始终坚持在学术的领地,宁静、淡泊地泅渡无涯的学海。也许是我辈不具有先生您那样的坚韧不拔的性格和毅力,多少次我都感到很难支持下去了,想跳槽,想脱离学问的苦海,期待一种更实惠更松活的人生……可每每一想起您那委婉然而十分强硬的教诲,一想起您几十年如一日地遥对尺方的书桌攀缘书山的身影,一想起您和沈先生这一对饱经风霜却在学术上矢志不渝的老人,我又犹豫了。我不敢轻率地抛却您倾注在我辈身上的心血,不敢随意地背叛自己在学业上奉献的青春。不同的人生价值体系的冷战与对峙在我的心中酿成极度的矛盾,总是把我置于两难的境地。动摇是痛苦的,无休止的内心冲突搅乱了我越来越难宁静的心灵。在这样的状态中,我不自觉地放慢了学术追求的步伐,开始迟疑着蹒跚着在学术之路上东张西望地前行,我意识到这无异于举步不前。尽管我近年来并未完全终止过学术的追求,各种文章和著作表面上还在慢慢地问世,可我心里很清楚,先生,我绝对没有达到您常讲的那种"潜心"的境界。我是不是追求得有些勉强?是不是有些被动?至少,我知道自己近年来的学术活动短期行为多了,缺少长远之计。是的,我远远没有尽力,却把大量的精力有意无意地耗散在了对新的生活格局的适从之中……

先生,我不知道这是否只是我一个人的境遇,一个人的困惑,一个人的苦衷。事实上,整整一代青年学子都在经受着与我相同的冲击,面临着与我相同的两难境地。在犹疑不定的徘徊中,究竟有多少人能够经受住这时代的筛选,矢志不渝地在学术之路上心甘情愿地走到底?我心里的确没有底。至少,我怀疑自己是否能够在此路上走过一生。我担心,担心整整一代本应大有作为的青年学子越来越多地随着时代的新的价值标准的确立而撤离纯学术的领地。这是一个让人们普遍忧虑的事实,一个时代的不幸。

不过,不论怎样矛盾、迟疑、蹒跚、忧虑和担心,早已动摇的我至今还未走出学院,走出学业。我还在讲台上一本正经地给学生讲他们很可能不想听的学术,还在一阵阵地冒出一些零星的学术冲动。尽管越来越多的朋友渐渐弃学而去,尽管剩下的为数不多的在学术上困兽犹斗的我们如此孤单如此悲壮,先生,我还是希望您那种纯粹严谨的学者风范还能继续支撑我几年,兴许能帮我走出历史上这个少有的文化低谷,进而重新焕发出对于学术的热忱和信念,在本质的意义上回到您的身边——对于我,您就是学术的象征。

遗憾的是,我的忏悔来得太迟了,在您对所有的人都成了抽象存在的今天。先生,我该早些言明我的隐忧,因为依您的睿智与宽厚,您肯定会理解我个人的也是一代人的苦衷,一定会替我辨明是非,指给一条更为合理的人生道路。至少,您一定不会对我这样的曾蒙先生错爱的学生而感到彻底失望,相反,您只会给动摇的我以稳定和信念。

先生，在现今的条件下，我还是不能肯定自己今后究竟会走向何方，可是有一点我却很有把握，这就是：不论我最终取向了哪一种人生，我都将以您一生的学术追求所体现出来的高尚品格来作为自己行为的楷模；不论我最终选择了哪一种道路，我都将以您一生的学术追求所体现出的坚韧不拔的毅力来求取更高的境界。不论现实是不是一时还不需要纯粹的学问，不论现实是不是一时还顾不上文化的复兴，不论现实如何的严酷艰难，我也不能纵容碌碌无为。我们这一代即使未能在学业上有所建树，也至少应该通过奋争去体验一种不断进取的充实的人生。

先生，您放心，我毕竟是您的学生……

1990年末的一个冬夜
于成都四川大学

（毛迅：四川大学文学与新闻学院教授，兼任中国高校影视教育研究会常务理事、四川省中国现当代文学研究会副会长、四川省文艺评论家协会理事等。）

朱寿桐

夏日的追念

在这最最严寒的日子里追念着夏天,追念着与陈瘦竹先生有关的几个夏日的往事,不仅没有丝缕和暖之感,而且似乎更添几份冰心凝气的寒彻。隆冬使人更加冷静。我知道追念中的夏日已逝者如斯,可也知道寒冬结束后的不长时间内,又一个夏天会翩然而至……

最初一次见到陈先生,便是在溽热的夏天。那时我刚从苏州大学毕业,并已得到了来南京大学攻读硕士学位研究生的录取通知,于是先把几札行李押来南京再回去过暑假。安排好行李,我给陈先生送去苏大老师捎来的东西。初见先生,只觉得他精神矍铄,中气很足,神色威严;他把我和托捎东西的那位老师皆称作"同志",又对我着实勉励了一番,包括政治上积极要求进步、科学研究中须坚持基本原则等。他那间会客室本来就小,地板上又漆抹着暖色的斑点和花纹,看着他手上芭蕉扇的频频挥动,我忽有所感:夏天并不适宜于他这样的老人。

后来跟陈先生接触多了,越发感到当时的感觉不无道理,特别是做了几年陈先生的助手，这种感受更加强烈。秋天似乎是他心情最好的时节，或许这位农家出身的老人的直觉心理中仍积淀着庄稼人收获的快慰，他往往喜欢在这时候整装出行；冬天里他的性情颇为稳定，才思格外敏捷，烧着旺旺的炉火，握着高倍放大镜奋笔疾书，这段时间往往出产最多；短暂的春天给他带来多少喜悦，从他那微笑于花丛中的遗像就可想而知，他喜欢在冷暖参半的春日晚风中去散步，穿着他那身深灰色中山装，在沈先生的陪伴下显得分外健朗。待他不得不脱下那身中山装而改穿白衬衫时，他的脸便会多些阴沉，时而显得躁灼不安，作为学生这时跟他接触，则须稍加小心。那一年，就在这个令人烦闷的夏天，陈先生对我发了脾气，我自忖虽不怎么讨喜，但在跟长辈学人接触时也不至于变得十分讨厌，陈先生的那次发脾气，至少有一半是生活在夏天的缘故。

夏天对这位老人确实不适宜，似乎还意味着一种不祥的联系。

1988年夏天，陈先生所带的最后一届硕士生顺利地通过了答辩。答辩会一完，陈先生就住进了医院。这次住院对他本人来说，或许真是虚惊一场：从他疼痛约已半年的胸膜上查到了异常细胞，随即他被周围所有的人告知，是良性的。事实上医生已做出了恶性间皮瘤的诊断，对于他的几辈学生来说，不得不接受这个令人痛心的现实：一向无病无灾的陈先生已不再健康，生命的终点正朝着这位八旬老人逼近。正逢"火炉"肆虐的时候，我和省人民医院的孙璧医师携病理资料去上海访求名医，陈先生要求每晚通长途电话告知上海医生的意见，我们当然要"两面派"手法，编派一些"×医生说"宽慰他，那时，这位沉着冷静的老人一点也沉不住气，除了病痛本身的缘故，恐怕还与这该诅咒的夏天有关。

由于系里的老师们对陈先生的病情都了如指掌，大家心照不宣地加快了筹备陈瘦竹教授八十寿辰学术纪念活动的步伐，开会的时间也匆促地定下了，放在次年的六月上旬。又是夏天！果然又应验了那不祥的预感。经费的紧缺，社会秩序的混乱，使我们为之准备了七八个月的纪念会开得七零八落，陈先生对此当然十分伤心，竟一改平日坚毅刚强的性格，对着几十位同事、朋友、学生和后辈涕泗并流，几近号啕，在座的人也无不动容……那是一个怎样的夏天啊！它居然让一个德高望重而又垂垂老矣的学人那么悲怆难支，那么忍痛不禁。虽然，作为助手和学生，我们对此负有不可推诿的责任，没有筹到更多的经费，没有尽最大努力安排好会议、日程，但陈先生的眼泪却并不全是对我们的责难，恐怕更多的还是宣泄着一个善良、正直老人的夏日的郁积！

季节快接近又一个夏天的时候，陈先生的病痛转而加剧，他为病痛的加重一度惴惴不安，心下疑惑起来。我们当然都害怕他猜疑自己的病情，便设法替他作出许多解释。我曾告诉他，人的机体在冬天处于一定休眠状态，春天经过短暂的恢复，便开始变得敏感、活跃起来，所以同样的病痛，到夏天自然痛感会明显一些，这说明病情并未发展和加重。这些话当然是我自己的临场发挥，近乎胡说八道，可在一个文学教授听来，大抵还能言之成理，陈先生竟也表现出愿意相信的神情。我庆幸自己的信口编派能给一个寂寞狐疑的老人带来暂时的安慰，而我说过这些话后，自己也似乎觉得是可以信服的，便更加真切地感到，夏天对这位病中的老人来说确实不甚吉祥。

然而夏天并不因此而逡巡不前。夏天不仅给陈先生带来了病痛的加剧，还带来了许多烦恼。他亲手培养的一届博士研究生，尽管成就卓著，但从当时的情形看，毕业分配都很不理想，为此他十分焦急，同时也深感凄凉，于寂寞怨忿中曾吟诗一首，发出了"学派未立人星散"的悲哀喟叹。烦闷的夏天对这位可敬的老人可以说施尽了最后的淫威，这时候，深锁医院中的陈先生已没有多少向时的矜持与刚强了，他甚至为一个博士生分配未能遂愿的事而声泪俱下，有时也会为一件微不足道的事而大动感情。又一个孤独的下午，我去病房陪他聊天，他竟有一搭没一搭地跟我聊起，一个本来应该被绳之以法的明星不仅长期受到包庇，而且还被上级机关调去加以重用，这样的事一般人也只说过就算，可陈先生却长叹一声，沉默了好长一段时间，面色冷峻得可怕……以致我忽然紧张起来，忙把他拉入另一个话题之中。

我知道,这怪不得谁,都是夏天害的。

陈先生似乎终于领悟到了夏天的厉害,夏天的肆虐,夏天的不祥……赶在真正炎酷的夏日还没到来之前,他悄然离开了他所萦念不已的人间尘世,只身飘向那没有冬天也没有夏天的永恒灵界。

夏天与他的恶缘就此终结了,但我不知道他们何时结上这恶缘的。我有幸在先生生命之旅的最后一程与他相处,虽然也几次整理过他的生平资料,但却无法知道夏天给陈先生最初的不幸和不顺始自何时。陈先生受难最深重的"文革"时期想必有着强烈的夏的印记。

人们时常诅咒冬天,有时也诅咒秋风的萧瑟和肃杀;在诗学世界里,却很少有人诅咒夏天。然而夏天确实有值得诅咒的地方,这不光是因为它夺去了我国现代文学界和戏剧理论界的一代宗师,据说素有"火炉"之称的夏天的南京还常有热死人的事情发生。

但我不能就此诅咒夏天。此后的每一个夏天,对于我,对于我这样受过陈先生关怀、教导、激励和鞭策过的人,都无疑是一种纪念,它纪念着一个智者逝世的忌日,它纪念着许多永难忘却的事情。明年的夏天,首都北京将举行"陈瘦竹戏剧理论学术研讨会",这应是今后无数个夏日纪念的开始。

1990年11月20日
陈先生81岁诞辰日才过去不过10天

(朱寿桐:澳门大学中文系教授,澳门大学历史文化研究中心主任,广东省"珠江学者"特聘教授。)

赵康太

生当做人杰
——忆恩师陈瘦竹先生

　　南京是我的母校的所在地。先生在世时，我每次由武汉返回南京，总有一种期待、兴奋和紧张，既担心先生对我的迟归批评，又渴望与先生促膝而坐，聆听先生的亲切教诲。在我沿着南京大学的小巷走向先生在北京西路二号新村的住宅时，这种心情更为紧迫和强烈。然而，这一切都已经成了过去。在先生去世后几近一年的冬天，当我再次回到母校时，我面对的却只是一片凄风冷雨和萧萧落木。失落感和孤独感，深深地笼罩在我的心头。我再次感受到了半年前在石子岗殡仪馆时的那种沉痛的悲哀氛围，再次落入了对先生的深切思念和缅怀中。

　　我最早见到先生，是在华中师大的讲台上。那时的先生，已过古稀之年，然而面对着攒动的人群，先生面前没有一张纸片，手中仅握一支粉笔，那非凡的气度、无我的神境、广博的学识和滔滔的宏论，使得华中师大的师生们无不为之感到惊异。那时，我们并不知道，先生的视力仅有0.03，一切著述和演讲全凭他那惊人的毅力、顽强的意志和那副几乎要将眼睛贴在镜面才可看清两三个字的高倍放大镜的帮助才能完成。如果说世上真有生命不息、奋斗不止的人,先生便是我目睹过的唯一的一个。直到先生卧床不起,生命滞留的时刻,先生仍然念念不忘的是他那未能完成的戏剧理论著作,而那副高倍放大镜尽管已经无用,仍然在先生枕畔伴随他直到生命的最后一刻。

当我们有幸成为先生的首届博士研究生,第一次聆听先生给我们讲授悲剧与喜剧的理论课时,先生首先要求我们的是立人治学的十六字原则:"基础深厚,学风朴实,奋发图强,坚持原则。"先生对这十六字的含意做了逐字逐句的解释,要求我们为人要老实本分,治学要踏实勤奋,争取每年有两篇文章见于国内重要刊物,三五年内在国内小有名气。先生对我们的要求,其实正是他对自己一生的做人为学的经验和体会的总结。先生的一生正是这样度过的。早年的小说创作,使他成为江南知名的乡土作家;中年的现代戏剧研究,使他为现代戏剧研究的方法和模式奠定了基础;晚年的戏剧美学译介和评论,使他成为国内屈指可数的著名戏剧理论家。先生最珍惜的是时间,最看不起的是无所事事,学而无成。对于在"文化大革命"中失去的数十万字的戏剧研究笔记和资料卡片,先生不论什么时候提起都痛心万分。先生视时间如生命,即使在身患绝症时,仍然能够不时有重要的戏剧理论文章在国内重要刊物上发表,其精神和成就,远非一些体格健全的人可比。即使病中发表的那些文章,也仍然能引起学术界的关注,不时有人起而与之论争。打破国内戏剧理论研究与批评的四平八稳,创造生动活泼的学术研究局面,这正是先生所企盼的。

先生一生光明磊落,刚正不阿,爱憎分明,疾恶如仇。每当谈起"文化大革命"中那些卖友求荣,落井下石的人,先生就愤慨万分。先生在向我们谈到他的双目被那些"小将"用拳头猛击而造成的几近失明的情形时,曾流下了两行悲愤的老泪。那是我见到的先生的第一次流泪。眼睛,对于一个把学问当生活的人来说,是何等宝贵!先生办事公私分明,该自己掏的钱,从不要公家一分。我们每次陪先生上医院看病或治疗,先生事先都付给我们足够的路费,甚至连五分钱的电梯费先生也不要我们付一分。先生谈起社会上的不正之风,常常为之动容,十分憎恶,但有时先生也不能不在这种环境做些违背心愿的事情。有一次,我陪先生去看病。下楼时,我看到先生手中拎着一个提包。当时先生的病情已经扩散,右臂已不能担负重物。然而当我要接包时,先生却拒绝了。看完病后,先生对我说:"你先走一步,在外边等我。"过了一会儿,先生出来了,而医生也挟着那包东西进了另一个房间。当我知道事情的真相后,我心中十分悲愤。我深深理解先生那痛苦的心情。清白刚正固然可贵,然而为了换取生命的延续,争得渴求多年的戏剧美学殿堂的完工,又不能不违心俯就。正因为如此,先生也才更加刚正清白,也更加疾恶如仇,渴望世间的一切变得纯净美好。

最令我敬佩的是先生那种顽强的意志和与病魔搏斗的勇气。他那种超尘脱俗,对死亡置若罔闻的气度,是我们可望不可即的。在先生的肿瘤出现淋巴转移后,医生对肿块做了切除并检验。手术虽然不大,但由于在体表,麻醉效果不佳,手术进行了一半先生就疼得无法忍受。为了配合医生将手术完成,先生紧抓着手术床,一遍又一遍地念着"我要坚持,我要坚持"的话来鼓励自己。当我走进手术室去接先生时,先生已经满头大汗,站立不稳了。医生对我说,你们的陈老不简单,快八十了!在省人民医院住院的那段日子里,先生已到了风烛残年的时候,但他仍然在顽强地同死神搏斗着,努力在争取自己的生存空间。我从武汉赶来探望先生时,先生已经被剧烈的疼痛折磨得失去了往日的神情。先生四肢浮肿,肌肤已失去知觉,胸前终日吊着一支杜冷丁针管。每当剧痛袭来时,医生便推上一针止痛。其实,尽管不断在加大剂量,已经不起多大作用了。无论怎样疼痛,先生从不哼一声,总是双手紧抓沙发的扶手,闭上双目,额头上滚下大颗的汗珠,等待剧痛过去,那一夜,先生只睡了两个小时,其余时间便是在沙发上忍痛度过的。尽管夜夜都是这样,但吃饭时,先生仍然不要人搀扶,一个人佝偻着背,强挺着腰杆,歪歪斜斜地走进饭厅,大口大口地吞下二两饭,以此来增强自己的体质,同死神进行着搏斗。许多人都说先生可能对自己的病情一无所知,因此才能够视死如归,超越自我。然而,我始终认为先生是知道自己的病情的,只不过他不愿意相信,抱着一种宁可信其无的态度来对待死亡罢了。为了不让先生了解病情真相,我们几个同学也煞费苦心,藏起了所有的病历,凡是让先生过目的化验单全是复印件,而且做过涂改。这一切,也许是徒劳的。有一次,我陪先生去取化验单时,医生对我们暗中的叮嘱并不理会,告诉先生说有恶变。先生当时神态自若,但走到路上先生突然提出要休息一下。我扶着先生坐在路边的台阶上,抬头一看,先生额头上布满汗珠,脸色煞白,神情极为沮丧。我也不知说什么才好。过了好久,先生才站起身来。有一次我去探望先生时,先生对我说:"反正我也八十岁了,随它去吧!"先生毕章是凡人,但可贵的是先生能够超脱凡尘之见,进入无我之境,而不为生命所累。先生一生所企求的,也正是这种恬静和美的无我之境,因为只有在这种境界中,先生那创建中国化的戏剧理论体系的宏愿才能得以实现。

　　我们陈门弟子,没有一个没有得到过先生无私的恩泽和帮助。先生关心他人,常常胜过关心自己。甚至连我们想不到的事情,先生都能替我们预先筹划得到。读博士学位期间,我们的生活大都比较清苦,加上两地分居,孩子幼小,入不敷出,能够把三年学业坚持下来,的确不大容易。对于我们的处境,先生极为理解和关心。每次见到我,先生总要关切地问到我的煤气、住房、小孩入托等家庭生活问题的现况。有一次放假时,先生听我说要乘火车回汉,便告诉我要带一只大号水壶。我很奇怪,不知作何用途。先生告诉我,他听人讲,现在火车上乘客拥挤,常常没有开水供应,上火车前灌上一壶,可以保证路上不受渴。先生考虑得仔细,真令人感动! 如今回想起来,我也有愧对先生的时候。有时为了在家多待几天,我便想出种种理由向先生告假。有的理由显然经不起推敲,然而每一次先生都毫不迟疑地答应了我的要求。我相信先生是知道我在找借口的,但先生更理解我们这些已进入而立之年却偏要在艰难的人生旅途中扮演一个苦涩贫寒的角色人的处境和心情。正因为如此,先生与我们这些学生间的情感才显得无比深笃。我永远不能忘怀的是毕业前夕的那件事。当时,我为工作分配而四处奔波,然而到处碰壁,一筹莫展。焦灼不安的心情驱使下,我便想到华南去试一下,但当时我们的研究生经费已所剩无多。当我把这种念头告诉先生时,先生正忍着绝症的痛苦折磨和摧残。先生一接到我的信,立即给我电汇了三百元钱,并让师弟代笔给我回了一封信,信中说:"我也没有办法给你帮忙,现汇上三百元权作路费。至于华南,也不妨一试。"我后来才知道,这三百元钱是先生自己的钱,我的眼泪当时就涌了出来。每每想到这些令人难以忘怀的往事,我也就想起了骆寒超老师在先生遗体告别时献的那副挽幅:"师恩永在!"

先生到了晚年,重病缠身,知道自己来日不多,便把终生未能实现的建构中国化的现代戏剧理论体系的心愿寄托在我们身上。那时,我们几个毕业去向不定,先生把我们留在身边从事戏剧理论建设的愿望似成泡影。先生的心情十分悲凉和凄苦。广林临别时,先生在病榻上曾吟下一首被他自己称为"调子太低沉"的诗:"平生治学忌孤单,渴求知己共商谈。英才卓越超前辈,文章精妙胜于蓝。学派未立人星散,空余八十一老残。诸君齐心建体系,寂寞晚年泪始干。"我后来回到先生身旁时,先生对我说,这首诗是写给你们的,也许人家会说我悲观。先生晚年的心境在这首诗里体现得最为明显。孤独和寂寞,这的确是先生后来时时感受到的。师弟周宁告诉我,有一次他去陪先生,先生已经有些恍惚。他突然伸手抓住师弟,说:"我在沙漠里……救救我……你们要常来看我啊……"听到这话,我们师兄弟们都黯然伤神,久久沉默不语。先生这一生的挚友,说到底就是学问和学生,当这两者都离他而去时,他的悲凉痛苦的心情是极为深邃的。天下学派多了并不是坏事,为什么陈门弟子就不能在戏剧理论界自成一派呢?是先生的学问和人品把我们这些天南海北的学生联结在了一起,唯有紧密切磋,共同探讨,完成先生生前未能实现的宏愿,我们才对得起先生的在天之灵。

我至今也能十分清楚地回忆起我与先生的最后一次告别。那时,我正为工作单位的落实而奔波,尽管是国家培养出的为数不多的博士,却仍然找不到一个理想的所在。听说先生身体欠佳,我匆匆赶回南京看望先生。告别时,先生也许已经预感到这就是永别。先生拉着我的手,勉励我说:"分别是暂时的,合作是永久的!"这是先生对我所讲的最后一句话!我也知道这是先生对我们的期望,也是先生对自己战胜病魔的信心的自励。我明知道这一别便是山重水复,永难相见,但为了不使先生难受,我还是做出一副轻松快乐的样子说:"您好好休息,我过几天就又回南京来了。"我回头看先生时,两行老泪已无声地涌出了先生的眼窝。我克制着自己的感情,很快走出了病房。这是我见到的先生的第二次流泪,也是最后一次。

先生终于从痛苦中解脱了。据说先生走得十分利索潇洒,正像他平日的果断刚强一样,没有任何犹豫,只是在一瞬间。当人们重返病房时,才发现先生已经走向了那个恬静和美的世界。先生在尘世没有得到的,在那个世界中是可以得到的。在那个没有忧虑、痛苦、纷扰和困惑的世界中,先生是可以安心地设计和建筑他的戏剧美学工程的。我们留在尘世的人,却不能像先生那样无忧无虑了,然而先生对我们的厚望和企盼,我们却不能不勉力去完成。这也许是我们对先生最好的纪念!

1991 年元月于南京大学荟萃楼

(赵康太:海南大学教授,曾任海南大学党委书记,海南师范大学党委副书记、副校长,海南省社科联党组书记、主席,海南省社会科学院院长。)

闫广林

忆恩师

陈先生,我最敬重最钦佩的导师,您是否地下有灵?您可曾知道?在六月九日那个闷热而沉重的时刻,在南京石子岗那个肃穆而压抑的告别厅里,当我同吊唁的人群一起缓缓走到您的灵柩前,看到您那从病痛中解脱后显得格外慈祥格外宁静的面孔时,本来悲痛已经茫茫一片的脑海中顿时闪现出一些令人难忘怀的画面:

我永远不会忘记,1986年底在西安参加全国喜剧美学学会成立大会的时候,沈先生手指划破,感染发肿,疼痛非常,于是会议上专门派车送沈先生去医院治疗。但我万万没有想到,从医院回来后您竟不容推辞地交给我十元钱,说是"汽油费",说公私一定分明。那时您的神情是那样的认真。

我永远不会忘记,1987年10月我们几位博士生上第一堂课的情景:您向我们讲述自己坎坷的一生,您向我们剖析中国的现实问题,您严格要求我们基础要深厚、学风要朴实,要奋发图强,要坚持原则,那时您的神情是那样的严肃。

我永远不会忘记,1987年底,我们几位同学怀着崇敬的心情,想编一部评论集,对您几十年的文学道路和戏剧思想进行全面的整理和总结。但是当我们将这一想法告诉您的时候,您却执意不允,并且反复地告诫我们:盖棺论定的工作还是由后人去做,应该由别人去评说。那时您的神情是那么谦虚。

我永远不会忘记,您生病后曾有一段时间去肿瘤医院放疗,每次我带车送您去就诊的时候,您总是在约定的时间之前,从家里步行出来,站在北京西路边上等候。身着布衣,脚穿布鞋,手提着一个装有病历的旧塑料袋,身体微微前倾,任风吹日晒乃至雨淋!那时您的神情是那样焦虑。

我永远不会忘记,在您为疼痛难忍的病魔所折磨的日子里,我们正在撰写博士论文。那时,您常常吃下止痛药或者咬紧牙关,斜靠在沙发上,让我们一章一章、一段一段地给您读论文,用录音机录下,反复地听,反复地琢磨,对我们的每个观点甚至许多引文资料都进行细致入微的指导。那时,您的神情是那样坚强。

我永远不会忘记,今年3月29日那天,当我陪您去工人医院CT检查的时候,在检查室外的长椅上,您遗憾我们几位同学将要各奔东西,您感慨自己建造戏剧理论体系的理想未能实现,您吟诵了自己在病床上构思而成的惜别诗,您哽咽了,您落泪了。那时,您的神情是那样悲伤。

……

陈先生,我最敬重的导师,您的性格是如此丰富,您的精神是如此深邃。丰富自然伟大,深邃使您崇高,您伟大而崇高的形象只能用工笔重彩绘成,您留给我的每一个印象已深深地镌刻在我的心头,永远永远地不会被时间老人剥夺而去。

陈先生,您是永恒的!

陈先生,您安息吧!

于1990年6月10日

(闫广林:海南大学人文传播学院教授,曾任海南大学人文传播学院院长。)

周安华

最后一个悲剧诗人

我自己也感到奇怪,那初夏的伤痛过去 8 年多了,仍然想写这个人,而且几乎是越来越想写。其实,这个人是很难写的,不仅因为他 81 岁的高龄涵纳了岁月无尽的风风雨雨和政治历史的深深的履痕,而且因为他那完全谢了顶的头脑曾是一大批卓越的艺术思想的聚散地,直至今天,耕耘者仍不断发现着秘密。写这个人,不唯是爱之旅,也是思想之旅,你终觉得走进了戏剧艺术整个恢宏的殿堂,更走进人生的腹地、哲学的腹地。

我称他为悲剧诗人。因为悲剧和诗是他一生中两个最重要的事实。他在忌言悲剧的时代思考悲剧,并构筑了悲怆的艺术理论屋宇;他在诗歌溃退的年代,用爱和生命书写着地道的艺术诗章。带着那种宗教式的热情。

这个人是陈瘦竹。

或许上帝已经习惯了以这样一种方式酬答挑战者——一生经历往往是你毕生研究、探索课题的复制或再现,于是沿着曲曲弯弯的小径,你终于痛楚地完整感受了思想的你。

陈瘦竹一生上演的是一出高悲剧。他出生于1909年腊月,家境贫寒,六岁就失去了父亲。青年时代,他"借名"考入武汉大学外文系读书,之后在南京也谋到一个编译书刊的饭碗,然而他的兴致却在创作饱含时代气息的乡土小说上。抗战爆发,与妻小团聚的渴望,使他远走四川,在江安小城做了国立剧专的戏剧教员。几年后,在反饥饿、反专制、争民主的斗争风潮中,这位中央大学的中年教授为救护学生而热血沸腾,他译介的西洋戏剧论文,也仿佛是刺向邪恶的檄文。

五十年代初,一种新的使命感使陈瘦竹收敛起对戏剧学"贪婪"的目光,而致力于新文学斗争历程的研究,他拥有时代赞赏的政治情怀,但掩蔽不住的才气终使他推出《论田汉的剧作》等一批振聋发聩的学术成果。于是,这一切在乌云密布的浩劫之年几乎成了致他于死命的"罪证"。

我一直在想,戴着十多斤重的木枷,铁丝勒进肉里,陈瘦竹一路低着头,一路被"小将们"驱赶着、鞭打着,徒步去雨花台烈士陵园"请罪",他那智慧的大脑想的是什么?一向很脆弱的艺术人格有没有使他想到"死"?

我猜想,此时,陈瘦竹脑子里一定是一幕幕悲剧的场景:狂猛的暴风雨中,悲剧英雄在不屈地呼喊,他悲愤地诘问苍穹,他诅咒浓重的黑暗,他为生灵而泣。的确,"不是死鲸就是平船底下的洞"。然而,命运却偏偏让陈瘦竹不能割舍,不能痛快地去死。因为那一直令他牵念的心愿——戏剧学体系建设未了,而心性的高贵也使他放心不下那位几十年风雨同舟的老伴。

在自由的权利重归于己的时候,陈瘦竹将自由全部馈赠给了戏剧。他拼命地研究与思索——悲剧、喜剧、现代戏剧、尼柯尔、荒诞派……他极力汲取当代世界最新的艺术研究精髓,也极力消解长期主流意识形态赋予他的某些政治思维定式。人们可以期望一代民族戏剧美学宗师即将出列了,然而,一天天逼近的严重视网膜黄斑部变性使他双目几乎失明。

在耄耋之年失去眼睛,陈瘦竹叹息了。我想,这沉重的一击使他再次感受到命运的无情,心头笼罩上了浓浓的悲剧感。

他变得有些抑郁。

他知道终将不得不谢幕,因而那份企盼让他很决然地把青年学子推向前台,去完整演示那戏剧之梦的精彩。

我脑子里又浮现出这个画面:三位博士生写出学位论文初稿,身患肺癌并且已经扩散的陈瘦竹不听人们劝阻,强忍着剧烈的疼痛审阅,几十万字的论文,一节一节听学生朗读录音,然后一遍遍播放,仔细琢磨其观点、结构、论据……每天劳碌十多个小时,提出了许多重要的修改意见。那是怎样的情景呵——斜靠在客厅小沙发上,陈瘦竹一手捂着胸口,双眉紧锁,面色苍白,不时发出呻吟,但他神情肃穆专注……真正的生命崇高!真正的悲剧诗人!人们不能不为之一掬热辣辣的眼泪。

陈瘦竹终究是艺术家而非哲人。在精神深处,他迷恋于艺术精神的伟大,却未能了悟出世的淡泊,更不谙政治的玄机;他穷其一生力图营造某种戏剧体系,却每每为世事所扰,甚或由于社会的惶惑而"校正"那些深邃的艺术感觉。他像一股汹涌的江潮不断向前推进,激情而坚忍,那推力竟是浸润着艺术感的"崇高的执着"。正像陈瘦竹经常引用的著名艺术理论家韦辛格所说的话:"'悲剧英雄'本来可以生存却不惜牺牲……本来可以挺立却不怕倒下……本来可以学习却情愿受难。"他喜欢韦辛格这段话,因为它说出了自己的心声。

"信念"在陈瘦竹是个大写的词,他以之追求光明,也追求艺术。有些时候,对"时代精神"他会表示些许赞同、呼应,那绝非外在压力所致,悲剧英雄接受乔装的"正义",却不接受暴力和权威。就本性而言,陈瘦竹是个具有人间情怀的知识分子,因而他从不掩饰自己对社会价值和历史责任的看重。正像邪恶践踏公理,政治被那些欺世盗名者用来愚弄良善,摧残无辜,陈瘦竹同样挺身而出,丝毫不顾惜自身的名利、地位一样。他是个拒绝虚伪的人。

由于眼睛里容不得沙子,所以陈瘦竹很累,正像夫人沈蔚德所说的:他辛苦了一辈子。我有时会感慨:这世上多少人得过且过,随波逐流,哪管什么波浪裹挟而下的泥沙。而陈瘦竹何以会这么较真？自古以来，读书人一向"躲进小楼成一统，管他冬夏与春秋"，陈瘦竹何以对社会风雨如此敏感？

我相信，那是孤高的心性所致。他几乎是用一个戏剧老人瘦弱的身躯在追索和捍卫着完美。于是，我们看到：他抨击官员腐败、以权谋私，他怒斥人浮于事、走"后门"、请客送礼，他痛责"脑体倒挂"、知识贬值，他甚至不能容忍人家拿研究经费不当一回事，造成几十元钱的浪费……你永远不懂这个挂着江苏省剧协副主席、教授、博士生导师等头衔的老学者，何以会天真如斯？甚至不懂得妥协一些，识时务一些？

和社会冲突、磨合的时候，陈瘦竹也在和自己斗争。不是说服自己认同庸俗和丑恶，而是朝着至善的人格境界和目标，不断克服那些心灵的疵点。这也就解释了，为什么在修建南京长江大桥的义务劳动中，55岁的陈瘦竹搬石运砖，健步如飞，一连多少天，连那些青壮年民工都赞叹：这个老师不作假！这同样也解释了为什么那些偏僻的山区或乡镇的业余作者，怀着艺术的梦想，隔三岔五将自己的剧本、电视剧或评论贸然寄来，作为德高望重、蜚声中外的著名戏剧家本可以置之不理，而陈瘦竹年事虽高，却总是逐一审读，郑重其事回复，有时还推荐给刊物发表。他似乎从来不知道什么叫敷衍。他相信每个人心中都有一个上帝，那是真和善，是良心。因而，他"慎独"，他律己以严，他无视外界的尘嚣、污浊，而涵养孟子所谓塞于天地之间的那种"至大至刚"的浩然之气。

在创造戏剧艺术一世辉煌的实践中，历史是给陈瘦竹提供了机遇的。比如，中国戏剧半个多世纪悲壮而多难的历程，留下宏大的探索空间和无数重要课题；比如，陈瘦竹早年受国学大师钱穆、沈颖若教诲，后又追随著名学人陈西滢治学，他与戏剧家曹禺有"同事"之谊，而和艺术教育家余上沅堪称"莫逆"；再比如，陈瘦竹精通英文、俄文，熟悉中西文艺典籍，具有深厚的学术功力，了解当代学术进展，小说、戏剧创作的经验丰富而全面，而极高的艺术天分和悟性又使他眼光敏锐，视野宏阔……

应该说,作为一个著名艺术学者,陈瘦竹是殚精竭虑、用力甚勤的。在长达60多年的艺术生涯中,他始终关注戏剧与戏剧学的进程,关注着现实与存在的焦虑痛苦,艺术与创造的悲壮雄迈,凝神思索属于个体和整体的历史命运及灵魂不朽问题。对普遍人格的深刻内省、参悟帮助陈瘦竹全面把握悲剧、喜剧形象的深层心理结构,对特定历史岁月的独到体味使他能从新的视角审度戏剧与人生的关系。借助渊博的学识、强烈的艺术敏感,陈瘦竹富有创见地将古今中外的戏剧艺术在本体和舞台的视点上相接通,完整纳入考察范畴,由此透过知性和情感的多元观照,提出一系列精湛的理论观点,形成包孕丰厚理性内容和人生价值的一整套戏剧学说。

毫无疑问,不论就机遇、素养、才华而言,还是就独到、深刻、艺术感而言,陈瘦竹本来都可能成为艺术"大师",然而他却没有成为艺术大师。这其中固然有许多社会历史的因素、身体的缘故,但也有陈瘦竹自身本性、观念的原因。

说到底,陈瘦竹终究是个"诗人"。平素他的七言律诗写得意韵并不很足,也欠工整,但这并不妨碍他的诗心诗性,不妨碍他用诗人的目光审视艺术和人生,不妨碍他在诸多情感和情绪的支配下去把握艺术的逻辑,去观照社会现实,乃至去为人处事。有时我真想用"孩子气"来描述他给人的那种感觉。他对权势绝不宽容的个性透露出太多的诗人气质,而他对名利不屑一顾的孤傲让我们看到世俗社会久违了的仙风道骨。陈瘦竹是沉醉在艺术感中的人。

注意下面这些事实是有助于我们深入认识艺术家陈瘦竹的——作为一位拥有世界视野并且对整个当代戏剧有着精深了解的学者,陈瘦竹对影响深远的西方现代派戏剧向无好感,多次予以激烈抨击。这是为什么呢?而作为一位造诣深厚、极其强调戏剧蕴涵和戏剧技巧的表现派理论家,陈瘦竹对田汉抗战前后一些明显受"普罗戏剧"观影响,有图解政治痕迹的作品却赞赏有加、津津乐道,这又是什么原因呢?透过现象的迷障,去细细叩问这位艺术理论家的内心真实,答案是了然的——事实上,陈瘦竹不喜欢现代派戏剧,仅仅是因为它们"没有"矛盾冲突和动作,亦即没有他观念中的"戏"。而他对田汉那些作品的赞誉,除去时代局限之外,更多的是因为这些作品勾起了陈瘦竹对颠沛流离的流亡岁月的回忆,使他产生强烈的情感共鸣。这使我们又一次看到艺术家陈瘦竹的诗性和率真。

的确,作为悲剧诗人,陈瘦竹的悲剧哲学是"牺牲",他赞美这种生命与艺术的"牺牲",却绝少形而上地思索"牺牲"的文化意义,以及那些走过灵魂被煎熬的漫漫长夜的现代人存在的悲壮。陈瘦竹痴迷地、犀利地去捕捉性格、情境的诗意,去剔别艺术结构的瑕疵,一如技艺高超的名家不倦地在剧坛演绎自己的戏剧理想,而无暇更多地、居高临下地进行整合透视,超越历史、超越本体,在深层的艺术哲学的恢宏天地履行世纪赋予他的使命。

况且,命运加给他那么多坎坷,磨难耗费了他那么多时光……

中国剧坛只有一个陈瘦竹,而陈瘦竹在8年前那个初夏去了。去得极有尊严,表现出超人的耐心、毅力和勇气。他再也不能和朋友、学生们共聚在北苑珍珠别墅料峭的寒风中,那年年飘落的金黄色的银杏叶仿佛是对这位悲剧诗人深沉不息的挽歌。的确,"陈瘦竹"不是神祇的名字,尽管他多半的生命磨损在舞台天地,掩蔽在"灯光""布景"之中,他却始终是个不上妆的人、真实的人。这位大气不凡的老人是执着的象征。爱艺术、爱人生、爱后辈,他深埋起一己的悲欢,而揽起大家的痛苦、忧烦。爱,使陈瘦竹胸中竟有那么博大的空间,容纳了瀚海般的生命重负。于是,我们看到剧坛那片最美丽的风景。那葱葱翠竹,不啻是陈瘦竹留在一代人心界的智慧、勇毅、真挚与爱。

今天,我们的时代太不缺少轻松逗乐的艺术样式,而太缺少深沉崇高的悲剧和脱俗的悲剧诗人了。面对寂寥的陈瘦竹,你不想叹而是敬。作为中国现代戏剧美学的开拓者,陈瘦竹以其卓越的艺术建树和高贵的人格,竖起一座悲剧诗人的丰碑。当你走过它的时候,会受到透彻的灵魂洗礼,会找回生命与艺术的迷失,并最终得以迈向那个至极的境界:"尚情无我"。

(周安华:南京大学文学院教授,南京大学亚洲影视与传媒研究中心主任,教育部戏剧与影视学专业教学指导委员会委员、中国高校影视教育研究会副理事长、中国电视艺术家协会高校电视艺委会副主任、江苏省传媒艺术研究会会长。)

刘 俊

不该发生
——悼陈瘦竹先生

陈瘦竹先生逝世了,就在 6 月 2 日。这次住院,先生的病况比以往都来得严重,但噩耗传来,大家还是感到突然,觉得这一切都不该发生。

先生患的是腺瘤。八八年他就常觉胸口疼痛,但那时正是几位硕士生毕业之际,无论别人怎样劝阻,他都执意要送走这批学生后再去检查。学生毕业,他也就住进了医院。先生一生,桃李满天下。对学生,他倾注了毕生心血,学业上认真负责,严格要求,生活上体贴关怀,无微不至。学生著作出版,他热情地寄去数万字的序言,诸多嘉勉,奖掖后进之心毕现;学生出国求学,他牵挂在心,常常去信,思想、学习、生活,无不关照,长者赤心,赫然可见。受泽于先生的学子们,念及此,每每感动不已。

先生禀赋超群,毅力惊人。他的一生,都深受眼疾之苦,晚年视力只有0.03,读书写字,极不方便,但他在疾病面前,从没屈服,我永远也不会忘记他右眼贴在放大镜上俯首紧贴在书上读书时的身影。就是在这样的情况下,先生笔耕不辍,完成了《论悲剧与喜剧》《现代剧作家散论》《陈瘦竹戏剧理论文集》等众多著述。对于死神,先生是不屑的,就在五月份,他还同一位新婚的学生预约:出院后要去他的新屋看看;逝世的前一天,他还同一位同事谈到,他要争取把病治好,他带的博士生还没有毕业,还有许多的课题打算完成。

但他还是去了,走得是那样地匆匆。也许是受了先生对死神藐视态度的感染,多少人,都觉得应该能有机会再见到先生的,不料却再难如愿;又有多少人,见了先生后离去,再没想到那竟是最后的一次。他们是那样地为自己的不经意而感到深深的后悔。其实我知道,在人们的心目中,对于一个对生活充满挚爱,对生命顽强执着的灵魂,这一切原本就不该发生。

(原载《扬子晚报》1990年6月14日第3版)

(刘俊:南京大学文学院教授,南京大学台港暨海外华文文学研究中心主任,受聘为教育部重点研究基地厦门大学台湾研究中心学术委员会委员、暨南大学海外华文文学与汉语传媒研究中心兼职研究员、中国现代文学馆柏杨研究中心特约研究员、南京大学人文社会科学高级研究院兼职研究员。)

黄丽华

爱生命　爱太阳
——献给先师陈瘦竹先生

> 往昔,在拂晓
> 或者白昼到来的时候,抖发出最后一道光芒,
> 也许还照到你脸上。
> 用光明之笔闭上你的眼睛。
> 熟睡。
> 长夜漫漫,但已过去。
>
> ——阿莱克桑德雷《想起自己生命的诗人》

不相信您就这样猝然而去。5月26日傍晚与您道别时何其正常,根本没有生离死别之感。总以为还能回南京见您,在夏天或夏天过后,也许还是在人民医院,但一定能再见到您的。6月1日照例寄上高效止疼片,可这信函竟已没有了收信人。不管它药用如何,您不再需要它了。您储贮起来准备长期服用的半瓶药在那个早晨竟成了遗物。我们感伤过您明显地虚弱了,但

您仍然有一种内在的力量,谁都相信您能熬过夏天。然而,您竟去了。那一周也成了我在您身边的最后一周。

听说您是与黎明一起走的,走得极安详极潇洒。回想您抱病的两年多时间,突然发现您是那么热爱生命,又那么坦然地接受了死亡。您从未出现过对于彼岸世界的焦躁或惧怕,却把全身心投入到此岸世界,惦着未出师的弟子,惦着深爱着的老伴,惦着理想中的戏剧理论专著。病痛稍有减轻就责备自己掉了许多课,用书桌抵住胸口赶着翻阅积压下来的杂志与新书。而且您根本不与人谈论死亡,只说它是"天地宇宙间的奥秘,也是生活中的大事"。这么说您对死存着一种敬畏,对生有着强烈的渴望,与普普通通的老人一样。可您没留一份遗嘱,仿佛不愿把您的意志强加给您将离去的世界里的人们。您也不与任何人诀别,不带丝毫黑夜的颜色,悄然而去。不是坦然到了极致是不可能做到的。那么,您与死亡肯定有过真正的对话,那决定性的一次又是什么时候进行的呢?您怀着对死亡的深刻领悟接受生存、疾病与死亡,才有这样的安详与潇洒,是吗?

1989年6月10日,"陈瘦竹戏剧理论学术研讨会"刚刚结束,您住进了南大医院。我没有急着回沪,而是守候着您,与您谈心,受些教诲,也带来一些外面的消息。您的病室是空荡荡的432房间,有两次推门进去,您孑然躺在床上,双手按在胸口,疼得叫出声来。记得我当时在门口迟疑了一下,似看到您孤独地行走在漫漫的时间之途,任何人都无法参与无法替代无法携扶。这种感觉我在带着您的病史资料奔走于上海各大医院时,在寄高效止疼片时,在返校探病时,都能感觉得到,可这时仿佛无意中窥视到您秘密的一角,不知如何是好。以后我才知道这里是您唯一可以舒服地呻吟的地方。在家,您怕沈先生伤心,在医院,您不愿打扰同室病友,总是强忍着疼痛,默默地与病魔拼搏,经常彻夜不眠。您太刚毅太倔强了,陈先生!一个人是不该如此坚强的。你应该呻吟,出声地呻吟,在您剧疼的时候。

作为您最后一位女弟子,我是在您的晚年来到您的身边的。可您的那些序跋、中文系的许多史实以及那些侥幸保存下来的照片、物件，总把我带到自己不在场的岁月中去，静观时间上游的您。

我相信评估一个人，一是看他选择什么样的女性，一是看他选择什么样的死亡。师母沈蔚德是与您一样正直、良善的知识分子，一个有才识、有个性、有爱心的新女性。有时候我觉得您和她是彼此证明着的，我从她身上认识您，又从您身上认识她。关世楠是您剧专时期的学生，他在去年的研讨会上发言说您爱得深沉爱得彻底，给我许多启发。住院时您不顾疼痛坚持每天傍晚去隔壁护士室给沈先生打电话，互通当天的情形，让她放宽心。待到沈先生专程到南大医院探望您，您又心疼得埋怨她来看您。贯穿半个多世纪的爱，浸透进日常生活的契合，一定深藏着巨大的力量。这人生也一定是使平凡变成不平凡的人生。

这样的一往情深您也会有溢于言表的时候，您意识到了吗？年初沈先生高血压复发，住进了鼓楼医院新盖的病房楼。这是一个高层建筑，沈先生就住在九楼。当时您的病情正在恶化，右胸二、四肋骨已经毁坏，明显地萎缩下去了。下床时您总坐在墙角那张老式沙发里，用沙发压迫右胸减少疼痛。为了便于通电话，您在书房架了张小床。我一到南京就听说有一天您独自一个人去过鼓楼医院。那几天二号新村的电话线不巧坏了，您摸下楼用外线向车队要车，但车队实在排不出车，您没有通知任何人，一个人步行到鼓楼医院。步行这一节您瞒着沈先生，但告诉了我，就在书房里。以您的目疾和日趋恶化的病情，这太危险了，想起来还十分后怕。可您却说：“就是上刀山，下火海我也要去看她。”您脱口而出，而且极庄严的样子，我一时惊呆了。您实在是一位绅士。可似乎不仅如此。

这样的绅士风度八七年我已领略过一次。那是对友谊的一种真挚。秋天，您约了从杭州来的骆寒超同游白鹭洲，请我回去。骆寒超是您五十年代的学生，也是您为我请来的诗歌老师。像往常外出游玩一样，我随随便便敲开了十幢303室的门。这时您换下了平常穿的稍见肥大，有时还带些油腻的蓝制服,穿了一套烫得极妥帖的银灰色中山装。记忆中您还是第一次穿戴得这么正式,我顿时觉出这是一件极严肃的事情。我笑着说您穿得这么漂亮,您说:"陪朋友出去玩,总得认真的。"

以后我一直后悔没带相机为那个下午留下纪念。而在记忆中我们谁都没有忘记我们老、中、青三人一行在鼓楼坐 16 路车到秦淮河岸的白鹭洲公园。走累了坐在那条长石凳,西天的秋日慷慨地把它的温暖倾泻在我们身上,越走越远,拉长了袅娜的树影,也拉长了我们的回忆。追忆过往使我们向往年轻,但年轻这时是一个主观化了的概念。我希望回到十八岁重新开始,您让我为自己的年轻骄傲,不去作少年人无谓的感伤,面对现在,面向未来,用现在的紧张感充实由现在到未来之路:"十八岁时你什么也不懂!从现在到四十岁,都将是最美好的。"事实上,您几十年的所作所为,您确立的戏剧理论家的地位都比这更为乐观,更有进取精神,您用不同寻常的毅力与勤奋使所有的岁月成为最美好的时光。这是一种能力,也可以说是您性格中最吸引人的一部分。我相信它具有一种楷模效应。疏懒无为、蹉跎岁月时,它总会来敦促我激励我,把我从消沉中提起来,五年来始终如此。住在十八舍时,怕看到电话记录上写着:黄丽华,请给 2384 回电。那是您来催促、询问我的论文进程。但有时我也会主动去二号新村,名曰:寻找压力!

如今,我必须在自身寻找压力,似乎第一次发现无所依傍,又似乎第一次意识到自己的成熟。然而我仍然在用一种神秘的通讯方式与您对话。我很欣慰。

我看到了,我感受到了,因为窗外的阳光一如当年那么美好。

1990 年 11 月 25 日于上海

(黄丽华:南京大学文学院硕士,美国密西根州立大学社工学院教授。)

周　宁

悼恩师陈瘦竹先生

去年那个初秋的傍晚,我们进校后第一次拜访先生。先生说:"你们已正式入学了,从现在开始,我们将在一起研究戏剧,你们三年的学习安排是这样的……"当时我觉着,跟陈先生这样学识渊博、德高望重的导师学习,三年实在是太短了。现在看来三年却长得不可企及,我们在先生身边,聆听先生的教诲,才仅仅十个月!陈先生去了,离当初说下的日子,还有两年多,这两年多成了我们永久的遗憾。

六月二日,那个永远的周末清晨,先生去得如此突然。他竟不肯再多留两年、一年,哪怕是一天,那个周末的下午,我们还兴冲冲地看望先生,谁知……

先生久病,但我们都想相信他顽强的毅力与生存信念那样,相信先生的生命力。我们进校时,先生已经病重,常人难以忍受的剧痛使他无法像许多人那样轻松地工作。在靠大量的高效止痛片与杜冷丁维持的这段日子里,先生仍指导我们修完了西方戏剧理论史。先生定期为我们布置学习任务,开列必读书目,并讲述他对西方戏剧理论史上有关问题的看法以及各历史阶段的理论发展轨迹与特色。我们每周三去先生那里汇报。先生视力很差,只好坐在沙发上听我们读读书报告。先生思维敏捷,记忆力惊人。听完后不仅能为我们指出问题,提出修改意见,还能凭记忆纠正我们引文的疏漏。三月初,河海大学出版社的一位同志送来一部戏剧史方面的译稿,请先生鉴定学术价值与译文质量。此时先生的身体已很虚弱,他躺在床上,让我一段段地读给他听,先读英文,再读译文,最后口述他的意见,让我记下后交给出版社的同志。我记得这已是3月12日,四天以后,先生就去住院了,而且再也没有回来。

最后在医院这两个半月中,先生凭着坚强的意志与疾病做斗争。对生活与未来充满信心。有一次沈蔚德先生(陈先生的夫人)要去医院看望他。先生在剧痛中熬过一个不眠之夜后六点钟就起来,让我扶他坐到沙发上,经过一番洗礼,吃了几倍于平时药量的高效止痛片,穿得整整齐齐等候沈先生。先生说:"我要让她看到希望,我到医院来是更好了,而不是更坏,否则我就对不起她。"直到生命的最后阶段,先生仍没停止学术思考。那是先生最后的一个星期三上午,他讲到他一生经历了中国现代史上一切大事件,他了解中国的命运与中国知识分子的使命。"治学要视野开阔,在中国特殊的历史环境中。学者应该有自觉的使命感。从'五四'运动到如今,多少成败兴灭,但历史摆在我们面前的仍是一个启蒙问题。七十年前,启蒙是一次运动,一个时代的发动力,今天仍是一个紧迫的命题。"我当时几乎无法相信,被病魔折磨至此的先生,思维竟还如此清楚,先生说:"等病好了……"

那是5月30日,三天以后,那个永远的周末清晨,先生没有留下任何遗言,便飘然仙去。谁也没有想到,谁也不会相信,他怎么舍得下八十一个春秋,皇皇数百万字的著述,还有许多未了的宏愿。

或许这是生命的事实,结束时总要留下许多的遗憾。或许时间也流向寂静的深渊,但我相信,在先生那里,时间是流向永恒的。先生平时治学严谨,为人轩昂磊落。先生风范,永远活在我们无尽的追忆中,激励着我们,给我们追求正义与真理的力量。天地万物,荣枯有尽,唯先生英名英灵,卓然长存!

(周宁:厦门大学人文学院教授,国家万人计划"哲学社会科学"领军人才,国务院艺术学科评议组成员,兼任中国话剧文学学会常务理事。)

章俊弟

怀念恩师陈瘦竹先生

几年前,我还是一名中学教师。业余时间爱写点戏剧研究方面的文章,但很少有机会发表。时间一长,信心也就不足了。一天,我突然想到何不给我崇敬已久的陈瘦竹先生写封信,向他请教呢? 在信中,我诉说了我的苦恼和彷徨,并附了一篇文章,请他具体指导。

信发出后,我天天盼着回音。可两个星期过后,还是没有音信。这时,我暗自思忖:我一个无名之辈,给素不相识的名教授写这样的信,是不是太唐突了? 就在我几乎有些后悔时,我收到了陈先生的回信。我至今还记着这封信。陈先生在信中说,他因去四川参加现代文学年会,外出了一个月,所以延误了回信。他说,青年人应坚定人生的目标,不要为眼前暂时的困难而轻易改变自己的志向;同时也要为实现这目标而打下扎实的基础。信中还附有几页信纸,上面写着陈先生与他的学生朱寿桐对我那篇文章的详细意见。这些意见既有充分的肯定,又一针见血地指出了毛病所在。这封信不仅改变了我当时的精神状态,教会了我做学问的一些方法,而且还一直鼓励我将喜好和研究话剧文学的兴趣保持下来。后来,我考上了硕士生。去年,我终于正式跻身于陈先生的门下,荣幸地成为陈先生的第二届博士生,实现了我多年的夙愿。

去参加复试的那天,想起我终于要见到我所尊敬的陈先生,还将受业于陈先生三年,亲耳聆听这位著名戏剧理论家的教诲,我不禁异常激动。复试在陈先生家中举行。在座的还有邹恬、汪应果等老师。陈先生穿着整洁的衣服,精神矍铄,面容亲切而安详。其实,这时,陈先生已身患癌症一年,并进入晚期,而陈先生却显得像没那么回事一样。不知情的人,绝不会想到陈先生身上竟还附着那样一个可怕的恶魔。

在复试即将结束时,陈先生表情严肃地说:"有一件事,我考虑再三,决定还是应该告诉你们"。原来,陈先生决定招生时,他自我感觉的身体状况还不是太坏。谁知,复试前几周,正是他身上癌症猖獗之时。他觉得如果他的身体状态不能保证把我们培养三年到毕业,那么,现在招我们,就是不负责任的。所以,他让我们有个思想准备。"如因我的身体原因不录取你们,还望你们谅解,"说到这里,陈先生的语调低沉、平缓,显得很动情,"你们花了大量的时间复习,"他指着来自青海的周宁说,"你还是来自数千里外的西宁。你们来考试也不容易啊!"这几句话里包含了多少真诚!

最后,陈先生还是克服了重重困难录取了我们。虽然,他的0.03的视力已不允许他再看书,病魔也使他不能长时间集中思想,但他还是坚持给我们上课。上课前几天,他让家人帮助他把有关材料找出来,念给他听,有时疼得实在厉害,听不下去,就让家人录音。然后他再一遍一遍地听。上课时,陈先生总是要言不烦而又高屋建瓴地总领一下有关内容。然后,仔细听我们每个人做的作业。最后,分别对作业提出意见。陈先生有着非凡的记忆力、渊博的知识、敏锐的眼光。每次上课,我们都受益匪浅。一些细节也反映了陈先生对上课的高度重视。我们每次走进陈先生家,都发现他已坐在沙发上等我们了,两杯浓茶已泡好。陈先生对我们的要求是很严格的。一次,我们因事上课迟了十几分钟。他毫不留情地说:"我约你们是三点钟。你们再不来,我就要打电话找你们了。"如今,每念于此,真是让人万分惭愧。要知道,我们面对的是一个病入膏肓的八十老人啊!陈先生,望您的在天之灵宽恕学生的轻慢与无知,学生对不起您!

陈先生对学生的认真负责直到生命的最后一刻。在他最后的住院期间,疼痛已使他夜不能寝。轻剂量的麻醉药也不再起作用。病魔使他不能行走,只能在人搀扶下,艰难移动步履。身体的极度虚弱已使他讲话极少,声音也极低弱。可就是在这样的时候,他仍在为即将毕业的第一届三个博士生的工作分配操心不已:口授信函,或打电话,多方联系。他们之中,谁的工作有了着落,陈先生就高兴得几乎要告诉去看望他的每个关心者;谁的工作不顺利、不称心,陈先生就不安、伤心,甚至落泪。也就是在这样的时候,陈先生听完了我交给他的最后一篇作业。那天,他坚持让我把文章大意详细讲给他听,听着听着,他闭上了眼睛,我知道他又在忍受着极度的疼痛,便停了下来,可他却立刻说道:"不要管我,你继续讲吧。"就这样,一直到最后,引得同病房的病友也投来了钦佩的目光。临走时,陈先生还叮嘱我回去要如何修改,等修改完了,再从头到尾给他念一遍。

如今,作业我早已改好,可是,却再也听不到陈先生的意见了!……

(章俊弟:中国话剧历史与理论研究会常务理事,江苏教育出版社高等教育出版中心主任。)

万书元

先生之风，山高水长
——陈瘦竹先生散忆

陈瘦竹(1909—1990)先生是我国当代著名学者,翻译家和小说家。他是无锡人,1933年毕业于国立武汉大学外文系。曾任南京国立编译馆编译、中央大学中文系教授、南京大学中文系教授、中文系主任、博士生导师、江苏省文联副主席。陈瘦竹先生中外兼通,古今兼擅,既能从事学术研究,又能兼顾文学创作,在学术界、文学界和翻译界均享有极高的声誉。

1984年下半年,当时尚在湖北沙市市商业局工作的我,突发奇想,想要报考陈瘦竹先生的硕士研究生。于是,我大着胆子,给陈先生写了一封信,并且随信寄去了我刚刚完成的一篇戏剧评论习作。一个多星期之后,我竟然收到了先生的回信。先生在信中不仅鼓励我大胆报考和积极准备应考,对我那篇稚嫩的论文习作也给予了肯定和勉励。

必须说明的是,二十世纪八十年代中期,正是计划经济进入尾声但是大多数人尚未觉察的一个非常特别的时期。商业局可以说是这个特别时期的一个非常特别的部门。我虽然在商业局教育科所属的商业学校(电视大学)这个不咸不淡、比较边缘的部门工作,但是,所享受的福利待遇与其他员工并无不同,更何况,商业局局长刚刚找我谈过话,准备调我到商业局最热门的业务科。

我在这种要混尚可混下去的情况下,想报考研究生,其实并非有什么先见之明,并非所谓的春江水暖鸭先知,预感到商业局很快将会在市场经济的冲击下走向衰微,而是由于如下两个原因:一是觉得自己的个性并不适合干行政工作,二是确实是有些不甘心,不甘心就这么庸庸碌碌地在这个地方混一辈子。

但是,在陈先生回信之前,我觉得自己只是在做一个完全不可能实现的白日梦。南京大学也好,陈瘦竹先生也好,都似乎离我太遥远了。

但是,陈先生这封回信一下子使我信心大增。报名之后,我几乎把全部业余时间都投入到复习应考上。1985年7月,我终于考入南京大学中文系,进入了陈门弟子之列。

从1985年秋入学到1988年秋毕业,在南大的这三年中,陈先生给我们开了两门课,一门是英文的戏剧理论,一门是中外戏剧研究。在上课期间,我们每周都有机会见到陈先生,聆听他的教诲。在平时,如果需要向陈先生请教什么问题,陈先生会让我们电话预约后分头去他家中,这样可以比较深入地讨论问题而不会受到干扰。有时候,陈先生会让我们帮忙写信(陈先生年轻时因患眼疾,视力只有0.03)。说是帮忙写信,实际是帮忙笔录。信件内容完全由先生口述,连标点符号也是如此。写完再给先生念一遍。确认无误后,我和先生一道在信纸上比画好位置,先生亲笔签名(否则三个字会叠在一起)。最有意思的是,写完信后,先生会让我们装进他早已准备好的信封,写好邮寄地址和姓名,再拿到汉口路邮局(我们宿舍楼前面)邮寄。那时一封信只要8分钱邮票。在寄信前,陈先生会按照每封信1角钱预付邮费,绝对不让我们垫付,同时也绝对拒绝找零。

在南大求学期间,我们所有的陈门弟子,无一不期待与先生更多地见面。先生也似乎知道我们的心思,也总是分头找我们到他家去,让我们每一个人都能获得同等的亲炙的机会。我们可以利用这个机会向先生请教各种学术疑问，或商谈我们的论文计划，或给他读我们的论文习作。先生在听我们阅读论文的时候，往往是坐在沙发上，闭着眼睛。听着听着，他会突然睁开眼睛提出疑问，或者直接提出修改意见。尤其是在我们作出过于武断的判断的地方，或者话说得过满的地方，先生往往都会提出尖锐的批评。在一些论述不够透彻或深入之处，先生则会直接列出一些参考文献，让我们找来参考。

我们很少，但偶尔也帮先生做一点极轻微的体力活。比如有一次先生从学校花圃买了两盆花，本来可以安排两位同学一起搬到北京西路二号新村。但是，先生一定要和我一起去，并且一定要搬那个大一点的。记得上三楼的时候，先生走在我前面，他虽然视力不好，大约因为熟门熟路，一口气就爬上了自家的门口。这应该是1986年，先生已经77岁了。

先生不抽烟，但是喜欢酒。他曾经跟我谈起在武汉求学时，喝过一种黄鹤楼牌的白酒，味道很正，醇厚绵长。可惜我一直没有找到他说的这种酒。不过先生虽然爱酒，但是并不嗜酒。只是隔三岔五地小酌两杯而已。我们男生都有过在先生家中陪先生喝酒和吃春笋烧排骨的经历。先生喝酒时的那种淡定雅致和春笋烧排骨的美味是我们和先生交往中的难以忘却的美好回忆。

陈瘦竹先生早慧。15岁就发表短篇小说，19岁发表中篇小说，30多岁就担任中央大学教授。四十年代就成为《新观察》《东方杂志》《文史杂志》《文潮月刊》等著名杂志的特约撰稿人。五十年代，陈先生刚刚四十出头，已经是南京大学比较资深的教授了。到八十年代中期，我们追随陈先生攻读硕士的时候，陈先生早已是名满天下的大学者了。令人感动又令人钦佩的是，年近八十的陈先生，从来都没有以大学者自居；尽管视力只有0.03，也从来没有停止过学习的脚步。更为难得的是，这位只能拿着高倍放大镜阅读文献的老教授，一直对新的理论和思潮保持着高度的敏感。这也是他一直保持着旺盛的学术创造力和生产力的重要原因。

记得我给陈先生笔录的信件大致有两类,一类是回复全国各地考生和崇拜者的信件;一类就是借阅外文资料的信件。我曾经笔录过多封他与时任上海戏剧学院院长的陈恭敏先生的通信。这些信件,虽然间或有关于国内当下的戏剧理论的讨论,但主要还是请陈恭敏院长安排邮寄上海戏剧学院图书馆新到的有关西方当代戏剧理论的英文文献。我曾经看到过陈先生所作的英文卡片。并不是我们在有电脑之前所见到的那种硬纸卡片,而是一种老式的袖珍的笔记本纸片,上面写满了英文,有些字还交叠在一起。

作为陈先生的学生,我敢说,像陈先生这样,几十年如一日,以坚强的意志,克服眼疾造成的难以言说的困难,不断地学习,既能站在学术的前沿,又能取得如此高的成就,这样的学者,在现时代,绝对是难得一见的了。

在当今学界,古今兼通,中外兼通的不多;教学和学术兼优的也不是太多。陈瘦竹先生不仅古今兼通,中外兼通,而且还能做到教学和学术兼优。

陈先生教课,首先是准备充分,讲过许多遍的课他仍然会认真准备,对教案不断进行修改和优化。其次是思路开阔,条理清晰,语言准确且通俗易懂。他的课没有一句废话。层层推进,环环相扣。记录下来就是一篇好文章。尤其令人称奇的是,陈先生上课时虽然戴着一块老式手表,下课之前他会做伸手看表状,实际上他什么也看不见。但是,每次他看表宣布下课时,正好就是下课的铃声敲响之时。我曾经和我的副导师,陈先生五十年代的学生、已故的邹恬教授谈起这个细节,邹老师抚掌一笑,说,陈先生给我们上课时也是这样的!而且每次都是如此精准。

在学术上,陈先生涉及的面很广,中国古代文学和古典戏曲、中国现代文学和现代戏剧、外国古代戏剧和现当代戏剧以及戏剧理论等,陈先生都多有涉猎,并且都颇有建树。

但是,我认为,先生的学术成就和贡献主要还是反映在两部著作上。一部是《现代剧作家散论》(论文集,1979,江苏人民出版社);一部是《论悲剧与喜剧》(论文集,与沈蔚德合著,1983,上海文艺出版社)。《现代剧作家散论》

是对中国现代几位最主要的戏剧家作品的研究,诸如郭沫若、田汉、曹禺、丁西林等。这些论文大多发表于五六十年代,比如《论郭沫若的历史剧》发表于1958年,《论田汉的话剧创作》发表于1961年。根据当时的学术发展状况判断,我认为,这些论文对开创剧作家专论的新范式和开创文本研究的新范式,都起到了很好的推进作用。

后一部《论悲剧与喜剧》(与沈蔚德先生合作)曾经获得1984年轰动全国的"第一届全国戏剧理论著作奖"。这部著作可以说把中国戏剧理论推向了一个新的高度。他的悲剧理论、喜剧理论,不仅在文学和戏剧领域产生了很大影响,甚至在哲学和美学领域也产生了影响。

八十年代,学术界思想解放,学者们也多活跃而勤奋,涌现了不少优秀的理论成果。但是,也有一些学者,孜孜于名利,华而不实,学风浮躁。陈先生就曾经和我谈到某个研究戏剧理论的学者,不懂英文,经常不加注释地大段大段地引用他的翻译文字,有些引用就很僵硬和牵强。

陈先生的戏剧理论的特点是中外融通,古今融通。既不崇洋,一切唯洋人马首是瞻;也不崇古,一切唯古人马首是瞻;更不像现在的某些学者,对前人无论洋土的理论,完全视而不见或弃之不顾,兀自凭空自创新说。他是站在中西方理论的高度,本着佳处见好,劣处断非的原则,实事求是,在博采众长的基础上,建构自己的戏剧理论体系。我认为,到目前为止,中国在悲剧理论和喜剧理论方面超过他的,还没有出生。

先生自1990年去世至今,已经有29年了。先生坚强的意志和伟大人格仍然激励着我们不断前行。

云山苍苍,江水泱泱,先生之风,山高水长。

(万书元:同济大学教授,兼任同济大学美学与艺术批评研究所所长。)

郭瑞龙

陈瘦竹教授和落榜生

1978年春,我步入而立之年,已经是两个孩子的爸爸。此时教坛上传来了恢复高考制度和招收研究生的喜讯。我跃跃欲试。

著名现代文学家、戏剧理论家陈瘦竹教授老骥伏枥,率先招收中国现代文学专业的研究生。我喜爱文学,拜读过陈老多部大作,他满腹经纶,风范可人,令我仰慕。我向南京大学交了代表自己文学创作水平的电影文学剧本,毅然报名应试。因才疏学浅,临阵磨枪,终于败下阵来。在彷徨沮丧之余,提笔向陈老倾叙衷肠。陈老当时因事外出,返宁后于酷暑7月9日,以0.03的视力,凭借放大镜给我复信,鼓励我"考研究生今年不取,以后仍可再试"。并指点我把剧本送给有关部门征求意见。

陈老著书治学十分繁忙,然而他对一个孜孜以求的莘莘学子,关怀备至,指点迷津,令我难忘。

作为当年落榜生的我,感谢陈老把我从情绪低谷中拉上来,鼓起我生活的风帆。一个人在失落时,重要的是靠自我解脱,重振雄风,但是,亲人、师友们的理解、信任和搀扶,也是必不可少的。

中共无锡县港下乡党委　无锡县港下乡人民政府

故乡的怀念

陈瘦竹教授逝世的消息,引起家乡人民对他的深切怀念。

尽管他在六十多年前就游离了乡土,尽管绝大多数今天的港下人都无缘拜识过他的尊颜,但他的英名事业一直是故乡人民的骄傲和荣耀,他的溘然长逝更使得父老乡亲悲恸难忍。

都说无锡这一方人杰地灵,因为这一片乡村热土上养育出许多个像陈瘦竹先生这样的学界巨子或士林俊才,但每接到类似于陈瘦竹教授逝世的讣闻时,我们的那种切肤之痛常常是如此的刻骨铭心!

据南京大学的有关同志说,陈先生填写自己的籍贯,如果没有特别的规定,他都愿意写上无锡港下人,而不倾向于笼统地填作"无锡"。这里透溢着一种乡下人的执拗,体现出老人浓烈的乡愁乡心。或许,只有他故乡的人们才能领略到他的乡愁之浓、乡心之烈?他虽然很早走出了乡村,但几乎从来就是把自己的生命和乡土生活联系在一起的。他是我国三四十年代卓有成就的乡土文学作家,他的作品中浓郁的乡土气息正是故乡泥土芳香的弥漫散逸所致,他的相当数量的小说创作以深刻而有力的笔致刻画了那个时代水乡泽国民众无可奈何的慨叹和揭竿而起的吼叫,我们如今读来,仍倍感亲切、倍受激励。尤其是他那部在中国现代文学史上占据着较高地位的长篇小说《春雷》,把抗战时期羁旅川中对故乡人民的怀念与希冀表现得淋漓尽致,实堪为家乡人民永远感念!书中展示了"土地平坦,阡陌纵横,村舍相望,鸡犬相闻"的江南景致,描写了悠扬的山歌、欸乃的水车、蝉蛙的鸣叫、稻场上小狗的打滚、豆棚下"菊花黄"的清香等故乡风情,寄托着年轻的陈瘦竹对故乡生活醇酒般的醉心。他所写的处在锡常公路中段、水陆交通便利的大市镇"石家镇"便是作者幼时屡屡光顾的顾山镇的面影。他在田园牧歌和山光水色中构思着"石家镇"民众自发抗日的可歌可泣的故事,充分显示了久离故土的他对家乡的依恋、讴歌和赞颂之情。在他的描绘中,生活在顾山周围的人民永远是那么正直而勇敢,平和而刚强,勤劳和恬淡,家乡的后辈永远能从他的描写中感受到家乡的温热、美丽、富饶、正义与可爱,故乡将永远为此而感到自豪。

由于工作关系,他很少有机会重游故地,但他对故乡的关心和系念并不因此而稍减,每逢有乡亲探访,他总是热情接待,无锡市、县各文化机构与他联系,他从来是有求必应,来自无锡乡里的后辈学子更是备受他的照拂、关怀。他的事业在外地,在更广阔的世界里,在远离乡土生活的学术界,但他每常以自己浓郁的乡心,以自己高尚的品德加强着他与家乡人民的情感联系。

陈瘦竹教授的故家在我乡南陈巷,是这一带颇为闻名的书香门第,他的父亲是位声望很高的私塾先生,不幸英年早逝,贤良的寡母将他们兄弟抚养成人,生活之本仅是祖传薄田五亩得自耕作,故虽出身读书人家,实是农家子弟,自幼饱受穷迫,但他与兄长陈瘦石先生继承了自强不息的精神,终于在学术界、文艺界崭露头角。他们的身世遭遇和成功业绩在家乡常被传为美谈,许多辈港下人就是通过这样的口碑认识了陈瘦竹先生;毫无疑问,港下人还将以更丰富的口碑常忆起他的英魂。

愿他的英魂在故园熟悉的乡音中得以永远安息!

据他的学生们说,陈先生长期以来目疾沉重,出行不便,每常以不能探访故乡为憾,其实,这又何尝不是我们家乡人民的遗憾!

我们多想瞻仰这位智者的音容笑貌,我们更希望让他看看家乡的变化,让他在惊异的赞叹中得到暮年的慰藉!

是的,如果他黄泉有知,魂游故里,他会感到慰藉的,故乡人民的辛勤耕耘和悉心创造定会使他感到自豪,正像他的成绩已经成为故乡的骄傲一样。

陈先生一定记得,过去的港下虽处在"鸡鸣闻三县"的要津,但交通落后,生产力低下,经济基础十分薄弱;陈先生当年到无锡城读省立第三师范学堂,须坐一夜的航船,如今则通衢交织,车水马龙,一个小时即能通达。特别是在近些年,党的改革开放政策使港下面貌大变,不仅农业生产持续丰收,而且乡镇企业蓬勃发展。由新一代港下农民自己的手臂创设起来的许多新型企业,如太湖针织制衣总厂、市衬衫厂、太湖帘子布厂、县第四磁性材料厂、飞达橡胶厂等,不仅在无锡一带享有盛誉,而且在全国同行业中也名列前茅。由于工农业经济布局合理,相得益彰,我们乡的经济发展这些年真有突飞猛进之势:1985年产值超过一亿元,跃入亿元乡的行列,1988年的产值超两亿,难忘的1989年,我们的产值超过了三亿元。到了1990年,全乡的工农业总产值达到四亿六千多万元,比大发展的1989年增长了39.4%,利润超过二千万元,外贸产值也接近五千万元。粮食生产同样获得了历史性的大丰收——突破了五千万斤大关!在"七五"期间,经过不断的开拓和调整,逐步形成了电子、橡胶帘布、针织服装、包装建材和机械等五大主体行业。各行各业先后开发工艺新品32只,其中17只通过江苏省鉴定,15只通过无锡市鉴定。另外,还获得国家、省、市科技成果奖39项,光1990年就获得14项。眼下,全乡工业固定资产已达到一亿两千万元,是1982年工业起步时的13.8倍。因此,港下的工业基础实力很强,工业生产的潜力很大,只要市场启动,飞速发展的势头是谁也阻挡不了的!乡镇工业的发展,为现代农业的发展铺平了"物质"道路。"七五"期间,乡村两级用于农业的投入达八千余万元,现全乡农业机械总动力为二万三千九百多马力，发展的后劲很足，一个工业农业齐发展的趋势已经呈现在人们的眼前了！港下的成就引起了人们的注目和领导的重视，去年南京出版社出版了《乡村经济的调整之路》一书，用报告文学和调查研究的形式介绍了我乡农副工贸各业协调发展的经验及经济崛起的历程。中央电视台还曾在黄金时间播放过介绍我乡工农业协调发展的专题纪录片。

港下的经济发展今非昔比，港下人的精神风貌也发生了大的变化。随着改革开放的深化，港下人的思想观念在不断解放和更新，"小富即安""甘居中游"的小农意识早已荡然无存，代之而来的开放意识、竞争意识、效益意识、改革意识、全局意识。一大批能人在商品经济的大潮中勇于探索和实践，成为我乡经济发展和事业建设的弄潮儿，成为振兴港下的宝贵财富。一种不务虚名的求实精神、敢担风险的变革精神、艰苦奋斗的创业精神、不断进取的竞争精神、强国富民的奉献精神已在古老而又崭新的港下大地上到处传扬！

随着"七五"计划的结束和"八五"计划的到来，我们乡党委和乡政府经过周密规划，描绘了"八五"期间的蓝图：粮食年产保持在五千万斤以上；工业总产值年递增速度为20%，到"八五"期末达到十亿元，其中外贸出口两亿元。为了画这张蓝图，美好第一笔很重要，我们决心在1991年实现工业总产值五到六亿元，其中外贸产值六千万元；粮食总产继续稳定在五千万斤的水平。我们坚信：港下人民在乡党委和乡政府的领导下，这张最新最美的"杰作"一定会呈现在人们的眼前！

经济发展了，我们没有忘记教育事业。全乡的教育投资累年递增。陈先生的老家南陈港仅去年就投资二十多万元兴建学校。我们知道人杰地灵全靠教育，尊师重教往往是人文荟萃之地的优良传统，我们一定把这种传统发扬、光大下去，从而为港下、为祖国培养出更多个陈瘦竹式的栋梁之材！

田本相

陈瘦竹先生对戏剧事业的贡献

陈瘦竹先生是我国戏剧界的一位著作颇丰、卓有成就的学者,而且是一位乐于扶掖晚辈的长者,我们尊敬他、怀念他。

陈先生早年曾以乡土文学作家著称。他曾写过长篇小说《春雷》,出版过短篇小说集《奈何天》,这些作品,都曾享誉于三四十年代的文坛;但他贡献最突出的方面却是戏剧理论研究和戏剧教育,也可以说他把毕生的精力都献给了中国的新兴戏剧事业。

他最早在国立编译馆工作,后来才从事戏剧教育和戏剧理论研究,这同他的夫人沈蔚德先生有关。沈先生作为国立剧专的高才生留校执教,抗战爆发随校迁至四川省江安县。而陈先生却只身一人滞留重庆,夫妻两地分居多年。到1940年10月,陈先生方应余上沅校长邀请,到国立剧专任教。由此开始了他漫长的戏剧教育和研究的学术生涯。在半个多世纪中,经历了多少风风雨雨,遭受了多少劫掠磨难,但从没有动摇过他从事戏剧文化研究的决心。他迈着蹒跚的步履,一直执着地、坚定地、无私地在戏剧王国里跋涉着。

一本本翻译、评析外国戏剧的作品出版了,一部部具有开拓性的戏剧理论和戏剧美学的专著问世了。由于戏剧教学的需要,他便转而致力于戏剧理论的研究,他充分发挥了外文的优势,把外国戏剧理论和创作的翻译同研究评介结合起来。他翻译了雨果的名著《欧那尼》和萧伯纳的《康蒂妲》,这两部作品,至今仍被视为上乘的译本。他撰写了数十篇评介文章,有计划有系统地研究评介西方戏剧理论和戏剧思潮与流派。当中国戏剧理论研究还是一个薄弱的领域时,他率先撰写了《亚里士多德论悲剧》《论悲剧的人生观》《悲剧和喜剧》等论文;另外还写有《论排场戏》《戏剧定律》《戏剧普遍律》等。他既侧重悲剧、喜剧的戏剧美学范畴类型的研究,又注重对戏剧本质以及戏剧规律的探索。他还翻译了英国聂考尔的《戏剧批评史纲》的主要部分,从这里我们可以看出他对西欧戏剧理论史的研究是非常重视的。

他有很多论文是系统地研究西方戏剧思潮、流派及其创作的。他以古希腊的戏剧作为开端,首先撰写了《希腊戏剧艺术之渊源与竞赛》《希腊"戏剧艺术"剧场与布景篇》《希腊"戏剧艺术"之演员与观众》,以及对《俄狄浦斯》和《美狄亚》的评析文章等。然后又对戏剧大师莎士比亚及其剧作《哈姆雷特》《威尼斯商人》《麦克白》等做了详尽系统的评介。与此同时,还对西欧戏剧史上具有重要地位和影响的思潮和流派进行了系统的研究,如:《法国浪漫运动与雨果的〈欧那尼〉》《萧伯纳及其〈康蒂妲〉》《象征派作家梅特林克》《戏剧鬼才安特列夫》《新浪漫派作家罗斯当》《高尔斯华绥及其〈争强〉》《自然主义戏剧》等。他以自己特有的准确、传神、简练、精到的笔法,对这些戏剧思潮、流派的形成原因,主要特征及其代表人物、代表作品,进行了比较深入的分析和评价。这些文章,是我国对西欧戏剧思潮流派研究的最早结晶。

陈瘦竹先生的早期戏剧理论研究已显示出其特点:即以戏剧理论研究为纲,并把它同西欧戏剧理论思潮流派及其创作的研究结合起来;在治学作风和方法上,既讲究科学性、逻辑性,同时又注重对创作的艺术感受和鉴赏进行细致深入的分析。因此,他的戏剧理论研究一开始即建筑在对戏剧史和剧作评析的基础上,而形成了扎实稳妥的研究风格。他的治学作风,对后学者无疑是榜样;他的研究成果不仅有助于对西方戏剧理论的借鉴,而且对探索如何建设中国的戏剧理论,无疑起到积极的推动作用,他的历史性功绩是不能抹煞的。

陈瘦竹先生是中国现代话剧研究当之无愧的开山者之一。新中国成立前,他倾心于对西方戏剧理论的研究和介绍,从而奠定了坚实雄厚的基础;新中国成立后,他的研究重点和方向转移了,走向了戏剧理论研究的新阶段。他自觉地运用马克思主义观点,研究中国现代戏剧史、现代剧作家和作品。他先后选择了一些具有代表性的剧作家,撰写了一系列具有高度学术水平的论文,如《丁西林的喜剧》《论郭沫若的历史剧》《论〈雷雨〉和〈日出〉的结构艺术》《论戏剧冲突和性格——重读〈曹禺剧作选〉》等。而他的《论田汉的话剧创作》,不仅是我国话剧创作史上最早研究田汉的专著,而且也是第一部中国现代戏剧作家研究的学术论著。"十年浩劫"结束不久,陈瘦竹先生又出版了规模更大、范围更广、功力更深的《现代剧作家散论》。这些论著,以其缜密的科学性和学术性,开创了中国现代话剧研究的新局面,对中国现代话剧研究产生了广泛而深刻的影响,尤其是他那种"筚路蓝缕,以启山林"的精神,对后来者具有启示和引导作用。

陈先生的研究范围是广泛的。在着重研究中国话剧的同时,仍然继续着西欧戏剧理论思潮发展史的研究,并形成了他的具体构想和计划,即撰写一部以马克思主义为指导思想的《欧洲戏剧理论史纲》。在这部专著里,他描述和概括欧洲戏剧理论发展历史的线索和内涵,探索和总结欧洲戏剧理论发展中的规律。为此,他锐意穷搜,积累资料,并于"文革"前夕写完了数十万字。但是,这部将近杀青的巨著,却毁于"文革"之中,连他搜集的资料,统统付之一炬,化为灰烬了,实是令人惋惜!目前我们还能从他已经发表的论文中,看到这部专著的追求和某些面貌,如《马克思主义以前欧洲戏剧理论》《马克思、恩格斯戏剧理论初探》《历史唯物主义与戏剧》等。他不仅把马克思、恩格斯的戏剧理论作为研究对象,而且运用马克思主义观点来探讨、总结、评价西欧戏剧理论的思想成果、规律和局限。由此,我们看到新中国成立后他的戏剧理论研究,不单是一种学术探索的历程,更是一个重新学习,对马克思主义执着追求的思想历程。尽管在这一过程中有着此起彼伏的政治运动和极"左"思潮的袭扰,著作横遭批判,身心受到挫折,但丝毫没有动摇他那一以贯之的决心和信念。他就是这样一位不折不挠的令人尊敬的学者。

应该说,开放改革的新时期,是陈瘦竹先生戏剧理论研究取得最辉煌成果的年代,也是他学术上收获的季节。他以老骥伏枥的壮志和顽强的毅力,取得了令世人瞩目的成就。他晚年患眼疾,靠放大镜阅读写作。正是在这样困难的条件下,完成并出版了《现代剧作家散论》《论悲剧和喜剧》和《戏剧理论文集》这三部专著,其中《论悲剧和喜剧》曾获得首届"全国优秀戏剧理论著作奖"。

《论悲剧与喜剧》是我国第一部专门研究戏剧美学基本范畴的专著。他以马克思主义观点对欧洲悲剧理论做了辨析,认为西欧悲剧理论的基础是一种悲剧人生观,而这种悲剧人生观导致了对人生、对人的命运的悲观主义态度。他认为亚里士多德的"悲剧过失论"、黑格尔的"悲剧罪过论"等都烙印着悲观主义的人生态度。他以恩格斯的"历史的必然要求和这个要求在实际上不可能实现"的悲剧观为依据,联系社会历史发展的实际和悲剧创作的实际,提出悲剧是一种战斗的艺术。它的本质在于揭示人们在社会斗争和自然斗争中的昂扬的精神。而其基本内涵是崇高,悲剧人物应该是正面典型或英雄人物。悲剧的美感效果在于鼓舞和激励,"使我们想到人是多么强大而为之扬举"。据此,他又把悲剧分为三种基本形式:英雄悲剧、平凡人物的悲剧和错误造成的悲剧。但他更强调英雄悲剧的价值,如对郭沫若的悲剧就给予很高的评价:"郭沫若以他的雄伟壮美的历史悲剧大声向世界宣告,正当资本主义世界哀叹悲剧渐趋灭亡的时候,而在反抗异族侵略和专制统治的古老的中国,在具有马克思主义思想的剧作家笔下,悲剧文学正蓬勃发展。郭沫若的这种崇高阳刚的悲剧艺术,令人奋发图强,必然要使一切悲观主义的作品相形见绌,黯然无光。"由此可见陈瘦竹先生对悲剧崇高阳刚美的钟爱。他的悲剧理论有其自成一格的特色,是他对传统悲剧理论的辨析、对悲剧创作的概括并结合社会主义戏剧的发展需求而形成的。

关于喜剧理论研究,他对喜剧范畴的研究尤为精到,如对幽默、讽刺、机智、嘲弄所做的清理和阐释,深化了对这些喜剧范畴的区分、界定和认识。特别是结合大量中外喜剧创作的分析论证,使之更具有说服力。他把喜剧也分为三种基本形式:讽刺喜剧、幽默喜剧和赞美喜剧。这种区分,主要是根据审美主体的情感态度来判定的。他认为无论是讽刺、幽默和赞美,"都是对生活的态度"。正由于作家主体态度的不同,而有了不同的喜剧形式。这种区分既是政治的、道德的,也是审美的。尽管他从喜剧作家的主体态度来进行这种划分,但绝不意味着他夸大主体作用。他说:"作家的意识是由社会存在所决定,作家的个性是在社会生活中形成和发展,某种现象是悲剧性还是喜剧性的,自有客观的真理性,绝不可能因人而异。"这样,他就把喜剧的客观内容和主体态度结合起来。他的赞美喜剧理论,更独具见地。他通过对莎士比亚、丁西林等人的喜剧创作的分析,发现他们笔下的喜剧人物机智聪明,绝处逢生,同时又能于巧妙应付中获得圆满或欢乐的结局。他认为这就是赞美喜剧,并提炼概括出赞美喜剧的界说、特征和内涵。他认为赞美喜剧将会成为社会主义喜剧创作的主要形式。正因此,他对《今天我休息》《五朵金花》《陈毅市长》等给予充分肯定,展示了他对赞美喜剧的向往。

陈瘦竹先生的悲剧、喜剧理论,不仅是对传统戏剧理论的积极继承和发展,使之自成一体,而且对社会主义戏剧的实践具有启示作用。在他的戏剧理论研究中凝聚着对社会主义的理想和热情,并紧密地结合着社会主义戏剧发展的要求和趋势,这一点是十分可贵的。

收集在《戏剧理论文集》中的论文涉及的论题十分丰富,而其中最引人注目的是他运用马克思主义观点对西方现代派戏剧理论思潮、流派和创作进行的研究,其中包括对最新潮的荒诞派、象征派、弗洛伊德心理学派的戏剧理论思潮的深入辨析论述文字。如《王尔德的唯美主义理论和他的喜剧》《象征主义戏剧和现实生活》《心理分析学派戏剧理论述评》《关于当代欧洲"反戏剧"思潮》等,都是具有高度科学价值和现实品格的论文。这些论文都写在新时期西方现代主义思潮席卷而来,中国剧坛上新潮迭起,竞相模仿西方现代派戏剧的汹涌大浪之中。而陈瘦竹先生以其卓然特立的识见和十分清醒的科学态度,对西方现代派戏剧理论思潮做了系统而深入的分析研究。他为了研究心理分析学派,凭着放大镜阅读了英文版《弗洛伊德全集》。陈瘦竹先生正是以他深厚的理论修养和渊博的视野,对现代主义的戏剧理论思潮,从历史的、社会的、哲学的背景上揭示了它们形成的原因,对它们的思想和艺术的特征作了概括和辨析,并剖析了它们的实质。他既不否定这些戏剧理论思潮流派及其创作的有益的、合理的因素和思想成果,但也不盲从、不迷信。这些论文,不仅是"对历史文献做出新估价",更让世人真正历史地、全面地了解并懂得西方现代派戏剧的真面目。这些论文表现了陈瘦竹先生敢于坚持真理的精神和严谨的科学态度。尽管当前的戏剧理论界已不再像过去那么沉寂荒疏,但能够像他那样于西方戏剧思潮袭来时,以高屋建瓴之势,充满理论自信,对西方现代派戏剧理论思潮做出如此深入而科学辨析的戏剧理论家仍不多见。他曾经意味深长地说:"新中国成立以前,我国是半封建半殖民地社会,欧美资本主义文化充斥市场,但在戏剧方面,很少这个派那个派的全部翻版。这种历史经验值得深思。"这些意见是很有见地的。

陈瘦竹先生对戏剧理论的贡献是多方面的,而观其全部著作可以看出他的戏剧理论研究是有宏大的志向和构想的:即在广泛评介西方戏剧理论并深入结合中国传统戏剧的基础上,结合中国现代话剧创作的实践,建立起一个宏大的、有序的戏剧理论体系。他曾这样说:"四十年代初,我译《戏剧理论》时曾经想到应该联系中国话剧,直到五十年代初,这个意念忽又浮现在我脑际,是否可以运用马克思主义的观点和方法综合外国戏剧和中国戏曲及话剧,建立一个新的理论体系。"他上百万字的理论著作可以说基本上实现了他的设想。他的理论体系包括悲剧、喜剧、悲喜剧这三大分野,贯通创作、表演、接受三大过程,融进冲突、情境、剧场三大因素,既具有缜密的科学性,又具有鲜明的独创性,更有着开放性。从特定意义上说,是对中国戏剧理论现代化和民族化的追求。他撰写现代剧作家专论是为了使自己的理论体系能够更切合于创作的实际,研究评析西方戏剧理论,是为了充实和拓展自己的理论视野,使自己的理论体系能够消融世界戏剧理论的成果并体现其趋向,从而具备高度的学术品位。这些理论企图都已经展现出来,他为此艰苦劳作一生,付出了全部心血,他未竟的理想和追求,已经有人加以继承,而他为中国戏剧学的创建和发展所做的贡献是永远值得我们纪念的。

最后值得提出的,是他一生孜孜于戏剧教育,他在国立剧专时自不必说,而新中国成立后院校合并,他应聘到南京大学执教,在中文系也重视开设戏剧研究课程,特别是粉碎"四人帮"以后,他辛勤培养出为数颇多的戏剧学硕士生、博士生,其中不少人已成为国内外知名的中青年学者,如朱栋霖、汪应果、王文英等,都是佼佼者,他为中国戏剧教育所做的贡献是令人尊敬的。他更亲自支持扶植了戏剧学方面各种学会的建立,如中国喜剧学研究会,中国话剧文学研究会等,都是在他的支持关怀下成立的。通过这些学会,不少老中青学者团结在一起一道为戏剧理论、戏剧史研究进行工作。正因此,他在我国的中青年戏剧研究、戏剧教育工作者中享有崇高的威望。

陈先生为戏剧教育和戏剧理论研究、为整个戏剧事业所做的贡献,是永远值得怀念的。

(原载《新文学史料》1992年第3期)

(田本相:戏剧理论家、戏剧史家,1987—2000年任中国艺术研究院话剧研究所所长,文化部研究系列高评委委员、副主任,曾任中国话剧理论与历史研究会会长、华文戏剧节委员会主席。著有《曹禺剧作论》《郭沫若史剧论》《曹禺传》《田汉评传》《中国现代比较戏剧史》等。)

骆寒超

从当年授课记录稿看瘦竹师的艺术分析

从1956年的下半年到1957年的上半年,瘦竹师给我们讲授"中国现代文学史",时限是1918年到1949年。分四编,第一编是"'五四'新文学的发生与第一个十年的现代文学",第二编是"左联前后十年的文学",第三编是"抗日战争时期文学",第四编是"第三次国内革命战争时期文学"。

瘦竹师所授内容有两大特色:淡化文学运动的描述,突出作家作品的研究。整整一年的授课,他从鲁迅、郭沫若、茅盾一直讲到康濯、李季、鲁煤等几十位作家,其中尤以论丁西林、田汉、郭沫若、洪深、曹禺、夏衍等剧作家最为深刻。瘦竹师在论述作家时,淡化生平事迹、创作经历的介绍,突出代表性作品的艺术分析,而在艺术分析中,又能将具体文本的构成特征与创作论结合起来考察。所以,当年瘦竹师在授课中的艺术分析,给我们听课的学生留下深刻的印象,认为这是一门史论结合的课程,有理论深度。此前,瘦竹师还给我们开过"文学引论",再开"中国现代文学史"课,使我们在文学知识的接受中,意外地补了一场理论与实践有机结合的教育。

我那时在听讲中做了详细的记录,分记在两个笔记本中。它们一直被我带在身边,伴我度过几十年的流浪生活。在养猪的猪舍里,放牛的野河边,我常拿出来翻看,回忆在南大时美好的学习生涯,摸索瘦竹师严谨而隽智的学术思路。正是这些,给我以温暖,赐我以信念与勇气,让我活了下来而不至于走上绝路。如今,54个年头过去了,我已失去很多很多值得珍惜的东西,却没有失去这两个笔记本,我想这别无他因,无非是瘦竹师像座庄严的丰碑矗立在我的心灵里,使我能像保护自己的眼珠一样随时保护着它们,不致丢失。今逢恩师百年诞辰,我重读了这两个纸张早已发黄的笔记本,对内中一些作品的艺术分析有更多的体会,故特摘抄出1956年瘦竹师在母校东南大楼授课时我的记录稿中的一则——《曹禺及其代表作〈雷雨〉》,略做整理,打印于下,然后再结合记录稿中其他内容来谈自己一点感想。

一、曹禺及其代表作《雷雨》——一则瘦竹师授课的记录稿

今天来谈谈曹禺,并对他的代表作《雷雨》做些分析。

(一)概述

曹禺本名万家宝,祖籍湖北。他1910年出生在天津一个封建旧家庭中,童年时受过旧式启蒙教育,也对旧家庭生活气氛深有感受。在南开中学读书时他已爱上戏剧,参加了学校组织的剧团,还上台演过戏。后进清华大学,学西洋文学。因此,他除了对本国文学有基础外,西洋文学的造诣也很深。由于受过一些欧美资产阶级不问政治的思想的影响,所以当年的学生运动他参加不多,只顾研读西洋文学。在清华读书时他就开始话剧创作,大学毕业后从事教学工作,抗战胜利前曾和老舍去美国讲学。他的话剧代表作是《雷雨》。截至1949年,还有《日出》《原野》《北京人》《家》《蜕变》,新中国成立后还有《明朗的天》等,都是多幕话剧。新中国成立前他一度从事电影编导,写

了唯一的电影剧本《艳阳天》。

从曹禺所接受的教育看,他的创作受到西洋文学的影响更大。影响不等于模仿和抄袭。从另一方面说,一个作家从事写作总是从接受传统开始的,免不了会受前人的影响,曹禺主要接受的是西洋戏剧(话剧更接近西洋戏剧)。这种接受不仅仅是艺术手法上的事,更是观念!曹禺主要就是受这方面的影响。关于这一点,他本人在《〈雷雨〉序》中辩解说:"我想不出执笔的时候我是追念着哪些作品而写下《雷雨》,虽然明明晓得能描摹出来这几位大师的遒劲和瑰丽,哪怕是一抹、一点或一句呢,会是我无上的光彩。"但这辩解恰好证实了他接受的影响不是一抹、一点或一句式的手法,而是概括生活的观念。

在曹禺作品中,有希腊悲剧的观念:命运决定一切。这在《雷雨》中就有。易卜生所提出的社会遗传,《雷雨》中也有。还有十九世纪资产阶级学者佛罗伊特的学说。这学说提出:人们一切活动的中心是性欲,这在文学上就是精神分析法。根据这个学说,他还提出情意综,认为是爱欲的压抑而造成人心上的疙瘩。这当然不对。两性生活只是人生活动的一部分罢了,而这部分也还是社会造成的。但曹禺也还是受了影响,这特别反映在《雷雨》中。

以上这些影响曹禺创作的看法,不能全解决曹禺对社会问题的看法。

当然,曹禺的思想不可能全是上面那些,否则他是写不出《雷雨》这样的作品的。半封建半殖民地的社会为他的创作提供了复杂的背景,也使其获得了先进的社会观念。

(二)《雷雨》的主观思想和客观思想

《雷雨》是1933年夏天在清华时写成的,那年曹禺23岁,1934年发表在《文学季刊》第1卷第3期上。从那时到现在,这部四幕话剧作品一直拥有大量的读者和观众。这部剧本的出现使我国的话剧运动向前推进了一大步。

《雷雨》的悲剧所产生的根源何在?曹禺在《〈雷雨〉序》中说,在这场斗争的背后"有一个主宰"存在,"希伯来的先知们赞它为'上帝',希腊的戏剧家们称它为'命运'",近代的人则"直截了当地叫它为'自然的法则'"。他自己呢?"不能给它以适当的命名,也没有能力来形容它的真实相",却又说"这是天地间的残忍",意思即天地间有一种超人事之力,在这力的制约下,男女老少就要有悲剧发生。他同情悲剧的人物,憎恨残忍之力。但我们看《雷雨》,悲剧之根源不是抽象的、超社会、超人间的残忍,而是很具体、很明显的社会力量。

在剧本中所构成的矛盾,作者在好几处说是天意。正因为写这个剧本时曹禺的思想中有唯心主义成分,使这剧本存在着一些缺点。读者和观众认为这是暴露旧家庭的罪恶,作者在创作时自己却没有感到这些。

发生在《雷雨》中这个旧家庭的罪恶,追究其原因,实在是半封建半殖民地社会造成的,因此这剧本暴露了封建主义、资本主义制度对人性的摧残。读者、观众之肯定《雷雨》之处,并不出于作者的主观意图,而是他们已看到剧本揭露了封建家长制势力和资产阶级思想。

(三)复杂而尖锐的矛盾冲突和紧张而严密的情节结构

曹禺的所有剧本都是从错综复杂的社会矛盾中展开的。作品有一个长处:不但矛盾冲突复杂,并且是高度集中、强烈、尖锐的。

《雷雨》是由多条矛盾线索交织成的。周朴园和鲁大海是资本家和工人阶级的矛盾,不过不够突出。封建家长和妻子儿女的矛盾,周朴园专制又虚伪,因此妻子反对他,儿子们和他没有感情,特别是和周冲之间的矛盾,弄得没有骨肉之情。情欲和道德的矛盾,反映在繁漪和周萍的乱伦上,周萍是一种情欲表现,却还要摆出一副道德面貌;作为一个正常的人,不会发生这种事;既然发生了,也该挑起担子来,可是周萍不!再还有幻想和现实的矛盾,表现在周冲身上,他太单纯、太纯洁,但现实却并不如此。再有正直和邪恶的矛盾,鲁妈和鲁贵间、四凤和鲁贵间、鲁大海和鲁贵间都反映着。而最后还有封建伦理和爱情之间的矛盾,反映在四凤和周萍之间。正是这许多矛盾的交织,让周朴园和侍萍间的事全兜拢了,汇聚成一场极大的冲突,终于在这个旧家庭的某一天二十四小时中总爆发。从这些地方可以见出曹禺生活概括的魄力，艺术构思的魅力，使这一场矛盾冲突既显出广泛性，也具有深刻性。

从艺术表现的角度看，尖锐复杂的矛盾冲突必导致紧张情节的发生。《雷雨》中的人物都是受复杂而原始的情绪支配的，都在爱与恨这些复杂而原始的情绪支配下于二十四小时之内展开矛盾冲突，因此情节也就极端尖锐紧张。情节的紧张和作品的矛盾冲突，是矛盾冲突的时间所规定的。这种高度的压缩和概括必须合乎逻辑才能使观众相信。曹禺能做到，这是他的才能的表现。我们不妨看一看作品的具体表现：三十年前的旧账，在剧情中要整个儿反映出来。从鲁妈发现和断定她又走进周家，就有了紧张；她自己已脱身了，不愿女儿再陷入，但女儿还是陷入了，进一步紧张。这二者合成是第一层次的紧张。繁漪为摆脱黑暗、荒凉、受欺压的痛苦，死抓住周萍不放。而周萍的态度又使她失望，失望之余又使她不得不用失去理性的凶狠手段对付，这是第二层次的紧张。周萍为了逃脱繁漪与他乱伦之事的纠缠，另觅新欢，爱上了四凤，这是周朴园与侍萍往事的续篇，上代人传统在旧家庭中的继承，四凤因此被辞退，等待着她的是像当年侍萍的命运，因此鲁妈要逼女儿发誓……这是第三层次的紧张，它可是和第一层次连接起来的更强烈的紧张。正是这种尖锐复杂的矛盾冲突，逼使情节一步步进入极度的紧张状态。

戏剧冲突形成戏剧情节，或者说一个个戏剧冲突不断地发生是戏剧情节之所以能形成的基础，而情节其实是人与人之间的相互关系和矛盾冲突。戏剧冲突是现实生活中的矛盾冲突的舞台形象的反映，任何戏剧情节最终也都是生活浓缩、集中、典型化的戏剧表现，戏剧情节的紧张也正是现实生活冲突复杂、尖锐的反映。这些，在《雷雨》中显示得很真实。

情节的紧张固然不能单纯归结为一种手法，不过要紧张化，也是需要手法的，而这就要联系到严密的戏剧结构了。

关于结构，戏剧和小说的要求有个很大的不同。茅盾的《子夜》，可以用电影镜头法引读者去看，但剧本是在舞台上演出的，只一块地，要化开来，展示种种,就更要强调结构的严密了。

《雷雨》的结构之严密可说是环环相扣以成经,线线交织以成纬所织成的一幅锦缎,是一个系统。这里不妨以第一幕吃药的线索为例。吃药这一条线索的安排以及发展,值得重视,第二幕就是从吃药的事为根据开始的。在第一幕中关于繁漪吃中药中已提到了请大夫来看病,看病又在这幕中贯串起来。在繁漪去看病时,下面接着是周朴园、鲁妈的见面,这是一个认识的场面,重要的是让两个三十年不见的人单独见面,并把许多往事情节串起来,依靠的就是吃药这根线索。在这一条线索上也表现出周朴园的专制。第四幕从药的线索发展成疯子问题,疯子的事又发展了,一切都贯串起来。再说属于周冲的几个场面的组织。开始时是叫"四凤"几声就下去了。下面是和母亲谈他爱的一个人,再下面是同父亲谈要供学费给一个人,但父亲逼母亲吃药的事出现后,他就不愿向父亲请求这事了。从第一幕这条吃药的线索展开的矛盾冲突竟如此尖锐复杂,也就可见出全剧结构之严密了。这严密是建筑在种种关系的结合都很巧妙而合理的基础上的。

(四)性格与冲突——情节

戏剧冲突主要还是性格的冲突。紧张的情节根源于人物性格。戏中常以情节来吸引人,因此有所谓情节戏。在曹禺的戏里有鲜明的人物性格在起遥控作用。戏剧情节是从强烈的性格中出来的,没有强烈的性格就不能展开戏剧的矛盾冲突。

繁漪在《雷雨》中写得最好。她性格很强烈,所谓强烈的性格一方面指的是她在戏中比另一些人更为具体,另一方面指她的行动显示出坚决、勇敢地追求爱情的特征。她是一个久经创伤的少妇,受封建势力压迫。她对周萍的爱情,不仅是肉欲的,而且是希望周萍把她当成一个人看。对封建势力的不满与仇恨,她希望周萍给她以反抗的力量。这种反抗出于她性格中的骄傲与自尊。她有她的贞操观。对周萍的爱不肯俯就,正是这种自尊与骄傲的反映。而这些,正是繁漪性格构成的核心内容。所以繁漪对周萍的抛弃是恨的,决不肯轻易放手。这也就使她对周萍的态度有爱更有鄙视,以至于愤怒。当环境逼得她没有办法时,她怕束缚和孤独更大的威逼,所以求周萍带走她。但当周萍不答应,她的性格就推她走上报复的路。不过,她内心并不想置周萍与四凤于死地,而只是任由自己自尊的、反抗的性格牵着行动走。这里有她性格上的破坏性,却不是简单的妒忌。于是,有关繁漪的尖锐、复杂和紧张的情节,也就受这样一种扭曲了的性格的遥控而发生了。

由于作者在写作时对社会发展的认识还不全面深入,所以《雷雨》中塑造的性格也不是完全真实的。鲁大海的性格离开了他的原型,是不对头的。第四幕中把鲁大海写得很幼稚。作者没法认识到鲁大海是怎样一个人。再有周朴园这个封建专制家长兼资本家,当然不能说没有一些人情,但作者把他写得太好了一点,如三十年来客厅的摆设、关窗等等,这是把周朴园写成一个有感伤调子的诗人了。第四幕中那种感伤气氛烘染他是为了什么?作者当时是把它当作人处天地间都是无可奈何的,于是在这个人物身上作者也就过分地给以温情了。这些反映着作者对悲剧的根源认识不够全面。

(五) 卓越的戏剧技巧

所有的戏剧技巧都是为了满足观众的审美需要,提高观众的感染力、欣赏力。譬如有关前因后果交代的问题上,小说中问题不大,但戏剧中就不那么简单了。这里结合《雷雨》的作品实际谈谈如下几个问题:

强调:在剧本中,强调这一点特别重要。有些关键性的情节不强调,观众就会忽略,就会对全剧的了解不够。这个剧本中有个角色"雷雨"没上场,但不可忽略。曹禺用"雷雨"象征天地间的灾难,这看法并不正确,不过在全剧中作为气氛,可以加强戏的紧张。《雷雨》对某些细节也关注,如鲁大海在家里碰见周萍,鲁妈逼四凤发誓。在四凤和周冲触电死亡前,幕后已交代清楚,深映在观众心中,使观众产生一种预感。这些对欣赏作品来讲是很重要的。

在道具上的强调有枪、药,在侍萍以鲁妈的身份和周朴园相认之前就有许多道具的强调来作为伏笔。

发现与突转:这方面和希腊悲剧有许多相似之处。依靠发现,能使情节迅速地逆转,这是希腊悲剧的特点,后来通用了。曹禺在《雷雨》中的发现更复杂。亚里士多德在《诗学》中曾指出"突转"与"发现"是情节的两个成分。他又说"发现"是指从不知到知的转变,"使那些处于顺境或逆境的人物发现他们和对方有亲属关系或仇敌关系"。至于"发现"与"突转"同时出现,在亚里士多德看来"为最好的'发现'"。曹禺的"发现"在其中显得特别复杂,就是因为"发现"与"突转"同时出现,成为戏剧发现中"最好的"。《雷雨》中的"发现"有几点:侍萍发现周朴园,再发现了四凤的事,周萍和四凤发现是兄妹关系,繁漪发现鲁妈就是侍萍,于是有了情节一次次突转,最后急转直下,有了向大悲剧的突转。值得提一提,曹禺在这里埋有着近代的遗传观点的因素。

气氛:气氛在剧本中包括舞台内部和外部。内部的是布景、效果。《雷雨》的第四幕中,周朴园一个人很感到寂寞、孤独,发现钟停了。钟每天是由四凤开发条的,现在四凤被辞退了,这个家也一切都凝固了,一切都要死亡了。这里有气氛的创造、渲染。

除了以上三点,我们还可以补几点。先说交代与穿插。交代就是戏剧情节如何交代过去的事,这是有巧不巧的技巧的。交代一定要为当前人物的活动、行动服务,并且要应和。"小说是描写已经过去的事情,而戏剧则是描写正在发生的事情。"别林斯基是这样说的。因此戏中情节的交代是过去的事,已经过去了,观众是要从过去的事上看到发展,这就有巧不巧的问题了。曹禺这方面是处理得颇巧妙的。矛盾冲突的发展必须使观众看到它是活的发展,才能吸引人。这也是技巧。要这样做就要讲究每一幕的高潮和整体的高潮。《雷雨》的几个小高潮和最后的大高潮很值得研究。再说场面的穿插。从人事看,老是这两三个人来对话会无味;从情绪看,老是欢乐、老是悲痛是单调的,人的多少与悲欢,曹禺很注意协调。人物所处的环境是不是很具体,主要是表现人的精神环境,是气氛的问题。这气氛从何处产生？是从人的性格中,人与人的关系中。曹禺在《雷雨》中,这方面也是处理得好的。

《雷雨》卓越的技巧,特别显示在语言上。语言是否性格化。这不单指各人的话和身份要非常一致(如繁漪说:"一个女人不能做两代人的妻子!"语法、句子长短、语气都值得分析),并且还要讲究节奏感。戏剧语言是诉之于听觉的。总之,曹禺在《雷雨》中的语言突出的成就是高度性格化,富于动作性,声调铿锵,节奏鲜明,且富于诗意境界,是文学和舞台相统一的戏剧语言。所以,我们才称他为"戏剧诗人"。

二、几点总体感想

上面这一则瘦竹师授课记录,我觉得还是忠实于原貌的。瘦竹师的授课同他的演讲一样,几乎没有废话,记下来就是一篇经过字斟句酌的好文章。先师之记忆力惊人,许多引语都背得出来,所以听他的课只要认真记录,大都不会走样。当然,有些例子,当年我没有详细记下,特别是曹禺戏剧语言的例子先生举了不少,我疏懒而没有记下多少,是件憾事。

我不是研究戏剧的,对曹禺也只读过他的剧本,更谈不上研究了。但今天我重新读这一则瘦竹师近54年前的授课记录,感想还是不少的,兹略述几点于下:

首先,这份记录稿可以使我们受到一个启发:文学史的讲授必须体现为史论的结合,不要满足于史事的转述,史料的引证与堆砌,更不要渲染趣事逸闻,而把它看成是对这一段文学史存在的内在规律探讨。

其次,瘦竹师的实践提醒我们一点:一个文学史的研究者必须具有各文学门类的专业理论,淡化点社会文化思潮,淡化点流派社团内容介绍,深化点作家作品分析,而要这样做,没有文学各门类的专业理论知识是难以深入的。

再次,瘦竹师的授课记录稿也给我们提供了不少文学研究的新思路,如谈到曹禺的戏剧创作所受西方的影响时,他提出主要的影响是观念上的,受西方戏剧大师表现手法上的影响当然也该肯定,但毕竟是次一步的。这启示我们:谈影响,谈借鉴,头等重要的是在艺术思路上。这是54年前提出的,可说是先见之论。

除以上三点外,我特别感到瘦竹师在艺术分析上给我们树立了一个榜样。艺术分析不外认识世界、把握世界和表现世界三个方面。瘦竹师在分析《雷雨》时,是牢牢扣住这三个环节的。认识世界的宿命论,把握世界的循环论,表现世界的性格冲突论,正是瘦竹师展开分析的三大环节,它们处在递进式的逻辑关系中,使这场分析高度系统化。

艺术分析要求于分析者有专业理论修养。瘦竹师对文学理论本就很有造诣,给我们开过"文学引论"课,深谙文学的内在规律。至于戏剧美学,更是他毕生从事的事业。因此,他在对《雷雨》的分析中,特别是文本构成的分析中,提出许多专业性极强的理论术语,使《雷雨》的艺术分析成了戏剧美学的缩写,至少我个人就受益匪浅。对这些专业理论在文本分析中的使用,瘦竹师还抓主要的,如戏剧冲突主要是性格的冲突,就把整个《雷雨》表现真实世界的问题全纳入一个系统中了。

三、对艺术分析的切入点——对结构考察的特别重视

我特别要提一提瘦竹师对结构艺术的重视,可惜限于授课时间,当时对《雷雨》的结构艺术没有充分展开讲解,但瘦竹师重视结构艺术是一贯的。记得1956年南大"五·二〇"科学报告会上,他作了《论艺术技巧》的长篇报告,认为技巧分两大类:概括的技巧与表现的技巧。概括的技巧他原先称构思的技巧,改得好。这是结构的问题——当然这是出于大结构观念。他分析《雷雨》,引了《〈雷雨〉序》中一些话,再深入考察两代人循环的人生悲剧,这其实就是大结构的分析,是结构艺术中的生活概括问题。我认为迄今为止还很少

有人从生活概括的角度来论结构,先师这一提法是富于原创性的。谈谋篇、布局是小结构的分析,瘦竹师也十分细致深入,如前面已提及的,他对《雷雨》第一幕的结构分析就很成功。但我还想结合授课记录稿中瘦竹师对其他作品的结构考察,来深入探讨一下先师的艺术分析功力。

这里先摘引几条先师针对一些作家作品谈结构的话。

在谈夏衍的剧作时,他说:"夏衍总是把戏剧概括生活的用心全放在关键性的政治冲突中。"

在谈洪深的《赵阎王》时,他说:"这个剧本把几十年来社会的发展表现了出来,因此结构布局上很特别:第一、第九幕相呼应,第二至第九幕是倒插进去的,把赵大过去的行为重演了出来……可以看出这个剧本结构是受美国剧作家奥尼尔《琼斯皇》的影响的。"

在谈艾青的叙事长诗《雪里钻》时,他说:"这首叙事长诗在剪裁、选择场面时,总是以最能表现马的特性以及这种特性在战斗尖锐时能充分展现为依据的,这里有艾青的机敏和特有的诗歌概括技巧。"

在谈巴金的《家》时,他说:"《家》在结构上存在一些缺点:由于过分心理描写,小说的矛盾冲突开展得很慢,差不多主要矛盾是在二十章以后才展开,如觉新和梅的事,鸣凤的死,都在这以后。通过心理描写表现人的性格是好的,不过过分烦琐不好。这不仅使生活概括的具体性受到限制,也使谋篇、布局显得平淡和松散。"

瘦竹师在分析茅盾的长篇小说《子夜》时,特别赞赏这部作品的结构,并做了相当全面而深入的考察,也摘引一些:

> 要谈《子夜》就要着重分析《子夜》的结构。
>
> 如何介绍人物、展开情节,使读者知道被作家概括出来的是有典型意义的社会内容,这对长篇小说作家来说要煞费苦心。这也意味着讲究结构对长篇小说特别重要,所以我们必须重视《子夜》的结构。
>
> 《子夜》的主角是民族资本家吴荪甫,他为了振兴民族工业拼命地

干。他能干、有魄力,靠一颗雄心和各方的努力干起来了。可是在一个半殖民地半封建的中国,他的奋斗会遇到很多困难,最终还是被打垮了,落得个悲剧的下场。这是《子夜》合乎生活逻辑的情节线,也是结构艺术的最高一个层次——对全局的概括。

顺着这个全局,茅盾又展开了各个部分与全局相应合的布置,这主要是指人物与人物关系以及由此形成的各条情节线,与全局即主导情节作有机应合的考虑。

主角吴荪甫的这番事业同经济现象、军事、政治都脱不了干系,因此为了写这个人物的命运,就要写种种社会环境,在各个环境中展现各类人物和他们的活动,作为社会因素交织起来。因此从第二章以后,小说就充分展开了政治、军事、经济等方面的描写。那是一个半殖民地半封建的社会,通过政治、军事反映出来的事情很多:一、帝国主义的侵略,使民族工业不能振兴;二、民族工商业深受国民党政府苛捐杂税之累;三、工人为要求加工资而罢工,民族资本家和工人阶级矛盾尖锐;四、中国社会的另一半农村也一片动荡,农民反抗地主的剥削;五、1930年"中央军"和"西北军"打了起来,人民灾难深重。这样一个大的社会矛盾形势需要充分表现,而由此引出的一系列人物和事件则更要具体表现,如资本家投机倒把,买空卖空;半殖民地半封建社会的寄生虫交际花之类与资本家的腐化堕落生活;资本家的家庭生活、太太、小姐们的精神状态;等等。

这种种正是一个大结构——生活概括中必须考虑的,而这样的生活概括对长篇小说来说,在全面展开前必须有一个全局的浓缩提示,让主要的人物登场,他们间的关系初现端倪,各条情节线的"线头"亮出来。这些任务就全落在第二章上了。第一章是个象征性的引子,借着吴老太爷的眼光来看资本主义的花花世界,作者是要借此显示僵尸样的封建势力一碰到资本主义社会就要垮。当然这一章为第二章中吴公馆的吊丧,让各类人物趁吊丧而登场做了铺垫。这一来第二章也就借机会完成了对全局的浓缩表现,亦即对上面几个方面作广阔而复杂的画面展开,特别还为农民的暴动和工人的罢工埋下了伏笔。这里显示着茅盾在《子夜》的结构第二层次即谋篇上的功力。

现在我们再对作为全局浓缩表现的第二章来具体考察一番。这一章活动的空间集中在吴公馆,在这个空间里茅盾设置了一个又一个场面,像一个个电影镜头一样扫描过去,但它们又并不是孤立的拼合,而是环环相扣的有机安排,茅盾在《关于〈新事新办〉等三篇小说》一文中说:"大凡写热闹场面,既要写得错综,又要条理分明,既要有全场的鸟瞰画,又要有个别角落,以及人物的特点。"此话不错,是经验之谈。这更能见出《子夜》的结构在第三层次即布局上的成功……

从以上所引材料看,瘦竹师分析《子夜》的结构也是很有结构层次感的:第一层次的生活概括到第二层次的文本谋篇,再到第三层以第二章为例的布局,一场场考察过来,可说是层层递进的。特别是分析第二章有关布局的有机性以及这一章对这部全景式长篇整体结构所具有的价值,尤为细致、精彩。已故同窗叶子铭教授在1960年代发表过《论〈子夜〉的结构艺术》一文,显然受瘦竹师授课的启发。只不过子铭的分析更具体、全面而系统。我也是深受先师这种从结构考察入手论评作家作品之影响的。我的一些作家、作品研究的长篇论文如《论艾青诗的意象世界及其结构系统》《论〈离骚〉的生命价值追求系统》等,都是从结构入手展开的。我还对茅盾文学奖获得者王旭烽的长篇小说《南方有嘉木》等做过论评,也是像先师分析《子夜》那样做的。最近我出版了《中国诗学》的第一部《形式论》,它分三卷,上卷就是《结构篇》,可惜我对这场汉诗结构的探讨并不很成功,不过这也表明我受先师的影响,对结构艺术十分重视。

(骆寒超:浙江大学中文系教授、系主任及浙江大学文科指导委员会副主任,中国作家协会会员,中国诗歌学会理事,第五、六、七届浙江省政协委员。)

朱栋霖

陈瘦竹对中国现代戏剧理论研究的贡献

一

陈瘦竹先生已经永远离开我们了!

他走了,留下五本戏剧理论著作和三本短篇小说集、两部中篇小说、一部长篇小说。这些著作负载着他一生的文学和学术历程。他是三十年代的乡土小说家,以《奈何天》等知名于文坛。亦曾从事翻译,有《康蒂姐》《欧那尼》等译作问世。从四十年代开始,陈瘦竹历任国立剧专、旧中央大学和南京大学教授,致力于戏剧研究与教学。四十年代,当中国话剧刚走出初创期,迫切需要理论指导与提高时,陈瘦竹就开始大量介绍西欧戏剧理论与剧作,包括希腊戏剧艺术、亚里士多德戏剧思想、悲剧与喜剧理论、法国浪漫派戏剧、自然主义戏剧、象征主义戏剧、社会问题剧、新浪漫派戏剧等专题研究,和莎士比亚、雨果、易卜生、高尔斯华绥、萧伯纳、高尔基等的名剧评析。五六十年代,陈瘦竹以颇具特点的现代剧作家论开拓了以历史与美学观点相结合研究中国现代戏剧文学的新路,那些后来收入《现代剧作家散论》中的文章提高了我国现代戏剧文学研究学科的理论品位。八十年代,陈瘦竹的戏剧美学研究在国内始终遥遥领先,《论悲剧与喜剧》《戏剧理论文集》中一系列分量厚重的关于悲剧、喜剧、戏剧本体、外国戏剧的鸿篇巨论,都显示了中国戏剧美学研究的最新成果与最高水平。在他生命的最后十年,陈先生以惊人的毅力和超出常人的艰辛劳动完成了近百万字的论著;他的主要工作是连续培养了五届硕士、博士生,还要频繁接待国内学人来访与来信,要知道,那时他已是八旬老人,双目几近失明,视力 0.03。

　　陈瘦竹在《戏剧理论文集·后记》中曾谈到他的学术追求:"四十年代初,我译《戏剧理论》时曾经想到应该联系中国话剧,直到五十年代初,这个意念忽又浮现在我脑际,是否可以运用马克思主义的观点和方法综合外国戏剧和中国戏曲和话剧,建立一个新的理论体系。"[①]虽然"文化大革命"焚毁了他近百万字的理论札记,打断了他构想中的戏剧理论体系专著的问世,但是他已出版的论著已经包含了他的戏剧理论基本构架。他坚持辩证唯物主义与历史唯物主义的基本立场,有机地吸收欧洲传统戏剧理论、现代戏剧美学与中国古典戏剧美学,融汇古今中外,紧密联系中国社会现实生活,形成了以马克思主义为指导的、开放的现实主义戏剧理论体系。

二

　　陈瘦竹以"悲剧论""喜剧论"与"戏剧本体论"为这一理论体系的基石与主体。《论悲剧精神》《悲剧漫谈》《悲剧往何处去》和《喜剧简论》《论喜剧中的幽默与机智》分别阐述了陈瘦竹的悲、喜剧理论纲领。

[①] 陈瘦竹:《戏剧理论文集》,中国戏剧出版社 1988 年版,第 559 页。

悲剧是"戏剧诗的冠冕"。陈瘦竹的悲剧观念将以亚里士多德为代表的欧洲传统悲剧观作为基本理论骨架,同时紧密结合中国社会主义社会现实,考察中外著名悲剧。其要点有三:一、推崇悲壮崇高的悲剧精神。"悲剧精神的实质是悲壮不是悲惨,是悲愤不是悲凉,是雄伟而不是哀愁,是鼓舞斗志而不是意气消沉。悲剧的美,属于崇高和阳刚;正因为这样,悲剧才是战斗的艺术。"①这一论断确是精辟之言。悲剧历来被称为崇高的诗,悲剧作为一种审美范畴历来与崇高并存。他的"悲剧本质论""悲剧主角论"都以此为基点。他提出,悲剧快感既不是亚里士多德所谓的在于"引起怜悯与恐惧",也不是黑格尔的"和解说",而是源于悲剧的斗争精神,"使人感到悲壮激烈而有崇敬之情"。② 二、他从悲剧人物与悲剧精神着眼,将悲剧分为三种美学样式:英雄人物的悲剧、正面人物的悲剧与错误造成的悲剧。欧洲传统理论有命运悲剧、性格悲剧与境遇悲剧之分,陈瘦竹认为这一传统理论对悲剧成因的界定过于机械化。他进而论述了这三类悲剧的审美特征:"有的悲剧凄怆怨愤,表现善良人民横遭摧残,备受苦难,缺乏抗争勇气,以致含恨而终,令人怜悯。此外还有一些悲剧,描写高贵人物由于性格弱点而铸成大错,甚至犯罪,以致追悔不及而自食其果,令人惊心动魄,不胜惋惜。"③三、陈瘦竹关于当代悲剧向何处去的论述,鲜明地体现了他以马克思主义观点为指导,紧密结合中国社会主义社会现实思考美学理论的特点。他以历史唯物主义观点批评了肯尼斯·勃克与乔治·库曼等西方美学家的"悲剧衰亡论",提出"社会主义悲剧富有独特的美学价值",认为它完全能够担当起"武器"的历史重任。社会主义悲剧以当代英雄为悲剧主角,英雄惨遭不幸化为鼓舞我们前进的力量,其美学效果同西方传统理论中的"怜悯、恐惧"无涉,其目的是促进社会主义现代化、民主化,并且可以是"圆满结局"。他赞扬反映苏联切尔诺贝利核电

---

① 陈瘦竹、沈蔚德:《论悲剧与喜剧》,上海文艺出版社 1983 年版,第 5 页。
② 陈瘦竹、沈蔚德:《论悲剧与喜剧》,上海文艺出版社 1983 年版,第 69 页。
③ 陈瘦竹:《人类心灵的画师》,《人民日报》1988 年 6 月 14 日。

站事故的优秀现实主义悲剧《石樟》,认为其具有崇高品格并深深触及了苏联某些体制的弊病。

陈瘦竹的喜剧观念以强调矛盾("不协调")为基础、以主客体相统一为特征。笑是人类感情的自然流露,是一种美学评价。陈瘦竹从自己的戏剧体系出发,吸收了黑格尔、赫兹列特等西方美学家的理论,强调"笑来自矛盾"。柏拉图首倡喜剧的"不协调"理论,此后黑格尔提出"无价值的本质与主体形式的不协调"说,柏格森提出"机械的动作与活生生的生命的不协调"说,赫兹列特提出"思想与思想、情感与情感之间的不协调"理论。陈瘦竹从辩证唯物论的理论出发,结合中国传统的喜剧美学,认为"任何喜剧都以生活中的矛盾为基础"。有的喜剧的笑似乎不产生于矛盾冲突,但他认为生活中的差异如性格、行为、意志、心灵,也具有"矛盾"性质。这是陈瘦竹喜剧观的基本立场。陈瘦竹反对喜剧观念中的形式主义倾向,也不是一个唯客观论者。他认为:"由于剧作家以不同的态度来描写不同的对象,喜剧所引起的笑就有不同的性质。"尼柯尔曾将喜剧分为浪漫喜剧、癖性喜剧、世态喜剧、文雅喜剧与阴谋喜剧。陈瘦竹提出喜剧有三种美学样式——讽刺、幽默、赞美喜剧,并以讽刺、幽默、赞美为喜剧精神的三种特征。讽刺喜剧是对于反面人物和黑暗现象的美学否定,讽刺的笑表示鄙视与憎恶的感情;幽默喜剧是一种对人民的缺点错误的善意的讽刺,批评他人也包括自身,这种笑幽默、亲切、温和;陈瘦竹从思考六十年代电影《五朵金花》《今天我休息》出发,对赞美喜剧多次进行理论探讨,他认为这是对喜剧的新的理论概括,而且应该成为社会主义时期喜剧的主要形式。赞美喜剧,是剧中正面人物的喜剧性现象引起我们赞美的笑,有时发出笑声,有时喜在心头。剧中人聪明睿智、机智善变,出奇制胜地克服阻力,令人爱慕敬仰。莎士比亚一些作品、丁西林的喜剧就属于赞美喜剧。他赞赏《陈毅市长》就是认为该剧典型地体现了赞美喜剧的美学特征。

在这一理论构架之上,陈瘦竹对喜剧进行了比较广泛的研究。无论是因为他个人的美学趣味还是他所倾注的心血,陈瘦竹的喜剧理论建树更令人瞩目。他还撰写了研究莫里哀、莎士比亚、谢立丹、契诃夫、阿里斯托芬、王尔德、霍顿和丁西林、老舍的喜剧艺术的文章。他更结合喜剧创作实际以历史与逻辑相结合的研究方法、以细腻的艺术审美力对一系列喜剧审美范畴进行了理论辨析与界定。讽刺、滑稽、机智、幽默、嘲弄这些喜剧美学概念在中国喜剧理论界长期混淆不清，为此，陈瘦竹进行了广泛而卓有成效的理论探讨，结合中外喜剧创作史的大量范例进行充实、丰富，从喜剧理论发展史角度对此进一步辨清。例如他的幽默理论观就以中肯、透析而令人信服。十九世纪英国的赫兹列特曾对幽默有详细的分析。林语堂曾于三十年代倡导幽默。陈瘦竹的幽默理论结合人生态度与喜剧创作。他认为幽默是由现实中的喜剧因素所引起的一种人生态度。这种态度的基本点是"胸怀博大，处逆境而泰然自若"，"幽默的人在观察世界时虽从理性出发，但更带着丰富的感情"，他"嘲笑别人的荒谬愚蠢的言行时，同时嘲笑自己的缺点和错误"。[1] 幽默中有机智，但机智并不是幽默，"机智的语言，文雅细致，明快尖锐，而幽默的语言则朴素浑厚，意味深长，机智常有人工气息，幽默则较自然，机智表现人的聪明，幽默显示人的性格"[2]。他又指出："幽默不像滑稽那样肤浅，不像讽刺那样辛辣，不像机智那样畅快。"[3]陈瘦竹推崇幽默与机智作为喜剧精神，因为它表现出一种高的审美品格。为此他写下了《论喜剧中的幽默与机智》进行探讨与倡导。

陈瘦竹戏剧理论研究的一个重要成就，是他对于欧美悲喜剧理论发展史的述评。那些数万言的鸿篇巨论，如《欧美当代悲剧理论述评》《欧美喜剧理论概述》《心理分析学派悲喜剧理论述评》《莫里哀的〈妇人学堂〉及其喜剧理论》《王尔德的唯美主义理论和他的喜剧》等，已经成为我国戏剧理论界的珍贵理论文献与最新成果，成为戏剧研究者引经据典的重要来源之一。这一研

---

[1]　陈瘦竹、沈蔚德:《论悲剧与喜剧》，上海文艺出版社1983年版，第87页。
[2]　陈瘦竹、沈蔚德:《论悲剧与喜剧》，上海文艺出版社1983年版，第89页。
[3]　陈瘦竹:《〈笑与喜剧美学〉序》，《笑与喜剧美学》，中国戏剧出版社1988年版，第11页。

究工作发挥了陈先生的优长,也使他面临常人难以想象的困难。他以几近失明的双眼,用脸紧贴在纸上一字一字地阅读外文,再亲自译成中文,然后对这些历史文献进行核理爬剔,归纳整理出史的线索,给予新的估价。他对悲喜剧理论的历史衍变和在二十世纪的多元发展、最新态势进行了具有历史深度的概括提炼,上下千年纵横捭阖,尽收笔底。这些文章以异常丰富的理论信息与广阔的知识构架,令学界同仁叹为观止。例如《欧美喜剧理论概述》介绍了从柏拉图到伊凡蒂乌斯、但丁、特里西诺、瓜里尼、麦西哀、本·琼生、康格里夫、菲尔丁,从康德、黑格尔、叔本华到车尔尼雪夫斯基、柏格森、苏珊·朗格到当代荒诞派、黑色幽默的理论。他的研究主体不为浩繁的资料所淹没。他引着我们检视每一历史时期研究侧重点的变化即悲喜剧观念的衍变,引着我们审察一种观点、一个美学概念在理论史上的发展踪迹,又以马克思主义的观点给予精要评点。

三

陈瘦竹的戏剧本体论思想是继承了亚里士多德以来欧洲源远流长的"摹仿说",又以马克思主义辩证唯物主义为指导。他坚持戏剧是生活的艺术反映的理论,强调戏剧来源于现实的生命力。他一方面始终强调运用戏剧特性来反映生活这一观点,无论悲剧或喜剧都是对生活的反映与美学评价,另一方面也开始注意到创作主体的作用。他引用霍雷斯·华波尔的话:"在那些爱思索的人看来,世界是一大喜剧,在那些重感情的人看来,世界是一大悲剧。"他指出:"文学艺术作品都是作家的创造,表达作家的思想感情。作家描绘他们所熟悉和认识的社会生活,作家的意识和个性在选择和理解生活素材时具有制约作用。因此,霍雷斯·华波尔的话,在一定范围内和一定程度上,并非完全没有道理。"同时他又指出:"作家的意识是由社会存在所决定,作家的个性是在社会生活中形成和发展的。"因此他主张:"无论美感或是文学创作，都应是主观和客观的对立统一。"因此，他张扬的是现实主义戏剧观。

但是陈瘦竹的现实主义戏剧本体论又具开放性。他不是拘泥于马克思的片言只语，而是坚持辩证唯物主义与历史唯物主义精神。他不仅熟谙西方传统戏剧理论，也熟悉当代西方新学说，吸收了二十世纪西方一些美学成果，例如朗格的戏剧节奏说，他尽管不赞同精神分析学的泛性欲说，也看到这一理论分析某些戏剧现象"更入木三分"。开放性还体现为，他提出理论见解总是结合中国戏剧传统，从民族传统与现状出发，而不是切断同传统与现实的联系。他对西方戏剧理论的深入了解历来为学界赞叹，但是他不盲从，绝不照单全收，他采取鲁迅所说的"拿来主义"，吸收融化，为"我"所用。照单全收、盲目照搬是见解贫乏的表现。在戏剧观讨论中，陈瘦竹曾写下《关于当代欧洲"反戏剧"思想》《谈荒诞戏剧的衰落及其在我国的影响》《〈论戏剧观〉读后》等文，对荒诞派戏剧及其在我国的影响，对所谓无情节、无故事、无性格、非因果、非逻辑的戏剧观，提出批评性意见，提醒人们莫趋时与赶时髦。这在当时的"新潮"、时髦风气中，似乎有点不"合时宜"。但是陈瘦竹的这些文章运用客观引证西方资料的论证方式，以评论客体自身演变的实况、西方学者的论述来证明荒诞戏剧的本质："无论就内容或形式而言，荒诞戏剧都是当时资产阶级精神危机的反映。"他从戏剧的本质入手，指出戏剧是"演员在舞台上演给观众看的一段人生故事"，要"以凝练集中的方法，写出戏剧冲突的发展"。他还引用英国"愤怒的青年"戏剧家奥斯本《愤怒的回顾》与我国《于无声处》，说明被全盘否定的"易卜生式戏剧"并非毫无可取之处。他主张戏剧要源于现实生活，要有人物与戏剧动作、语言。这些文章显示出陈瘦竹的现实主义戏剧观念建筑于对中西戏剧历史、现状的深入了解之上，这对于仅仅一知半解西方戏剧就提出"反戏剧"论者，提供了有力的校正。他提醒，以"反戏剧"面目出现的荒诞派戏剧能否在中国博得广大戏剧观众的掌声，还需历史来证明。由于时代审美思潮、民族生存状态与传统审美习惯，中国当代戏剧应该有别于西方当代戏剧,也不应拒绝借鉴现代派戏剧的某些手法。他呼唤剧作家既不能闭门造车也不应一味迎合观众,应该写出雅俗共赏、具有一定思想深度、真正震撼人心的作品,应当发展我们的民族风格。

在陈瘦竹的许多剧作家论、作品论与理论研究中,他都反复强调一个观念:"剧诗综合抒情诗与叙事诗,而以抒情因素为灵魂。"[1]戏剧是诗,这不仅仅体现了陈瘦竹高雅的审美鉴赏力,更重要的是,他个人的戏剧审美趣味已经成了衡量、评判中外古今戏剧创作的重要美学标准。这一特点,在今天更具现实指导意义。

应该说,戏剧是诗,这并非陈瘦竹独创。这本应是戏剧的一个基本命题。我之所以在本文重提这一古老命题,是因为我们在理论上与创作实践中对这一观念的忽略。重新认同戏剧的诗本体,是反思中国话剧历史发展与当前戏剧"危机"的结果。我们前几年讨论戏剧观时,对各种舞台艺术给予了充分注意。但无论"写实"或"写意",其目的都是什么? 戏剧作为人类重要的审美活动,它的美学本性被忽略了。从美学观点看,戏剧是诗。这是戏剧本体的属性之一。所以我认为,应该提出戏剧的诗本体这一命题,并给予重新认同。苏珊·朗格从美学哲学的高度指出:"戏剧是一种诗的艺术,因为它创造了一切诗所具有的基本幻想——虚幻的历史。戏剧实质上是人类生活——目的、手段、得失、浮沉以至死亡——的印象。它具有一种幻觉经验的结构,这正是诗作的文学产物。然而,戏剧不仅是一种独特的文学形式,而且也是一种特殊的诗的表现形式。"[2]从戏剧是诗这一美学观念看,中国戏曲是理想的戏剧形态。张庚曾指出中国戏曲是剧诗,古典剧作家运用代言体戏剧形式抒主体之情志。其实,中国戏曲是运用综合形式创造诗意的理想的剧诗形态:古典戏曲的剧本文学是诗体文学,剧中人都富有诗人的敏感,出言吐语都是诗词曲赋,戏曲不以激烈的戏剧冲突取胜而以抒情见长。戏曲的歌唱把剧诗音乐

---

[1] 陈瘦竹:《现代剧作家散论》,江苏人民出版社1979年版,第43页。
[2] 苏珊·朗格:《情感与形式》,中国社会科学出版社1986年版,第354页。

化了,诗与音乐是须臾不可分的,音乐是诗的旋律化。戏曲的表演不求酷肖生活,而以虚拟手法舞蹈化了,音乐与舞蹈是两姐妹,运用旋律、节奏、美的造型把戏剧的诗舞台化。甚至戏曲的服饰、脸谱都是诗化的,道具、舞美也以虚代实,刺激观众产生诗的联想与想象。西方戏剧也认同诗为戏剧本体。不过,西方戏剧主要运用剧本文学形式完成诗意创造,而中国戏曲特别需要运用舞台综合形式,以演员表演为中心创造诗意。对戏剧的诗本体的忽视,也许出于我们对于"话剧"这一现代戏剧形式的误解。一九二八年由洪深倡议以"话剧"命名"五四"以来的"新剧"。这一命名鲜明地界定了从西方传入的、以对话为主的现代戏剧同中国传统的、以唱为主的戏曲的区别,并且由于把语言艺术("对话")提高到戏剧的中心地位,一下子提高了现代戏剧的文学价值。但是人类言语总有不能尽意之遗憾,任何概念命名都有欠完美之处。"话剧",容易使人认为只要"大白话"写的戏就是"话剧"。

这是一种误解,一种由语言错觉造成的历史的与美学的误解。各种关于"戏剧是什么"的理论讨论,都不提诗的地位,无视戏剧的诗本体的美学地位。关于戏剧观的讨论中,都大谈突破陈旧的舞台框框,却不知道是诗本体的长期被剥离才造成戏剧的贫血、僵化。

这也是由于对欧洲近代散文剧的历史的与美学的误解。虽然自从自然主义戏剧在欧洲舞台诞生以来,对戏剧的美学要求是高度生活化,于是散文剧同时兴起——在这之前,从希腊悲剧到高乃依、拉辛、莎士比亚时代,戏剧家都用诗体写戏。但是,像易卜生、契诃夫、高尔基、奥尼尔(后期)这些运用生活化散文写剧的现实主义戏剧大师,像斯特林堡、梅特林克等完全不用诗体写剧的现代主义剧作家,乃至荒诞派剧作家,戏剧的诗本体是否从他们的剧作中排除出去了呢?尽管这些创作中诗的外在形式不见了,但现代剧作对诗的追求更精粹,它不需装饰,而是寻求新的表达方式。易卜生的中期问题剧将具体社会问题的思考上升到诗的层面。奥尼尔的戏剧观更明确:"戏剧最崇高和唯一有意义的功能便是对生活作诗的解释和富有象征的赞美,并把这种宗教传给人们。"①而且,他们对戏剧的追求,总是推及象征的层面。无论是易卜生的后期戏剧《建筑师》,契诃夫的《海鸥》《三姐妹》《樱桃园》还是奥尼尔《长日入夜行》《送冰人来了》,都是如此。在荒诞派戏剧中,诗本体仍旧是其追求的美学目标,当然他们的"诗"观念有异于传统。中国话剧中,曹禺的戏剧、田汉的《关汉卿》、老舍的《茶馆》、夏衍的《上海屋檐下》,都满贮诗意。一曲《蝶双飞》把《关汉卿》的诗意提升到超越历史时空的层面,回荡古今。《茶馆》是一首深沉的悼诗,第三幕中三位老人不堪回首的自怜、自嘲、自悼,使这首挽歌奏响人生与中国历史社会的哲理的思考。从戏剧的一般舞台特性评价郭沫若的历史剧,它们缺少舞台动作性,但是郭沫若写出了舞台上的诗。所以陈瘦竹盛赞郭沫若是"杰出的戏剧诗人",对田汉剧作的抒情个性发出由衷赞叹。

四

陈瘦竹富有特色的现代剧作家论,是他要建构的马克思主义的、中国现代戏剧学体系的重要部分。从1957年始,陈瘦竹先后完成了对田汉、郭沫若、丁西林、曹禺、老舍等一批杰出的中国现代剧作家的研究。在中国现代文学史上,话剧因为产生了一批杰出的作家而成为一个颇有建树的部门,但历来对话剧的研究总是暂付阙如,像李健吾评《上海屋檐下》那样的力作真是凤毛麟角。以评论小说的方法评论戏剧,已经成为现当代文学的通病。陈瘦竹的现代剧作家论具有两个方面的重要意义。第一,他以深厚的理论功力、历史观念与审美透视力深入剖析了这些代表性作家的艺术成就,从而在理论上展示与证明了中国现代戏剧文学的杰出成就。话剧的形式尽管是"舶来品",但是经过一代又一代作家们的努力,已经在中国生根开花,中国剧作家们能

---

① 卡吉尔:《奥尼尔与他的剧作》,美国纽约大学1961年版,第112页。

够出色地运用外来形式描绘出栩栩如生的中国灵魂,吸收外来艺术创造出民族风格。中国现代剧作家们的努力与贡献通过理论的剖析,获得历史性认可与阐证。第二,陈瘦竹关于剧作家研究的方法,为中国现代戏剧研究开拓了一条历史与美学观点相结合的综合研究的新路。有的论者指出:他的田汉研究(1958年作,1960年出版)"在田汉研究史上是一个创举。它意味着田汉的话剧研究已经由零星的片段的研究进入整体的系统的研究"[1],"它结束了过去只重单篇鉴赏的局面,开创了综合研究的新路"[2]。有的评论指出,新中国成立后,"以陈瘦竹《论郭沫若的历史剧》等文章的发表为标志,郭沫若史剧研究进入到第二个阶段。……正是这一系列开拓和掘进,使郭沫若历史剧研究开始以一个崭新的姿态自立于文学研究之林"。[3] 在1949年以后的现代文学研究界,有人专治小说,有人钻研诗歌,有人治史,有人研究文艺论争,唯独话剧这门需结合舞台艺术的"怪玩意"无人问津。在五六十年代,话剧研究"显得太可怜"的情况下,陈瘦竹是唯一"坚持话剧文学研究"[4]的孤独的先驱者。他卓有成效的研究方法给予后来者巨大的影响,可以毫不夸张地说,今日的中国现当代戏剧研究队伍中,无一人不是从学习陈瘦竹的剧作家论走上论坛的。

陈瘦竹在谈到历史与美学观点相结合的研究方法时指出:"运用历史手法,必然要求将作家同其作品放在当时文学的发展过程中进行比较研究,从相似或相异的作品的比较研究中,可以发现作家所接受和所产生的影响,可以看出成败得失以及作家及其作品的独特风格。文学不是抽象的思想材料,而是生动的艺术作品,必须以情动人,使人在美感中接受教育。我们将某一作家的作品和其他作家的作品进行比较研究,除思想外,必须强调艺术分析,

---

[1] 韩日新:《开拓·发展·收获——1928—1986田汉研究述评》,《文学评论》1988年第3期。
[2] 谭桂林:《田汉戏剧研究述评》,《中国现代作家研究述评》,山东教育出版社1988年版。
[3] 魏建:《郭沫若史剧研究:挣脱狭隘功利羁绊的曲折历程》,《中国现代文学研究:历史与现状》,中国社会科学出版社1989年版,第120页。
[4] 田本相:《应当重视现代话剧文学的研究》,《中国现代文学研究丛刊》1985年第2期。

细致分析创作过程、结构方式、遣词造句以及语言的色彩和音律,充分揭示其美学特征。"他提出:"应用历史的、比较的和艺术的方法研究文学,这样的文学评论就有立体感、透视力和审美性。"①历史观念包含许多要素,例如着眼于文化史观,或热衷政治评定、对思想演变能一针见血,或从大量史料上立论。我个人的体会,陈瘦竹的历史观点主要来源于开阔的美学理论视野,建构于美学理论之上,而他擅长的戏剧本体艺术分析也得益于艺术理论。美学与艺术理论,为陈瘦竹独具特色的历史与美学观点相结合的剧作家研究方法奠定了深基。无论剧作家论、作品论或戏剧理论研究,他的理论家的气魄与视野、广阔的中外文学知识构架使他总是从宏观着眼,将剧作家创作的艺术特色与戏剧理论流派的特点放在中外戏剧艺术与美学的历史流程中考察,将对象置于同时代作家、中外作家的历时态与共时态交织的参照系中比较,对具体问题做出"史"的评价。所谓比较的方法,其实已经包含在历史观点中。从作于四十年代的《法国浪漫运动与雨果〈欧那尼〉》到作于八十年代的《王尔德的唯美主义理论和他的喜剧》《再论郭沫若历史剧》《郭沫若悲剧创作的历史地位》《关于曹禺剧作研究的若干问题》等,都是运用历史与美学观点的力作。1988年他应《人民日报》之邀,身抱沉疴撰写纪念美国剧作家奥尼尔的论文《人类心灵的画师》②,将奥尼尔悲剧创作置于希腊悲剧、现代派戏剧、世界戏剧理论和弗洛伊德、荣格心理学等历时态的欧美戏剧文化背景中论证。陈瘦竹曾于六十年代撰文揭示《雷雨》的结构艺术受到易卜生《群鬼》影响,到八十年代他的这一研究又跃上新的境界。他在为拙著撰写的长篇序文《关于曹禺剧作研究的若干问题》中,从法国佳构剧代表斯克里布谈到现实主义戏剧大师易卜生的问题剧编剧技巧,谈到左拉倡导自然主义戏剧,再论到契诃夫的戏剧创新,从偌大戏剧文化背景来阐明曹禺创作所受佳构剧、易卜生、契

---

① 陈瘦竹:《〈中国现代诗歌论〉序》,《中国现代诗歌论》,江苏人民出版社1984年版,第7—8页。
② 陈瘦竹:《人类心灵的画师》,《人民日报》1988年6月14日。

诃夫影响及其独创的复杂因素。

陈瘦竹具有敏锐的审美感受力。他经常对我谈及评论家的审美敏感与悟性的重要性。他有小说创作的经验，与沈蔚德先生的长期合作使他熟悉舞台艺术，能准确地把握到戏剧家的艺术心灵。而他的理论素养更使他的审美敏感与悟性升华到美学理论的境界。他能够以一种内在穿透力透过艺术成品，同剧作家的主体相碰撞，迸发出绚丽的美学火花。记得1979年春陈先生出席首届郭沫若学术研讨会后从成都归来，就立即向我们四位研究生介绍会议情况，并谈了他在会议上的发言。我当时正在读郭沫若历史剧，但对它的思考竟然无法越出陈先生发表于六十年代的专论的见解范围。当聆听陈先生谈到他对郭沫若历史剧创作艺术特色的新看法时，例如剧中人即是剧诗人、虚构次要人物以映射主要人物，这次要人物（如婵娟）即是主人公心灵折射之一部分的分析，我唯有敬佩、折服。这篇《再论郭沫若的历史剧》显示出陈瘦竹的美学功力。他对悲剧精神、悲剧人物、悲剧美学形态以及中外悲剧艺术发展历史等各方面都有深入的理论研究，这使他论郭沫若历史剧能高屋建瓴，驾驭自如，而不是简单地就作品论作品，或将一般文学概念如中国式的"浪漫主义"概念去硬套。陈瘦竹的论述虽然建构于美学理论之上，但他不故作深奥艰涩——陈先生曾这样婉转而严肃地批评我的文字，而是深入浅出，论述文学现象层层深入。他从一般的戏剧美学理论入手，深入作品内部进行艺术剖析，然后又形成一种新的、内容更充实的理论观念。他的剧作论总是让人感受到深沉浑厚的理论品格与雄健的风格。他剖析丁西林喜剧技巧与类型，又将它同果戈理讽刺喜剧、契诃夫通俗喜剧作美学比较，揭示出丁西林的幽默喜剧同讽刺的区别，丁西林的喜剧在类型上接近英国机智喜剧，受到巴雷与米伦的影响。在论及丁西林的"戏剧嘲弄"时，陈瘦竹引证希腊悲剧、《仲夏夜之梦》《伪君子》《救风尘》等中外名剧，详细说明"Irony"（嘲弄）的美学内涵。这就提高了剧作家作品研究的美学品格。

陈瘦竹当初从事中国现代戏剧研究时，正值"左"的文艺思潮盛行，政治支配一切的教条框框束缚着创作与研究人员的思维与视野,庸俗社会学泛滥而猖獗。任何个人都无法超越时代,今天我们可以从陈瘦竹当时的个别论点发现他内心的矛盾与苦闷。但是他作为一位严谨的学者对艺术科学坚持严肃、审慎的态度,他不追随极"左"政治路线,做随风倒的"墙头草",他有理论家的独立品格与坚毅正直的人格勇气。因此他坚持以美学的、艺术的分析来把握曹禺、郭沫若、丁西林的戏剧创作。这在排除"左"的庸俗社会学干扰方面产生了积极的意义。例如他强调戏剧研究要回归戏剧本体,将戏剧文学作为舞台上的立体形态来感受、研读、剖析。他与沈蔚德合撰的《论〈雷雨〉和〈日出〉的结构艺术》,从剧中八位人物的贯串动作入手分析戏剧冲突与结构艺术。贯串动作,这是斯坦尼斯拉夫斯基表、导演体系中分析与理解角色的方法与舞台术语。正是这篇论文在戏剧文学研究中成功地吸收了表导演理论与方法,分析丝丝入扣,令人耳目一新。这篇发表于1960年的论文,被称为"曹禺研究中第一篇全面、细致、深入地探索这两部名剧情节结构艺术的专文,由此开辟了一个新的研究方向"[①]。

整整半个世纪,陈瘦竹先生为建设中国现代戏剧学筚路蓝缕,开拓创业。他坚韧卓著的劳动和一百几十万言的研究成果已经基本实现了这一理论构想,他自成一体的戏剧理论为创建马克思主义的中国现代戏剧学学科做出了出色贡献。

历史会铭记这位为中国现代戏剧学发展做出过重要贡献的辛劳的智者!

1990年12月31日夜11时

(原载《中国现代文学研究丛刊》1991年第3期)

(朱栋霖:苏州大学二级教授,博士生导师,中国昆曲评弹研究院院长,中国话剧理论与历史研究会名誉会长,曾获"中国文联文艺评论奖"特等奖。)

[①] 马俊山:《1934—1985曹禺前期剧作研究述评》,《文学评论》1987年第3期。

王文英

人格、学识的结晶
——陈瘦竹的现代剧作家研究

陈瘦竹先生四十年代就开始了戏剧理论的批评和建设工作,他过人的艺术颖悟力和出色的外语功底,使他得以具备得天独厚的条件遨游在西方发达的戏剧创作和戏剧理论的海洋中。他一方面大量地引进西方的戏剧理论和作品,写出了许多具有真知灼见和细腻分析的戏剧批评;另一方面,以他的研究心得去哺育和培养我国最早的那些戏剧工作者们。他向我国的戏剧界展示了一个五彩缤纷的戏剧艺术世界。他是一位自觉地从西方探取戏剧艺术之火,来照亮我国戏剧之路的少数先行者之一。

凭着他扎实的理论积累和对中外戏剧的渊博学识,凭着他对新中国戏剧事业的满腔热情,陈瘦竹先生进行了紧张而富有成效的努力。他从中国现代剧作家和作品的研究着手,自 1957 年起,对郭沫若、田汉、曹禺、丁西林和老舍的剧作进行了科学的精湛的评论研究,在他的马克思主义戏剧学的大构架中,形成了他自成一体的现代剧作家研究的小系统。

陈瘦竹先生的卓有建树的现代剧作家研究充满着他个人才华光彩的特

点,这就是深厚的理论品格和诱人的美学魅力。

陈瘦竹先生的戏剧批评远远超越了观后感之类的层次,具有相当的理论深度。由于他谙熟中外戏剧艺术的历史,具有中外戏剧理论的深度修养,所以他在论述具体戏剧作品和戏剧问题时,总能博古通今,中西互照,把具体问题分析得既深且透。读他的批评论文,同时也获得了关于戏剧理论和艺术史方面的知识。他把理论和实际融为一体,深入浅出,极富理论的启示力。例如:在评论郭沫若的历史悲剧时,陈瘦竹先生绝不就事论事,而是把郭沫若的悲剧置于世界悲剧艺术的视界之内。关于悲剧,陈先生对悲剧精神、悲剧人物、悲剧类型以及悲剧艺术发展的历史等各方面都具有很深透的研究,因此他对郭沫若悲剧的剖析就显得高屋建瓴,驾驭自如。在这个基础上再深入到郭沫若的具体悲剧,陈先生分析了郭沫若的悲剧人物,都是正直、坚贞,热爱祖国,敢于向邪恶势力斗争,勇于为正义献身的人们;郭沫若悲剧的冲突,都建立在历史上统治集团内部反动势力和进步势力之间以及统治阶级和人民群众之间的矛盾和斗争的基础上,因此郭沫若悲剧的风格显得气魄雄伟刚健。陈先生的论证方法,从外在形式上看,具有深入浅出,层层深入的特点,而在内在素质上看,具有明晰的理论说服力和极强的逻辑思辨力,表现出深厚、谨严的理论品质。再如他对丁西林喜剧的研究,关于喜剧领域,也是陈先生怀着极大的学术兴趣深入钻研的另一个领域,因此,他在批评丁西林的喜剧时显得得心应手,游刃有余。他在剖析丁西林喜剧的类型时,把它们分别与果戈理的讽刺喜剧,契诃夫的通俗喜剧进行比较,辨析出幽默和讽刺之间的差别后,他确定丁西林的喜剧是一种以幽默为主的幽默喜剧,它们对于生活中的落后和虚伪等现象进行了温和和善意的否定,而不是愤怒严厉的批判,因而,陈先生认为,丁西林的喜剧在类型上更接近于英国的机智喜剧。这样的戏剧批评,不但加深了读者对具体戏剧作品特征的认识,而且开阔了他们的理论视野,从中获得了丰富的理论思维的营养。

在陈瘦竹的戏剧批评中,几乎每一则都呈现出一个螺旋形上升的理论形态,这就是先由一般的戏剧理论入手,经过对具体的戏剧作品的艺术剖析之后,形成一种新的、内容更具体、更充实的戏剧理论,从而汇成他的剧作研究特有的深沉厚重的理论品格。

此外,陈瘦竹先生的戏剧批评也焕发着特殊的美学魅力。当然,理论的透彻,并融合在具体的作品评析之中,这自然会产生出某种美学魅力,但我们这里指的那种美学魅力,还主要指来自陈先生对艺术的悟性和敏感的那种吸引力。陈先生早年从事过小说创作,艺术的营养使他的戏剧批评展现出另一种光彩。由于他对艺术规律的深昧,对于剧作家创作甘苦的深切体验,再加上他对中外古今无数剧作精品、各种形式体裁的熟谙,所以当他着手于具体戏剧作品的批评时,就既能入乎其内,又能出乎其外,既探得它内在的瑰宝,又能使它在读者面前放出光来。因此,陈先生的戏剧批评就不是一些隔靴搔痒之作所可比拟的。他发表的关于曹禺剧作研究的系列论文,堪称戏剧美学批评的范例。曹禺的《雷雨》是一出内容丰富、矛盾复杂、冲突尖锐的剧作,它既有"前情"——三十年前周朴园为了娶有钱有门第的小姐,抛弃了已为他生了两个儿子的使女侍萍;又有"隐情"——繁漪十八年前嫁给周朴园,她不堪忍受周朴园阎王似的压迫,三年前与周朴园的长子周萍"恋爱";还有"现情"——周萍为了逃脱对"乱伦"罪孽的恐惧,对繁漪始乱终弃,又为了摆脱空虚,与四凤发生恋爱。"前情"和"隐情"一齐支配和影响"现情"的发展,因此,怎样把"现在的戏剧"和"过去的戏剧"精心地安排结构起来,是剧作家曹禺所必须解决的课题,而陈先生的戏剧批评就做在这里,他把已经成形的《雷雨》解构开来,把一些关键的连接点拆给人们看,又装给人们看,读这样的戏剧批评不用说有多么过瘾了。他分析,曹禺怎样通过鲁贵哄骗威吓女儿四凤,在父女两人的对峙中,把叙述和动作紧密结合,即使"现在的戏剧"动作向前发展,又巧妙地交代了繁漪与周萍"闹鬼"的隐情;他指出,曹禺为了使周朴园发现侍萍,怎样安排繁漪为老爷找雨衣而被支下场,然后又利用旧雨衣使周朴园和侍萍相会,以便他们相互发现,等等。总之,他实在是个行家里手,剧本中的精妙处、闪光处,乃至剧作家的捉襟见肘处、疏漏处,他都能一一加以指点,使读者如步入辉煌的艺术殿堂,虽然不免炫目、惊异,但却循着那高明的导引,便能从那光芒的背后,发现那精心构建的玄秘和机巧,因而被吸引,被震慑。陈先生无疑是一位有着独特理论创造和深厚艺术素养的学者,由于他的根基扎得特别深,因此,他没有成为在那个年代里到处可见的随风飘摇的墙头草,也没有做那些无根的浮萍,而终于凭着他正直的人格、过人的勇气,终于使他杰出的才华展露出可贵的、无可掩盖的光芒。在才刚开拓的中国现代戏剧园地里,他是一棵屹立的大树。

陈瘦竹先生勤奋而卓有成效的努力,终于呈现了丰硕的成果,而他在中国现代剧作家的研究方面的成就更有不同寻常的意义,因为这是总结出的我国的戏剧家们自己创造的经验。为此,陈先生倾注了巨大的精力,怀着极大的热情,注视着中国剧坛上每一个独特创造的剧作家和他们的作品,如数家珍地去发现,去挖掘,去总结他们的每一滴经验,每一个价值,每一步前进,从他们的个性特征到创作方法,从他们的艺术风格到表现形式。陈先生还对两位在喜剧创作方面有突出贡献的剧作家进行了精辟的研究。他认为,丁西林创作的幽默喜剧在我国文坛上是独具一格的,他"善于运用机智的语言和巧妙的结构,塑造出别具风格的、优美动人的喜剧形象。他使我们感到笑的喜悦和笑的批判力量"。而老舍是以小说家的身份走上剧坛的,他的创造性贡献则又是另一番光景。陈先生指出:老舍是"语言艺术家,运用流利生动的北京话,三言两语就能写出人物的性格特征。他有丰富的小说创作经验,善于叙事和穿插,能够综合丰富的生活现象,创造新的结构形式。他有喜剧才能,他的剧作常使观众和读者发出笑声。他揭露敌人,引起我们发出幽默的笑;他歌颂正面人物和可喜现象,引起我们赞美的笑。……在创作传统的讽刺喜剧和幽默喜剧之外,还创造一种赞美的或愉快的喜剧,这是他在喜剧创作上的新贡献。"在同是抒情诗人的剧作家中,陈先生还区分了郭沫若和田汉的不同特征,陈先生认为,郭沫若喜写历史题材,而田汉剧作常富于传奇色彩,他们的剧作都富诗意,郭沫若剧作的诗意以雄健见长,慷慨悲壮,"而田汉剧中的诗,以委婉见长,情深意远",而且,田汉剧中的诗意常含有感伤的情调和热情的梦幻,特别的罗曼蒂克而自成一格。

在我国艰难岁月中成长起来的第一代、第二代剧作家,他们有的是诗人,有的是小说家,有的是革命者,都因为受到戏剧魅力的吸引而闯入了戏剧艺术的天地。他们中,有的对戏剧理论有所接触,有所领悟,有的则不然。并且,他们的剧作都是以最后完成的样式呈现在广大的观众读者面前的,因此,诸如戏剧的结构、戏剧人物、戏剧冲突、戏剧语言等属于戏剧理论领域中的概念、技巧等,不仅对广大观众读者来说是模糊的、陌生的,而且对于剧作家本人,恐怕也是朦胧的。而陈瘦竹的戏剧批评,是在深入地研究、剖析了他们的具体剧作之后,把剧作家们在各自的创作中所表现出的特殊创造,如郭沫若的悲壮、田汉的浪漫、曹禺的结构、丁西林的机智、老舍的幽默等,从具体的作品中突现出来,经过理性的过滤,加以成形,最后升华为理论。这就是我国现代剧作家们艺术创造的理论形态,也就是中国现代剧作家们为世界戏剧宝库所添加的新贡献,更就是陈瘦竹教授从我国戏剧实践中抽象出来的我国的戏剧理论的一部分。

陈瘦竹教授的现代剧作家研究为我国人民建造了一个丰富的戏剧文化宝库,他把我国一个个才华四溢的剧作家推向了世界。

(摘自《南京大学学报》1989年第6期,原文9000字)

(王文英:上海社会科学院文学研究所所长、研究员。)

马维干

陈瘦竹先生对悲、喜剧理论的贡献

　　陈瘦竹先生是我国著名的戏剧理论家,他对中国戏剧理论的贡献,突出地表现在他积极地推动和发展了中国的悲剧、喜剧理论的研究。

　　陈先生对悲剧、喜剧的研究,注重它们的社会性。他研究评价一部作品,往往和历史结合起来,从它在当时对社会进步所起的作用来评价其地位和价值。看它在当时的社会中起的作用以及它对悲、喜剧发展所作的贡献。戏剧不同于诗歌、绘画,更突出社会性,戏剧要公演,否则只能是案头剧本。中国现代社会风云变幻的阶级、民族矛盾,使戏剧作家和作品更不能离开社会和时代而躲进艺术沙龙里搞什么纯艺术。在喜剧作家中,他比较推崇丁西林和老舍;悲剧作家中,他研究较多的是田汉、曹禺和郭沫若,而对郭沫若的悲剧给予了很高的评价。

　　对于悲剧、喜剧,更重要的是研究它们的特性。陈先生的不少论文都是探讨悲、喜剧的特性,或就一个专题如悲剧人物、悲剧精神进行研究,和中外学者商榷讨论。

如对悲剧人物,国内曾有几次较大的讨论,有些学者认为反面人物或极恶的人也能成为悲剧的主角,他们的不幸也能产生悲剧。陈先生不同意这种观点,认为悲剧主角都是令人尊敬或令人同情的人物,"反面人物,却从来不能成为悲剧人物"。"将反面人物的可耻下场称作悲剧,既无理论依据,又无现实意义。"陈先生把悲剧分为三种类型:英雄人物的悲剧、正面人物的悲剧和错误造成的悲剧,但无论哪一种悲剧,主要人物身上都不乏善的因素,就连莎士比亚笔下的麦克白也并不从头至尾都是极恶的人,他始终保持着正面人物的一些素质,所以在犯罪前后内心展开野心和道德的激烈斗争。在指导我们论文写作时,对确定一部作品是悲剧还是喜剧,并不仅仅看作品的主角是死是活,而更重要的是要看主角自身的价值及产生的快感。曹禺的《北京人》,有人称之为悲剧,有人称之为喜剧,一部作品竟有如此大的差异,关键是对人物的不同评价。陈先生认为《北京人》既有曾皓、江泰等喜剧人物,也有愫芳这样令人同情的人物,既有悲剧因素,又有喜剧因素,它只是一部悲喜剧。

陈先生对悲剧精神的研究也很有独到之处,并有很强的现实意义。他认为"悲剧所引起的感情,不是怜悯和恐惧,而是强烈的爱和憎,对于悲剧英雄的崇敬和仰慕,对于黑暗势力的仇视和鄙弃,从而使人受到鼓舞,增强斗志。……悲剧精神的实质是悲壮不是悲惨,是悲愤不是悲凉,是雄伟而不是哀愁,是鼓舞斗志而不是意气消沉"。他尤其强调悲剧的战斗作用,强调悲剧具有乐观主义精神。他高度评价郭沫若的《屈原》等悲剧作品,认为郭沫若塑造了一批舍生取义、杀身成仁的"中国脊梁"式的悲剧英雄,具有崇高雄伟的美,异常振奋人心,激发人们向上,催人去战斗。

研究戏剧理论,在于总结创作经验并指导创作的发展。陈先生总是希望悲剧、喜剧能在我国得到更好的发展,他主张应该重视社会主义的悲剧创作,他说"我们讨论悲剧问题,一方面为了正确理解过去的悲剧创作,吸取有益的经验,另一方面也为了发展我们的悲剧创作,为实现社会主义现代化服务"。

针对有些人对悲剧的种种误解,他指出"今天的优秀悲剧,同样代表人民利益和进步力量,以悲剧主角的苦难或牺牲,来揭露国内外阶级敌人的罪恶,目的在于巩固人民民主专政的社会主义制度。我们创作英雄人物的、正面人物的或错误造成的悲剧,志在消灭这些现象,而使我们生活得更美好"。近一时期,我国戏剧舞台上虽出现过一些悲剧作品,但由于种种顾忌,悲剧创作仍未能得到应有的发展,这应该说是个遗憾。

陈先生把喜剧分为讽刺喜剧、幽默喜剧和赞美喜剧,并以讽刺、幽默和赞美作为喜剧精神的三种特征。他称《今天我休息》《五朵金花》等赞美喜剧是喜剧文学的新发展,呼吁创作更多的赞美喜剧,为社会主义服务。喜剧历来受欢迎,在我们的舞台上、电视上、银幕上时常可以见到,只是缺少精品。对于喜剧的研究,国内也比较重视,还成立了喜剧研究协会。

陈先生认为中国的悲剧、喜剧并不逊色于西欧,元代戏曲作品中就有大量的优秀悲剧、喜剧。"五四"以后的中国现代悲剧作家,如郭沫若、曹禺、老舍、田汉、丁西林等人,对悲、喜剧创作都作出了杰出的贡献。在研究中国剧作家时,陈先生把他们放在中外悲、喜剧发展中进行比较,确定其历史地位,例如对郭沫若悲剧的评价,陈先生说:"在我们瞥视四十年代欧美悲剧概况之后,再来考察郭沫若的历史悲剧理论和创作,就更感到他不仅对于中国具有巨大的贡献,而且对于世界也有积极的作用。郭沫若以他的雄伟壮美的历史悲剧大声向世界宣告,正当资本主义哀叹悲剧渐趋衰亡的时候,而在反抗异族侵略和专制统治的古老的中国,在具有马克思主义思想的剧作家笔下,悲剧文学正在蓬勃发展。……在中外悲剧文学的发展史上,郭沫若的历史悲剧具有不可磨灭的贡献。"

(马维干:一级编剧,曾任解放军总政治部宣传部艺术局副局长、八一电影制片厂副厂长、中国电影家协会民族电影工作委员会会长、中国电影家协会理事、中国电视艺术家协会理事。)

朱寿桐

学术流派意识的学术文化意义
——陈瘦竹学术文化观念的价值省思

同是作为社会文化运作的重要内容,学术运作也如同文学运作一样,应该有学人、学术成果,有如作者、作品;应该有传播平台,如杂志、出版机构等;也应该有思潮与学术流派。中国当代人文学术拥有较为完整的文化运作体系,但学术流派较弱。无论在当代人文学术的哪一个领域,无论在哪一位杰出的学术大师名下,都很难连接上"学派"的后缀,更重要的是,自从在社会运作层面攻克"堡垒"、反对小团体主义之后,学术界对学术流派问题似乎长期失语,甚至讳莫如深,以至于连这样的意识都付之阙如了。这不能不说是中国当代学术文化的重要缺失。陈瘦竹先生晚年集中思考和表述了建立学派的问题,体现了明确的学术流派意识,具有弥补当代学术文化某种缺失的意义。

一、全局思考：当代学术文化与学派意识

陈瘦竹不是诗人，但是他在感叹自己的学术生涯时，情不自禁用诗句吟咏出建立学术流派的初衷："平生治学忌孤单，渴求知己共商谈。英才卓越超前辈，文章精妙胜于蓝。学派未立人星散，空余八十一老残。诸君齐心建体系，寂寞晚年泪始干。"[①]这一番感叹显示，他本来是因为忌"孤单"而期盼着建构一个学术流派，这样可以缓解学术的寂寞，可以形成学术的温度与活力。改革开放之初，学术趋于繁荣，但戏剧理论包括戏剧史研究却仍然显得极为冷清，研究戏剧理论批评的学者非常之少，像陈瘦竹这样精通西方戏剧理论的研究者更属凤毛麟角，文化界甚至戏剧界对这一领域也未予足够的重视，这就自然地唤起了陈瘦竹的寂寞之感，同时也激起了他组成学术团队、建立学术流派的热望。这样的学派意识绝不是大而化之的空谈和唱高调，而是传达着一个学者寂寞心性与发展欲望的切己体验，故而显得有血有肉，气韵生动。

中国当代人文学术，在学术性的政治批判和意识形态运作而外，兴起过一些有影响的学术思潮，便是改革开放以来的这些年，就出现过诸如比较文学文化热、研究方法热、历史重写热、国学热、学术生长点热、汉语文化热等，这些学术思潮对中国人文学术所产生的实际影响固然有大有小，或显或微，但毕竟在不同的历史环境下缓释了学术的寂寞与单调，使得人文学术呈现出某种温度与气氛。学术研究作为事业当然是寂寞的，但作为文化却应该有波澜起伏，有温热色彩，有张弛，有节律。从人文学术的总体发展格局而言，一定的学术思潮和一定的学术流派的运作，往往会给学术文化带来某种波澜与

① 这是陈瘦竹先生写给他第一届博士毕业生（周安华、闫广林、赵康太）的七言诗，引自赵康太《生当做人杰——忆恩师陈瘦竹先生》，见《陈瘦竹纪念集》，南京大学出版社 1991 年版，第213 页。

色彩,造成某种温度与节律。可惜,中国现当代人文学术文化的运作在学术内部虽然产生过一定的学术思潮,但学术流派的运作几乎在各个历史时期各种学术环境下都处于缺席状态。

当代学术界并不乏硕儒大德、学术巨擘式的人物,著作等身、锐意开拓者有之,学养厚重、学思集成者有之,中西皆通、古今融合者有之,学风独特、方法超卓者有之,不过在这些硕儒巨擘中,具有明确的学派意识,并能够对学派有所思考、有所倡导、有所设计的应该首推陈瘦竹。陈瘦竹先生作为一个智者,到了生命的晚年和学术的暮期特别"忌孤单",实际上就是想以积极的态度摆脱学术研究和学者生涯与生俱来的寂寞。于是,面对他当时非常满意的学生群体,产生一种创立学术体系和建立学术流派的感兴。这看似是他自己个人学术空间和情感空间的感受与感叹的结果,但是实际上提出了学术文化建设的一种空白现象,揭示了当代学术文化发展的一个短板,部分地解决了当代学术文化建构的一个重要问题:学术流派的问题。

"忌孤单"仅是学者陈瘦竹的一种切己感受,他的学派意识显然包含着当代学术发展的一种可贵的诉求:那就是在一些重要的学术领域,特别是在一些与西学关系密切的特殊的学术领域,组织具有相当实力的研究力量,以该学术领域"国家队"的姿态进入学术研究和学术交流之中,以此显示出充分的学术自信。其实改革开放起始阶段,有人倡导建构比较文学的"中国学派",也正体现了这样的一种学术文化自觉。

当代人文学术有丰富而高端的学术平台,有为数众多的学者专家,有各种各样的学术思潮运作,有非常健全的出版传播体制,但就是缺少学术流派效应:既罕见学术流派实体有秩序的运行,也缺少学术流派的实质性成果,关键是更缺乏建构学术流派的意识。陈瘦竹的个人感兴、感叹和感触,客观上填补当代学术文化建设的学派空白现象,揭示了当代学术文化发展缺少学派支撑这样一个重要的短板现象,并且以他的学术实践和相应的自觉思考部分地解决在社会主义文化体制中如何建构学术流派的重要问题。

二、大局回望：学派形成的时代背景

学派的建立需要一定的条件，包括外在的客观条件和自身的主观条件。我们将有利于这一现象形成和完成的条件理解为一定的成熟局面，其中必要有外在的时代局面也就是大局的促成。陈瘦竹思考学派理念的二十世纪八十年代，正好具备了这样的时局特点。陈瘦竹提出创立学派的学术文化观，显现出他与时代局面相吻合并为时代局面所呼唤的学术底气和魄力。

科学研究的结果表明："通过对学派历史的考察，我们发现，许多科学学派（尤其以学术带头人为核心的科学学派）往往产生于一个国家的科学（或某学科）相对落后又准备起飞之时。在这种情况，往往能唤起一批有识之士振兴本国科学事业的爱国热情，激起他们的民族创新精神。"[1]这样的判断部分吻合于陈瘦竹所处的学术时代，应该也是他萌生创立学派的那个时代，这就是令人追怀的改革开放时代，那时候正逢中国学界非常真诚地向国外学习先进的观念、新潮的方法。在文学研究领域，比较文学成为新兴的热门学科，西方文艺理论和文化理论成为最有活力和最具魅力的理论资源，在这样的情形下，整个学术界都倍感理论的落后与学术研究的积弱，于是每个人都怀着一种积极进取的心态吸纳并弘扬西方学术，为的是以文化爱国的情怀振兴本国人文社会科学事业。陈瘦竹是中国理论界最早关注西方戏剧理论的学者，早在国立剧专任教时就开始研习西方戏剧理论，进入改革开放时期更以那个时代的学者非常稀缺的深厚的外语学养和超卓的理论素养，系统地研究和阐论西方传统的悲剧、喜剧和悲喜剧理论，以及荒诞派以后的新潮戏剧，为中国的戏剧研究开疆拓土，别立新宗。他是那个时代在这方面的宗师级的人物，他的研究又引领着时代的潮流，代表着新潮的方向，正是在那样的时代背景下，他几乎是单枪匹马开创了中国戏剧理论的学科和比较戏剧理论的领域。吴奔星先生的评价是公道而恳切的："在二十世纪八十年代初期欧美的比较文学思潮引进中国,有法国学派、美国学派和苏联学派。陈瘦竹同志以严谨的态度迎接了作为一门显学的比较文学,并且写出了一些比较喜剧的论文。这在戏剧领域,也是开风气之先的。"他认为不仅在比较文学和比较戏剧学领域,在戏剧界"理论工作颇为薄弱"的时代,在"数不出几个戏剧理论家"的时代,陈瘦竹独辟蹊径建立戏剧理论研究体系,作出了开创性、探索性的贡献。[2]有这样的巨大成就,以及在某个领域开一代学术风气的宗师地位,便是从学术上建立了倡导和引领一个学派的局面。

当然,正像时势造英雄的道理一样,时势也造就学术流派以及学派领袖,至少能够造成学术流派的时代条件。二十世纪八十年代确实有研究者概括的促成学派创立和发展的那个时代特征,饱满着爱国热情,张扬着民族创新的精神,那一番踌躇满志甚至壮怀激烈的"后发现代化"的学术气氛的确很激励学者,让一些有实力和抱负的学者致力于学术流派的建构与思考,至少建立中国特色的学派以便与外国学界进行对话。在比较文学领域,这时期建构中国学派的呼声可谓此起彼伏[3]。尽管人们认识到建立一个学派而且是"中国学派"应该是"一个漫长的产生、发展和形成的过程",研究者更倾向于从二十世纪初年的梁启超说起[4],但将比较文学的中国学术整合成一个学术流派的强烈意识是二十世纪八十年代形成的。无疑,那是一个伟大的时代,只有那个时代人们才会非常自信地提出并探讨学派问题。这是时代或者时势做成的学术文化的大局。

这种大局激励优秀的学者积极思考创立学派的问题,而这里的学派包括全局性的考量和局部性的设定。类似比较文学的中国学派其实是全局性考量的结果。在西方学术界,许多学派的形成都是全局性学术局面的一种概括,如"法兰克福学派"是当代西方专注于研究"西方马克思主义"的一个社会哲学流派,以德国法兰克福大学的"社会研究中心"为中心,实际上涵盖前后20多年的两三代社会科学学者、哲学家、文化批评家群体,包括 M. 霍克海默、T.W.阿多诺、H.马尔库塞、J.哈贝马斯等杰出的思想家和文化批评家,实际上成为围绕着西方马克思主义的继承与批判所进行的学术探讨的一种广漠的学术局面的概括。美国的"芝加哥学派"更是许多不同学科学派的统称，其中包括"芝加哥经济学派""芝加哥社会学派""芝加哥建筑学派""芝加哥传播学派""芝加哥数学分析学派""芝加哥气象学派"等，体现出学术局面整体考量的价值取向。

学术流派的局部性设定往往从某种有特色的学术命题和相当具体的学术范围展开，以一个或数个学术宗师级的人物为核心并形成特色学派。陈瘦竹提出的学派主要体现在这样的局部设定的意义上。显然，这种局部设定的学派往往最富有学术个性，其活跃程度达到一定的值甚至会形成文化风格。因此这对于一定时代的学术文化来说，这样的学派才是真正意义上的学派，能够充分体现学术个性和魅力的学术流派。可惜的是，二十世纪八十年代人文学术活跃，杰出学者辈出，学术突破成风，学术气氛热烈而学术秩序优良，但绝大多数学者就是没有产生并提出学派问题。陈瘦竹学派意识的诗性表达在那个时代可谓空谷足音，呼应了那个时代非常可贵的学术发展局面，为当代学术文化增添了重要色彩。

三、格局分析：学派创立的重要条件

并非所有学术宗师都可以成为某一学派的学术领袖，更不能说多数学术宗师都有能力和魄力倡导一种学术体系的建构和一个学术流派的创立。事实上，从二十世纪八十年代非常难得的学术文化热潮中可以看到，能够具有学派意识的学术总是非常之少，明确阐述学派理念的更为鲜见。学派意识的产生和阐述，不仅需要见识，需要敏锐的感兴，还需要勇气，需要魄力，更需要主倡者包容性以及学术传承的主体性所形成的大格局。陈瘦竹先生能具有如此明确的学派意识，一方面与他的厚重的学养及充满学术开创性的发展力量有关；另一方面与他的学术格局，包括学术气度和学术领导力有密切关系。

在学术史上,一代学术宗师却后继乏人,卓然学术大家却孑然一身,这样的现象可谓比比皆是;具有学派意识的学术宗师和学术大家至少有一点非常突出,就是其学术气度的包容性,以及学术传承的主体意识。这在陈瘦竹身上体现得极为明显。

产生并提出学派意识的学术大家当然有一种不言自明的学术领袖的气魄,这种学术领袖气魄在杰出的学术宗师那里往往并不意味着学术的自负或者自大,而是在充分的学术自信基础上,体现出一种对于学问的博大、深邃的体系性的敬畏,一种对于自身学术(精力、能力、覆盖范围以及后续影响力)的有限性的承认:正因为认识到有关学问的博大精深,同时相对地承认自己学术精力、能力、覆盖范围和后续影响力的有限性,才强烈地意识到须动员一批研究力量,组成团队协作研究,并且充分调动和发挥团队成员的学术能动性和学术创造力,这体现为一种高境界的学术视野和责任感。健康的学术领袖意识直接通往学术流派意识的建构,主倡者也就是学派核心人物需要有足够的格局为学术建立一个有规模的港湾,让那些团队成员能够从这个学术港湾出发挂帆远航,同时又能在满载而归时回到这个港湾休憩生息。不少学者包括一些杰出学者不具备这样的能力和意识将自己的学术平台或者学术专题经营为一个能够容纳一定规模学术团队的学术港湾,他们往往自己一直就被定位为不断启航甚至漂泊无定的船只,没有足够的能力和信心带领一个富有创造力的团队按照学术创造的节奏远航然后安宁地停泊。之所以说陈瘦竹的创立学派的意识具有相当的勇气和魄力,就是因为他的表述中具有这样的意识和意向,而他的学术实践和学术追求中也一直包含着这样的格局。

人文学术研究往往意味着高度个人化的劳动,不像自然科学研究那样需要调动相当规模的学者进行联合、系统的实验。人文学术的这种学术方式和规律更加体现出学派意识和学术领袖意识的难能可贵,因为在一般情形下,独立的研究者无须借助于团队的力量完成自己的课题。不具备较大格局的学术关怀的学者往往就不可能唤起学派意识。这样的学术关怀有时候表现为对于某一学科的前途与命运的顶层设计与思考。"一个学术大家很重要的标志,就是把他所在的这个学科,这个学科规律的总结,这个学科的何去何从,当作自己的使命和责任。这是一个学术领袖必须承担的责任。"[5]这样的学术大家也就是学术领袖,他会对一定范围的学科发展或学术前途负起责任,也会对学派的创立和运作做出努力。这是他的学术格局决定的,学派意识与这种学术理念中的格局和学术把握中的气度有关。

一个学派的核心人物也就是学术领袖需要有足够的包容之心鼓励周边的研究者善于创新,敢于怀疑,否则,学派的建立就会归于空谈。一般而言,一定的学派在风格上、倾向上甚至在学术研究的选题范围方面都有一定的共性,这些共性恰恰体现出这个学派的个性特征。但这样的共性不能狭窄到容不得具体研究者也就是团队成员的学术个性的发挥,如果是这样狭窄,那么这个学派即使有研究团队,其所体现的也不过是核心人物的学术表述的技术克隆,其风格的单一根本不足以成为学派。鲁迅曾这样形容文学团体:"文学团体不是豆荚,包含在里面的,始终都是豆。"[6]这是对文学团体中不同成员个性的肯定。学术流派也应该如此,要能够容许学派成员的学术个性。学派是一个有一定规模和一定格局的概念,学派的内涵并不应是学派领袖的风格的克隆与简单复制。但学派的格局通常是学派核心人物和学术领袖的格局的展现,学派核心人物或学术领袖的格局大,包容性强,这个学派的格局也就会变大,其内在的学术创造力和影响力也就会变强。从这个意义上来说,具有健康学派意识的学者应该是学术包容性很强的学术领袖。

主倡创立学术流派的陈瘦竹具有让人深信不疑的宏大格局。他主攻的课题是戏剧理论和现代戏剧史,但他鼓励他的研究生在论文选题的时候可以开阔学术局面,选择其他文学体裁进行研究;即便是在他主持的戏剧研究博士专业,他也鼓励自己的学生另辟蹊径拓宽思路进行戏剧研究。他所指导的最后一届博士生周宁、章俊弟的论文选题都是从文化研究的角度切入戏剧研究的。他自己倾向于从戏剧文本和文体内部解剖戏剧的结构与审美,但他非常鼓励他们在较为新潮的理论视角展开自己的研究。

著名诗人、学者吴奔星在回忆他的好友陈瘦竹的文章中,对陈瘦竹的包容心性倍加赞赏。二十世纪八十年代初,一位当时的中年学者撰文就郭沫若的戏剧《孔雀胆》与陈瘦竹商榷,陈瘦竹不仅不以为忤,"反而当面给以鼓励,充分显示了一代学者虚怀若谷、奖掖后进的伟岸气度"。须知这位中年学者的商榷意见自己也意识到是"毛糙"的,这是当事人事后对陈瘦竹的评价。[2] 这样的"伟岸气度"确乎是一位"虚怀若谷"的学术领袖才可能具有的,有了这样的气度当然就有创立学派的胸襟与格局。田本相曾回忆说,他的《曹禺剧作论》中有一些观点陈瘦竹先生并不赞同,但在评全国戏剧理论著作奖的时候,陈瘦竹先生却大力推荐。[7] 同样感受的应该还有旅美著名戏剧研究家董保中,他对于田汉的《苏州夜话》的某些人物心理的解读陈瘦竹非常不认同,但这并不影响他对董保中本人的接纳与尊重,在董保中访华时,陈瘦竹主持接待有日,俨然学界老友。和而不同,在陈瘦竹的学术交往中可以视为一种常态。陈瘦竹的胸襟就是如此博大,善于团结和尊重那些与自己学术见解不同的学者,尤其善于宽容地对待和尊重那些在学术上反对自己并且被证明是反对错了的学者。这正是一个学术领袖的格局与气度,有了这样的格局与气度,创立学术流派之想才有力量,才有品味,才有价值。

四、布局赏析:学派建设的可操作性

创立学派,运作学派在任何历史语境下的人文学术界都是一种豪华型甚至是奢侈型的文化行为,需要对时代大局提出要求,包括鼓励创新,鼓励个性,鼓励争鸣,开放宽容,生气勃勃;需要对学术宗师或学界领袖提出要求,包括引领时代的学术开拓,鲜明强烈的学术风格,超越自我的学科关怀和学术关怀,包容阔达的学术气派和学术格局。但从另一方面说,人文学术界学派意识的出现应该被视为一种历史的必然选择,没有任何学派运作的时代至少会呈现一种有明显缺陷的学术文化。在这样的意义上，陈瘦竹于二十世纪八十年代末至九十年代初提出建立学术体系，创立学术流派的问题，乃体现着那个时代学术文化的历史的必然要求，不能纯粹理解成陈瘦竹试图解决个人治学"孤单"问题的一己之私。考虑到陈瘦竹所处的那个时代大局，特别是他在比较戏剧学和戏剧理论领域所做的学术开拓与那个开放时代的新潮高度吻合，再考虑到他的学术格局，包括他深厚的学术背景，他对所涉猎和所参与开创的学科的关怀，以及包容性很强的学界领袖风度，就不会讶异为什么这一学术文化空白会由他来填补。

而且，在学术流派建设的问题上，陈瘦竹不单是提出理念，表达相关的意识，更有身体力行的操作性布局，有着非常精彩的学术设计，天若假年，"陈瘦竹学派"的成立并形成较大学术影响是非常可能的。

陈瘦竹是我国实行学位制度以后第一批指导中国现代文学硕士学位研究生的导师，他所指导的第一届硕士生，以每人奉献出一本作家论专著的显赫成就，一时被学界和社会传为美谈。汪应果的巴金研究，朱栋霖的曹禺研究，王文英的夏衍研究，任天石的叶圣陶研究，不仅在当时就产生了轰动效应，也成为各专题研究领域长期引领风骚的代表成果。《钟山》杂志就曾对陈瘦竹指导研究生的优异成绩进行全面推介。文学史家樊骏就曾较为全面地总结陈瘦竹在作家论研究方面的独特风格。从他《现代剧作家散论》开始，从他指导的骆寒超的《艾青论》开始，到上述第一届研究生的现代作家研究，以及马维干、张东、姜建、朱晓华的研究，后来万书元、黄丽华、张红扬、王国安、徐勇的研究，都是以作品的艺术分析和审美鉴赏为基础，再深入作家的思想苦闷和人生痛楚的审视，这样的研究方法所体现的正是陈瘦竹先生的学术风格，也是他的学术设计。[8]他的学生们都从不同的选题出发出色地实践了他的学术设计。骆寒超教授在一篇呼唤陈瘦竹学派的文章中还曾提到过，樊骏明确指出，诸多优秀而有特色的学术成果表明，应该有一个以陈瘦竹名字命名的学术流派活跃在中国现代文学和中国现代戏剧研究领域。

学术流派的建立必须依赖于学术体系的开发。陈瘦竹在他最关切的戏剧理论研究方面,展开了非常全面也非常精彩的学术体系的设计。他在戏剧本体论研究方面已经形成了独特的体系,那是"有机地吸收欧洲传统戏剧理论、现代戏剧美学与中国古典戏剧美学,融汇古今中外"的理论体系。[9]在完成了《论悲剧与喜剧》的研究以后,他展开了更深入的学术布局,并通过他所满意的三位首届博士生一起,构筑了悲剧、喜剧、悲喜剧的理论研究格局,周安华、闫广林、赵康太分别以他们出色的研究完成了上述三种剧类理论与历史的学术布局。在三位博士生答辩会上,时任学科负责人的邹恬教授对他们的学术成果作出了如此高度的评价:"都不愧是陈先生的学生。"如果说悲剧、喜剧和悲喜剧研究构建了戏剧理论和戏剧史的内部学术系统,那么,从原型文化和传播文化、接受文化的角度探讨戏剧的外部关系,是戏剧理论与历史研究的外部学术系统,陈瘦竹通过周宁、章俊弟这两位关门弟子展开了这一系统的学术实践,他们的成果同样体现了陈瘦竹学术布局的系统性和流派性。

在中国当代学术史上,在文学研究最顶尖的学术宗师群内,极少有人能够像陈瘦竹这样,如此全面地、系统地、缜密地布局一个学科或者一门学问的学术体系,展开的是既富有内在逻辑,又照顾到外延关系的学术设计,这应该是唯有他拥有学派意识并且明确提出创立学派愿望的重要原因。常说机遇总是为有准备的人准备的,倡导创立学术流派的动议也应该是有准备的学者才能提出。陈瘦竹不仅有这样的格局,也有相应的布局,他可以说是最有准备的学术领袖和学派宗师。

总之,陈瘦竹先生所具有的学派意识以及他对当代学术流派的倡导,通向一定规模和富有特色的学术共同体的营构,是当代学术文化中一个非常重要同时又被长期忽略的命题。由陈瘦竹先生的倡导以及堪称辉煌的学术实践,可以总结出学术流派意识包含着:一定时代社会文化与学术关系的全局视野,在与世界接轨的学术发展及中国特色学术建构的大局意识,学术领袖和学派宗师的学术开拓精神和相应成果,以及开放性、包容性气度构成的格局风貌,还有为学派的建立所进行的学术体系设计的布局方略。

参考文献

[1] 李伦.试论科学学派的形成机制[J].科学学研究,1997(3):17—23.

[2] 吴奔星.忆陈瘦竹同志二三事[J].新文学史料,1992(3):150—153.

[3] 曹顺庆.比较文学中国学派基本理论特征及其方法论体系初探[J].中国比较文学,1995(1):18—40.

[4] 代迅.世纪回眸:比较文学中国学派的由来和发展[J].中外文化与文论,1996(1):138—149.

[5] 朱寿桐.我给田先生"评职称"[M]//胡志毅.砚田集.桂林:广西师范大学出版社,2015:259.

[6] 鲁迅.《中国新文学大系》小说二集序[M]//鲁迅全集:6.北京:人民文学出版社,2005:264.

[7] 田本相.那高大的梧桐树——为纪念陈瘦竹先生[J].中国现代文学研究丛刊,1991(1):1—5.

[8] 樊骏.陈瘦竹对中国现代文学学科建设的贡献[M]//中国现代文学论集:上.北京:人民文学出版社,2006:153—163.

[9] 朱栋霖.陈瘦竹对中国现代戏剧理论研究的贡献[J].中国现代文学研究丛刊,1991(3):247—261.

(马维干,国家一级编剧,原八一电影制片厂副厂长,中国电影家协会民族电影工作委员会会长。)

赵康太

陈瘦竹学术精神论

学术精神指学术征程上问道求道的精神，目的在于真理的探寻，"为天地立心，为生民立命，为往圣继绝学，为万世开太平"。陈瘦竹(1909—1990)是我国戏剧美学研究的奠基人，为创建具有中国特色的戏剧理论体系付出了毕生精力，其成果至今仍然是戏剧影视理论研究中不可逾越的学术巅峰。陈瘦竹能够取得如此辉煌的学术成就，根本原因在于他追求和坚守"基础深厚，学风朴实，奋发图强，坚持原则"[1]210的学术精神，这是陈瘦竹对入学博士生的学术告诫，更是对自己学术研究的经验总结。陈瘦竹的戏剧理论成就固然是中国戏剧理论宝库中的珍品，但陈瘦竹立道在心、向道而生、求道为命和殉道以止的学术精神，具有跨时代的意义和超学科的价值。

一

陈瘦竹的建树覆盖小说创作、文学翻译和戏剧理论研究等领域，创建新的戏剧理论体系才是他的终极目标和理想追求。中国戏曲历史悠久,但毕竟形成于传统的小农经济社会,难以适应快速变革的现代中国社会。在剧烈社会动荡中产生的中国话剧,虽然受到西方戏剧的直接影响,但用西方戏剧理论难以精准阐释。陈瘦竹在二十世纪四十年代已经意识到这一问题,立下"建立一个新的戏剧理论体系"的宏愿,但落到实处是在他成为马克思主义者以后。"直到五十年代初,这个意念忽又浮现在我脑际,是否可以运用马克思主义的观点和方法综合外国戏剧和中国戏曲和话剧,建立一个新的理论体系。"[2]559

关于建立的新的戏剧理论体系,陈瘦竹本人并未明确定义。如果将他要创建的新的戏剧理论体系概括为"中国现代戏剧学理论体系",固然符合戏剧规律,但我们认为称其为中国特色戏剧理论体系更为恰当。中国现代戏剧学理论是从戏剧学的国别性和时代性界定的,而中国特色戏剧理论则是在此基础上更强调马克思主义立场、观点和方法的运用,突出外来戏剧理论的中国化,当然也包含对中国戏曲理论的继承和弘扬。因为这才最切合陈瘦竹所要创建的新的戏剧理论体系的本意。

陈瘦竹要建立的新的戏剧理论体系最鲜明的特征就是始终坚持以马克思主义的辩证唯物主义和历史唯物主义为其理论基础,高度重视实事求是和理论联系实际的原则,强调在特定历史背景下把握社会思潮和戏剧的基本规律和主要特征,展开对现代剧作家和戏剧作品的思想倾向和艺术特征的深入分析。陈瘦竹从二十世纪五十年代开始,尝试运用马克思主义理论和欧洲戏剧理论等研究、解释中国现代戏剧创作中出现的各种问题。他系统地解剖了欧美的古典主义、新古典主义、文艺复兴、浪漫主义、现实主义、自然主义、象征主义、唯美主义、心理分析学派、荒诞派等思潮影响下的各种戏剧理论主张,全面研究和深入分析了中国现代剧作家和他们的戏剧创作。经过半个世纪的努力,他基本完成了新的戏剧理论体系构建,其内容涵盖戏剧起源、戏剧本质、戏剧特征、戏剧创作、戏剧结构、戏剧作品、戏剧样式、戏剧思潮、戏剧流派、戏剧功用、戏剧审美、戏剧批评、戏剧表演、戏剧观众等。马克思主义世界观和方法论,使得他的戏剧理论主张和中国现代话剧研究呈现出中国作风和中国气派,使传入中国的戏剧理论不再属于西方,具有了鲜明的中国特色。

陈瘦竹要创建的新的戏剧理论体系的主体是关于悲剧和喜剧的中国化的理论阐释。陈瘦竹关于喜剧的理论建立在对幽默、讽刺、机智和嘲弄等喜剧概念的独到理解和精确阐释的基础上;关于悲剧的理论建立在对悲剧性质、悲剧性格、悲剧冲突、悲剧审美、悲剧功能和悲剧流派等悲剧基本问题的深入分析和精心解构的前提下。陈瘦竹对悲剧和喜剧的理论贡献主要在于彻底抛弃了唯心主义的世界观和方法论,对许多本质问题做出了科学的解释。如关于悲剧的起源和本质,陈瘦竹坚决反对悲剧衰亡论和悲剧过时论,在《悲剧从何处来》一文中指出:"欧洲悲剧理论著作极多,单就悲剧根源而论,几乎都未能给予科学的解释,因而连同其他问题就和我们发生分歧。"[3]300他坚持认为,只有马克思主义才能真正揭示悲剧的本质,也才能解决悲剧从何处来的问题,从而促进悲剧创作的繁荣。针对悲剧衰亡论和社会主义无悲剧的论点,陈瘦竹尖锐地指出:"社会主义社会是人类史上最美好的社会制度,前途光明,但旧社会的残余尚未清除干净,悲剧产生的现象自然不会绝迹。我们创作英雄人物的、正面人物的或错误造成的悲剧,志在消灭这些现象,而使我们生活得更美好。"[3]326陈瘦竹联系社会主义实践,分析了社会主义时期的悲剧特点。他在《郭沫若悲剧创作的历史地位》一文中指出:"只要生活中有悲剧性的冲突,作家就不该熟视无睹,而应该拿起笔来创作悲剧,歌颂悲剧英雄的高贵品质和坚强性格,揭露虽是个别的却有典型意义的黑暗现象,以鼓励人民为坚持四项基本原则、实现社会主义现代化而斗争。"[3]1366在《人类心灵的画师》一文中,他通过对奥尼尔的悲剧的分析阐明了自己的悲剧观:"有的悲剧崇高雄伟,表现悲剧英雄为真理而斗争,为正义而献身,真是虽败犹荣,虽死犹生,令人敬仰。有的悲剧凄怆怨愤,表现善良人民横遭摧残,备受苦难,缺乏抗争勇气,以致含恨而终,令人怜悯。此外还有一些悲剧,描写高贵人物由于性格弱点而铸成大错,甚至犯罪,以致追悔不及而自食其果,令人惊心动魄,不胜惋惜。"[3]1061

对于马克思主义的真理性,陈瘦竹努力做到真学,并在学术研究中全力真用,他认为这是创建新的戏剧理论体系不可缺少的世界观和方法论。在他的戏剧理论文章中,随处都可以看到马克思主义理论的光辉。在《马克思主义以前欧洲戏剧理论》一文中,陈瘦竹指出:"在欧洲戏剧理论的发展过程中,马克思主义戏剧理论是它的最高峰。"[3]79 "以前的戏剧理论家对于戏剧的本质特征、发展规律和社会作用,曾有各种各样的主张,但因为受到时代和阶级的限制,不可能从根本上解决这些问题,不可能使戏剧完成'改变世界'的任务。以辩证唯物主义和历史唯物主义为基础的马克思主义戏剧理论,指出戏剧像其他艺术一样,是社会经济基础的上层建筑中的一个组成部分,是阶级斗争的武器。马克思和恩格斯要求一切艺术家为实现革命斗争服务,揭露资产阶级世界的矛盾,反映工人阶级的生活和斗争。"[3]79

陈瘦竹的戏剧理论主张当然有时代的局限性,但在毫不动摇地坚持马克思主义的时候,能够始终保持不左不右的理性思维和冷静分析,这在同时代学者中并不多见。即使历尽磨难,陈瘦竹的马克思主义信仰也从未发生动摇。他的好友赵瑞蕻在《追寻消逝了的时光》中深情地回忆道:"我从未见到过他心灰意懒,悲观绝望。"[4]54 正是有精神之钙,陈瘦竹才能对中国现代戏剧实践和理论中的许多问题做出科学的解释,从而使其理论成为中国化的马克思主义戏剧理论。

二

立道在心,学术研究方能向道而生。学术研究以博学为起点,然后才有审问、慎思、明辨和笃行。在陈瘦竹看来,学术研究必须以中西贯通和人格独立为基础。"究天人之际,通古今之变,成一家之言。"人格独立,精神自由,有正确、敏锐地捕捉问题的意识和能力,具有独立思考和自由探究的精神品质。基础不牢,地动山摇。因此,陈瘦竹将"基础深厚"视为学术精神的根底。

陈瘦竹生于晚清,成长于中西文化激荡碰撞的民国时期。学贯中西,博古通今,是济世救民的政治需要,也是知识分子的学术追求。陈瘦竹自幼受到良好的国学教育,英语言文学的专业训练和国立编译馆的译介生涯使他对西方的思想和文化有了深入了解,而在国立剧专与余上沅、田汉、洪深、马彦祥、张骏祥、焦菊隐、黄佐临、章泯、应云卫和万家宝等早期戏剧理论家和艺术家共事同教,使他的学术研究"既根植于深厚的本土文化之中,又以开放的心态借鉴西方文化精华"[5]。这奠定了他终成一代戏剧理论大师的学术基础。

陈瘦竹的西学根底深厚,自幼的生活习惯也培养了他对中国戏曲的浓厚兴趣。面对中国戏曲和西方戏剧,陈瘦竹不偏不倚,兼收并蓄,尤其对其中符合中国特色戏剧理论体系创建的元素的集成和创新。郭沫若从未提到自己的历史悲剧是否与歌德、席勒有关,陈瘦竹凭借自己对德国狂飙突进运动和德国戏剧史的深入研究,写出了《郭沫若的历史悲剧所受歌德与席勒的影响》一文[3]1377—1406。陈瘦竹既分析了形成于德国狂飙突进运动中的歌德和席勒的历史悲剧的思想内容,也解剖了郭沫若历史悲剧中的思想倾向和艺术表现,通过思想与艺术的比较,令人信服地指出,郭沫若的历史悲剧"无论在有意或无意之间接受歌德和席勒的影响"。陈瘦竹的分析并没有止步于此,他进一步研究了郭沫若历史悲剧和反抗异族侵略和专制统治的古老中国社会间的关系,最后指出郭沫若历史悲剧"所描绘的历史人物的思想感情、典章文物以及风俗习惯,即使其中包含虚构成分,也都能显示出我们的民族色彩"。陈瘦竹的夫人沈蔚德是出身于话剧演员的著名戏曲研究专家。陈瘦竹和沈蔚德长期合作,对中西戏剧中的经典作品进行比较研究,使沈蔚德也成为创新中国特色戏剧理论体系队伍的一员。在《异曲同工》一文中,他们比较了《牡丹亭》和《罗密欧与朱丽叶》思想内容和艺术形态,最后指出:"我们应该重视中外文艺遗产,特别应该继承民族优良传统。"[3]1115

学术创新源于独立思考、大胆怀疑和理性批判。在对国学的精心研习和对西学的精到翻译中,陈瘦竹形成了敏锐的艺术感悟能力和学术批判精神,特别善于在细枝末节中捕捉和思辨问题。在极"左"路线盛行的年代,戏剧性和戏剧冲突等戏剧的最基本概念都被视为资产阶级货色而受到批判和否定。陈瘦竹从未随波逐流,始终以无畏无惧的气魄,坚持维护戏剧的真理性质。在 1950 年代写的《剧本创作问题》中,他尖锐地指出:"凡是反对戏剧性的人,一定是将戏剧性很固定地很孤立地看作某些资产阶级戏剧中所表现出来的色情成分、低级趣味以及油腔滑调之类,否则他们决不会否认戏剧应该有戏剧性。其实,那种看法是不正确的。第一,资产阶级国家所产生的戏剧,并不完全那样浅薄无聊,其中还有一些比较进步的表现人民性的作品;第二,戏剧的内容,观众的趣味,随着时代而有变化,所以戏剧中的戏剧性,也不是固定的孤立的东西。我们应该反对某些资产阶级戏剧中的毒素,而不应该反对戏剧要有戏剧性,否则,剧本和诗或小说,在本质上还有什么区别呢?"[3]67—68在写于 1961 年的《论戏剧冲突》中,他指出"没有冲突就没有戏剧",完全符合恩格斯的"历史的必然要求和这个要求实际上不可能实现之间的悲剧性冲突"的论断,是"由马克思和恩格斯运用辩证唯物主义和历史唯物主义观点加以科学阐明"的[3]139。"我们所反对的只是资产阶级理论家对于这一艺术规律的唯心主义的歪曲,而不是这一艺术规律本身。"[3]14 这些观点在今天看来也许都属于戏剧常识,但在当时是要冒着被指责崇洋媚外和思想右倾等政治风险的。

坚持中西贯通和人格独立,需要顽强的意志和过人的胆略,这是学者应有的职业操守和职业定位。陈瘦竹受业于陈西滢,纵使陈西滢被严厉批判和否定,陈瘦竹也从未对恩师有过任何不敬之词。有关部门要求发言批判修正主义时,陈瘦竹断然拒绝:"什么是修正主义,我还不清楚,还要好好学习。我自己都不了解修正主义是什么,我怎么能做'反修'发言呢?"[1]45 陈瘦竹的学术精神得到了学术界的高度评价:"作为一位严谨的学者对艺术科学坚持严肃、审慎的态度,他不追随极'左'政治路线,不做随风倒的墙头草,他用理论家的独立品格与坚毅正直的人格勇气。因此,他坚持以美学的、艺术的分析来把握曹禺、郭沫若、丁西林戏剧创作。这在排除'左'的庸俗社会学干扰方面产生了积极的意义。"[5]145

三

"朝闻道,夕死可矣。"学术精神始于学,止于术,成于道。求道的过程就是问学求真的过程。在真正的学者眼中,学术精神是至高无上的,具有崇高性和神圣性。陈瘦竹视真理为生命,一生都在不断地自我否定和自我超越。他求道励学,不懈创新,一身铮骨,奋发图强,志在创建中国特色戏剧理论体系,甚至知其不可而为之。他不顾个人安危,先后两次挺身而出,带头营救为呼吁民主和平而被捕的学生,纵然被国民党反动派诬为"八路教授"也无畏无惧。在生命的最后关头,病榻上的陈瘦竹梦境中出现的仍然是面对国民党特务的威逼自己拒不交出进步学生名单的往事。"竹有定节傲霜斗寒叶竿直待枯黄仍作薪火温新枝,人无异志经磨历劫身心倍受摧残却以衷怀报中华。"南京大学中文系同事们为陈瘦竹敬献的挽联精确地勾画出了陈瘦竹(字定节)问学求道的真精神。

陈瘦竹的学术之道是一篇具有英雄悲剧性质的诗章。悲剧理论是以戏剧形式对死亡、苦难和外界压力抗争来反映人生的理论阐释。社会主义体现着人类的未来,但是否存在悲剧,一度成为敏感的话题。创建中国特色戏剧理论体系,自然无法绕开这一问题。陈瘦竹根据自己对人类社会和戏剧历史的深入了解,坚持认为社会主义社会有悲剧存在的基础,因而悲剧有存在的现实性。他在二十世纪八十年代初写下的《论悲剧精神》《关于悲剧冲突和悲剧人物》等文章,系统阐发了恩格斯的悲剧论断,指出:"我们从恩格斯的论断中可以看到:一、悲剧冲突是由现实生活中严重的矛盾和斗争构成;二、悲剧主角代表历史的进步要求,因而是英雄人物或是正面人物;三、悲剧英雄由于历史条件限制而遭失败,并非由于性格缺陷。"[3]267 据此,他分析道:"英雄人物的悲剧,不是由于他的某种性格缺陷,而是受客观条件限制,因此不能实现历史的必然要求,他的坚强意志和战斗精神激昂慷慨,使人无限崇敬。"[3]270 他清楚地区分了社会主义的悲剧与旧时代的悲剧:"过去的优秀悲剧,代表人民利益和进步力量,以悲剧主角的苦难或牺牲来揭露反动统治的罪恶,目的在于摧毁当时那种社会制度。今天的优秀悲剧,同样代表人民利益和进步力量,以悲剧主角的苦难或牺牲,来揭露国内外阶级敌人的罪恶,目的在于巩固人民民主专政的社会主义制度。"[3]260—261 在这场关于悲剧的起源、性质、冲突、人物、形式以及发展走向等的论争中,陈瘦竹坚持不懈,为悲剧的存在据理力争,奠定了悲剧在中国特色戏剧理论体系中的地位。

陈瘦竹的戏剧理论研究全程开放,坚定不移,从未脱离过现代中国社会的伟大变革的实践。陈瘦竹认为,新的戏剧理论体系创建固然要向中国传统戏曲和西方戏剧学习和借鉴,但中国的社会主义事业和社会主义戏剧创作的伟大实践才是本源和根底。陈瘦竹在《〈论戏剧观〉读后》中指出:"对于当代欧美资产阶级戏剧思潮和流派,应该根据我国社会主义戏剧的需要,借鉴其中某些形式技法,同时还应善于总结我们戏剧创作中的新经验和新尝试,然后建立具有中国特色的马克思主义的戏剧观念。"[3]214 为创建新的戏剧理论体系,陈瘦竹身先士卒,率先开拓中国现代戏剧研究领域,成为曹禺、夏衍、田汉、郭沫若、丁西林等著名中国现代剧作家研究的拓荒者。在《世界声誉和民族特色》中,陈瘦竹系统分析了曹禺剧作的思想、内容、人物、结构和语言,认为曹禺剧作鲜明的民族特色在于他在对外国戏剧精华和中国戏曲传统的吸收和借鉴,更重要的是在艺术创作实践上生动地表现出了中华民族的历史经验与现实经历。"正因他的剧作描写中国的民族生活和表现民族性格,所以才能赢得外国的读者和观众。"[3]1552 1985 年,陈瘦竹在中国话剧文学研究会成立大会上的讲话中提出:"要提高中国话剧文学研究水平,必须以马克思主义为指导,对基本的戏剧观念进行再认识,在研究方法上也要进行突破和革新。研究中国话剧文学必须着眼于当代,对于当前的话剧'危机'要有紧迫感。在当代话剧文学研究中,也应紧密结合历史的考察,把握话剧文学发展的历史规律。同时,对中国话剧文学的研究也应进行比较研究。可以同我国传统的戏曲文学比较,也可同外国的戏剧文学做比较,还可进行多层次的比较研究。"[1]36

随着改革开放的深入,来自西方的各种文化思潮蜂拥而入。在二十世纪九十年代的中国话剧舞台上出现了热捧和模仿西方现代派戏剧观念和技法的现象。陈瘦竹在《荒诞派戏剧的衰落及其在我国的影响》《关于当代欧洲'反戏剧'思潮》《〈论戏剧观〉读后》等一系列文章中,以自己深厚的戏剧理论和戏剧历史造诣,寻根溯源,深入分析了西方现代派戏剧的形成背景、思想倾向、艺术形式和社会效应,深刻地指出:"荒诞戏剧是资产阶级文艺流派,在资本主义国家所以逐渐衰落,除回避斗争和悲观主义以外,其'反戏剧'思潮显然违背艺术规律。"[3]203"无论就内容或形式而言,荒诞戏剧都是当时资产阶级精神危机的反映。欧洲资本主义国家在第二次世界大战之后,政治、经济、文化以及宗教渐趋崩溃,于是惶惑不安和走投无路的情绪,一度到处泛滥。世界不可理解,人生毫无意义,这种非理性和非人化的观点,几乎成为当时主要的思潮。"[3]182虽然"荒诞戏剧以荒诞的形式表现荒诞的内容,反映资产阶级知识分子当时所感到的惶惑和苦恼,其中也有对于资本主义的某些揭露和嘲讽,但是基本情调阴暗绝望,叫人啼笑皆非"[3]183。他有针对性地批评道:"戏剧创作如果不重视内容,而只是在形式上乱翻花样,这恐怕不合乎艺术规律"[3]211-212,"有些同志对荒诞派的'反戏剧'思潮颇为热衷,主张无情节、无性格、非理性和非逻辑的戏剧,而且认为只有这种戏剧才能代表世界最高水平,这不符合中国人的审美习惯,而且也不符合西方戏剧的艺术传统"[3]1553。这些批评,即使在今天看来,也依然入木三分,发人深省,具有强烈的现实感和时代感。

为构建中国特色戏剧理论体系,陈瘦竹矢志不移,"虽九死其犹未悔"。在1947年的《论悲剧人生观》中,他直斥国民党反动政府的腐败和黑暗。"哀莫大于心死,世上再没有比毫无目的毫无理想的人生更可鄙可痛的事。难道中华民族真要沉沦于永劫不复的深渊吗?"[3]253"谁不追求美满幸福的生活?谁不怀抱高超伟大的理想?"[3]254他发誓:"我们并不因失败而退缩,宁可被黑暗势力打得鲜血淋漓躺在地上,决不举手投降。"[3]253陈瘦竹晚年的视力仅余0.03,明知是饮鸩止渴,但他天天借助双倍放大镜,把戏剧思考变成五分钱币大小的重重叠压的文字,反而迎来了平生戏剧理论创新的又一个高峰期。田本相回忆晚年身患绝症的陈瘦竹时写道:"我仍然清晰地记起他那忧郁的面庞,他对国家民族前途忧虑远远超过了他对自己生命的忧虑。"[1]38这正是自叹"八十一老残"的陈瘦竹不断取得骄人学术成就的根本原因。作为中央大学的教授,陈瘦竹是南京大学"诚朴雄伟、励学敦行"风骨的真传人。

四

陈瘦竹晚年在病榻上吟成他生命中最后一首七言诗:"平生治学忌孤单,渴求知己共商谈。英才卓越超前辈,文章精妙胜于蓝。学派未立人星散,空余八十一老残。诸君齐心建体系,寂寞晚年泪始干。"①[1]213陈瘦竹此诗虽然是写给即将毕业的博士生们的,但与其说是惜别诗,不如称其为绝命诗或绝笔诗更贴切。惜别诗往往是文人间的伤别离,念故旧,而且还有再见之时。绝命诗则为临终赋诗,是生命最后的呐喊。此时的陈瘦竹已身患绝症,自知来日无多,但诗中没有对人生的丝毫眷念,只有对鞠躬尽瘁一生创建的新的戏剧理论体系无法完全实现的深深哀叹。面对"人星散"的困局,陈瘦竹的心情极其落寞和悲伤,从内心深处发出了"学派未立"的悲鸣,留下的只有"孤

---

① "诸君齐心建体系"句为原文,而"请君齐心建体系"为该文笔误。

单"和"寂寞"。这是陈瘦竹最后发出的凄美绝惋的天鹅之歌。

"平生治学忌孤单,渴求知己共商谈。"陈瘦竹深知构建新的戏剧理论体系,仅靠一己之力是无法完成。他不放弃任何寻找志同道合的盟友和战机的机会。他喜欢思想碰撞,乐于学术论辩。他于1964年撰写的《历史唯物主义与戏剧》,是在看到著名剧作家李健吾的"经济制约对戏剧的影响"观点后的主动发难。他指出:"李健吾同志不仅混淆了戏剧艺术所需要的经济条件和艺术上层建筑所依赖的经济基础两个根本不同的概念,而且由于过分强调所谓经济制约,认为富裕使戏剧发展和贫困使戏剧衰亡,这种说法未免带有机械的经济决定论的色彩。"[3]163 "钱多钱少,对于戏剧的盛衰到底有什么关系呢?在新中国成立前,国民党反动派当然并不'贫困',劳动人民当然没有'足够的经济能力';但是文学艺术的命运是怎样的呢?"[3]164 看到美国威斯康星大学刘绍铭教授关于丁西林的戏剧研究的文章,他立即写下《关于丁西林的喜剧》一文,深入剖析了法国浪漫主义戏剧的来龙去脉和本质特征,然后指出:"刘绍铭先生所谓'事后聪明''事先毫无准备'或'单凭一时冲动',其实就是'机智',随机应变,才智过人。因此我仍认为,《压迫》不是'情境喜剧'或'巧凑剧',而是世态喜剧或机智剧。"[3]1595 这种只强调偶遇、片面追求技巧的戏剧一度被译为"佳构剧",但在陈瘦竹的坚持下,最终"巧凑剧"被普遍接受。从"佳构剧"到"巧凑剧",褒扬演变为对形式主义的批评,如果不是学贯中西,一般人很难达到如此精准的程度。

"英才卓越超前辈,文章精妙胜于蓝。"陈瘦竹最喜欢看到学生们在戏剧理论研究方面取得的成就。邹恬如此评价陈瘦竹:"我觉得'热爱学生''关怀后辈'是陈先生身上,是他一生中最可贵的精神,是他作为教师最可贵的品格,也是他晚年生活中最感人的地方。"[1]94 陈瘦竹热爱学生、关怀后辈,是因为他们是形成新的戏剧理论学派、创建新的戏剧理论体系的后备力量。对于他们的选择和培养,陈瘦竹极为严格和认真,此届研究生不毕业,决不再招下一届。他乐于看到他们"卓越超前辈"和"精妙胜于蓝",甘愿接受他们的邀请,为他们的著述作序,将他们引为学术研究的"知己",借此"商谈"理论问题,"齐心建体系"。在为朱栋霖的《论曹禺的戏剧创作》写的序中,他说:"我与朱栋霖同志相知甚深且有同好,写序当然义不容辞。考虑到在曹禺剧作研究中,还有一些问题需要加以补充说明,还有一些观点需要加以讨论,所以写出这篇长文,作为序言。"[6]60 "这些序言与《春雷重版前记》《戏剧理论文集后记》以及骆寒超《中国现代诗歌论》、俥荣本《笑与喜剧学》序言打动了许多读者,也成为陈瘦竹最好的自传。"[7] 这当然已经超出了自传的范畴,是在"借他人酒杯,浇自己块垒",欲将他们的成果纳入新的戏剧理论体系的宝库。

人贵真诚。这是陈瘦竹学术精神的本质特征。创建新的理论体系,既要理论创新,又要实事求是,有的放矢,言必有据。文如其人。国立剧专的同学们回忆陈瘦竹对学生们的要求:"立德,就是要堂堂正正地做人,要正直善良,待人以诚,不搞歪门邪道,更不可玩弄阴谋诡计陷害别人","立功,就要为国家多培养一些有用的人才;立言,就要写一些有价值的文章著作"。[1]51 王尔德的最后一部喜剧被人译为《名叫埃纳斯特的重要性》在国内公开出版。陈瘦竹仔细阅读英文原版后,写下《王尔德的唯美主义理论和他的喜剧》一文指出,此剧应译为《人贵真诚》[3]627-670。埃纳斯特是剧中人名 Earnest 的音译,意为真诚,而剧情是两位小姐与两位先假后真的少爷间的爱情故事。剧中人说:"我的理想永远是要爱一个名叫埃纳斯特的人。因为这个名字中含有一种鼓舞力量,使人对他绝对信任。"陈瘦竹指出:"剧名含有调侃之意,所谓'人贵真诚'(真诚之重要)的反面意思,就是'幸亏开头并不真诚'。"译名对比,高下立见。人贵真诚,正是陈瘦竹为人为学的风格。他的每次授课都被视为论文写作。授课前,打好全部腹稿,参照播音速度,每分钟 200 字,面壁默诵至滚瓜烂熟。及止登上讲台,面前没有片纸,手中仅握一根粉笔,却引经据典,口若悬河,下课铃响起,即是最后一个字落地时,真正"台上一分钟,台下十年功"。

陈瘦竹学通中西,但他的理论著作绝无艰涩的理论和华丽的辞藻,总能真诚坦率,深入浅出,有话直说,文风极其朴实。陈瘦竹写于 1960 年的《左联时期的戏剧》,在分析二十世纪三十年代的左翼戏剧时,充分肯定了左翼戏剧的历史贡献,但也直截了当地指出:"左联时期的戏剧运动,由于当时条件所限还有一些缺点,如团结的范围不够广泛,对于传统戏曲和地方戏采取轻视甚至否定的态度;没有大力介绍并建立马列主义戏剧理论等,这些问题,直到以后在毛主席的光辉的文艺思想指导下才得到解决。"[3]1266 在《田汉的剧作》中,他分析了田汉的《十三陵水库畅想曲》的共产主义畅想,以马克思《哥达纲领批判》和列宁的《国家与革命》为理论根据,论述了什么是共产主义以及共产主义何时实现的问题,指出这"只能作为悬案,因为现在还没有可供解决这些问题的论断的",而"田汉在新中国成立后 10 年,就要'畅想'20 年后中国已经建成社会主义正在进入共产主义,试图解决列宁所说的'悬案',这实际上是不可能的事"[3]1245。这些写于 20 世纪中叶的文章,既充满真知灼见,又通俗易懂,只有大师才能达到此等境界。

"清如瘦竹闲如鹤,座是春风室是兰。"这是扬州八怪之一的金农赞美清朗瘦竹、闲云野鹤的高士情怀的诗句,用来比喻陈瘦竹的学术之"道"却再合适不过了。如果以今天的评价体系衡量,陈瘦竹的学术论著多为单篇论文或论文结集,纵使《论田汉的话剧创作》和《易卜生〈玩偶之家〉研究》单独出版,在今天看来也不过是小册子。集他的戏剧理论成果大成的《陈瘦竹戏剧论集》,还是在他去世后由学生编辑出版的。然而,著作等身绝不是以所谓专著的厚度和页码数量来计算的。正如学者们指出的,陈瘦竹写下的"一系列分量厚重的鸿篇巨论,已成为我国戏剧理论界珍贵的理论文献,成为戏剧研究者引经据典的重要资源"。"活跃在今日中国现当代戏剧研究队伍的研究者,无一不是从学习陈瘦竹的剧作家论而走上论坛的。"[8] 陈瘦竹的学术精神是今天中国学术界的一面"镜子",既可以让我们认识我们自己的学术道路,也可以让我们认识我们的学术本身。

陈瘦竹生平最遗憾的是直到去世也未能看到中国特色戏剧理论体系建

设的梦想完全实现。陈瘦竹只能将"建体系"的宏愿寄托在后学身上。"诸君齐心建体系,寂寞晚年泪始干。"完成陈瘦竹的宏愿是新时代戏剧理论研究者义不容辞的职责。在以利益最大化为价值追求的市场经济条件下,当学者商人化和学术商品化愈演愈烈时,陈瘦竹的学术研究留给我们的精神和风骨,是我们反思学术迷失,唤醒学术良知,回归学术本真,建设中国特色哲学社会科学难得的一笔精神财富。

参考文献

[1]《陈瘦竹纪念集》编委会.陈瘦竹纪念集[M].南京:南京大学出版社,1991.

[2] 陈瘦竹.戏剧理论文集[M].北京:中国戏剧出版社,1988.

[3] 朱栋霖,周安华.陈瘦竹戏剧论集[M].南京:江苏教育出版社,1999.

[4] 徐保卫.凝望与倾听——戏剧理论家陈瘦竹[M].南京:南京大学出版社,2000.

[5] 张红扬.良师授业,学通中西[N].中华读书报,2020-04-15(17).

[6] 朱栋霖.论曹禺的戏剧创作[M].北京:人民文学出版社,1986.

[7] 黄丽华.陈瘦竹传略[J].新文学史,1992(3):168,174—190.

[8] 朱栋霖,姜建.陈瘦竹学案[J].上海文化,2019(6):102—108.

(赵康太:海南大学教授,曾任海南大学党委书记,海南师范大学党委副书记、副校长,海南省社科联党组书记、主席,海南省社会科学院院长。)

闫广林

陈瘦竹喜剧思想的历史图谱

一、肯定性喜剧观

笑是人类特有的文化现象。其中最为思想家们关注的,是那些批判性的笑。法国十九世纪浪漫主义诗人波德莱尔说:"其他的笑只是一种愉快,只有嘲笑才属于判断,双重或矛盾的判断,才更为复杂也更为重要。"[1]314

喜剧可分为否定性喜剧和肯定性喜剧。否定性喜剧即讽刺性喜剧,肯定性喜剧即幽默喜剧或歌颂性喜剧。社会主义社会之前的人类喜剧思想史,基本上都是关于否定性喜剧的历史。亚里士多德在《诗学》中说,悲剧是对于比较好的大人物的模仿,喜剧是对于比较丑陋的小人物的模仿。莫里哀说"喜剧的责任,就是通过娱乐来纠正人的缺点","人宁可受苦,可受不了揶揄;人宁可做坏人,也不肯做滑稽人"[2]。鲁迅说:"悲剧将人生的有价值的东西毁灭给人看,喜剧将那无价值的撕破给人看。"[3]203一言以概之,否定性人物之所以令人发笑,值得讽刺,就是因为他们总是力炫为美,虚假的实体连接着一个虚美的外观。喜剧就是对否定性人物的讽刺、揭露和批判。

与这些否定性的喜剧观不同,作为社会主义意识形态的产物,对古今中外的喜剧理论素有研究且坚定信仰马克思主义的陈瘦竹认为,凡是形式和内容之间以及手段和目的之间的矛盾,都可以引人发笑。对于这些矛盾,作家总是站在一定的立场上采取一定的态度,不是暴露、讽刺,就是歌颂、赞美,不可偏废一方,尤其是关于人民内部矛盾的善意的嘲笑。显然,他的喜剧思想中,否定性和肯定性共存而且更有侧重,侧重肯定乃至歌颂,属于一种时代色彩相当鲜明的肯定性的喜剧观。

陈瘦竹这充满积极能量或者正能量的肯定性喜剧观,包含着一些重要的历史图谱。

二、历史图谱

(一)图谱1 莎士比亚的幽默

早在四川江安剧专时期,英语专业毕业且西学功底相当厚实的杰出作家陈瘦竹,开始讲授"剧本选读",翻译英国戏剧理论家尼科尔的《戏剧理论》,并对其中所涉及的戏剧范畴进行解读,奠定了他对西方戏剧尤其是英国戏剧理论的基础和学术倾向。

西方喜剧艺术有两大传统,一是阿里斯托芬的政治讽刺传统,二是莎士比亚的浪漫幽默传统。阿里斯托芬的讽刺喜剧,因为亚里士多德《诗学》的理论阐释长达两千多年的历史影响而成为欧洲喜剧的主流和正统,并产生了莫里哀和果戈理等经典作家。而莎士比亚的幽默喜剧,一段时间则成为另类乃至异端,成为伏尔泰所说的"怪物""乡村小丑""喝醉了的野蛮人",直到十九世纪才被重新发现。

陈瘦竹虽然不是西方异端的拥趸,但显然更倾向于莎士比亚的浪漫幽默,而不是阿里斯托芬的政治讽刺。对于西方古典主义奉为圭臬的亚里士多德的喜剧观,陈瘦竹曾经进行过认真的检讨:

> 喜剧中以"丑"的、"下劣"的、有"错误"的人物为描写对象,这在理论上是很正确的概括;但是所谓丑、下劣和错误,就社会生活来说,在性质和程度上显然各有不同,因而形成不同的喜剧并且产生不同的喜剧效果。亚里士多德认为喜剧只写丑不写恶,只写滑稽的丑态不写使人感到痛苦受到伤害的丑态,这是由于他对喜剧描写对象缺乏具体的分析,因而不免缩小了喜剧的领域并且削弱了喜剧的精神。[4]417

不仅如此,陈瘦竹还曾经对俄罗斯革命民主主义者别林斯基的喜剧观提出批评。别林斯基十分推崇果戈理的讽刺艺术,认为喜剧描写的是生活的否定方面,目的是激起愤怒的结果,是痉挛的大笑而不是愉快的嘲笑。陈瘦竹批评说:

> 他特别偏重喜剧的讽刺作用,这在当时具有重大的战斗的现实意义。但是在世界喜剧艺术发展过程中,是否所有喜剧都是"痉挛的大笑而不是愉快的嘲笑",而且所谓讽刺是否都是"愤怒的结果"?这些问题还需要做进一步的探索,还需要从更高的原则上来解决。[4]419

在陈瘦竹看来,喜剧世界并不是一个负能量的世界,其中既有暴露又有歌颂,即使以暴露为主的讽刺喜剧中也包含着歌颂;即使阿里斯托芬的讽刺喜剧,例如《鸟》,也通过乌托邦的"云中鹁鸪图",歌颂了辛勤劳动的人民的自由生活;即使旨在"纠正人的恶习"的莫里哀,他的《史嘉本的诡计》,也赞美了正直机智的仆人;即使别林斯基所推崇的《钦差大臣》,其中只有被揭露的反面人物,没有一个被歌颂的正面形象,但连果戈理也承认,其中有个"正面人物",那就是笑,对黑暗政治和腐败生活的嘲笑。另一方面依然如此,莎士比亚的浪漫幽默喜剧中,也并非没有暴露和讽刺的因素。他的早期喜剧《仲夏夜之梦》中,就有对于专制父权思想的揭露和讽刺,他的最后一部喜剧《暴风雨》中,歌颂爱情并不占有最主要的地位,取而代之的则是,对阴谋者暴露乃至惩罚。

基于广博的审美经验和冷静的理性判断,陈瘦竹对莎士比亚的幽默喜剧情有独钟:

> 我们应该看到,在喜剧艺术发展的过程中,出现许多温和的甚至欢乐的喜剧,其中所描写的确是不使人痛苦和受到伤害的丑态,甚至不以所谓"下劣的人物"而以正面人物为主要的描写对象,莎士比亚的喜剧便是一例。他的喜剧是希腊喜剧以后的新发展,主要描写文艺复兴时期青年男女的爱情和友谊,其中充满乐观精神和愉快情绪,诙谐风趣,令人欢笑。[4]417

莎士比亚笔下的喜剧形象有两种。一是浪漫传奇剧中热烈追求爱情并机智巧妙地战胜各种阻力、获得快乐结局的男女青年,如《皆大欢喜》中的奥兰多和罗瑟琳、《无事生非》中的培尼狄克和贝特丽丝、《第十二夜》中的薇奥拉和奥西诺,二是历史剧中最杰出的喜剧人物——思维敏捷、随机应变、机智幽默的福斯塔夫爵士。对于这些喜剧形象,陈瘦竹都曾进行过详略不等的艺术分析。

更能表明陈瘦竹幽默喜剧倾向的,是他关于莎士比亚追随者王尔德的研究,以及关于中国现代喜剧作家丁西林的研究。

作为上流社会的骄子,王尔德继承了英国世态喜剧的传统,在康格里夫和谢立丹之后,描绘贵族社会的风俗人情,又有新的发展。他才华出众,谈笑风生,戏剧人物的语言,机智俏皮,饶有风趣,几乎随处都是妙言隽语,其间又有一些讽刺意味,轻松活泼,优美玲珑,具有强烈的喜剧效果。最能代表王尔德艺术风格并显示他艺术才能的《人贵真诚》。精致巧妙的《人贵真诚》(The Importance of Being Earnest),充满了误会、巧合的情节,以及双关、比喻、对比、反问的修辞手法,既妙趣横生又不失文雅,既出人意料而又轻松自然。甚至运用双关语来进行喜剧设计,使其中的"Earnest",既是人名又是"真诚",成为喜剧的关键。虽然没有深刻的社会意义,却令人叹为观止。因此,陈瘦竹在《王尔德的唯美主义理论和他的喜剧》中评论说:

> 王尔德的喜剧属于世态喜剧,而《人贵真诚》则是幻想和现实综合的轻松喜剧。在现实生活中,特别是在上流社会里,一个人的出身、洗礼命名、恋爱婚姻、道德规范疾病和死亡等都是严肃的事,而王尔德却在剧中开玩笑,甚至近于荒唐。王尔德在玩笑中并非没有对现实的讽刺,并不深刻尖锐,《人贵真诚》的主要价值在于饶有情趣的喜剧风格。[4]662

丁西林特别擅长于喜剧的结构和语言,他认为喜剧是一种理性的感受,必须经过思考,必须有趣味。他的喜剧,《一只马蜂》写余小姐的谎言、《压迫》写房客的计谋、《三块钱国币》写吴太太的无理要求,均使用细腻的分析笔法,描写高级知识分子的生活,情节单纯,人物不多,也没有大的矛盾,但能巧妙展现人物之间各种喜剧性矛盾和他们不同的喜剧性格,在剧情展开上,也是波澜起伏,妙趣横生,喜剧效果渐出,能够引人会心微笑。丁西林的喜剧语言,也以幽默俏皮为人称道。显然,丁西林的喜剧,就其主要精神来说,是幽默而不是讽刺。丁西林说:"一篇喜剧,是少不了幽默和夸张的。剧词中,对于社会的各方面,也多少含有讽刺的意味。可是这些讽刺都是善意的,都是热忱的。"[4]1570对此审美追求,陈瘦竹赞赏之余又高屋建瓴地指出:

丁西林的全部作品,充分证明他是一个掌握了高度技巧的喜剧作家。一个作家如果缺乏技巧,就不能塑造艺术形象。但是,一切艺术技巧,只有当它们被艺术家用来反映真实的生活和表达深刻的思想的时候,才能产生艺术的感染力和说服力。丁西林固然擅长于巧妙的结构和机智的语言以及各种表现手法,但是他的作品所以能在当时和现在为人们所爱好,主要是因为他用高度技巧来揭示了当时现实生活的矛盾斗争,并表达了他的民主主义思想、爱国主义精神和革命政治倾向。[4]1574—1575

(二) 图谱2 司马迁的笑言

江安剧专时期的陈瘦竹,在翻译尼科尔的《戏剧理论》并对其中的戏剧范畴进行解读的时候,就发现很难用西方的理论解释中国的话剧。这一困惑在新中国成立后得到了解决。那时候,已经是南京大学中文系教授的他,看到中国文学和中国戏剧艺术正在"百花齐放,推陈出新",于是便开始学习中国戏剧史,调整研究格局,研究中国现代剧作家田汉、曹禺、郭沫若戏剧以及丁西林的喜剧艺术。

余英时在《中国知识分子的古代传统》中,曾经将古代的知识分子一分为二。一是道统知识分子——士大夫,二是俳优知识分子,且认为,两者都是原始巫史的后裔,只是一方更多遗传了君子的基因,另一方更多遗传了俳优的基因。前者固守庙堂,后者寄身江湖[5]100—114。

在正人君子心目中,主所畜之、多能鄙事的俳优,从来都是一种帮闲乃至邪恶。儒家创始人孔子,语言相当幽默,诸如"朝闻道,夕死可矣"、"未知生焉知死"、"知之为知之,不知为不知,是知也"。周游列国失意落魄时还能以玩笑化险为夷,体现了博大的胸怀和智慧的玩笑。但非礼勿视、非礼勿听的孔子,不语怪力乱神,还因笑君者罪当死,将当庭表演的俳优,砍了手足,异门而出。

深受道家老庄影响的司马迁著史,在罢黜百家、独尊儒术的时代,究天人之际、通古今之变。《史记》中专设《滑稽列传》,与才高气盛的《屈原贾生列传》相提并论,一视同仁。说他们"善为笑言,然合于大道","谈言微中,亦可以解纷",极力表彰俳优的滑稽事迹。既表明了先秦俳优在西汉社会的历史危机,无意中却也开启了中国"滑稽"的历史图谱。

滑稽(古音 gǔ jī),原意是一种能转注吐酒、终日不竭的酒器,后指应付无穷、转随俗已。司马迁之前的屈原,在《楚辞·卜居》中说:"将突梯滑稽,如脂如韦,以洁楹乎?"像油脂一样光滑,像熟牛皮一样柔软,度量屋柱,顺圆而转;司马迁之后的杨雄,在《酒箴》中说:"鸱夷(革囊)滑稽,腹大如壶,尽日盛酒,人复借酤。"又在《法言·渊骞》中借此"滑稽"描绘了一种人生态度:"饱食安坐,以仕易农,依隐玩世,诡时不逢,其滑稽之雄乎!"司马迁在《史记·滑稽列传》中,用"滑稽"在当时约定俗成的概念来概括善为笑言的俳优,说他们"谈言微中,亦可以解纷",说"淳于髡者,齐之赘婿也。长不满七尺,滑稽多辩"。例如,齐威王好为淫乐,长夜之饮,淳于髡对齐威王说:"国中有鸟,止王之庭,三年不飞又不鸣,不知此鸟何也?"意即此鸟不飞则已,一飞冲天,不鸣则已,一鸣惊人。齐威王从此振作起来。

关于司马迁的"滑稽",唐代史学家司马贞在《史记索隐》中解释说:"滑,乱也,稽,同也。言辩捷之人,言非若是,说是若非;言能乱异同也。"[6]2209 陈瘦竹引用司马贞的见解说:滑稽人物看到不合理的现象,于是旁敲侧击,借题发挥。言在此而意在彼,使那不合理的现象显得十分荒唐可笑,借以进行讽刺。例如优旃。

秦始皇要扩大射猎的苑囿,纵情享乐,东到函谷关,西到雍县和陈仓。优旃说:"好。多养些禽兽在里面,敌人从东面来侵犯,让麋鹿用角去抵触他们就足以应付了。"秦始皇听了这话,就放弃了初衷。后来,在宋元南戏这种较完整的戏曲文学形成以前,古代帝王宫廷中就有逗乐的俳优,至秦汉而大盛。这些滑稽角色,在唐代参军戏、宋元南戏、元杂剧和明传奇中,发展演变,而成为净、末、丑等角色行当。这种角色大都是被讽刺嘲弄的对象,插科打诨、调节气氛、产生笑料。一些正面人物也常令人解颐……这是我国戏曲的特色,从而形成观众的审美习惯。[4]479

更重要的意义在于,西学功底极为深厚并对西方喜剧理论相当了解的陈瘦竹,不仅对司马迁滑稽的历史图谱进行过理论描述,而且还将司马迁的滑稽发展成了相当精辟的诗学比较,形成中国当代喜剧理论中相当精彩的比较诗学:

> 司马迁关于滑稽的解释,正如哈兹列特所说的机智,颇为相似。《世说新语·言语》载,孔融十岁时,有人夸他聪明,陈韪不以为然,就说"小时了了大必未佳"。孔融立即回敬一句:"想君小时,必当了了。"这又是机智的一例。[4]434

在欧洲文艺复兴时期,机智原指"天才",十七世纪之后才成为文艺理论术语,表示才智机敏,言语巧妙,能够同中见异,异中见同,迅速发现矛盾,立刻压倒对方。正如哈兹列特所说:"总而言之,采用诙谐和幻想的方式,将那在表面上似乎相同的各种观念或者其中潜在矛盾的事物细致地分解或区别开来,这就是机智,好比将那乍一看似乎是完全相异的事物混同起来都是机智。"[4]433具体到中国喜剧文学中来,就是司马迁的"滑稽"以及陈瘦竹对中国喜剧的分析,例如关汉卿的《救风尘》。

风尘少女赵盼儿,同情不听劝告嫁给纨绔子弟周舍、现在被朝打暮骂的宋引章,决定设法营救。赵盼儿梳妆打扮,故意在周舍面前卖弄风月,声言只要能写休书赶走宋引章,就以身相许,并发誓赌咒说:"你若挪休了媳妇,我不嫁你呵,我着堂子里马踏杀,灯草打折赚儿骨。"定情时机智地给周舍设下圈套。周舍非常兴奋,要店家"将酒来",她却说"休买酒",周舍要"买羊来",却说"休买羊",周舍要"买红去",她却说"休买红",借口是"我车上有""我箱子里有"。周舍回家休了宋引章,再到客店去娶赵盼儿,人已离去。最后周舍从宋引章手里夺下休书毁掉,再看见赵盼儿时便说:"你也是我的老婆!"赵盼儿早将休书真迹留下,又反唇相讥:"酒和羊车上物,大红罗自将去。你一心淫滥无是处,要将人白赖取!"终将周舍击败,获判大杖六十,宋引章得救,大团圆结局。

中国传统喜剧中的很多主人公都是赵盼儿型的正面人物,他们对坏人的机智戏弄,常常引起观众的笑声。

(三)图谱3 马克思主义的影响

在特殊的历史情境中,陈瘦竹的思想开始渗透进新的历史情绪,时代内容成了一种政治潜意识和喜剧研究中一条粗壮的理论主线和理论归宿,并且凝聚着社会主义的价值取向,充满了积极向上的正能量。

新中国成立后,陈瘦竹曾试图用马克思主义的观点和方法,建立一个新的理论体系,他对中国现代剧作家展开艺术研究时所使用的方法,就已经是历史唯物主义的方法了。二十世纪六十年代陈瘦竹加入中国共产党之后,马克思主义更成为他戏剧研究的地平线。从他先后撰写的论文《马克思主义以前欧洲戏剧理论》和《历史唯物主义与戏剧》,以及从二十世纪五十至八十年代的喜剧理论和喜剧评论中,这种意识形态的转型,彰明较著。

1959年,陈瘦竹在《谈喜剧》中认为,笑不只是生理现象,其中包括着丰富的社会内容和一定的阶级性质[4]396。用历史唯物主义的眼光来看,喜剧就是生活中滑稽可笑和落后丑恶的现象的反映。在社会的发展过程中,随时随地都有新和旧的斗争,人类必须摧毁旧的势力和摆脱旧的影响,才能走向新的道路。一切旧的社会势力及其影响,如果已经渐趋没落无法阻止新生事物的萌芽和成长,或者虽然貌似强盛而实际上已经破绽百出显得十分可笑和丑恶,便是喜剧的好题材。喜剧家嘲讽生活中一切旧的思想行动以及习俗风气,暴露这一切旧东西的愚蠢和虚妄,以衬托出新的力量的胜利,使读者和观众放声大笑或会心微笑,对于反面现象的没落和正面现象的出现,感到无限欣喜。

马克思说"一个历史形态的最后阶段,就是它的喜剧",因为历史的进程,就是"为了人类快乐地与其过去分开"[4]396。具体到人类喜剧艺术的历史则是,在封建社会和资本主义社会中,喜剧的讽刺的矛头指向统治阶级,目的在于加速那些剥削阶级的崩溃,在社会主义社会中,喜剧的讽刺的矛头指向社会主义的敌人以及阻碍社会前进的封建思想和资本主义思想的残余,目的在于巩固社会主义制度并使社会加速前进。

为了对不同的社会形态进行理论区分,尤其是为了对社会主义社会的喜剧进行理论区分,陈瘦竹不仅在1959年撰文对毛泽东的社会矛盾思想进行了认真分析,而且在其1962年的一篇关于毛泽东《在延安文艺座谈会上的讲话》的学习笔记中,也对其展开了深入解读。

毛泽东在《关于正确处理人民内部矛盾的问题》中说,社会主义社会存在着"性质完全不同的两类矛盾",这就是敌我之间的矛盾和人民内部的矛盾[7]205。陈瘦竹根据这个经典公式,认为在反映人民内部矛盾时,喜剧是一种很好的形式,因为在社会主义条件下,人民内部矛盾可以经过社会主义制度本身,不断地得到解决。即从团结的愿望出发,经过批评或者斗争,使矛盾得到解决,从而在新的基础上达到新的团结。因此,在喜剧中就出现了两种不同的形式,一种是阿里斯托芬式的讽刺喜剧,一种是莎士比亚式的幽默喜剧;而且不论如何,都必须有明确的社会思想,有强烈的爱憎,都必须通过笑这一武器来向读者和观众进行思想教育。

毛泽东《在延安文艺座谈会上的讲话》说,革命文艺工作者对于三种不同的人,就应该有三种不同的态度。对于敌人,是要"暴露他们的残暴和欺骗,并指出他们必然要失败的趋势";对于同盟者,"应该是有联合、有批评";对于自己人,"当然应该赞扬,人民也有缺点的"[8]848—849。陈瘦竹在学习笔记中深刻体会到,我们今天讽刺自己人的缺点和错误的喜剧,应该以过去的幽默喜剧作为借鉴,并且加以发展,形成新的幽默喜剧。

毛泽东同志关于讽刺的学说的重大意义,不仅在于启发我们对于喜剧的讽刺传统能有更深刻的理解,主要的还在于教导我们如何区别三种不同的讽刺,而尤其是如何运用讽刺这一武器来对待人民的缺点和错误,这一方面是讽刺艺术的历史经验的概括,另一方面又是这种历史经验的马克思主义的新的发展。[4]422

关于笑的理论,自柏拉图到柏格森,众说纷纭。陈瘦竹在1978年的《喜剧简论》中认为黑格尔的观点,颇有可取之处。黑格尔指出笑来自矛盾,推而广之,凡是戏剧,无论是悲剧或喜剧,或无论讽刺喜剧、幽默喜剧或赞美喜剧,都以矛盾为基础,只是性质不同而已。黑格尔所说的"本质与现象之间以及目的与手段之间的矛盾,必然显得滑稽可笑",主要是指讽刺喜剧,当然不可能概括以赞美为特征的社会主义喜剧。社会主义喜剧,不是无情的讽刺,而是善意的批评。这种笑,笑得幽默,笑得亲切,我们把这类喜剧称为幽默喜剧。老舍的《女店员》,同样是幽默喜剧,因为齐母的资产阶级妇女解放理论和陶月明的轻视商业的错误思想,虽然应该加以批评,但他们并不是敌人,所以在我们笑他们的顽固落后的时候,还是怀着善意的热情。除讽刺的笑和幽默的笑以外,在《今天我休息》和《五朵金花》等歌颂新人新事的社会主义喜剧中,某些正面人物,也常引起我们赞美的笑,这是喜剧文学的新发展。

据此,这时的陈瘦竹,又把喜剧概括成为三种:阿里斯托芬式的讽刺喜剧、莎士比亚式的幽默喜剧和关汉卿式的赞美喜剧,并以讽刺、幽默和赞美作为喜剧精神的三种特征。讽刺喜剧以敌人为揭露对象,是对于反面人物和黑暗现象的全盘否定,衬托或者暗示光明前途。幽默喜剧以人民的缺点错误为描写对象,是在基本肯定的基础上对于部分的否定。幽默是一种善意的讽刺,在性质上和对敌人的讽刺完全不同。赞美喜剧则是对正面人物和光明景象的热烈歌颂,发扬革命乐观主义精神,显示社会主义社会的大好形势和光辉前景。我们对于人民群众的缺点和错误,就不能采取阿里斯托芬式的无情的讽刺,而是善意的批评。

陈瘦竹深刻地指出,生活中的滑稽可笑和落后丑恶的现象,都是和社会的前进相矛盾的,所有喜剧和悲剧一样,都有以社会矛盾为基础的戏剧冲突。只不过喜剧中的矛盾总是可以得到合理解决,而且正义的力量最终取胜,从而构成圆满结局。所以,如果说没有冲突就没有悲剧,那同样可以肯定的是,没有冲突也没有喜剧。喜剧的根本是矛盾冲突,而不是情节上的误会、巧合,不是语言上的诙谐风趣。

三、结语

伟大人物的历史意义,存在于他对自己祖国的贡献之中。半个世纪以来,陈瘦竹饱含积极情绪和正能量的肯定性喜剧观,沿着洋为中用、古为今用的道路,从莎士比亚的幽默传统、司马迁的笑言传统和毛泽东的社会矛盾理论中,汲取了丰富的思想资源,并将其最后统一于历史唯物主义,形成了足以代表中国当代喜剧研究水平、足以在当代世界戏剧史中代表中国身份的喜剧理论及其三重标准,即讽刺标准、幽默标准、赞美标准。针对敌人的讽刺标准,要求无情地鞭挞;针对人民内部的幽默标准,要求善意地嘲笑;对于社会主义正面人物的赞美标准,要求热烈歌颂,歌颂他们与众不同且别开生面的聪慧机智。这些标准有时相互联系,有时互相转化,有时相互独立,但这种独立性并不意味着在任何情况下三者都同样重要。

参考文献

[1] 波德莱尔.波德莱尔美学论文选[M].郭宏安,译.北京:人民文学出版社,1987.

[2] 李健吾,编译.《莫里哀喜剧六种》译本序[M]//莫里哀戏剧六种.上海:上海译文出版社,1978.

[3] 鲁迅.鲁迅全集:第一卷[M].北京:人民文学出版社,2005.

[4] 朱栋霖,周安华.陈瘦竹戏剧论集[M].南京:江苏教育出版社,1999.

[5] 汤学智,杨匡汉,编.台湾暨海外学界论中国知识分子[M].郑州:河南人民出版社,1994.

[6] 司马迁.史记:第十部[M].长沙:岳麓书社,1988.

[7] 毛泽东.毛泽东文集:第七卷[M].北京:人民出版社,1999.

[8] 毛泽东.毛泽东选集:第三卷[M].北京:人民出版社,1991.

(闫广林:海南大学人文传播学院教授,曾任海南大学人文传播学院院长。)

胡志毅

陈瘦竹戏剧理论研究的经典性
——从"文化记忆"来看中国话剧理论的奠基意义

  今天我们重新来纪念陈瘦竹先生,这种纪念是具有仪式性的,一般来说,是举行纪念性的学术研讨会,出版文集、研究论文集[①]。在这里,"仪式一致性"(rituelle Kohärenz)和"文本一致性"(textuelle Kohärenz)(扬·阿斯曼语)[②]是一体的。

  陈瘦竹先生是我国著名的戏剧理论家。早年在国立剧专担任教授,后在南京大学担任教授,他翻译过雨果的《欧那尼》、萧伯纳的《康蒂坦》,翻译过英国尼科尔的《戏剧理论》,能从英文直接翻译戏剧理论和经典剧目,是中国话

[①] 1985年,中央戏剧学院举办了第一届中国话剧文学研讨会,并且成立了中国话剧文学研究会,陈瘦竹先生被选为名誉理事长,1991年中国艺术研究院举办过一次陈瘦竹戏剧理论研讨会,1999年江苏教育出版社出版了三卷本的《陈瘦竹戏剧论集》,2009年南京大学举办过陈瘦竹先生一百周年诞辰暨戏剧理论与现代戏剧发展研讨会。这次要出版《陈瘦竹戏剧思想研究》论文集。

[②] 扬·阿斯曼从文化史的角度,提出了"从仪式一致性向文本一致性的过渡"。(扬·阿斯曼:《文化记忆——早期高级文化中的文字、回忆和政治身份》,金寿福、黄晓晨译,北京大学出版社2015年版,第86页。)

剧理论第一代学者的奠基性的特点。在这个翻译的基础上,他研究戏剧理论具有经典性。①

在这里,我们可以区分卡农(Canon)和经典(Classics)。卡农,德语为Kanon,也翻译成"正典",如哈罗德·布鲁姆的《西方正典》(The Western Canon)。德国海德堡科学院院士扬·阿斯曼指出,卡农,是指"这些传承下来的东西并不能被冠以神圣称号,而只是具有'经典的'性质,因为它们能够起到典范的、预设的、规范的和教谕的作用"。他进一步说道:"一个卡农界定了有关何为美,何为伟大,何为重要等概念。"②

如果我们把西方的亚里士多德、黑格尔乃至马克思的理论看作"卡农"的话,那么,"阐释具有奠基意义的文本就是储存和再现知识"③。对于中国话剧理论来说,陈瘦竹先生的戏剧理论研究不仅具有"典范的、预设的、规范的和教谕的作用",而且"具有奠基意义"。

陈瘦竹先生首先对马克思主义以前欧洲戏剧理论论述、戏剧性和戏剧冲突进行了研究,对于认识戏剧的本质起了一定的作用;其次是关于悲剧和喜剧的研究,介绍了除亚里士多德、黑格尔之外的著名理论家,贺拉斯、布瓦洛、巨莱顿、狄德罗、莱辛、别林斯基、车尔尼雪夫斯基、杜勃罗留波夫等人的理论,另外在新中国成立之后出现了一些新的提法,如对社会主义时期是否存在悲剧,"歌颂性喜剧"等;其三是关于外国戏剧经典的研究,比较深入,取得

---

① 陈瘦竹先生在1940年应国立戏剧专科学校校长余上沅先生之邀,从重庆前往江安,开始在该校任教,从这个时候开始研究戏剧理论。(参见陈瘦竹《我与戏剧研究》,《戏剧理论文集·后记》,中国戏剧出版社1988年版。)我曾经在杭州举行的"问题与方法:中国当代戏剧研究"国际学术研讨会上,提出四代戏剧学者的说法,从话剧研究的学科意义上说,陈瘦竹、陈白尘是第一代学者,田本相、董健等是第二代学者,朱栋霖、丁罗男等是二代半,我们这一代是第三代学者,我们下一代是第四代学者。如果仅从戏剧理论的介绍和研究的意义上说,那可以追溯到"五四"和三十年代的戏剧家,如胡适、宋春舫、熊佛西、余上沅、马彦祥、章泯等。
② 扬·阿斯曼:《文化记忆——早期高级文化中的文字、回忆和政治身份》,金寿福、黄晓晨译,北京大学出版社2015年版,第120—121页。
③ 扬·阿斯曼:《文化记忆——早期高级文化中的文字、回忆和政治身份》,金寿福、黄晓晨译,北京大学出版社2015年版,第86页。

了明显的理论成果;最后是对中国现当代经典剧作家进行研究。本文按以上四部分内容进行论述。

一、马克思主义以前欧洲戏剧理论论述和戏剧性以及戏剧冲突的研究

马克思主义的理论,可以说是一种卡农,这种卡农具有"神圣化的原理"。扬·阿斯曼指出:"所谓神圣化的原理就是规则中的规则,它是'标尺'这个概念最原始的抽象意义得到强化的结果。神圣化的原理顾名思义就是具有无限约束力,从而达到一致性。"[1]陈瘦竹先生说:"四十年代初,我译《戏剧理论》时曾经想到应该联系中国话剧,直到五十年代初,这个意念忽又浮现在我脑际,是否可以运用马克思主义的观点和方法综合外国戏剧和中国戏曲和话剧,建立一个新的理论体系。"[2]

陈瘦竹先生的《马克思主义以前欧洲戏剧理论介绍》具有非常智慧的方法,在当年因为知识界整体"接受和相信了马克思主义"的语境下(李泽厚语)[3],陈先生借着马克思主义介绍了欧洲的古典戏剧理论。他指出,在欧洲戏剧理论的发展过程中,马克思主义戏剧理论是最高峰。任何艺术理论,都以哲学思想为基础。正如马克思批评过去的哲学家那样,"哲学家们只是用不同的方式说明过去的世界,而问题在于要改变世界"。[4] 陈先生说道,"以前的戏剧理论家对于戏剧的本质特征、发展规律和社会作用,曾有各种各类

---

[1] 扬·阿斯曼:《文化记忆——早期高级文化中的文字、回忆和政治身份》,金寿福、黄晓晨译,北京大学出版社 2015 年版,第 117 页。
[2] 陈瘦竹:《戏剧理论文集》,中国戏剧出版社 1988 年版,第 559 页。
[3] 李泽厚说,1949 年的胜利和解放初关于"社会发展史"(即唯物史观)的大规模的宣传,使中国大陆绝大多数知识分子,包括好些宗教徒和非马克思主义甚至反马克思主义的著名学者、教授、哲学家、历史学家,都自觉自愿地接受和相信了马克思主义。(李泽厚:《中国现代思想史论》,东方出版社 1987 年版,第 150—151 页。)
[4] 陈瘦竹:《马克思主义以前欧洲戏剧理论介绍》,《上海戏剧》1962 年第 6 期。

的说明,但因受到时代和阶级的限制,不可能从根本上解决这些问题,不可能使戏剧完成'改变世界'的任务"①。以辩证唯物主义和历史唯物主义为基础的马克思主义戏剧理论指出:"戏剧像其他艺术一样,是社会经济基础的上层建筑中的一个组成部分,是阶级斗争的武器。马克思和恩格斯要求一切艺术家为实现革命斗争服务,揭露资产阶级世界的矛盾,反映工人阶级的生活和斗争。列宁的文学党性原则和两种文化学说,使戏剧和戏剧理论又得到一步的发展,在无产阶级革命和事业中,发挥了巨大的作用。"②

陈瘦竹先生原来是研究文学的,而且自己也创作过多部小说,后来受夫人沈蔚德的影响转向戏剧研究之后,首先注意到的就是戏剧性和戏剧冲突的问题。他在谈到戏剧性的时候指出:

> 戏剧性这个名词,是用来区别戏剧和其他文学艺术作品的。譬如说,戏剧这种文艺形态,和别的文艺形态如诗如画如音乐,在本质上到底有什么不同呢?戏剧之所以为戏剧,诗之所以为诗,本质上到底有什么不同呢?我们说,戏剧有戏剧性,诗有诗意,画有画意,音乐有音乐性,这些不同的特点构成了文学艺术上的各种不同形态。那么,所谓戏剧性到底是什么呢?根据前面所说,那就是构成戏剧动作的矛盾、冲突和斗争,也就是可以演出来给人看的东西。③

因此,陈瘦竹先生在《论戏剧冲突》一文中进一步追溯到西方的古典诗学来论述这个问题。关于戏剧冲突的理论,陈瘦竹先是追溯到亚里士多德的

---

① 陈瘦竹:《马克思主义以前欧洲戏剧理论介绍》,《上海戏剧》1962年第6期。
② 陈瘦竹:《马克思主义以前欧洲戏剧理论介绍》,《上海戏剧》1962年第6期。1959年,他组织南京大学中文系师生为纪念左联成立30周年而撰写《左翼时期无产阶级革命文学》等(1960年出版)。1979—1980年,为纪念左联成立50周年,他又组织研究生朱栋霖、王文英、任天石等和骆寒超、倪波撰写《左联时期文学论文集》以及编辑《左联文艺运动史料》。
③ 陈瘦竹:《剧本创作问题——三月二十五日在南京文联周末文艺晚会上的演讲》,《文艺》第1卷第4期,1950年4月。

《诗学》中的"发现"与"突转",然后指出,狄德罗和莱辛提出的"对比""对立"和"因果关系",在实际上已接近矛盾冲突的理论了。接着他着重论述了黑格尔的戏剧冲突理论。他说,这位德国唯心主义者和辩证法论者,承认事物的发展由于对立面的斗争,因而就以矛盾冲突来说明戏剧动作,指出"因为冲突一般都需要解决,作为两个对立面的斗争的结果,所以充满冲突的情境特别适宜于用作戏剧艺术的对象,戏剧艺术本是可以把美的最完满最深刻的发展表现出来的"。他又介绍了德国戏剧家佛雷塔格在《戏剧技巧》中认为的"观念"是戏剧冲突的核心,提到法国批评家布雨纳丹提倡的所谓"冲突论",以"自由意志"来代替"观念",认为"剧场不是别的所在,只是发挥人类意志的地方,气数、命运或者环境时常和人类意志相对立,因而形成各种障碍,人类意志就向这种障碍进行斗争"。[①]

从以上的论述中,可以看出陈瘦竹先生的论述是从马克思主义以前的西方戏剧理论的正典出发进行阐释,"相关文化的一致性就有所减弱,而在多样性和丰富性方面则有所收获"。因此,具有了经典的意义。

二、关于悲剧和喜剧的经典理论的研究

陈瘦竹的这种研究思路,是想将马克思主义的"卡农"放到艺术领域来讨论,就像扬·阿斯曼所说的"每当人们在哲学、伦理、文学、艺术等领域发现和运用新的、可以称得上是卡农的准则,相关文化的一致性就有所减弱,而在多样性和丰富性方面则有所收获"[②]。

悲剧与喜剧是一种从西方传入的审美的分类方式。但是在新中国成立以后,这种分类方式出现了问题。在新中国成立以后,社会主义是不是有悲

[①] 陈瘦竹:《论戏剧冲突》,《文艺报》1961年第4期。
[②] 扬·阿斯曼:《文化记忆——早期高级文化中的文字、回忆和政治身份》,金寿福、黄晓晨译,北京大学出版社2015年版,第118—119页。

剧是一个问题,因为当时戏剧是受苏联影响的,既然苏联的悲剧"永远消除了",那么中国的悲剧也相应地消除了。喜剧也相应地衰落了,讽刺喜剧具有颠覆作用,只剩下"歌颂性喜剧"。在这种情况下,剧作家表达的不是个人对世界的看法,而是社会、阶级对世界的看法。因此,要讨论悲剧和喜剧的问题,就要追溯到马克思主义以前的西方戏剧理论中去。

陈瘦竹先生在《马克思主义以前欧洲戏剧理论介绍》一文中,第一介绍了古希腊亚里士多德的悲剧理论,在《诗学》中,悲剧问题是他研究的主要对象,他给悲剧下了这样一个定义:"悲剧是对于一桩严肃、完整,有相当广度的事件(动作)的摹拟,它的媒介是语言,具有各种藻饰,分别在剧的各个部分使用,它的方式用动作来表达(表演),而不是用叙述,期以唤起悲悯与畏惧之情,使这类情感得到陶冶(宣泄)。"陈瘦竹先生说,他的这个著名的悲剧定义,从十五世纪中叶到十九世纪的三百多年间,曾经产生巨大的影响并引起热烈的争论。第二,陈瘦竹介绍了罗马的悲剧理论。贺拉斯认为,"悲剧是庄严高贵的艺术"。亚里士多德在《诗学》中指出,悲剧的方式"是用动作来表达,而不是用叙述";而贺拉斯却比较强调叙述的作用。第三是介绍文艺复兴时期的悲剧理论。戴尼罗1536年所作的《诗学》认为,悲剧诗人"描写帝王的死亡和帝国的崩溃"。明都诺指出:"第一类记述高贵人物——伟人和名人的庄重严肃的事件,这是悲剧诗人的分内之事。"第四介绍了古典主义悲剧理论。高乃依竭力提倡"富有重大意义的题材",他还指出:"悲剧的庄严境界需要表现出对于国家的某种巨大利益,或是某种比爱情更为高尚更为豪迈的情感,譬如雄心或复仇,它可以引导我们去承担比失去情人更为巨大的不幸。"巨莱顿曾在赖麦的《论前代悲剧》一书的批语中说:"认为亚里士多德曾经说过这样的话,因而我们必须遵守,这是片面之言,因为亚里士多德只是以索福克勒斯和欧里庇得斯的悲剧为范本,假如他看到了我们的悲剧,说不定早已改变他的主张了。"他从时代要求出发,所以在理论上就不至于墨守成规了。第五,陈瘦竹介绍了资产阶级启蒙主义者戏剧理论。他说狄德罗将悲剧分为两类,除伟人的悲剧外,强调家庭悲剧或市民悲剧,而让所谓"卑贱人物"、第三等级登上舞台。第六是介绍浪漫主义戏剧,但没有悲剧理论的论述。第七,他又介绍了别林斯基有关悲剧的论述。他说,由于他(按:指别林斯基)重视艺术的思想内容,所以能深刻地理解希腊悲剧的庄严雄伟的悲剧精神。希腊人虽然受命运的支配,可是并不屈服,"却在对命运的英勇而骄傲的搏斗中找到出路,用这战斗的悲剧的壮伟照亮了生活的阴暗的一面,命运可以剥夺他的幸福和生命,却不能贬降他的精神,可以把他打倒,却不能把他征服"[①]。

中国传统的喜剧比较发达,而进入现代以后,喜剧作为一种类型,出现了各种新的形态,如幽默喜剧、讽刺喜剧、歌颂喜剧等。在新中国成立之初,出现了一系列喜剧,如《夫妻之间》《刘英莲》《妯娌之间》。这些喜剧具有世态性,如崔德志编剧的《刘英莲》,就是一出表现纺织厂青年工人在小组竞赛过程中产生爱情的喜剧。后来又有许多讽刺剧。如何求的《新局长到来之前》是讽刺剧。表现的是总务科长刘善其在新局长到来之前的表现。他将原来局长的办公室腾出来作为自己总务科的办公室。将一个堆放材料的地方作为新来的局长的办公室,而将水泥堆放在露天。局长要来,天却要下雨了,他不顾公家的财产是否会受到损失。在这里,剧作家用了误会法,刘善其将新来的张局长当成了张老板,在局长面前将自己的官僚作风暴露无遗。王少燕的《葡萄烂了》讽刺的是某供销社的陈主任,官僚主义,盲目订购葡萄,使得葡萄销不出去而烂了。马雅可夫斯基曾经讽刺过开会忙的人。李超的《开会忙》是写某机关中一个单位的负责秘书,成天开会,导致效率极差,工作开展不了。这些喜剧讽刺的都是当时工作中的常见现象。

陈瘦竹先生对喜剧问题也进行了论述,他说:亚里士多德认为,"喜剧摹拟的人物比我们当前的人坏"。亚里士多德不甚重视喜剧,这显然和他的奴隶主立场有关。被恩格斯称为"强烈的倾向诗人"的喜剧之父阿里斯托芬,在

[①] 陈瘦竹:《马克思主义以前欧洲戏剧理论介绍(续完)》,《上海戏剧》1962年第11期。

他的作品中,以假托的故事和现实的题材,揭露当时的社会矛盾和经济危机,批判各种不合理不平等现象,同情农村的劳苦人物和小农场主,甚至家奴在喜剧中也占有一定地位,可是这些喜剧却没有受到亚里士多德的重视,这似乎并非偶然的事。贺拉斯轻视平民所喜爱的喜剧,他在论述悲剧的起源之后,接着说道:"其后便出现了喜剧,颇赢得人们的赞许,但是后来发展得过于放肆和猖狂,须要用法律加以制裁。"古代罗马人一致赞美喜剧家普劳图斯的"锋利的才华和诗格",而贺拉斯却认为他的喜剧"粗鄙"而违反"合法的韵律"。在文艺复兴时期的戏剧理论中,陈瘦竹介绍了锡德尼的戏剧理论,锡德尼认为"喜剧是模仿生活中的平常错误的;它表现在这种错误中最可笑、最可气,以至任何见到他的人不可能甘愿做这样一个人"。在介绍古典主义戏剧理论时,说到波瓦洛的观点"喜剧在本质上与哀叹不能相容,它的诗里绝不能写悲剧性的痛苦"。在介绍资产阶级启蒙主义和浪漫主义戏剧理论时,他没有提到喜剧理论。但在谈到别林斯基喜剧论的时候说道,在马克思主义以前的欧洲戏剧理论批评史上,可以说他是第一个和真正理解喜剧中讽刺的巨大社会作用的人。这一方面和他的革命民主主义的立场有关,另一方面也因为在当时出现了果戈理的讽刺戏剧的缘故。别林斯基发展了莫里哀、狄德罗和莱辛的戏剧理论,认为:"喜剧的目的不是纠风正俗或嘲笑社会的某种恶习,不,喜剧应该描写生活与目标之间的悬隔,应该是由贬抑人类尊严所激起的剧烈的愤怒的结果,应该是讽刺,而不是短嘲诗,是痉挛的大笑,而不是愉快的嘲笑,应该是胆汁,而不是用稀薄的盐写成的。总之,应该在其最高的意义上,即在其善与恶,爱与自私的斗争中,拥抱生活。"[①]

陈瘦竹先生在《马克思主义以前欧洲戏剧理论介绍》一文中说道:

狄德罗在《论戏剧艺术》一文中将戏剧分成四类:"愉快的喜剧以人

---

① 陈瘦竹:《马克思主义以前欧洲戏剧理论介绍(续完)》,《上海戏剧》1962年第11期。

类的德行上的缺点和可笑方面为主题,严肃的戏剧以人类的美德和本分为主题,悲剧也有以家庭的不幸事件为主题的,以及一切以大众的灾难和大人物的不幸为主题两种。"

他在这里提出四种戏剧,这在理论上具有重大意义。狄德罗将悲剧分为两类,除伟人的悲剧外,强调家庭悲剧或市民悲剧,让所谓"卑贱人物"、第三等级登上舞台。他的理论中更为重要之点,在于提倡悲剧和喜剧之外的一种严肃喜剧。这种作品,就是当时的感伤喜剧或流泪喜剧。它不像悲剧那样着重表现人的灾难和痛苦,也不像喜剧那样以邪恶和滑稽为描写对象,而强调美德和责任。这种作品便是我们今天所说的正剧(serious drama),而第一个从理论上来阐明正剧的便是狄德罗。

陈瘦竹先生进一步指出:"狄德罗为什么要提倡严肃剧呢?这是因为这位反对封建制度和宗教迷信的战士,正在寻找一种新的戏剧形式,以便宣传革命资产阶级的道德观念和哲学思想。他认为,严肃剧主要是表现'人类的职责',它在'风俗败坏的民族中间'特别会受到观众欢迎。他主张一切艺术的共同目标'在于帮助和引导我们爱道德憎恶罪'。他还指出:'有时候我想人们可以在舞台上讨论封建道德问题的最重要之点,而不致妨害戏剧动作的急剧迅速发展','当人们写作之际,心目中总是应该只有道德观念和有德性的人'。他非常重视戏剧的思想力量,他要求剧作家能'使全国人民严肃地考虑问题而坐卧不安'。"①

其实,狄德罗所说的"严肃剧"是喜剧种类中的一种,而且是感伤喜剧和流泪喜剧,他并没有脱开悲剧和喜剧的范畴,悲剧和戏剧之外的"正剧"的概念是后来人们追加给他的。这要求我们对正剧的问题进行深思。吕效平《对正剧的质疑》就对"正剧"这个概念提出了质疑。

---

① 陈瘦竹:《马克思主义以前欧洲戏剧理论介绍(三续)》,《上海戏剧》1962 年第 9 期。

博马舍对狄德罗的严肃剧《一家之主》非常肯定,但是在历史上并没有大的影响,倒是易卜生的《玩偶之家》,是最典范的正剧。这个剧实现了"有时候我想人们可以在舞台上讨论封建道德问题的最重要之点,而不致妨害戏剧动作的急剧迅速发展"。并"使全国人民严肃地考虑问题而坐卧不安"。从这个意义上说,在中国现代戏剧中,严肃剧和正剧理论,对中国的影响非常大。如果说在现代戏剧中,严肃剧对于宣传革命道德,揭露社会问题起到了关键作用,那么在新中国成立之后,严肃剧或正剧则成为宣传无产阶级革命思想、表现工农兵形象的一种主导形式。像教育戏剧《霓虹灯下的哨兵》《千万不要忘记》《年轻的一代》等,都是在道德层面进行探讨,达到了"使全国人民严肃地考虑问题而坐卧不安"的效果。

陈瘦竹先生还从精神分析学和分析心理学的角度,对悲剧和喜剧进行研究,尽管他批评了分析心理学的悲剧观和喜剧观,但是从他研究的深度来说,在戏剧研究界可以说是具有经典性的。

陈瘦竹先生指导的博士生,如周安华研究的是悲剧,论文为《深层悲怆的生命旋律——论中国八十年代的悲剧创作》;闫广林研究的是喜剧,论文为《喜剧创造论》;赵康太研究的是悲喜剧,论文为《悲喜剧引论》。这种指导就是一种经典性的指导。

三、关于外国戏剧经典的研究

扬·阿斯曼认为:"卡农经常直接指称作品,因为这些作品典范性地体现了美、伟大、重要等价值。"[①]陈瘦竹先生在外国戏剧经典研究方面,成就显著。他从古希腊戏剧、莎士比亚戏剧到现代戏剧的研究,都显示了研究的经典性。有人指出,把戏剧理论视野推向从亚里士多德到易卜生、萧伯纳、梅特

---

① 扬·阿斯曼:《文化记忆——早期高级文化中的文字、回忆和政治身份》,金寿福、黄晓晨译,北京大学出版社2015年版,第121页。

林克、高尔基,既是从事戏剧美学的必需,也是陈瘦竹戏剧理论研究的优势。从讲授"剧本选读"起,陈瘦竹就建立了以戏剧家研究为轴心,连接剧作与戏剧流派的戏剧史研究模式。①

在古希腊戏剧艺术方面,他有对渊源与竞赛、剧场与布景、演员与观众以及埃斯库罗斯的研究;在莎士比亚戏剧艺术方面,则撰写了《威尼斯商人》《威尼斯商人之布局》《罗密欧与朱丽叶》以及《异曲同工——关于〈牡丹亭〉与〈罗密欧与朱丽叶〉》,另外则有《风俗的明镜——世态喜剧名著〈造谣学校〉》《叫观众"笑得开心"——谈〈费加罗婚姻〉的喜剧性》《法国浪漫运动与雨果〈欧那尼〉》以及《戏剧批评家莱辛》;在西方现代戏剧研究方面则更深入,有《新浪漫主义剧作家罗斯当》《易卜生〈玩偶之家〉观后随感》《论易卜生〈野鸭〉》《高尔斯华绥及其〈争强〉》《萧伯纳及其〈康蒂妲〉——〈康蒂妲〉译序》《戏剧鬼才安特列夫》《契诃夫的独幕喜剧〈求婚〉》《自然主义名剧——高尔基的〈下层〉》《人类心灵的画师——纪念尤金·奥尼尔诞生 100 周年》《谈〈榆树下的欲望〉——兼评柏林教授论述》《奥尼尔晚期悲剧的特色及其贡献》等作品。

陈瘦竹先生对于戏剧的理解,采取的态度是尊重戏剧的规律来进行阐释,比如,对于尤金·奥尼尔晚期悲剧的研究,显示出他的研究功力,非常深入地阐释了尤金·奥尼尔晚期悲剧的特色及贡献,并且引述了尤金·奥尼尔的戏剧是"原型"戏剧,但他根据现实主义的原则,对尤金·奥尼尔的《进入黑夜漫长的旅行》是"原型"提出异议。他说:

> 这部悲剧和评论者引以为"原型"论典的《俄狄浦斯王》《奥赛罗》《高老头》及《玩偶之家》,实在风马牛不相及,无论就集体无意识或原型而言,并无丝毫关系。……作为人类心灵的画师,奥尼尔的伟大成就,并不在于接受什么心理分析学和分析心理学的影响,而是在于他始终坚持现

---

① 黄丽华:《陈瘦竹传略》,引自朱栋霖、周安华编《陈瘦竹戏剧论集》,江苏教育出版社 1999 年版,第 1671 页。

实主义原则和人道主义思想,深切感受在丑恶的美国资本主义社会中呻吟哀号的人民的心灵痛苦,从而引起读者和观众对现实的诅咒和对未来的向往。①

梅特林克独创了一种专写心灵世界的戏剧,名之曰"静的戏剧"(static drama)。对此,陈瘦竹先生认为是矫枉过正。他按照戏剧的本质是"动作"来反对青年梅特林克的"静剧",并且用中年的梅特林克来否定青年的梅特林克。②

对于当代欧洲"反戏剧"思潮和荒诞派戏剧,他更是持一种戏剧的规律和现实主义的原则来否定这种"反戏剧"思潮和"荒诞派"戏剧。他对于荒诞派戏剧的研究,也不是人云亦云,而是采用了英文资料,旁征博引地进行深入的阐释,也许你不同意他的观点,但是却会佩服他的论述。

陈瘦竹先生的这种戏剧观念,也体现了他的经典性,这种经典性是一种显得正统的戏剧观念和主流的现实主义创作方法。

四、关于中国现当代经典剧作家的研究

陈瘦竹先生研究中国现当代经典剧作家,主要研究的是田汉、郭沫若、曹禺、丁西林、老舍和夏衍等。朱栋霖认为他的现代剧作家论具有两个方面的重要意义:

---

① 陈瘦竹:《奥尼尔晚期悲剧的特色及贡献》,引自朱栋霖、周安华编《陈瘦竹戏剧论集》,江苏教育出版社1999年版,第1089页。其实,陈瘦竹的博士生章俊弟的博士论文《神话与戏剧——论中国戏剧中的神人恋神话原型》就是采用神话原型理论来研究的。周宁的博士论文是《比较戏剧学——中西喜剧话语模式研究》,则是采用陈瘦竹先生擅长的比较文学研究的方法。从这一点来看,陈瘦竹先生的学术视野是有其开放性和前瞻性的。

② 陈瘦竹:《静的戏剧与动的戏剧》,引自朱栋霖、周安华编《陈瘦竹戏剧论集》,江苏教育出版社1999年版,第3—8页。

第一，他以深厚的理论功力、历史观念与审美透视力深入剖析了这些代表性作家的艺术成就，从而从理论上展示与证明了中国现代文学的杰出成就，话剧的形式尽管是"舶来品"，但是经过一代又一代作家们的努力，已经在中国生根开花，中国剧作家们能够出色地运用外来形式描绘出栩栩如生的中国灵魂，吸收外来艺术创造出民族风格，中国现代剧作家们的努力与贡献通过理论的剖析，获得历史性认可与阐证。第二，陈瘦竹关于剧作家研究的方法，为中国现代戏剧研究开拓了一条历史与美学观点相结合的综合研究的新路。①

在研究田汉剧作方面，他先后撰写了《田汉的剧作》《杰出的戏剧艺术家——田汉》《关于田汉剧作的评价问题》《且说南归》等。

陈瘦竹先生的《论田汉的话剧创作》非常系统，他将田汉的戏剧创作分成三个阶段，第一阶段是从"五四"到第一次国内革命战争之后的这十年间。1930年以后，田汉的思想和艺术的发展也就进入了第二阶段。新中国成立以后，田汉的创作进入了第三阶段，"他的思想和艺术更加成熟"。他说："田汉从关汉卿所创造的形象，发现了他的现实主义战斗精神，这就认清了他的真面目，并且保证了这篇历史剧能够获得巨大的成功。"②但是他的分析主要还是从社会学的角度进行的。孟超的《漫谈建国十年来的田汉剧作》，不仅分析田汉的戏曲《金鳞记》《西厢记》，也分析了田汉的历史剧《关汉卿》以及《十三陵水库畅想曲》。他说，田汉的《关汉卿》"视野广阔，气势豪迈，不在具体历史的事实上打圈子，而是掌握住历史时代的动脉，把握住人物的思想感情境界，然后天马行空，奔驰千里，舒展自己的艺术构思"。③金紫光指出，"'蝶双

---

① 朱栋霖：《陈瘦竹戏剧理论研究的贡献》，引自朱栋霖、周安华编《陈瘦竹戏剧论集》，江苏教育出版社1999年版，第1650页。
② 陈瘦竹：《论田汉的话剧创作》，上海文艺出版社1961年版，第119页。
③ 孟超：《漫谈建国十年来的田汉剧作》，《戏剧研究》1959年第4期。

飞'这首长词所反映的精神和内容,正是话剧《关汉卿》里思想与感情的高点,也可以说是关汉卿的思想感情的凝练、升华和集中的表现","是话剧《关汉卿》剧本中画龙点睛的部分。通过剧本中对于'蝶双飞'的处理,和剧中人物对于'蝶双飞'的反应,关汉卿的高尚品德与节操,刚强不屈与正气凛然的英雄气概,和纯洁而真挚的爱情,栩栩如生地展示在我们的面前"。[1] 在对田汉的评价问题上,陈瘦竹先生和美国的比较文学专家康斯坦丁·董的观点有着明显的分歧。他认为,在评论田汉二十年代的许多剧作时,既应看到其中作为主导的积极浪漫主义和革命现实主义的重大成就,又不能讳言某些剧作中的消极浪漫主义因素。他说道:

> 康斯坦丁·董先生是比较文学专家,对于田汉剧作和外国戏剧的关系曾有极精辟的论述,但是,他对田汉早期剧作的评价,我却不敢苟同。显而易见,董先生抹杀了田汉的许多现实主义剧作。[2]

陈瘦竹先生以《咖啡店之一夜》和《获虎之夜》为例,进行了深入细致的分析,体现出他一贯以理服人的研究方式。

在郭沫若研究方面,他撰写了《郭沫若的历史剧》《再论郭沫若的历史剧——在郭沫若研究学术讨论会上的发言》《郭沫若悲剧创作的历史地位》《郭沫若的历史悲剧所受歌德与席勒的影响》。第一篇论文采用亚里士多德和莱辛的戏剧理论,奠定了郭沫若历史剧研究的基础,第二篇论文是郭沫若研究的补充,第三篇则确定了郭沫若悲剧创作的历史地位,第四篇则采用了比较文学的视角,对郭沫若历史悲剧所受歌德、席勒的影响进行了深入的研究。在这里,既有对历史剧的研究,又有对悲剧的研究,这种对杰出剧

---

[1] 金紫光:《谈田汉同志的"蝶双飞"》,《文汇报》1958年5月28日。
[2] 陈瘦竹:《关于田汉剧作的评价问题》,引自朱栋霖、周安华编《陈瘦竹戏剧论集》,江苏教育出版社1999年版,第1295页。

作家的历史悲剧的比较研究是具有经典性的。

在曹禺研究方面,他撰写了《〈雷雨〉和〈日出〉的结构艺术》《曹禺剧作的戏剧冲突和人物性格》《曹禺剧作的语言艺术》《读〈王昭君〉》《关于曹禺剧作研究的若干问题——朱栋霖〈论曹禺的戏剧创作〉序言》《世界声誉和民族特色——谈曹禺剧作》等。从这些曹禺研究的论文中,我们可以看出,陈瘦竹对于结构艺术、戏剧冲突、人物性格和语言艺术以及民族特色等的探讨,也是戏剧本体研究的基础,具有经典性。

在丁西林研究方面,他撰写了《丁西林的喜剧》《丁西林〈孟丽君〉的喜剧风格》《关于丁西林的喜剧——答美国威斯康星大学刘绍铭教授》。在老舍研究方面,他撰写了《论老舍剧作的艺术风格》。他从喜剧的角度,对丁西林和老舍的剧作进行研究,也是采用经典的理论,来研究经典剧作。在这里,正如扬·阿斯曼所说的:"经典这个概念并不局限于以回顾的形式接受具有指导意义的传统,它也可以以前瞻的方式指向即将开始的视域,以便人们以此作为合法的支撑点。"[①]这种"合法的支撑点",不仅体现在新中国建立后的戏剧理论和经典作品的研究上,也建立在新时期的学科建设上。

陈瘦竹先生指导的戏剧研究方面最早的硕士生朱栋霖、王文英的硕士论文就分别是《论曹禺的戏剧创作》和《夏衍的戏剧创作》。他在为朱栋霖的《论曹禺的戏剧创作》所作的长篇序言中,采用了他经常采用的论辩方式,对刘绍铭、田本相等的曹禺研究进行辨析,对朱栋霖的论文做了充分的肯定。

陈瘦竹先生被田本相先生称为在五六十年代"唯一坚持话剧文学研究"[②]的孤独的先驱者,同时,田本相先生还认为:"陈瘦竹先生终其一生都在从事中国话剧研究,这可以说是现代戏剧研究队伍中的凤毛麟角,因此,他所取得的成就和所做出的贡献,对中国话剧研究这门学科的建设来讲,是十分

---

① 扬·阿斯曼:《文化记忆——早期高级文化中的文字、回忆和政治身份》,金寿福、黄晓晨译,北京大学出版社 2015 年版,第 121 页。
② 田本相:《应当重视现代话剧文学的研究》,《中国现代文学研究丛刊》1985 年第 2 期。

突出的。"①而在我看来,陈瘦竹先生给从事中国话剧研究的研究生开启了话剧经典性研究的方向。

　　从以上四个部分,即陈瘦竹先生对马克思主义以前欧洲戏剧理论论述、对戏剧性、戏剧冲突进行了研究,关于悲剧和喜剧的研究,关于外国戏剧经典的研究,对中国现当代经典剧作家进行研究等,我们可以看出,陈瘦竹先生研究戏剧理论具有经典性。

　　扬·阿斯曼认为,有两种卡农,"其中一个卡农构成文化他治(Kulturelle Heteronomie)的原理,即文化实践的各个方面受制于至高无上的教条或意识形态,另外一个卡农就是文化自治(Kulturelle Autonomie)的原理,它促进文化内部各领域的自由发展,使得诸多独具特色的讨论成为可能"。② 陈瘦竹先生的戏剧理论的权威性,"并不是借助权力,而是建立在事实、可控性和共识上"。这种经典性的研究为中国现代戏剧理论研究奠定了基础。

　　(胡志毅:浙江大学传媒与国际文化学院教授,兼任华文戏剧节委员会委员、中国话剧理论与历史研究会会长、浙江省文艺评论家协会顾问、浙江作家协会全委会委员等。)

---

① 田本相:《中国现代戏剧史巡礼》,《田本相文集》第九卷《现当代戏剧论》,新星出版社 2014 年版,第 199 页。
② 扬·阿斯曼:《文化记忆——早期高级文化中的文字、回忆和政治身份》,金寿福、黄晓晨译,北京大学出版社 2015 年版,第 118 页。

邹 红

慧眼与灼见
——略述陈瘦竹先生的曹禺研究

作为一代学人,陈瘦竹先生更多的是以戏剧理论家著称,如钱谷融先生便认为:陈先生"是我国著名的戏剧理论家,在这个领域内,知识之广博,造诣之精深,很少有能够与他相比肩的"[①]。相应的,学界对于陈先生学术的研究,也大多集中于他在戏剧理论的贡献方面,如田本相的《陈瘦竹对戏剧理论的贡献》、朱栋霖的《陈瘦竹对中国现代戏剧理论研究的贡献》、古远清的《陈瘦竹戏剧理论研究》等。比较而言,陈先生在中国现代戏剧评论方面的贡献似还未得到学界充分的重视。这或许是因为陈先生在戏剧理论方面的造诣太过彰显,多少遮蔽了他的戏剧批评成就吧。其实钱谷融先生同时还表示:"他(陈瘦竹)关于田汉、曹禺、老舍等剧作家的研究,更是独步一时,有口皆碑。"[②]可见,在中国现代剧作家研究方面,陈瘦竹先生同样颇有创获,值得学界予以总结借鉴。

[①] 钱谷融:《敬悼陈瘦竹先生》,引自《陈瘦竹纪念集》,南京大学出版社 1991 年版,第 19 页。
[②] 钱谷融:《敬悼陈瘦竹先生》,引自《陈瘦竹纪念集》,南京大学出版社 1991 年版,第 19 页。

在中国现代剧作家研究领域,陈先生于田汉、曹禺、郭沫若、丁西林、老舍几位用力最勤。限于笔者学力,本文仅以陈先生的曹禺研究作为考察对象,窥其一斑,以启后学。

1999年由江苏教育出版社出版的《陈瘦竹戏剧论集》第四卷收入陈瘦竹先生有关中国现代戏剧研究的主要论文共23篇,其中关于曹禺研究的有6篇,分别是:《〈雷雨〉和〈日出〉的结构艺术》《曹禺剧作的戏剧冲突和人物性格》《曹禺剧作的语言艺术》《读〈王昭君〉》《关于曹禺剧作研究的若干问题》《世界声誉和民族特色——谈曹禺剧作》。文章数量虽不算多,却能以视角的独特和见解的深刻新人耳目,引领一时风气,从而在当代曹禺研究史上占有一个突出的位置。

在我看来,陈瘦竹先生曹禺研究的学术个性,或者说他对当代曹禺研究的独特贡献主要体现在三个方面。

首先是他较早从戏剧美学的角度对曹禺剧作的艺术成就作了颇为深入的分析和充分的肯定。二十世纪五十年代后期到六十年代初,随着《雷雨》等剧目的上演,曹禺研究形成一个小的高潮,但此时的评论更多的是集中在曹禺世界观与其创作的关系上,较有代表性者,如甘竞、徐刚的《也谈曹禺的〈雷雨〉和〈日出〉——兼论作家的世界观和创作方法》,刘正强的《曹禺的世界观和创作——兼评曹禺的〈雷雨〉和〈日出〉》,看法虽互有差异,但主要着眼点都不外是辨析曹禺世界观中进步与落后成分以及对其创作产生何种影响,基本上还是先前社会学研究模式的延续。在此背景之下,陈瘦竹先生却相继写出了《〈雷雨〉和〈日出〉的结构艺术》(1960)、《曹禺剧作的戏剧冲突和人物性格》(1961)两篇论文,对曹禺剧作在戏剧结构、冲突设置和性格刻画方面的特色做了深入的探讨,显示出很高的戏剧理论修养和艺术鉴赏力。文章称赞曹禺"在《雷雨》中成功地解决了在有限的演出时间之内表现先后30年的因果关系问题",在《日出》中"出色地解决了在有限的舞台空间之内表现从上层到下层的各种分散的社会现象的困难"。"从结构上说,他的剧作组织严密,场面灵活,头绪纷繁,互相穿插,前后呼应,自成对照,因而动作鲜明,气氛紧张,随处引人入胜,给人强烈印象。"①在营造戏剧冲突和刻画人物方面,"曹禺善于概括提炼,在平淡中见深远,于宁静处寓紧张,这样话里有因,言外有意,矛盾和冲突在字里行间发展开去,人物的性格就自然流露出来"。②尽管受当时学术背景的影响,文章有时也不免将结构问题与作家世界观联系起来,或仍带有明显的阶级分析的色彩,但侧重艺术分析无疑是这两篇论文的重心所在。这在五六十年代之交的曹禺研究领域,应该说是别开生面的。

其次,陈瘦竹先生的曹禺剧作研究擅长将理论梳理与作品分析相结合,尽可能做到理论与创作的互照互证,从而提升了研究的理论品格。与某些随感式的批评不同,陈先生的论文往往有着较高的理论视点,他对西方古典和近现代戏剧理论有过系统的研习,又熟悉西方戏剧史,因此在研究曹禺剧作时,便有意识地将曹禺剧作与西方相关理论和作品进行比较分析,不仅将研究导向深入,而且其看法因建立在坚实的理论基础上而令人信服。在这方面,《关于曹禺剧作研究的若干问题》一文最具代表性。文章原是为朱栋霖《论曹禺的戏剧创作》一书所作序言,却以较大的篇幅追溯了西方戏剧由斯克里布的"巧凑剧"发展到契诃夫淡化情节、冲突的历程,并对契诃夫戏剧的美学特征做了深入精到的分析。而陈先生这样做的目的是澄清曹禺研究中存在的某些困惑,甚至误解。文章指出:"从斯克里布的巧凑剧到契诃夫的新形式,正是欧洲近代戏剧的发展趋势。从《雷雨》到《日出》的变化,就是曹禺适应了这一发展趋势。"③陈先生充分肯定了《雷雨》对斯克里布巧凑剧和易卜生社会问题剧写作技巧的借鉴,认为完全符合大家的欣赏习惯,有"戏"可看。

---

① 陈瘦竹:《〈雷雨〉和〈日出〉的艺术结构》,引自朱栋霖、周安华编《陈瘦竹戏剧论集》,江苏教育出版社1999年版,第1424页。
② 陈瘦竹:《曹禺剧作的戏剧冲突和人物性格》,引自朱栋霖、周安华编《陈瘦竹戏剧论集》,江苏教育出版社1999年版,第1435页。
③ 陈瘦竹:《关于曹禺剧作研究的若干问题——朱栋霖〈论曹禺的戏剧创作〉序》,引自朱栋霖、周安华编《陈瘦竹戏剧论集》,江苏教育出版社1999年版,第1498页。

同时,对于曹禺《日出》《北京人》与契诃夫剧作的关系问题,陈先生也详加辨析。针对刘绍铭将《日出》与《樱桃园》相比较的做法,陈先生认为其实"在曹禺剧作中,近似契诃夫风格的是《北京人》",并指出刘著对契诃夫戏剧精神的理解存在偏差,由此导致他对曹禺《日出》的不公正评价。事实上,"曹禺在学习契诃夫之后,戏剧创作大有进展"。[1] 陈先生的这些看法,无疑是客观公允的,而刘绍铭后来对自己先前观点的修正,也从一个侧面印证了陈先生的正确。读陈先生的文章,随处可以感受到他知识的渊博、思理的缜密和见解的精到,不仅在史论的梳理上驾轻就熟,而且在作品的举证上信手拈来,这是十分难得的。

第三,从戏剧本体入手,使戏剧研究真正成为戏剧的研究,是陈瘦竹先生曹禺研究最值得称道的特色。正如朱栋霖所说:"以评论小说的方法评论戏剧,已成为现当代文学的通病。"[2]之所以如此,有演出方面的原因,当年李健吾(刘西渭)先生评《雷雨》就感叹:"在中国写剧评,不是有意刻薄,实际也是根据书本来估量,反比根据演出的成绩要正确些。"但更多的还是囿于传统的文学批评模式而将注意力集中在主题思想和人物性格上,对于戏剧自身的艺术特性反倒不太重视。这在曹禺剧作研究中尤为明显,从二十世纪三十年代到五十年代,曹禺剧作研究基本上是文学研究而非戏剧研究,评论家们关注最多的,是曹禺的思想、经历与其话剧创作的关系,直到六十年代初陈瘦竹先生的论文发表,这种情况才有所改观。得益于深厚的戏剧理论素养,陈先生慧眼独具地考察、分析了曹禺剧作在结构、冲突、动作、语言等方面的创作特色和成就,而所谓结构、冲突、动作、语言,恰恰是戏剧之为戏剧的本质构成,循此入手,才有可能对曹禺作为戏剧大师的才华和在中国现代戏剧史上的地

---

[1] 陈瘦竹:《关于曹禺剧作研究的若干问题——朱栋霖〈论曹禺的戏剧创作〉序》,引自朱栋霖、周安华编《陈瘦竹戏剧论集》,江苏教育出版社1999年版,第1526页。

[2] 朱栋霖:《陈瘦竹戏剧理论研究的贡献》,引自朱栋霖、周安华编《陈瘦竹戏剧论集》,江苏教育出版社1999年版,第1649—1650页。

位有真切的认识。以《曹禺剧作的语言艺术》一文为例，文章首先指出:"曹禺在话剧语言艺术方面的突出成就在于高度性格化、富于动作性，声调铿锵，节奏鲜明，有诗意，有境界;总之，它的语言可以说是戏剧的语言——文学的和舞台的相统一的语言。"①接下来陈先生依次对曹禺剧作语言的性格化、动作化、诗意化、口语化特征作了细致而精彩的分析。显然，陈先生是真正从戏剧的角度来研究曹禺剧作语言的，故而每能搔到痒处，切中肯綮。同样，他论曹禺剧作的戏剧结构、冲突和人物性格，也无一不是扣紧戏剧这一特殊的艺术样式展开分析论证的。在写于1983年的《读剧一得》一文中，陈瘦竹先生曾表示:国立剧专任教的经历使他认识到"必须建立演出的观点和培养舞台敏感"，"从演出的角度来分析剧本"。他由此提出读剧三法，即"一、竖起来看;二、拆开来看;三、合起来看"。② 三法的核心，就是将剧本中的描写在想象中呈现于舞台，既关注每个场面的具体内容，同时又将整个戏剧冲突和所有线索贯穿起来，从而获得立体的、动态的舞台形象。陈先生对曹禺剧作的分析，正是建立在上述读剧三法具体实践基础上的;而陈先生的不少评论文章读起来近似导演手记，也可以由此得到解释。

陈先生对当代曹禺研究的学术贡献当然不止这些。他的许多观点、见解，如指出曹禺剧作具有浓郁的诗意，曹禺剧作风格有一个由《雷雨》的浓重强烈到《北京人》的清淡幽远的发展变化，以及曹禺剧作与契诃夫剧作的特殊关系等，在当时都堪称新见，且为后来曹禺研究的深化提供了新的选题。不过我更愿意称赞陈先生在研究思路和方法论上的贡献。从戏剧理论建树方面来看，他的中外剧做评论使其理论具有充分的实践性，并因此获得了更大的理论活力;而从戏剧评论方面来看，他的理论研究又为之准备了批评的利

---

① 陈瘦竹:《曹禺剧作的语言艺术》，引自朱栋霖、周安华编《陈瘦竹戏剧论集下》，江苏教育出版社1999年版，第1446页。
② 陈瘦竹:《读剧一得》，引自朱栋霖、周安华编《陈瘦竹戏剧论集》，江苏教育出版社1999年版，第225、226页。

器,达到了人所难及的深度。是否可以说,陈瘦竹先生对戏剧理论的探究和对中外剧作的评论,共同构成了他戏剧研究的两翼;我们在折服于他在曹禺剧作研究中显现出来的慧眼与灼见的同时,更应该思考他能做出如此贡献的主客观原因。

(邹红:北京师范大学文学院教授,北京师范大学现当代文学研究所所长。)

周安华

民族悲剧美学的丰碑
——陈瘦竹悲剧学思想新探

悲剧在西方有"艺术皇冠"之称,一向受到戏剧学家的青睐,作为诞生于古希腊丰厚艺术文化土壤中的天之骄子,悲剧学一直雄踞西方文化哲学理论的上首宝座,历经千年不衰,渐趋形成一座壮丽辉煌的精神殿堂,几乎每一位影响过历史的大哲学家、大美学家、大戏剧学家都曾步入其中,流连忘返,留下自己甘美的思想之果。

然而,悲剧学在欧洲兴盛如斯,在中国,却像一只丑小鸭,备受冷落。尽管千百年来,中国悲剧曾一次次以其独异的光彩映红东方艺术文化的天空,"关汉卿之《窦娥冤》,纪君祥之《赵氏孤儿》……即列之于世界大悲剧中,亦无愧色也"[1]99,但是,中国人对诸多悲剧艺术现象的总结思考却十分绵薄,悲剧学园地荒草丛生,面对悲剧创作,一代代曲论家和剧评家表现了颇令人难堪的沉寂,这使中国悲剧学长久缓行在直觉的感知水平而不能进入理性思维的宏阔王国。

在漫长的封建时代,明朝"后七子"领袖之一王世贞在《艺苑卮言》中抨击

《拜月亭》"歌演终场，不能使人堕泪"[2]236 的准悲剧批评成为空谷足音，与他生卒年相近的卓人月的《新西厢序》"天下欢之日短而悲之日长"[3]655 的悲怆慨叹亦显出旷古未有。清末民初，王国维师承叔本华，把悲剧视为文学的"顶点"，以"赴汤蹈火者"指示悲剧英雄的特点，但却未能从更宏大的空间阐释悲剧的品格与美学风范。进入现代社会，朱光潜的悲剧探求可谓赫赫然引人注目，但是从他三十年代就已完成、一直搁置在英伦三岛的英文著作《悲剧心理学》中人们看到的多是对西方各种悲剧学说的客观介绍，其悲剧学建构不免沾裹上浓烈的"洋味"。

由此可见，悲剧学在中国是命运多舛的，华夏民族温柔敦厚的儒雅气质和乐天知命的人生态度已深深影响了多数艺术理论家的思维机制，阻遏着他们心脉中悲剧意识的自由奔泻和流淌。

然而，二十世纪中国的现实和艺术是充满悲剧意味的，封建王朝的解体与复辟，民主科学浪潮的兴起与消退，连绵的军阀混战，异族烧杀劫掠的铁蹄以及勒紧裤腰带的"大跃进"、延缓文明进程的"十年浩劫"……都清晰地标示出我们民族半个多世纪泣壮而多难的现代进程，而伴随着光明与黑暗、民主与专制、开放与封闭的较量，栅栏毕竟被向往异端的勇士打破，外国各种文化哲学思潮（包括马克思主义）像一架架先进的红外光谱仪，帮助人们更深刻地认识艺术与现实的悲剧性和这种悲剧性的美学意义。所有这些，都是有利于本土悲剧学滋长的润泽的人文环境。这种生态之下，必然产生富有中国特色的现代悲剧美学理论，产生影响整整一代人悲剧观的理论大师，而事实上，这种理论和理论大师的确产生了，陈瘦竹及其悲剧社会学美学就是其中杰出的代表。

陈瘦竹早年师从国学大师钱穆、沈颖若等学习经史国文，后跟随著名学者陈西滢专攻英美文学，于中西戏剧文化修养深厚、理论功底扎实。作为驰名中外的现代戏剧大家，二十世纪三十年代，陈瘦竹就在《文潮月刊》上发表了《论悲剧之功用》《亚里斯多德论悲剧》等精辟的悲剧学研究文章，视野之开阔、观点之新颖,引起艺术界广泛瞩目。此后,在长达半个多世纪的学术生涯中,他始终关注着悲剧和悲剧学的进展,关注着现实的存在的焦虑痛苦、艺术与创造的悲壮雄迈,凝神思索着属于个体与整体的历史命运即灵魂不朽的问题,悉心营造自己东方格调的悲剧理论大厦。对普遍人格的深刻内省、参悟帮助他全面把握艺术中悲剧形象的深层心理结构,对特定悲剧历史的独到体味使他能从新的视角上审度悲剧与人生的关系。借助渊博的学识、强烈的艺术敏感,陈瘦竹富有创见地将古今中外的悲剧艺术相接通,完整纳入研究范畴,由此透过知性和情感的多元观照,提出一系列精湛的理论观点。

陈瘦竹不像一般理论工作者一样极力把悲剧提升到玄而又玄的哲学高度,形成悲剧学与宗教神学、哲学、历史学连体存在的格局,而是努力使之回归舞台、回归作为艺术形式的戏剧自身。悲剧舞台是陈瘦竹悲剧美学理论的主要着眼点,其艺术主张多成自舞台感受,且返归舞台,对创作实践产生指导作用。

陈瘦竹创立了包括悲剧发生学、创作心理学、表现美学、鉴赏学在内的系统完备的民族悲剧学理论体系,为我国戏剧理论建设做出了堪称卓越的贡献。笔者愿意不揣浅陋,就陈瘦竹悲剧美学理论的几个问题谈点看法,以求教于戏剧界同仁。

一

什么是悲剧?悲剧的本质是什么?对这些敏感而又无法回避的理论问题,中外美学家、戏剧学家曾有过五花八门、各执一端的表述,比如亚里士多德称"悲剧是对一个严肃、完整、有一定长度的行动的摹仿",他强调的是悲剧注重行动——严肃完整的行动的方面,行动者通常"名声显赫,生活顺达"[4]97。十六世纪法国作家让·德·拉·达依尔继而对"行动"的超常性提出要求,指出"悲剧处理的不是每日因平常原因而产生的事情",悲剧家要感动我们,"并强烈地唤起我们每个人的激情","悲剧的主题本身必须是非常凄惨、非常沉痛……"[5]120,显然,在达依尔看来,行动的极端特性最后归向应该是不寻常的"凄惨""沉痛"。与之相反,车尔尼雪夫斯基力图走出悲剧阴郁悲怆的表象而把握它的核心,车氏提出:"悲剧乃是人生中惊心动魄的事。"[6]110所谓"惊心动魄",毫无疑问是对悲剧气氛和悲剧带来的心理感受堪称准确的描述。这里各家的悲剧定义角度不同,分别涉及悲剧艺术若干基本面,但同时也都存在着较大局限,难以从根本上囊括多数悲剧现象,精当反映悲剧的本质。陈瘦竹认为,悲剧最根本的内涵是崇高,任何形式的悲剧总包含着崇高的意味,悲剧总是与崇高相联系的,悲剧作为表现苦难与死亡的艺术,之所以能震动人心,产生异乎寻常的审美快感,其最深刻的根源即在于崇高,贯穿在悲剧场景里的"激情的崇高",唤起我们的自豪心、自尊心,"使我们想到人是多么强大而为之扬举",使每个观众久被禁锢的自由天性以激越的思绪形式在悲剧剧场天地淋漓尽致挥发出来。

因此,崇高感是辨别区分悲剧与随处可见的拟悲剧的试金石,而崇高的形态特征又是当人们为一部作品属不属于悲剧、属于什么样的悲剧争执不休时,提供了形态学划定的极有力凭据。陈瘦竹指出,以崇高为圆心,依据崇高的不同表现,古今中外的悲剧可分为三种基本形式,即:英雄悲剧、平凡人物的悲剧和错误造成的悲剧,三者美学风格又是迥然不同的。

英雄悲剧者,不是指英国王政复辟时期流行的 Heroic Tragedy(英雄悲剧),而是指通过两种势力的激烈冲突来歌颂英雄人物高尚情怀的悲剧剧体。在英雄悲剧中,代表先进思想和维护人民利益的人物,在反抗黑暗统治的斗争中,由于敌对势力过于强大而遭受不可避免的苦难或者牺牲。这种悲剧的主人公在古代,多为帝王、亲王和伟大领袖,在现代,多为仁人志士、硬汉俊杰,他们无一例外有着"远大的理想、崇高的品质、坚强的斗志和牺牲精神"[7]340,在英雄们身上看不到渺小而卑微的个人欲求,而是体现着一种雄伟、庄严和昂扬的东西,令人敬仰,感到壮美。英雄悲剧所含有的崇高效果是从悲剧英雄的壮举中产生出来的,处在特定情境中的英雄"本来可以生存却不惜牺牲……本来可以挺立却不怕倒下……本来可以学习却情愿受难"[7]55,由此他们向大众展示了一种悲壮的使人奋发而不使人消沉的人生态度,其性格的高贵性和行为的正义性唤起人们共鸣。与此相应,英雄悲剧情节异常丰富,矛盾错综复杂,通常显示着"宏大的气魄和刚健的风格"[8]9,给人十分强烈的印象。

平凡人物的悲剧是在十八世纪以乔治·李罗的《伦敦商人》为代表的市民悲剧的基础上发展起来的,并且越来越成为现代悲剧之主要形式。"在过去三十年遍及全世界的革命中,普通人一再显示出内在的悲剧动力。"[9]25 平凡人物的悲剧主要描写普通人的不幸遭遇、悲欢离合,表现大众的灾难。悲剧主角大多地位低下、善良正直,他们常常并未主动进攻,只是为争取权力和发展个性即堕入敌人的陷阱之中,横遭恶势力摧残;他们以其纯洁善良和无辜受苦感动人们的爱心,激起人们对腐朽制度和黑暗势力无比的愤怒。平凡人物悲剧的崇高效果,来自苦难的剧烈性,就是说,这些正面人物遭受到的是超乎常情的"严重苦难",是灭顶之灾,悲剧主人公感到比身死更大的心死的痛苦,巨大的心灵分裂折磨得他们日夜不宁。在此悲情悲景中,"悲惨的成分多于悲壮的因素"[8]9,"沉郁惨怆,催人泪下,产生哀感"[10],狂风暴雨般的悲剧命运弦索扣动着欣赏者心灵。

与上面两种悲剧相比,错误造成的悲剧或许是招致最多非议的一种。反面人物、蟊贼能否列为悲剧人物?因犯错误而造成的悲剧,其审美快感在哪里?对此,学术界存在较大分歧。陈瘦竹反对将前者作为"悲剧人物",理由为:悲剧是以崇高感动人的艺术,而蟊贼一类就其品质而言,毫无崇高而言,因而很难牵动人怜悯、敬佩与仰慕之情。但另一方面,犯错误造成严重后果却可能是悲剧,而且可能具有特殊美感。陈瘦竹说,亚里士多德早就指出,悲剧主角介乎"好人"和"极恶的人"之间,不十分善良,不十分公正,而其所以陷于厄运,是由于"犯了错误"[11]12。车尔尼雪夫斯基也称:有些悲剧角色"所以灭亡和受苦,是因为他犯了罪行或错误"[11]13,这就表明那些因错误而导致的毁灭可作为一个独特的悲剧类型。在错误造成的悲剧中,主人公大都勇猛刚强、正直无私、品德高尚,但由于内心欲望的膨胀或外在邪恶的诱惑,抑或身陷某种特殊环境,他们身不由己走向疯狂与卑鄙,而且在堕落过程中,他们时时得忍受铭心刻骨的良心折磨,但却无法回头,难逃报应。这类人善恶参半、美丑均衡,我们对其怀有复杂的感情,有憎恨、嫌恶,但更多的是惋惜、同情。错误造成的悲剧的崇高效果在于,波翻浪涌的情境之中,悲剧主角"坚强性格的力量非常伟大",而且足以"征服一切",哪怕山穷水尽的时刻,他还以挑战的姿态去面对人世、地狱和天堂。于是,在他的倾覆中,"那支配着世界的力量的全部无限威力,便展开在我们面前"[11]14。

陈瘦竹悲剧三种基本形式的归类极其科学,经过他的开创性阐发,不同形态的悲剧在崇高处统一起来,且有了鲜明的表现角度和特色,从而为人们更深入地探讨悲剧的审美机制奠定了扎实的范畴学基础。

陈瘦竹虽然对中外三种悲剧形式及其崇高效果之来源分别做了极详尽论述,但在他的观念中,三种悲剧形态在价值上并非是均衡的。比较而言,英雄悲剧似乎更能代表他的美学理想,体现他一以贯之的悲剧人生观,因而,他在许多文章中,强调英雄悲剧突出的艺术表现价值。陈瘦竹十分注重悲剧中乐观豪迈的因素,认为悲剧精神能用五个字概括,即"崇高的乐观"。因为"悲剧精神的实质是悲壮不是悲惨,是悲愤不是悲凉,是雄伟不是哀愁,是鼓舞斗志不是意志消沉。悲剧的美,属于崇高和阳刚"[11]5,因而,那些不计成败、奋起斗争、临危不惧、宁死不屈的人物才富有崇高严肃的悲剧精神。感伤哀愁的情绪,并不属于真正的悲剧。展现在人们面前的虽然是悲剧主角的失败乃至牺牲,但是他所进行的斗争并没有停止,观众看完悲剧后,心情不是宁静而是激动,意志不是颓唐而是振奋。正因为如此,陈瘦竹不赞成亚里士多德"悲剧精神"旨在"引起怜悯和恐惧"的观点,相反,他对郭沫若、阿瑟·密勒的看法却很赞同。郭沫若曾指出:悲剧的价值"是在具体地激发起人们,把悲愤转化为力量,以拥护方生的成分而抗斗将死的成分"[7]318。阿瑟·密勒也宣称:"在事实上,悲剧作家在悲剧中蕴藏着比喜剧更丰富的乐观主义,而悲剧的最后效果应该就是加强观众对于人类的最光明美好信念"[1]25,这些都被陈瘦竹称赞为"深刻揭示了悲剧精神的实质"[7]318而明确加以肯定。

悲剧乐观内涵的深入发掘,直接左右陈瘦竹对许多悲剧文学作品的评价,使他对现代悲剧艺术提出了发展崇高的悲剧精神的历史要求。在他看来,《南归》《雷雨》等作品多以反抗和揭露旧社会为主,表现知识分子、妇女和农民的苦难,虽然从技法上看堪称优秀悲剧,但整体缺乏豪迈的风格和悲壮的美感,即使和明清传奇中王世贞的《鸣凤记》、李玉的《清忠谱》等相比,也显得稍逊一筹。毋庸置疑,现实生活不乏为民请命、为国捐躯的人,不乏舍生取义的高贵品德、钢铁意志,这些精英代表着伟大的社会理想,奋勇进击敌人,纵然牺牲生命,也力图让英雄主义旗帜高扬人间。和鲁妈、行吟诗人等相比,他们的"社会理想更高尚、内心境界更博大、斗争意志更坚强、献身精神更昂扬",他们体现的崇高雄奇的美,"异常振奋人心"[7]317,而这正是需要当代悲剧艺术加以深刻表现的,也是能使渐趋衰落的欧洲古典英雄悲剧传统发扬光大的。

突破沿袭近千年的权威的"怜悯"与"恐惧"说,而从内心的崇高感和乐观主义处寻求悲剧精神的科学底蕴,是陈瘦竹对现代悲剧美学原则的重大发展。固然,悲剧不全是乐观的代名词,但是作为人精神标高的悲剧,内在的积极因素绝不可缺少。陈瘦竹的理论,对扫除弥漫现代悲剧舞台上的哀鸿,廓清普遍的感伤气氛,纠正当代文学艺术中崇高与阳刚的失落,具有重要启示。

二

如果说,随着二十世纪社会历史的不断改变,剧坛出现了许多新的悲剧现象,一些老旧艺术手法已显得陈旧和苍白,那么,面对现代悲剧创作多彩多姿的实际,一个试图建立独特的艺术学体系的理论家,是绝对没有理由视若无睹、沉默不语的。陈瘦竹晚年精心研究荒诞派戏剧、存在主义和象征主义戏剧以及心理分析学派悲剧理论,深刻阐发了现代化的潮流给悲剧艺术带来的巨大变化。的确,在当代西方悲剧舞台上,人们再也看不到普罗米修斯那样的"圣者和殉道者",再也找不到"高贵而英勇的哈姆雷特王子",再也遇不到"自诩'孤独者是世界上最有力量的人'的斯多克芒医生"了"[12],重新打量被奉为金科玉律的亚式悲剧概念时,我们蓦地发现,它已平添了许多新的内涵和外延。

陈瘦竹指出,荒诞派戏剧表现荒诞怪诞的人生和世界,带有悲剧色彩,甚至令人啼笑皆非。同时,在艺术上它贬低动作,轻视情节和性格,违反语言规范,强调幻觉和隐喻等,代表了一种新的悲剧观:失落与绝望的悲剧观,尤奈斯库就宣称,"没有一个社会能够废除人的悲哀"[7]234,没有一种政治制度可以使人免于生活的痛苦和死亡的恐怖。与这种灰暗心境相一致,荒诞派在艺术格调上以调侃写悲伤几乎"顺理成章"。例如《啊,美好的日子》写老妇温妮离死神不远了,还孑立土中搽口红、照镜子、打阳伞……辛酸的人世悲剧被装进滑稽可笑的形式中,愈显悲怆。陈瘦竹认为,象征主义悲剧也每每笼罩着新悲剧学智慧的悠长阴影。象征主义戏剧家运用某些象征,探索人的内心生活,暗示人生真相,彰显角色的幻觉、希冀与恐怖。在他们心目中,"命运观念占有重要地位"[7]169,它具有无上权威,人类无时无处不受其支配,任何努力或挣扎终将徒劳无益。正因为人的全部动作都是盲目和无效的,内心世界才显得格外缤纷奇异。从古典悲剧到象征主义悲剧,矛盾冲突内倾,动作淡化,心灵凸现,语言取代动作成为悲剧主人公征服观众的第一手段。如此,传统的悲剧美已荡然无存,"悲剧"在新历史之野上变得面目全非。

很显然,源远流长的悲剧艺术一个世纪以来悄然而迅猛地演变着,这种演变既有深刻的社会文化背景,也有作为高格艺术自身发展的原因。陈瘦竹不是从大文化和人本哲学玄奥地俯瞰这种趋进,并对它所产生的意义发生浓厚兴趣,他只是关心本文,力图从本文的蜕变中测定人类悲剧艺术的走向。因而,他不仅一般地考察了诸如荒诞派戏剧等所闪射的悲剧心理图式,而且更进一步考察了现代悲剧艺术若干表现特点。

(一)超越苦难

悲剧从古至今都与苦难和流血相依存。在悲剧中,主角必然遭受苦难,正像英国作家锡德尼在其名著《为诗一辩》中所说的"悲剧揭开那最大的创伤,显示那为肌肉所掩盖的脓疮;它使得帝王不敢当暴君,使得暴君不敢暴露他们的暴虐心情,它凭激动惊惧和怜悯阐明世事的无常和金光闪闪的屋顶是建筑在何等脆弱的基础上"[7]129。古典悲剧一无例外地为苦难所笼罩,显露出苦难崇拜的审美倾向,仿佛只在驱遣玩味苦难之际,主人公那巨大的不幸才能变得动人心魄,令人怜惜和悲叹。

现代悲剧就不是这样了。现代悲剧也描写苦难,但那是为了排解苦难,使困厄的心灵获得崇高之升华,最终摆脱人生窘境而得到审美愉悦。席勒认为单纯描写苦难并不是艺术的目的,只是手段。悲剧的最高目的在于通过苦难的描写,显示悲剧主角作为"道德的人"对苦难的"反抗",以表现其"灵魂的自由"。席勒说:"在显示道德自由的全部过程中,我们要求看到正在受难的人类。而在人类受难的过程中,我们经常要求看到独立精神或者争取独立的力量。"[7]332陈瘦竹对此极为赞同,他认为"独立精神"即一种超越意识,其内里是崇高的潜隐。就是说,现代悲剧家勾勒苦难充满热情,他关心苦难背后的梦想和意识更甚于苦难本身,他把苦难写得泪血斑斑却诗意盎然,这使苦难在一个很高的熔点上化为心灵之飞升,这就将悲剧本身从消极的凄惨状态上升到积极的壮丽境地。显然,此时对苦难的超度与对灵魂的超度是共时的,对角色的超度和对观众的超度也是共时的,两相映现。

征服苦难及其伴随的哀婉,在陈瘦竹看来,主要是靠着提高悲剧人物动作的重大意义和崇高性质,就是说,他所做的一切绝不是为了渺小卑微的个人目的,而是为了很多人乃至整个家园的幸福安危。为了远大的志向,他才自觉地去参与斗争的,甚至明知要失败要死亡,他都不退缩不动摇,这就使揪心的生命痛楚为主人公精神的光彩所遮蔽。"一颗高贵的心跟敌对势力作斗争,就是天神看来也会觉得充满吸引力的景象。"[7]332 当然,比较而言,更多的是另外的情形,即:悲剧人物并没有坚定顽强地反抗厄运,他或者一开始就落入陷阱,或者接二连三的不幸像浪头一样朝他打来,但不管怎样,他都以高傲平和明丽的心境像咀嚼苦瓜一样品尝苦难的滋味,让苦难分解在自己心海深处的对美和未来的向往之中;他身领巨大的骇人的苦难却不以为苦,不是麻木,而是对人生更深邃的一种领悟;他笃信"唯有我受难,我才存在。唯我存在,我才幸福。受难的报偿,不在于最后的胜利,而在于从苦难中成就自己,领会自己"[13],因而,他能以宽和、仁爱的微笑对张牙舞爪的命运,在对幻想的憧憬中体味《北京人》中愫方那种"又凄凉又甜蜜"的感受。正是在这,人性美、高贵、善良、坦诚将沉重的苦难之帷击得粉碎。

(二) 悲喜交融

西方古典悲剧理论向来强调悲的纯粹性,注重维护悲剧"庄严的风格"。从古希腊到文艺复兴时代,悲剧一直被认为是"模仿伟大领袖"的高贵形式。而喜剧则被当作"模仿中等或下等人物"的"低级体裁"。两者不仅在人物和题材上绝对不同,而且文辞风格相去甚远,"悲剧崇高优美"[7]102,喜剧幽默轻松。

悲剧理论家发现:悲喜之间并无不可逾越的鸿沟,事实上,很难将它们孤立开来。这不仅因为"喜剧经常贯穿悲剧动作的轨道而不失其自主权",而且因为"喜剧或许根本并不引人发笑,而某些悲剧却使我们发出歇斯底里的笑"[7]51。尤其在现代,"可笑性与可悲性在不知不觉中向前流动而互相融合"[7]61,笑声与眼泪混在一块。斯泰恩说:"无论生活或二十世纪最优秀的喜剧的特征,都迫使我们认清悲剧感与喜剧感的血缘关系,认清泪和笑的可以杂交繁殖。"[7]60 尤奈斯库说得更直白："我觉得喜剧是悲剧性的,人的悲剧是荒唐的可笑的。"[7]244 上述观点深刻地揭示了当今戏剧舞台一大惊人变化,即：现代悲剧的意蕴常常以喜悲形式出现,人们得要从滑稽而风趣的喜悲性情境中寻求人类存在的悲剧境遇。

凡此证实悲剧范畴正发生着一场革命,一场观念上的彻底革命。它来自伴随工业革命和技术发展而带来的工作、家庭生活、价值观的令人难以置信的变化。具体说就是,二十世纪以来,人们感到自己生活在一个混乱和非理性主义的世纪,现代化的高速发展,将人置于变化无常和寂寞孤独之中,与文明结伴而来的种种社会问题,证明"在人类生活的深处存在天生的荒谬怪诞"[7]501,而十九世纪以来考古学的发现和人类学的研究,使"近百年关于上帝、人性、社会组织及物质宇宙的观念,虽未安全推翻却已受到严重挑衅",正像柯列根说的："信念和价值既已崩溃而且变化,戏剧固定形式的明确界限也就随着模糊。"于是,悲剧与喜剧的人生观便不再互相排斥了。

陈瘦竹指出,悲剧创作注重悲喜因素的混同,是最早在欧美悲剧文学中出现的一种新趋向,它预示着现代悲剧色调上的开放态势。无疑,悲喜之情是客观现实中悲剧性和喜剧性现象"介入"人的内心世界带来的情感倾斜,"在一般情况下,人欢乐就笑,悲痛就哭,但有时恰好相反"[7]48,有时"笑和泪可以表现相反的感情,例如因悲痛而狂笑,因欢乐而流泪",苦乐于此是一体的,喜几乎转瞬间便滑向悲的一端。那么,贯穿在悲剧中的喜悲动作是否具有悲剧价值呢？回答无疑是肯定的。

喜对悲和悲剧的干预,至少有三方面积极意义。首先,喜剧性场面可以作为强烈的悲剧性的对照,两种相反的因素摆在一起,互相衬托,而使彼此愈显鲜明,《哈姆雷特》中掘墓的场面以及《李尔王》中弄人的插科打诨都属于这种情形,马克思称赞它们把"崇高和卑贱、恐怖和滑稽、豪迈和诙谐离奇古怪地混在一起"[7]501;其次,喜剧性作为调剂,可以"使严峻的紧张的悲剧气氛暂时缓和下来,松一口气",等到悲剧动作继续向前进展时,"显得更有气势,令人感受更深"[7]500;最后,喜剧角色与情境链条式横串剧体,可以增加悲剧的立体感、厚度和真实性,使悲剧画面更富色彩,从而告诉观众许多纯悲剧所不能说清的有关当代人精神领域的隐秘。

(三) 富有诗的目的

悲剧从来就是诗的一种。剧诗一方面和抒情诗(颂歌)及叙事诗(史诗)并列,另一方面又包括了抒情诗和叙事诗,它以抒情因素为核心,揭示剧中人在剧烈冲突中的心理感受,因而仅其语言就较日常语言激动人心更甚[8]43。陈瘦竹指出,现代悲剧其重要的特征就是人物、冲突的诗化。就是说,现代悲剧诗人大多对各种自然景物、社会关系以及人的内心世界,有特殊的敏感和深刻的体验,他热爱现实中叛逆的或高贵善良的性格,他深切感受到人物非凡的喜怒哀乐以及他们为真理或梦想而牺牲的悲剧精神,因而,他总是用那种激昂的或委婉的声调、愤怒的或温柔的语言,引导观众进入角色的灵魂深处,披露冲突的起落原委,由此展示一个震撼人们心灵的悲剧界[8]16。这就清楚地表明,现代悲剧有着"诗的目的",它通常"表现某种动作以感动我们,而且运用这种感情媒介使得我们着迷"。陈瘦竹援引席勒的话说:"这是悲剧的权利——不,甚至可以说是义务——它应该使历史真实服从诗的规律,而在处理历史事实时,必须符合悲剧艺术的要求。"[7]339

毋庸置疑,所谓"诗的目的",不是对现实和历史精神的简单发掘,而是一种发展。剧作家通常借个别的悲剧事件直喻整个历史的轨迹、人生的哲理和人类的根本处境,因而,悲剧中的诗无异于强烈吸引人们的浓缩铀或彻底改变人精神的洗洁精。

一般说来,"诗的目的"既体现在现代悲剧创造中剧作家与剧中人的休戚相关、悲喜与共、悲剧人物思想感情的热烈奔放上,也体现在情节的婉转曲折、意境的深远悠长、语言的气势磅礴、情趣盎然上。"诗的目的"至少在两种情形下给悲剧家以有力帮助,这就是——当剧作家刻画"仁人志士"的崇高理想、反抗精神和献身激情时，诗的风骨总给人物行为披上庄严肃穆的宗教氛围和理想色泽，使人物的坚强斗志、自由要求、拓放情怀在诗的薄雾的缭绕之中，巍峨挺立，楚楚动人；当剧作家转而表现一个善良的人被社会黑暗和邪恶蹂躏、扯碎、遭遇不幸时，抒情因素不仅能深刻地传达社会生活不如人意而引起的哀愁、感伤，而且能将幻想写得无比真实、将苦难烘托陪衬得格外深重。这些都表明现代悲剧向诗的回归是富有意义的，它最终将大幅度地提高悲剧的鼓动力和启迪作用，使之在更大程度上成为当代人生不可或缺的一部分。

对现代悲剧特点的发掘，是陈瘦竹在现代艺术思潮推动下，深入勘察悲剧本质及其艺术形式内蕴的结果，也表明他的悲剧学思想已逐步突破传统悲剧思维框架而达到一个能与当代世界悲剧大家公开对话的境界。尽管其思索可能不尽严密周到，但它们显然从新角度打开了现代悲剧迷宫的大门，确立了一种新的阐释场，使现代悲剧隐匿多年的内在艺术构成昭然于世。

三

考察一种艺术美学理论，对其哲学基础和理论渊源是不应该忽视的。

陈瘦竹作为当代中国的悲剧理论家，信仰共产主义学说，他近五十年的悲剧理论研究始终建筑在科学的马克思主义哲学的基点上。陈瘦竹认为，"自古至今悲剧的内容和形式不断发生变化"，要走出悲剧的迷津，必须坚持运用辩证唯物主义的观点、方法。因为只要对整个人类悲剧史做一番透彻的思索就会深切感到，无论黑格尔的"普通力量冲突说"，还是叔本华的"盲目的命运说"抑或是尼采的"阿波罗精神与狄俄尼索斯精神结合"说，都未能跳出唯心主义美学的窠臼，未能准确把握悲剧及其冲突的根源，因而在理论根基上是不牢固的。

实际上，只有辩证唯物主义哲学以其完满的科学性准确揭示了悲剧作为艺术繁衍生息的秘密，"作为一种戏剧样式，悲剧是社会生活中悲剧现象的艺术反映。剧作家从悲剧冲突表现主角的苦难或死亡,以显示作者的社会理想和美学评价"[11]9,离开了社会现实及其矛盾斗争,将无从获得悲剧艺术的真谛,也不能正确解释人类艺术史上纷纭复杂的悲剧形态,进而完整揭开悲剧作为崇高艺术的魅力之所在。

陈瘦竹的上述观点,代表着一种新的悲剧世界观,而在它确立伊始即划清了与唯心主义和形而上学的界限,使作者以超凡的睿智和个性,站在了一个前所未有的理论制高点上,开辟现代中国的悲剧理论的新纪元。的确,悲剧是一个和神谕、命运、罪过等紧紧缠绕在一块的斯芬克斯,曾经有无数有志者以各种方式向它索取谜底,但还没有一个人像陈瘦竹一样,坚持从社会关切、社会冲突中寻求悲、悲剧和悲剧快感的合理解答,这或许是陈瘦竹悲剧学理论逻辑缜密、风格独特、富有挑战性的重要原因,也是他的悲剧思想半个世纪以来持续产生重大影响的关键所在。中国新形态的接近科学的悲剧理论研究是从陈瘦竹开始的。人们从这位学贯中西的学者一本本的著作中,总是不时发现许多闪耀智慧光芒的精湛见解,发现与国家、民族、人的状况的深层思考紧紧扭结在一起的社会忧患意识,发现一颗被当代哲学照亮的无比真诚、明净、年轻的心。

与此相应,陈瘦竹悲剧研究方法的现代色彩和他的悲剧理论的发展性也是值得学界深入研究的。正像有的理论工作者所指出的,当代中国是一个不断趋向开放的国度,处在这样一个充斥变革律动的社会,能够为艺术界普通接受而又富有生命力的悲剧学说,毫无疑问应当是拒绝僵化的呈开放型的百川归海的学说,它含蓄着充分的理论自信,更显着博采众长的宽容,它体现着对中外悲剧学的弘扬阐释,更饱含着自成一家的创新勇气。陈瘦竹的悲剧思想所完满实现的正是这种新潮的求实的新艺术精神。陈瘦竹在戏剧观念上显然是个"世界主义者",他的理论风格表明,他鄙弃偏于一隅的闭门造车,而主张"东张西望""兼收并蓄",这种十分年轻的研究心理使他的理论始终与最新的悲剧美学保持流通的活水状态,并对现代社会面临的精神困惑以及诸多新的悲剧现象力求客观的解释。

如果把"兼收并蓄"看作陈瘦竹悲剧理论研究的基本原则,那么,稍进一步,我们还会触摸到陈瘦竹悲剧思想的两个来源,即:现代悲剧创作的丰富经验以及当代西方先进的悲剧思想。

像所有学识渊博、功底深厚的著名理论家一样,陈瘦竹对亚里士多德以来的悲剧和悲剧学说十分熟悉,但他并不满足于在古典艺术学的宅基地上修建新的"仿古"庙堂。相反,他在精心设计自己的理论框架时,对二十世纪后形形色色的新的悲剧创作和理论表现出异乎寻常的兴趣和关注。在二十世纪五十至六十年代,陈瘦竹就以一位大艺术家的敏感,精辟解剖了曹禺、田汉等人的《雷雨》《日出》《获虎之夜》《名优之死》等悲剧作品,并在解剖过程中思索了悲剧性格、悲剧冲突、感伤与颓废、突转与发现等问题。二十世纪七十年代末,陈瘦竹重返文坛后,又先后发表了有关郭沫若的《屈原》《棠棣之花》,白桦的《曙光》,阿瑟·密勒的《推销员之死》和尤金·奥尼尔的《天边外》及反映切尔诺贝利核电站事故的苏联悲剧《石樽》的研究论文,表明他对悲剧艺术的考察日趋深入、透彻和系统化。恰恰是在对色彩斑斓的悲剧创作体贴入微、不避琐屑的开掘与审视的基础上,陈瘦竹对悲剧这种美学形态的完整独异的看法得以形成,并且带来《论悲剧精神》《悲剧漫谈》《悲剧往何处去》等一批国内较早的代表性的悲剧研究成果。与此同时,借助深厚的外文修养,陈瘦竹对西方当代悲剧学理论的译介、引进也不遗余力。在十多年间,在双目接近失明的极端困难的条件下,陈瘦竹勤奋耕耘,参阅数十种欧美国家出版的论著,写成了全面反映当代西方悲剧学研究水平的力作《当代欧美悲剧理论述评》《心理分析学派戏剧理论述评》(悲剧论)、《悲剧从何而来——五十至八十年代英美悲剧观念述评》等皇皇巨篇,为我国现代悲剧学研究提供了极其丰富极其难得的资料,而在对西方悲剧学观点分析、批判、吸收的过程中,陈瘦竹自身的悲剧观日益明晰,日益趋向成熟与圆满。

陈瘦竹富有个性的悲剧美学之形成有着十分鲜明的嬗进轨迹,即:从对具体悲剧作品的剖析透视进入自己悲剧本体论的建设,从对当代西方悲剧学说的广泛移植,进而努力丰富、矫正、发展自己的现代悲剧学体系。在这一富有启示性的演进历程中,显而易见的是,这位蜚声中外的老艺术家迈出的每一步都落在实处,许许多多悲剧创作实绩和理论思考的成败经验被作为其研究探求的佐证、参照,它从一个侧面告诉我们:可信性与科学性是陈瘦竹数十年悲剧美学追求的重要出发点。

自二十世纪六十年代初美国戏剧家乔治·斯丹纳的《悲剧的衰亡》出版后,欧美各国有关悲剧生命枯竭的论调极为普遍,越唱越高。但是,在东方,孤独的戏剧老人——陈瘦竹却坚信悲剧并未衰亡,并且执着地为悲剧艺术的复苏大声呼号呐喊。陈瘦竹在《评"熵与悲剧'衰亡'论"》中曾说,人类要求文学艺术给予智慧和美感,得以了解过去、现在并能展望未来,使人的心灵更高尚和意气更昂扬。地球上的人类将会生存下去,社会上的悲剧性矛盾现象不会消除,尽管内容和形式都有新的发展变化,悲剧文学不会"衰亡"。"因而悲剧精神将会继续发扬,不断给人悲剧美感。"[14]

参考文献

[1] 王国维.宋元戏曲史[M].上海:上海古籍出版社,1998.

[2] 徐复祚.曲论[M]//中国戏曲研究院.中国古典戏曲论著集成:四.北京:中国戏剧出版社,1959.

[3] 孙克强.中国历代分体文论选:下[M].北京:北京交通大学出版社,2006.

[4] 亚里士多德.诗学[M].陈中梅,译注.北京:商务印书馆,1996.

[5] 尼柯尔.西欧戏剧理论[M].北京:中国戏剧出版社,1986.

[6] 车尔尼雪夫斯基.美学论文选[M].北京:人民文学出版社,1983.

[7] 陈瘦竹.戏剧理论文集[M].北京:中国戏剧出版社,1988.

[8] 陈瘦竹.现代剧作家散论[M].南京:江苏人民出版社,1979.

[9] 罗伯特·阿·马丁.阿瑟·米勒论剧散文[M].陈瑞兰,杨淮生,选译.北京:生

活·读书·新知三联书店,1987:79.

[10] 陈瘦竹.悲剧并未衰亡——苏联当代悲剧《石樽》读后有感[N].文艺报,1988-02-06.

[11] 陈瘦竹,沈蔚德.论悲剧与喜剧[M].上海:上海文艺出版,1983.

[12] 尹鸿.论现代悲剧与悲剧意识[J].电影艺术,1987(6):26—28.

[13] 尹鸿.论悲剧精神[J].当代文艺探索,1987(6):37—44.

[14] 陈瘦竹.评"熵与悲剧'衰亡'论"[J].戏剧杂志,1988(3):4—11.

(周安华:南京大学文学院教授,南京大学亚洲影视与传媒研究中心主任,教育部戏剧与影视学专业教学指导委员会委员、中国高校影视教育研究会副理事长、中国电视艺术家协会高校电视艺委会副主任、江苏省传媒艺术研究会会长。)

张红扬

陈瘦竹早期著译研究

陈瘦竹在文学创作上出道甚早。1925年,16岁的陈瘦竹在上海《生活》杂志上发表了短篇小说《穷人说平等》[1],自此一发而不可收,以描写江南水乡农人生活的小说享誉文坛,是载入既定文学史册的乡土文学作家。但陈瘦竹对于现代文学的贡献远不止于此。1938年,以独幕剧《忆的幻灭》的发表为节点,29岁的陈瘦竹已将短篇、中篇小说、文学评论、独幕剧、文学评论翻译、小说翻译、戏剧翻译等著译体裁悉数实践了一遍,成为民国文坛上工于多体裁的作家,并在多元化的体裁中表达了丰富的内涵。

陈瘦竹的一生的创作、翻译和学术研究可以1940年为界分为早期和中后期。这一年,陈瘦竹"到四川江安国立戏剧专科学校任教,开始了关于戏剧文学的教学和研究工作"[2],逐步聚焦于学术,是为人生旅程之标记。"博学而详说之,将以反说约也"[3],总的说来,陈瘦竹的早期著译以"博"为主,尝试多种艺术形式,反映晚清民国复杂变幻的社会及人生,体现了丰富性;中后期则由"博"返"约",专攻戏剧理论与批评,为中国戏剧理论做出了开创性贡献。

一、融通中西之学,拓展国际化视野

陈瘦竹幼年发蒙得益于晚清民国兴建的正规小学基础教育。少年时期在无锡省立第三师范学校的学习经历,又为他打开了一扇通往外部天地的窗户。在新文化运动尤其是五四新文学运动的影响下,陈瘦竹开始了文学创作,撰写了大量作品。考入国立武汉大学外文系以后,陈瘦竹拓展了对于西方文化的认知,面前又展现了一个更加广阔的世界。他继续文学创作,又利用专业特长翻译、介绍外国小说、文学评论、戏剧等,不仅丰富了个人著译的内容和体裁,而且开拓了国际化视野。大学毕业后,国立编译馆的工作使其英译能力得到进一步历练,各种文体译作迭出。二十世纪三十年代的抗战环境又使陈瘦竹在国际化视野中对于民族文化有了更为深刻的认识。

陈瘦竹原名陈定节,清宣统元年(1909年)出生于无锡港下镇南陈巷的一户乡村小知识分子家庭。江苏无锡等苏南地区自古以来人文荟萃,有着优良的尊师重教的传统。陈定节虽生长在农村,但其家庭与一般农人家庭有所不同。父亲识文断字,晴耕雨读,农忙务农,农闲则教私塾,在当地颇受敬重。民国初年,江南乡镇基础教育得到发展,新式学校逐步建立,为陈定节这样的乡村儿童提供了接受现代基础教育的机会。到了入学年纪,父亲虽然不在了,但在镇上当小学教员的舅父,竭力主张他和兄长陈望绅二人上学读书,于是两兄弟先是进了港下镇的国民小学,后又入顾山镇的锦带高等小学。锦带高小的名称颇有来历,陈瘦竹在其《自传》中写道:"传说昭明太子曾到过顾山,临别时以锦带相赠,小学因此得名。"[1]75梁武帝长子萧统谥号昭明,编纂了我国最早的诗文总集——《文选》,后人称为《昭明文选》,很多梁代以前的文学作品赖此得以保存。锦带故事只是传说,但"锦带"的寓意,文雅又深远,蕴含中华文化斯文正脉代代相传之美意。

望绅、定节两兄弟分别于1922年和1924年考入无锡的江苏省立第三师范学校,当时是江苏最好的师范学校[4]。陈定节兄弟在三师受到了较为完整的现代中等教育,眼界逐步打开。国学大师、著名史家的钱穆正巧在陈定节就读期间任教于该校,担任陈瘦竹的国文老师。钱穆所授的国学教育,要求学生"第一年读《论语》、第二年《孟子》、第三年《史记》;后期第一年《左传》、第二年《诗经》、第三年'诸子'规定老、墨、庄、荀、韩、吕、淮南、小戴礼、论衡九部,由学生选其一部或两部"。[5]这样的强化教学一方面使少年陈定节打下了扎实的国学根基;但另一方面,大量的古文学习不免枯燥,无法满足青年学生对现实世界的求知欲,且压抑了他们的创造力。陈瘦竹在无锡省立第三师范学校求学时正值"五四"新文化运动过后不久,虽然无缘参加其间,但通过报章杂志等也受到莫大影响。当时陈定节感兴趣的不是古文,而是课堂上学不到的新文学。利用课余时间,他读遍了图书馆的新文学刊物,阅读文学研究会、创造社和太阳社的作品,同时也开始了最初的文学创作,曾用定节两字的部首"宀竹"为笔名[6]。

1929年毕业前夕,陈定节因在课堂上顶撞训导主任而被迫退学。因无毕业文凭无法投靠大学,无奈之下借用其兄陈望绅的同学陈泰来的文凭参加考试,考入了武汉大学外文系,也曾用过这个名字发表过作品。后因兄长陈望绅曾用笔名陈瘦石,1931年始,陈定节就随之改名陈瘦竹,此后一直使用这个名字,也用过若苇和石佛做笔名[7]。

东湖水畔,珞珈山下,陈瘦竹通过学习世界文化和外语,开阔了眼界,在其创作、翻译、评论和研究中显示了国际化视野。留英归国博士、《现代评论》创办人之一、《西滢闲话》的主编陈源,时任文学院院长,也是陈瘦竹的课任老师。陈源先生的严格训练切实有效地提高了陈瘦竹的英文水平和西方文学鉴赏水平,为他以后的生活就业及学术研究打下了坚实的基础。陈源自己并不从事文学创作,但仔细阅读陈瘦竹的小说,还把小说《巨石》推荐给当时负有盛名的《申报月刊》发表[8]。颇有意思的是,《巨石》说的是一位大学毕业生毕业即失业的故事,陈源读了或心有戚戚,1933年陈瘦竹大学毕业后由陈源推荐,考入南京国立编译馆任编译,有了稳定并符合专业发展的工作,避免重蹈小说主人公的覆辙。陈瘦竹继续小说创作并开始翻译、介绍和研究的西方文学及戏剧作品,直到 1940 年开始逐步转向借鉴西方戏剧理论构建中国的戏剧理论体系。

1938 年小说集《奈何天》由商务印书馆出版,奠定了陈瘦竹作为乡土作家在文坛的地位。其中收入了《巨石》《奈何天》《小快船》《外国人》《职业》《午后》《菱》《雪花膏的故事》《牛》《卸任》《田》《牺牲》等写于 1933 年到 1936 年之间的 12 个短篇。这些短篇小说多以乡村背景农人生活为主,在江南水乡的风俗与民情的画卷中,揭示民初农村传统社会秩序、经济结构和生活方式的瓦解,以及农人的感伤和无奈,愤怒和抗争,反映了人物无可奈何的悲剧命运。小说在技巧方面也可圈可点。《午后》篇高潮似不突出,但在风平浪静中已现陈仓暗度,作者已有成熟作家的节制,读来有特别的韵味。1942 年由华中图书公司出版的短篇小说集《水沫集》,收入了其 1940 年左右所写的《入伍前》《三人行》《湖上恩仇记》《鸡鸭》《庭训》共五个短篇。此集小说均以抗战为背景,作者在前言中说,在当前大时代洪流中,这不过是一点水沫而已,故题曰《水沫集》。小说对于平凡小人物充满同情、悲悯,其中抗日报国的篇章,又在悲悯中透出刚健。1945 年由商务印书馆出版的《奇女行》收入《奇女行》《小贱人》《生日礼》《世道》《囤积》五篇小说,由以前的乡村主题拓展至抗战后方小知识分子、小公务员等在社会动荡中的窘迫生活,显示了陈瘦竹不断超越自己的愿望和努力。

自武大外文系求学的时候起,陈瘦竹边学习,边实践,广泛介绍、翻译和研究欧美多国优秀作家作品。从古希腊哲学家泰奥弗拉斯托斯(Theophrastus,前 371—前 287),到法国近代哲学家卢梭(1712—1778)、英国现代哲学家罗素(Bertrand Arthur William Russell,1872—1970);从近代英国作家王尔德(Oscar Wilde,1854—1900)、现代文艺理论家本纳特(Arnold Bennet,1867—1931)、现代戏剧理论家欧文(St. John Greer Ervine,1883—1971)、现代作家詹姆士·斯特恩(James Stern,1904—1993),到美国近代作家欧·亨利(O. Henry,1862—1910);从俄国作家托尔斯泰,到苏联作家高尔基、萧洛诃夫,对于这些大家的作品,陈瘦竹均有深度研究,并有翻译、介绍和专题论文发表。文学体裁上,从散文、小说翻译到戏剧理论、文学理论、文学评论翻译,陈瘦竹都有实践。

三十年代后期,即使在抗战的动荡和迁徙中,陈瘦竹也坚持译学思考,继续介绍和研究世界文化之精华,并不断地付诸实践,在国际化视野中探索中国民族文化的发展道路。在他的作品中,弘扬优秀民族文化传统,与开放地接受世界文化是并行不悖的。世界文化的浸染和熏陶在作品中体现为对于人类苦难和悲剧命运的同情和悲悯,传统文化精华又使他的作品有着"天行健,君子自强不息"的刚毅。

二、勤于著译研,工于多体裁

1925—1949年,陈瘦竹的著译逾百五十种。1980—1990年,在他生命的最后十年里,每年写作10万字。一生共发表300余篇论文。[9]随着文献数字化的进程,更多尘封文献得到揭示后,上述数量还会增加。1938年,以独幕剧《忆的幻灭》的发表为节点,29岁的陈瘦竹已将短篇小说、中篇小说、文学评论、独幕剧、杂文、文学评论翻译、小说翻译、戏剧翻译等著译体裁悉数实践了一遍,成为民国文坛上的工于多种体裁的作家。以下仅以主要著译体裁的早期作品为例,以辩章学术,考镜源流。

(一) 小说创作之始源

在倪波编《陈瘦竹著译日录举要》中,列在小说创作之篇首的是1927年《泰东月刊》上刊载的《红豆》[10]。1980年71岁的陈瘦竹在《自传》一文中回忆,"在五四新文学运动运动的影响下,我在课外就爱读新文学作品,并且学写短篇小说,第一篇发表在学生会编的刊物《弘毅》上"。[2]据目前能够公开查询的《弘毅》,其中有一篇以陈定节署名的短篇小说《病的我(给母亲的一封信)》,发表在 1926 年 1 卷 5 期上。此外也发现,1925 年的上海《生活杂志》上即刊载了署名为定节的小说《穷人说平等》,时年陈瘦竹 16 岁。

《穷人说平等》共约 700 字,可称为小小说。小说的主人公阿素在城里做雇工,被主家何先生辞工后,只得回到城外郊区的两间茅屋的家中。其时江南雨季,其母饥寒交迫,正等米下锅,不想等回了失去工作的儿子,又等回了拉不到活的车夫丈夫,儿子失去工作的原因是主家何先生开洋会回来,说人都平等,没有主仆的分别,所以一切事都自己做了。丈夫拉不到活是因为要坐车的怕被指为"不仁",把车夫"当牛作马",也不敢坐了[1]。这篇小说极具问题意识,16 岁的作者独立思考,在提倡人人平等的新文化思潮中发出了贫苦人"饭都没的吃,平什么等"的疑问,是现代文学中典型的问题小说。作者在极短的小说篇幅中螺蛳壳里做道场,人物多达六个,但出场有序,不觉拥挤。

《病的我》也是一篇小小说,副题为给母亲的一封信,两千余字。主人公踢足球伤了脚,虽有校医医治,有校役背行,有同学探望,但由于脚伤未愈,清明节只得留校。这天思念家乡和母亲,直到落泪。亲子之爱的永恒主题,以病中的儿子思念母亲的形式写出,通过想象母亲在家的情形,想象母亲想念自己的心情,回忆在家生病时母亲关爱的三个情节,反复加强母子之爱的主题。小说有顾影自怜的感伤,品味痛苦的诗意,以及文学最古老的主题——恋母情结。1927 年在上海《泰东月刊》上发表《红豆》中[11],单相思的少年即将离乡,经百般设计,终于将暗含相思的两粒红豆送给了心中的女神。主人公时而自卑,时而自尊,情绪跌宕起伏,高潮处内心独白有如郁达夫之呼号吁叹,颇有柏拉图精神恋之真味。

与初出茅庐的作家一样,陈瘦竹文学起步时期也从自己熟悉的事物和环境中选择材料,多少有自己的影子,小说风格也初见雏形。《穷人说平等》关注乡村社会,显示了乡土文学作家的走向;而《病的我》和《红豆》重在表达个人的精神世界,显示了作者对于自我内心的关注。后两篇小说的主人公恋家恋母,恋家乡的姑娘,但都离开了家,走向更为广阔世界,沿着这一走向,陈瘦竹后来的创作主题和背景也不断丰富,超出了乡土文学范围。

(二)早期译著之起步

陈瘦竹刚进大学不久,即翻译了苏联作家高尔基的小说《滚石》,这也是他翻译出版的首部小说①,由英文译出[12]。需要备注的是,后来由俄文直接译出中文的版本题名通译为"骗子"[13]。《滚石》是高尔基流浪汉小说中富有特色的作品,尤以男主人公伯龙托夫(后通译作普罗姆托夫)的性格描写著称。伯龙托夫是个流浪汉,也是个行径卑劣、高智商的大骗子,但他珍视自由,热爱流浪生活,对生活有着深刻的洞察。高尔基鞭挞伯龙托夫们物质的贪婪和精神的堕落,同时也欣赏他们对于生活的洞察,对自由流浪生活的追求。伯龙托夫既高贵又卑劣,难以用简单的道德标准来判断,这一点也是高尔基流浪汉小说与欧洲传统流浪汉小说的不同之处。惜《滚石》未能发表完,仅第一部分"我碰到他"得以发表。

陈瘦竹在短篇小说《奇女行》中塑造了一个流浪女——柳莺的形象。抗战中家乡沦陷,与其夫失散后携子不远千里辗转至汉口,在机关供职,她和其子对外以姑侄相称,谎称侄子因母亡父散所以由她来照顾,由此赢得同事的贤良美誉,因其未婚身份而受到了周围男同事的追求和照顾。《奇女行》是崇拜者写给柳莺的五言古诗题名,诗中根据柳莺编的故事竭尽奉承之能事。古诗《奇女行》的"奇女"是假,而柳莺的生活在她编造的故事中是真的"奇",由此,小说的《奇女行》有了反讽的意义。《奇女行》有流浪汉小说的影子,又置入了民族抗战的背景,展现了战争中人生百态之一,谴责了战争对人性的伤

---

① 参见高尔基著《滚石》,陈瘦竹译,连载于《真善美》1930年第7卷,第1期第107—123页;第2期第275—292页。

害。柳莺的描写非常出色,左右逢源,又洁身自好,终于阖家团圆。柳莺既享受谎言带来的好处,也为自己的谎言而痛苦,但她的撒谎行为并非以简单道德标准可以判断。《奇女行》从中国传统小说的故事叙述技巧以及大团圆的结局设计来看也有继承关系。

(三) 最早的戏剧创作

陈瘦竹的戏剧创作由独幕剧《忆的幻灭》开始。[14]故事很简单,生活优裕的少妇意外遇见了以前的恋人,但作者写得颇有戏剧性,作为一篇习作而言,相当不错。戏一开幕便迅速展开情节:女主角珊丽之丈夫亚平聚会回家,和妻子提起聚会上的流浪音乐人怀娥铃手(小提琴 violin 的英译,笔者注)的演奏,珊丽仔细询问流浪乐手的来历。珊丽下场后,随即进入戏剧高潮的酝酿阶段。听到小提琴手在外演奏,亚平将流浪者请进家里,询问其来历,珊丽躲在一边倾听,小提琴手告诉亚平,情人离他而去,从此到处流浪,珊丽不禁上场,戏剧迅速达到高潮,珊丽与旧情人相认,旧情复燃,有续前情之意,亚平明白了珊丽并不爱他而受到刺激,接着收尾,以流浪者最终离开为结局。一个场景,三个人物,线索单纯,由流浪的小提琴手串起全场。故事独立完整,结构严谨集中,冲突迅速展开,形成高潮后戛然而止。

在这个戏里,作者借流浪的小提琴手之口道出了对于悲剧美学的最初认识:"有了悲哀,才有人生。悲剧才是生命最高的意境啊。"[14]人物对话也极富诗意:"从此我别了我的故乡,怀着碎了的心,鼓着生命最后之残力,向茫茫天涯奋飞。我爬过高的,高的山,我渡过深的,深的海。我独自彷徨在渺茫的沙漠,我独自踯躅在荒凉的平原。在惨暗的黄昏,在月明的夜半,深林中我悄悄地奏着我地悲歌,有时惊醒了杜鹃,也再啼哭几声,有时引动了落叶,听得它别故枝的叹息。鲜红的泪汪满了我的眼,秋夜的霜凝断了我的弦……"[14]

陈瘦竹早期著译之间常常有相互参见的关系。在《小贱人》一篇中,借女主人公夏风的口说出了"剧本可以分两种,一种是给人消遣的,像最近上演的

《太真外传》，一种是给人以启示的，像斯特林堡的《父亲》，或是柴霍甫（笔者按：契诃夫）的剧本。普通作家都各有所偏，只有伟大的天才才能兼而有之"。[15]在表达内容上，《忆的幻灭》与其他以知识女性为题材的作品一样，常描写她们物质和爱情不可兼得的困境，反映了陈瘦竹对于女性精神需求和成长要求的关注。

（四）早期其他作品

陈瘦竹早期著译刊载的期刊也多种多样，早期的百五十余种作品，至少在50种以上不同的期刊上发表，其中如《真善美》《武汉文艺》《时与潮文艺》《文艺月刊》《东方杂志》《泰东月刊》等是多次刊载其作品的文学刊物。除了文学、戏剧创作和翻译作品外，陈瘦竹还有不少通讯、杂文、随笔、游记、评论等文字发表，在此仅举两例说明。

1927年，刚创刊不久的《泰东月刊》1卷3期上的"通讯"栏目里，刊载了一篇陈瘦竹给编辑的来信。[16]18岁的作者表达了对于文艺与人生关系的看法，"是人们被压迫的叫喊与失望时的呻吟。它的作用，在内是发泄其情感，在外，是唤起人们同样的觉悟，生出深切之同情"。从这里可以看出"五四"新文学的影响，还有当时流行中国知识界的进化论的影响："因为人的进化是没有限制的，所以也没有一定的生活标准，只好一步一步的循序的上进。"但在其中表达最为充分的，是作者对于革命文学的拥护和追求："我们要革命，对于旧势力，努力的打退……用真切的文字，去宣布敌人——凡是使我们的生活受不安与受压迫的都是我们的敌人。用热烈的情绪，去唤醒其他的民众，使民众因觉悟而亦起革命的要求的人，也未尝不是一位勇敢的战士！"但是"经济的恶魔""出版的把持"使年青的陈瘦竹文学理想无法实现，因此写信向编辑部投石问路，介绍自己的想法，并想加入作者行列。"如先生允许，请立刻写封信来——因为我有篇创作，本想寄来，但恐怕先生们不答应，不替我发表，故未寄来——并且把这篇东西，也替我发表发表，替我从第二种压迫解脱出来!"[16]青年陈瘦竹旺盛的创作激情,希望通过发表得到肯定的强烈欲望,溢于言表。幸结果颇为圆满,刊物来函照登,且附上了热情接纳的回信,并在同一期刊出了小说《红豆》。

《泰东月刊》当时刚创刊,急需扩大影响,吸引同道,陈瘦竹与编辑的通信,有意无意也起着"双簧"的作用,与文学史上钱玄同、刘半农关于"文学革命"的双簧信,有着异曲同工之妙。接下来的一期,又刊载了陈瘦竹起草的"四大锡中文学研究会宣言",代表无锡的四大中学名校发出文学研究会成立的宣言,邀请同道加入一起探讨文学创作[17]。近现代文学史上,尤其是民国文学史上大量文学团体诸如文学研究会、创造社、新月派、未名社、太阳社等等社团及其刊物形成了一道独特的风景线,陈瘦竹开辟作品发表园地、寻求同道、组织社团想法,受到同时代风尚的影响,亦也可视为陈瘦竹后来学派意识的雏形。

新书介绍和文学评论也是陈瘦竹早期著译的重要体裁。陈瘦竹《评"伍蠡甫译新哀绿绮思"》一文,是集外国文学介绍和中文版译作评论为一体的佳作。[18]法国哲学家、作家卢梭(1712—1778)的小说《新哀绿绮思》(现通译为《新爱洛伊丝》),是一部歌颂大自然和人类纯洁情感的爱情小说。陈瘦竹肯定了伍蠡甫译作的优点后,分别对于译作中的错译和不妥举例说明,错译有如:

Enjoy in advance if you can, the pleasure of Piercing the bosom of your friend……

伍译:只要你有力量,你尽管进一步去享受剑刺你友的胸口的快乐……

陈译:只要你能够,尽管预先去玩味那种剑刺友胸的快感……

陈瘦竹并说明,按 in advance 即 before hand 之意,应译"预先"。且剑刺之事尚未发生,所以它的结果之快乐,只可玩味。

陈瘦竹认为伍译不妥处有如:

Such is the worth of the friendship that joins us that the good fortune of one of us should be a real consolation for the sorrows of the other two.

伍译为:"我们有这样的交情,所以我们当中任何一人的幸福,应该就是其余二人忧郁底慰藉。"陈瘦竹认为并无大错,但与原文语气不合,似应改译为:"我们中间任何一人的幸福,应该就是其余二人的忧郁之慰藉;这是联系我们友谊的价值。"

武大外文系毕业,刚考入国立编译馆工作的陈瘦竹,以初生牛犊之勇气,管他三七二十一,将所有问题,毫不保留地和盘托出,同时也表现了陈瘦竹对于英文翻译的自信。陈瘦竹坦言,由于译本是英汉对照,错译或不妥容易误导自学的读者,所以特别指出。陈瘦竹的这种实事求是、诚意批评的风格,自始至终,一以贯之。戏剧理论家田本相回忆,1984年他的著作《曹禺剧作论》因陈先生的大力推荐而获得全国戏剧理论著作奖,但陈先生对书中的一些观点也持不同意见,且并不因为提携后辈学者而讳言,特请朱栋霖教授亲口转达[19],体现了敢于追求学术真理的精神。

三、内容的多取向表达

陈瘦竹早期著译内容取向也非常丰富,其中以家国情怀主导下的变革和救亡取向、启蒙意识主导下的文化批判取向、以世界文化为参照的学术研究取向最为显著。

(一)家国情怀主导下的变革和救亡取向

青少年时期的陈瘦竹受新文化运动的影响,对于传统文化教育比较抵触。但在他的思想和著述中却不自觉地回归传统,体现出儒家思想的影响,浓得化不开的家国情怀。从小饱尝的孤儿寡母的遭遇,目睹农人生活的贫苦,社会现实的不公,使他感到不平和困惑,这些经历和感受后来成为他文学创作灵感的来源,并在其世界观和人生观形成期产生重要影响。新文化运动中广泛传播的马克思主义学说,对于当时许多中国知识分子来说,具有极大的精神魅力。陈瘦竹倾向于左翼文学,早期作品中体现出变革社会,改造现实的思想。兄长陈瘦石是《共产党宣言》的早期翻译者之一[20],他的思想和学术应予陈瘦竹一定影响。

二十世纪初叶,无锡农民除受地土豪绅年年有增无减的田租束缚外,还有种种额外的敲诈和剥削。1927年11月,中共地下党组织无锡农民发起暴动,地主豪绅的义庄、仓厅及住宅被捣毁,其田单、契约、粮册、借据、租簿悉数焚毁。[21]其时,受到创造社和太阳社倡导的无产阶级革命文学运动的影响,陈瘦竹参加了革命文学社团"血潮社",家乡的农民暴动激发了创作热情,他以上述史实为依据,加以文学的艺术创造,用了不到三周时间急就了一个十万字的中篇《灿烂的火花》,上海励群书店1928年10月初版后,1929年又再版,1931年被当局列为禁书。

抗日战争中陈瘦竹的家国情怀体现为强烈的民族救亡意识。抗战爆发后,随国立编译馆西迁至重庆。1938年加入中华全国文艺界抗敌协会,并开始撰写长篇小说《春雷》,描写江南民众抗日斗争,获得好评,加上陈源书评的加持,更是造成了广泛的影响。1941年重庆华中出版公司出版,后改编成话剧《江南之春》在重庆公演,获得了极大声誉;1942年出版的小说集《奇女行》和《水沫集》,以不同出身、不同阶层人物的抗战为主题,展现了全面抗战的图景。1938年创作的独幕剧《复仇》[22]、1939年创作的三幕剧《醒来吧,农人》①,均为抗日题材,体现了英勇不屈的民族精神。

(二)启蒙意识主导下的文化批判取向

中国近现代史上启蒙主义思潮虽有强弱变奏,但贯穿始终,其中以新文化运动的倡导最有影响力。睁眼看世界的先驱们在西方文化的影响下,高举

---

① 参见陈瘦竹《醒来吧,农人》,连载于《新西北月刊》1939年第1卷第2期第70—80页,第一幕;第4期第73—87页,第二幕。

民主和科学大旗,发起了反对封建文化的思想启蒙运动和文学革命运动。鲁迅提出的"改造国民性"思想,以辛亥革命失败为反思起点,追溯千百年来形成的中国文化传统,并对其进行总体性的批判。大众启蒙逐步成为近现代思想文化界的重要主题之一,陈瘦竹的作品中这一内容取向的作品也为数不少。

仅以《奈何天》中的小说为例,"奈何天"以民初江南常熟农村为背景,展现了传统的经济结构崩塌后农人的生存状态。本来缺乏教育机会的农村青壮年,进城务工又受到城镇商业化的不良影响,既背离了乡村传统的道德,又沾染了好逸恶劳的恶习。鲁迅对于作品中阿Q等人物的态度是"怒其不争,哀其不幸",陈瘦竹笔下的小阿二,则是"哀己不幸,悔己不争",在木匠娘子处买春的后悔中有违背道义的愧疚,也有花费了血汗钱的懊悔。在结构上,除了以小阿二的回乡之路作为结构明线外,还有一条串起整个小说的暗线——社会食物链,处于顶端的是住在苏州饭店嫖妓观舞的房客"花缎皮袍"和"长呢外套",小阿二等茶房以其小费和房费为生,小阿二工钱中的一部分,又给了木匠娘子——她同样是被侮辱与被损害的人,且在食物链底端,可怜可叹可也有着狡黠、无赖、撒泼等恶习。《田》《牛》等作品描写了农民对于土地和耕牛的感情,但是这种感情的极致却带来了悲剧后果,作者对于农人表示了极大的同情,同时对于云老大吝啬的习性,牛倌老胡子不知世道变幻的愚昧给予了批判。《卸任》中对农民恨官怕官又崇拜官的官本位思想进行了揭示。

小知识分子和小公务员、小职员的弱点和痼疾也是陈瘦竹揭露和批评的一个重点。在《奇女行》中的"师道"里,商业化社会中传统的尊师地位不再存在,中学教师背弃了传统的师道,玩忽职守,混日子。这篇以抗日后方为背景的小说并未提及战争,但却用老校工到点就吹军号以替代和平时期学校的敲钟打铃来烘托战争的背景。《奇女行》中的小公务员沈秘书、秦组长利用战争时期信息不通,假托未婚玩弄女性,作者对于他们的封建腐朽思想和商业社会下的玩世不恭态度,给予了双重抨击。

(三) 以世界文化为参照的学术取向

陈瘦竹考入武大外文系读书的目的是为了直接接触外国作品,以提高创作水平。[7]12 但学习世界文化的收获远远超出了他的预料。通过掌握英语这个打开外部大门的钥匙,陈瘦竹广泛学习世界文化精华,介绍和翻译外国文学、戏剧及学术著作,拓展了自己的学术视野。他以世界文化为参照,奠定了我国戏剧理论研究的基石,为中西方学术交流做出了重要的贡献。

早期著译中,以世界文化为参照的学术研究之内容,主要从两个方面展开。第一,对于俄国及苏联、美国、英国、古希腊等外国文学及戏剧作品的评介和翻译。这类文章有:《唆罗诃夫的近作〈处女地〉》(现通译萧洛霍夫《被开垦的处女地》)[23],另有《托尔斯泰及其杰作〈婀娜小史〉》一文,评介俄国作家托尔斯泰的名著《安娜·卡列尼娜》[24];还著有英国诗人华兹华斯的文艺批评集(Wordsworth's Literary Criticism)的评介文章等①。除了前面提及的《滚石》、翻译的小说还有美国作家欧·亨利(O. Henry,1862—1910)的名著《交易所经纪人的恋爱》(The Romance of a Busy Broker,现通译作《证券经纪人的浪漫故事》)[25]。该篇小说是欧·亨利最早运用荒诞手法反映西方世界生活现实的一篇小说,如今读来不无现实意义,在二十一世纪的中国也能看见类似人物了。其他的译著还有:古希腊塞奥夫拉斯托斯(Theophrastus)的散文《人物素描》②(Characters,现通译作《人物志》)、英国作家王尔德(Oscar Wilde,1854—1900)、詹姆士·斯特恩(James Stern,1904—1993)、兰姆(Charles Lamb,1775—1834)等的作品。第二,对于外国文艺理论作品的翻译,主要有英国文艺理论家本纳特(Arnold Bennet,1867—1931,现通译作贝内特)的《文艺鉴赏论》(Literary Taste and How to Form It)③,从文艺的原理、作家的心理和读者的心理来解释文艺的问题,并认为文学品味和鉴赏能力要在博览群书,尤其是阅读名著中获得。戏剧理论著作有:欧文的《怎样

---

① 参见陈瘦竹《Wordsworth 的诗论》,连载于《国闻周报》1932 年 9 月第 32 期第 1—5 页,第 33 期第 1—5 页。
② 参见塞奥夫拉斯托斯《人物素描》,陈瘦竹译,连载于《文艺月刊》1933 年第 4 卷第 2 期第 127—135 页,第 5 期第 161—168 页,第 6 期第 160—168 页。
③ 参见本内特《文艺鉴赏论》,陈瘦竹译,连载于《文艺旬刊》1934 年 1—5 期:第 1 期第 288—303 页,第 2 期第 89—101 页,第 3 期第 122—124 页,第 4 期第 137—145 页,第 5 期第 158—167 页。

写戏》的节译(St. John Greer Elvine,1883—1971,*How to Write a Play*)[26],欧文是爱尔兰作家,评论家和剧作家,受易卜生的影响,主要写社会问题和家庭问题。还有英国爱德华·莱维斯(Edward Lewis)的《导演和演员》等。由此看来,陈瘦竹在1940年转向戏剧研究,并不是一蹴而就的,早期就有一定的创作和理论准备①。

四、结语

早期著译中,陈瘦竹以开放的心态从世界文化中"拿来"并借鉴,具有广阔的国际化视野,同时,陈瘦竹的创作和治学始终根植于深厚的本土文化之中。诚如他在评论萧洛诃夫时所言:"苏俄革命初期,在文学方面,主张完全摆脱过去的传统,排除心理分析与个人经验。可是结果很不幸,作品都像政治论文一样干燥而无生气。于是发生了一个反动,带着鉴别的眼光尽量接受伟大的遗产。许多年青的无产作家,便捧了果戈理、托尔斯泰与杜思退益夫斯基(现通译为陀思妥耶夫斯基,笔者注)等作品诵读,去学习写作手法。唆罗诃夫便是深受托尔斯泰的写实主义的熏陶的一人。"[23]在国际化视野中带着鉴别的眼光批判性地接受传统文化遗产,这一思想投射在抗战时期创作中,延续了新文化运动以来国民性反思的传统,也弘扬了英勇不屈的民族精神。

短篇小说《三人行》在世界反法西斯战争的宏大背景中,展现了中国南方水乡风俗画卷,诉说了温柔敦厚的农人小黑子、毛三郎和醉八仙,在强敌侵犯家乡之时奋起反抗的故事。这个短篇与茅盾、老舍、张天翼、端木蕻良、姚雪垠、郭沫若等12位作家的15篇作品一起,被译成英文,1947年由英国牛津大学出版社和美国哥伦比亚大学出版社分别出版[27]。该书名为《中国抗战短

---

① 参见莱维斯《导演与演员》,陈瘦竹译,连载于《文艺月刊》1935年第7卷第6期第33—42页,第8卷第1期第124—132页,第8卷第1期第162—170页。

篇小说集》(Stories of China at War),由著名翻译家、《红楼梦》英译第一人、时任哥伦比亚大学东亚系教授的王际真(Chi-chen Wang,1899—2001)编辑。《三人行》列在集子里的第二篇,也是王际真在此书中翻译的九篇小说之一。编者在前言中对各位作家都有简介,言及陈瘦竹和姚雪垠时说道:"陈瘦竹和姚雪垠是作品频出的短篇小说作家,并且各有一本长篇小说值得称赞。"陈瘦竹的这个长篇,应该就是前文提及的《春雷》。

近年来,民国文学史料的数字化揭示和共享,极大地便利了陈瘦竹早期著译的研究。"横看成岭侧成峰",陈瘦竹早期著译的丰富性超出了我们的想象,他不仅是现代文学史上卓有成就的乡土文学家,也是独树一帜的剧作家、翻译家、文学评论家,他以一己之著译将文学在内容和形式上的丰富性拓展到了极致,在现代文学史上形成了一道独特的景观。

参考文献

[1] 陈瘦竹.穷人说平等[J].生活,1925,1(20):75.

[2] 陈瘦竹.自传[C]//陈瘦竹纪念集.南京:南京大学出版社,1991:12.

[3] 郑训佐,靳永.孟子译注[M].济南:齐鲁书社,2009:135.

[4] 琚鑫圭.视察学务总报告[M]//中国近代教育史资料汇编——师范教育.上海:上海教育出版社,1994:871.

[5] 钱穆.指导中等学生课外读书问题之讨论[J].教育与人生周刊,1924(43):550.

[6] 张红扬.良师授业,学通中西——陈瘦竹创作及学术道路溯源[N].中华读书报,2020-05-12(21).

[7] 黄丽华.陈瘦竹传略[M]//徐保卫.凝望与倾听——戏剧理论家陈瘦竹.南京:南京大学出版社,2000:16.

[8] 陈瘦竹.《春雷》重版前记[M]//戏剧理论集.北京:中国戏剧出版社,1982:501—512.

[9] 韩星臣.悼词[M]//陈瘦竹纪念集.南京:南京大学出版社,1991:3.

[10] 倪波.陈瘦竹著译目录举要[M]//徐保卫.凝望与倾听——戏剧理论家陈瘦竹.南京:南京大学出版社,2000:307.

[11] 陈㢆竹.红豆[J].泰东月刊,1927,1(3):33—35.

[12] GORKY M,BAIN R N,tran."A rolling stone", tales from Gorky[M]. New York: Funk & Wagnall's company, 1909: 59—108.

[13] 高尔基.骗子[M]//孙新世,译.高尔基文集.北京:人民文学出版社,1982:103—146.

[14] 陈㢆竹.忆的幻灭[J].真善美,1930,6(6):1365—1377.

[15] 陈瘦竹.小贱人[M]//奇女行.重庆:商务印书馆,1935:61.

[16] 陈㢆竹.给泰东编辑先生的一封信[J].泰东月刊,1927,1(3):91—92.

[17] 陈㢆竹.四大锡中文学研究会宣言[J].泰东月刊,1927,1(4):1.

[18] 陈瘦竹.伍蠡甫译新哀绿绮思[J].图书评论,1934,2(11):31—34.

[19] 田本相.那高大的梧桐树[M]//陈瘦竹纪念集.南京:南京大学出版社,1991:35.

[20] 陈瘦石,译.共产党宣言[M]//比较经济制度:下册.重庆:商务印书馆,1935.

[21] 宜兴共产党起事之锡讯[N].新闻报,1927-11-03(7).

[22] 陈瘦竹,复仇[J].东方杂志,1938,35(2):61—70.

[23] 陈瘦竹.唆罗诃夫的近作《处女地》[J].国闻周报,1936,2(10):1—2.

[24] 陈瘦竹.托尔斯泰及其杰作《婀娜小史》[J].武汉文艺,1932,1(2):1—22.

[25] 欧·亨利.交易所经纪人的恋爱[J].陈瘦竹,译.现代学生,1931,1(1):1—6.

[26] 陈瘦竹,译.欧文怎样写戏[J].武汉文艺,1932(3—4):76—86.

[27] CHEN S C.Three men[C]//WANG CC, ed. Stories of China at War. New York:Columbia University Press,1947:13—26.

(张红扬:北京大学图书馆研究馆员,北京大学亚洲史地文献研究中心主任兼研究员。)

黄丽华

附录：陈瘦竹传略

著名戏剧理论家陈瘦竹是二十世纪三十年代有影响的乡土文学作家，四十年代起转而从事戏剧理论和中国现代文学的研究与教育工作，尤以戏剧美学领域的卓越成就享誉海内外。

一

陈瘦竹，本名定节，1909年11月29日（清宣统元年十月十七日）生于江苏无锡港下南陈巷。陈瘦竹曾在《春雷·楔子》中这样描写故乡：

> 土地平坦，阡陌纵横，村舍相望，鸡犬相闻。忆儿时，黄梅天骑在牛背上看插秧，农人的嘹亮而悠扬的歌声，压倒了杨柳枝头的小鸟和水底的青蛙。大热天坐在豆架棚下纳凉，听那水车声蝉叫。秋收以后，是一年中农人最闲散安乐的一季。有人躲在自家墙脚下，衔着旱烟管晒日

黄,看儿女跟着小狗在稻场上打滚;有人抓一把盐蚕豆喝几杯"菊花黄",醉眼蒙眬看夕阳。

陈家是当地闻名的读书人家,所传五亩水田,家境贫苦。父亲务农,也是声望很高的私塾先生。后与顾山镇一位农家姑娘结婚,1908年得长子陈望绅,号瘦石。次年得陈瘦竹。陈家有位守望门寡的媳妇,为安定节妇的心,陈瘦竹自幼过继给这位婶母,故取名定节。在定节还不足一岁时,父亲猝然离世,一家人的日子更加艰难,全靠母亲织布养蚕和做农活维持生计。与一般农家子弟一样,望绅和定节自幼学会了简单的农活。但定节自有一个情趣盎然的儿童王国,且不要说听故事、捉鸟、在屋前房后的池塘河沟摸鱼,便是放牛、采菱、割草、种菜或车水,机灵调皮的定节也体会到一个五彩世界,把成年人的艰辛化作儿童的快乐。

父亲去世后,顾山镇外婆家对一家人的照顾和影响最大。舅父在顾山镇当小学教师,竭力劝告姐姐,一定要让儿子上学读书。于是陈望绅和陈定节就读于港下国民小学,后又进了顾山镇锦带高等小学。相传昭明太子到过顾山,临别时以锦带相赠,小学因此得名。定节从小爱听故事,看滩簧(锡剧)。顾山镇每逢秋收以后总请草台班来做戏,定节因此得以接触大戏(京剧)。他与同村的孩子看戏回来,便学做红脸打白脸、新郎新娘的游戏。

由于舅父的坚持和母亲的努力,陈望绅和陈定节1922年、1924年先后考入无锡县城的江苏省立第三师范学校。这所学校不收学膳杂费,还有些微衣服补贴,可以减轻家庭负担。该校在江苏很著名,素以文史著称,名师荟萃。陈定节的国文老师是南社诗人吴江沈颖若和钱穆(宾四)。沈颖若教《诗经》《左传》,钱穆教《论语》《孟子》。

港下距无锡七十多里水路,陈定节乘坐一种夜间航行的木船进县城就学。吃过晚饭,他提着行李,夹着席子,走进舱里,在人缝里挤得一席之地,天黑了就躺下来,随着单调的摇橹声,偶尔响起的船夫的歌声,一路摇晃着进入梦乡。翌日清早,航船就摇到了无锡。这种航船几年后被小火轮取代,从此绝迹。在无锡就学期间,陈定节每逢假期回家,还得干些农活,与农村维系着生活和感情的纽带。

家境贫寒的陈定节成为勤奋刻苦、极其珍惜来之不易的就学机会的学生。第三师范讲授经史子集,要求学生背诵经史,写作古典诗文,这一方面使陈定节打下了扎实的古文基础,另一方面却因为远离现实人生,不能满足他求知的要求。新文化运动后不久,像陈定节这样虽没有直接参加这场运动,但已经受到冲击与影响的青年学生,对新文化新文学有一种天然的亲近。所以在此期间陈定节最感兴趣的恰巧是课堂上学不到的新文学。他在课外如饥似渴地读遍了学校图书馆的新文学作品。无论是创作的还是翻译的,他都不放过,即便是为此受到伤害也不放弃阅读机会。学校北门附近有一家新书店,除校图书馆,这是陈定节接受新文学的第二个来源。因为没钱买,陈定节常站在那里翻阅,这叫"看白书"。有时不免遭到老板斥责。他在那里接触了许多文学研究会、创造社和太阳社的作品。他当时很不喜欢创造社出版的那些毛边书,因为纸页没有切开,实在无法白看。

陈定节个子不高,但壮实健康,极少生病。但是1925年陈定节十七岁时得过一次病,这可能影响了他一生。因为从那以后陈定节的视力出现减退,假期回家就看不清河对岸来人的脸。据推测,可能幼年游玩时眼部受过伤,高烧诱发了视网膜黄斑部色素变性。开始这变化较慢,后来逐渐严重。

二十年代还是新文学的草创期,在第三师范这样守旧的学校里更是无法得到有关教育。这时的陈定节还缺乏理论素养,连什么是新文学也不懂,只能凭直觉评定文学思潮与流派,衡量作家作品。在大量的阅读中他获得了最初的审美力。可以说在新文学这门课程中,各种文学社团,各种风格的小说、诗歌、戏剧和散文作品就是他的老师。随着对新文学的深入接触,陈定节跃跃欲试。同学间形成的创作氛围也对他产生影响。当时有些同学爱写新诗,陈望绅写小说,陈定节开始学写短篇小说。那时大家爱用笔名发表作品,多取本名的偏旁或部首。陈定节第一篇短篇小说发表在学生会主编的刊物《弘毅》上，用的笔名就是定节二字的部首"宀竹"。第一篇公开发表的短篇小说题为《红豆》，刊登在上海《泰东月刊》(1927年)，署名"宀竹"。

作品得到社会承认给了陈定节莫大的鼓舞。他熟悉农村，尤其是苏南农民的辛劳、痛苦和愤怒。1927年12月无锡农村发生农民暴动。消息传来，一下子激活了陈定节往日的生活经验。他决定试写一部中篇小说，写出地主对农民不择手段的土地兼并、凶残荒淫的人身占有和受尽苦难的农民的反抗。那时学校的管理不像对新生那样严格，他干脆装病躲到学校专设的疗养室，享受病号的专利，白天可以不上课，晚上又可以不熄灯，日夜埋头写小说。不到三个星期，他竟写了一个十万字的中篇。时间是1928年上半年。

那年，创造社和太阳社在上海倡导无产阶级革命文学运动，他们所发表的激昂的言论使陈定节大为感奋。他因为投稿关系与《泰东月刊》编辑赵梓艺通过信。这年夏天赵梓艺等人发起组织革命文学社团"血潮社"，约陈定节参加。陈定节参加了"血潮社"，并且连夜修改那部中篇小说初稿，题为《灿烂的火花》。小说同年10月由赵梓艺主办的上海励群书店出版，1929年6月再版。小说因为描写了被侮辱、被损害的农民终于愤而烧毁地主光先生的房屋，1931年被当局列为禁书之一。第三师范时期陈定节另有一些短篇小说发表在《弘毅》上，笔名有"宀竹""石佛""若苇"等。

1927年冬南国社在上海举办为期一周的"鱼龙会"演剧，取得极大的成功。在随后的两年中田汉亲率南国社赴杭州、苏州、南京、无锡、广州等地作旅行公演。陈定节第一次观看话剧就是在南国社来无锡公演《南归》等剧之时。

在新文学创作取得最初成功的同时，陈定节所在学校变本加厉地走向了青年学生的对立面。1927年省立第三师范改名省立无锡师范，由"国家主义派"人担任校长、训导主任。他们把接受新文学思潮，热衷于新诗、新小说创作的学生视为异端。1929年春的一天，训导主任公然在课堂上责骂一位写新诗的学生。陈定节忍无可忍，拍案而起，正面驳斥训导主任，引起轩然大波。校方不甘罢休，斥他顶撞师长，扰乱课堂，责令他要么向训导主任赔礼道歉，要么退学。陈定节毫不犹豫地选择了退学，离开无锡师范。尽管他珍惜学习机会，但比这更宝贵的是内心的正直与良知，他不必为一张即将到手的文凭背弃这份精神。

师范没有毕业，生活没有着落。当时很多人负笈东游，鲁迅、田汉、郭沫若、郁达夫等名家都是在东洋沐浴世界文学的洗礼的，陈定节也曾想到过去日本留学。但自费去日本需要一笔旅费，陈定节终因凑不齐这笔旅费而作罢。陈望绅毕业后回乡教小学，陈定节最后只得去找他，暂谋一个代课的空额安身。

二

失学的打击，代课教师的辛苦并没有扑灭陈定节对创作的热情。他以小说创作为目标设定未来。鉴于中国新文学与世界文学天然的联系，为了提高创作水准，陈定节希望能够直接接触外国文学作品。1929 年暑假陈定节投考国立武汉大学外文系，秋季进入该系，学名陈泰来。陈泰来原是陈望绅的同学、陈定节的高班同学，当时在常州当小学教师。陈定节借用他的文凭参加考试，故而学名陈泰来。

在武大期间陈定节潜心学习英语，较少写作。偶有几篇小说，发表在《武汉日报》和曾朴主编的《真善美》上。陈望绅在上海发表小说时署名瘦石，陈定节因为"宀竹"的"宀"字过于生僻，就随瘦石改名瘦竹，此后一直沿用。

武大的课程包括闻一多教授的诗歌，陈源教授的英国小说、戏剧和翻译。陈瘦竹为诗歌课所写的论文《华兹华斯的诗论》发表在 1933 年天津《国闻周刊》上。陈源当时是文学院院长，陈瘦竹早在无锡时就已熟悉他的文章。鲁迅和陈源在《语丝》和《现代评论》打笔墨官司，引起过他的关注和兴趣。当时,他尽管"有时也觉得鲁迅未免'偏激',西滢的'闲话'未始没有道理",但因惊服鲁迅的冷峻深刻,终究倾向于鲁迅,而对陈源这位英国绅士式的老乡有点隔膜。进校第一学期,陈源教英国女作家乔治·艾略特的小说《赛拉斯·曼南》。第一节课陈瘦竹怀着极大的好奇心等待陈源来上课。半个世纪以后,陈瘦竹对陈源师给他的最初印象依然记忆犹新:

> 他中等身材,穿着半旧的浅灰色派力司长袍,头发浓黑,面貌清瘦白皙,金丝边眼镜后面透出锐利坚定的目光,上嘴唇留着整齐、发亮的短髭,神态沉静文雅,说话比较缓慢,不苟言笑;"国语"并不纯粹,带有无锡口音。在我最初的印象中,他是一位难以亲近的老师。他在简单介绍了作者及其作品在英国文学史上的地位之后,就轮流指定学生站起来读一段原文,然后口译成汉文,凡是学生译错或含糊其词的时候,他就随时打断,提出各种问题要求回答,实在回答不出,他才予以解释。开始我们都很紧张,有点怕他,上课几周以后,我们才感觉到这位老师学识渊博,态度谨严,经他指点,茅塞顿开。相处较久,我们觉得他并不高傲、冷淡,他的脸上有时出现笑容,倒也和蔼可亲。(《春雷·重版前记》)

陈源的教育方式使学生们得益匪浅。他们的阅读速度普遍加快了,对于英语的理解力、英国文学的欣赏以及翻译能力都有了明显的进步。陈瘦竹因此打破偏见,对他产生了由衷的尊敬。以后他偶尔也到陈源家去,从沙发、茶几上的各种文学刊物深感老师对文学创作的关怀。1930年陈源把沈从文请到武大中文系讲授中国现代文学,也使陈瘦竹感慨陈源之爱才以及重视创作。尽管如此,陈瘦竹发表在《真善美》上的《大林和小林》等短篇小说都不敢拿去给陈源看。因为他总觉得写得不理想,没有信心请教陈源。直到1933年临毕业前,他才大着胆子把短篇小说《巨石》送给陈源看。陈源约他三天以后去院长办公室。三天后,陈瘦竹如约前往,但紧张得喘不过气来。陈源从办公桌抽屉里拿出原稿还给他,一言不发。这使他自愧得无地自容,心想:"那一定是写得太糟,使他懒得批评。"他没有勇气请教什么了,接过原稿准备逃走。可就在这时陈源又从抽屉里拿出一封信,开口说:"写得不错,我给你介绍到上海去发表。"这是写给《申报月刊》的推荐信,《巨石》就发表在该刊1933年8月号上。当时《申报月刊》规格很高,一般只发表知名作家的作品,陈源如此赏识和推举陈瘦竹的作品,使陈瘦竹调整了对自己的创作能力的认识,对他以后的创作道路颇有影响。

在武大的第一学期,陈瘦竹因为在《武汉日报》发表短篇小说被文学研究会的唐性天发现。当时唐性天从浙江到汉口开设华中图书公司,经营各地出版的图书。1930年初唐性天欲办文艺杂志,约陈瘦竹主编,取名《武汉文艺》。《武汉文艺》月刊陈瘦竹编了前四期。第四期出刊后,王任叔到汉口来,就由他主编。王任叔编了五、六两期后,《武汉文艺》停刊。

《武汉文艺》第一期刊有散文《煤》,作者"维特"。这位"维特"便是日后与陈瘦竹白头偕老的沈蔚德。正是通过《武汉文艺》,这两位志同道合的文学青年结识了。

沈蔚德于辛亥革命那年出生于武汉。父亲早年考入洋务派的晴川学堂,被保送到日本士官学校学炮兵,回国后任北洋政府陆军部军需司司长,有一子五女,沈蔚德是幼女。1922年父亲英年早逝。当时沈蔚德在上海神州女中念小学六年级,因为父亲为官廉洁,并无多少积蓄,她被迫停学两年。后父亲在上海的一位蒋姓朋友供沈蔚德兄妹上学,她才从武汉回神州女中,直到1925年念完中二。国文老师是文学研究会的谢六逸。通过他,沈蔚德接触到苏联、欧美小说和新文学作品,学会观察生活,进行小说与戏剧创作。她的作文《校役彭镒》发表在女中校刊《神州之光》,戏剧创作包括《春常在》和《新烈女传》(又名《民族女杰》)两个多幕剧。哥哥毕业后负担一家人的生计,勉强供她上学。1926年到1927年沈蔚德在武汉男女合校的二中念了一年中学。武汉围城四十天后举家躲入乡下。1929年回武汉。沈蔚德同年考入湖北省立二女中高一。二女中较新派,沈蔚德写了许多短小的散文和短篇小说,以"维特"的笔名在《新民报》副刊、《空谷》等发表,拿点稿费作零用。"维特"在武汉小有名气,陈瘦竹也了解到了,便托唐性天请她为《武汉文艺》撰稿,两人从此相识。

他们的恋爱虽非一见钟情式,但共同的遭遇、共同的兴趣使这对年轻人从一开始就成为好友。沈蔚德在二女中参加学生演剧活动,1929年在《苏州夜话》饰老画家(男角)。演出时每个演员都有戏票送亲友。他们认识以后,每逢新戏上演,陈瘦竹都应邀观看。二女中演剧活动是从田汉的《南归》和《苏州夜话》开始的,到1930年初至1932年夏沈蔚德又参加了下列剧目的演出:田汉创作剧《梅雨》《暴风雨中的七个女性》和改编剧《卡门》。二女中演剧活动在武汉文艺界也称得上一件大事,陈瘦竹由此结识了不少朋友。他与谢冰莹就是1931年二女中演出《梅雨》那天认识的。沈蔚德曾回忆《梅雨》公演的情形:

> 我记得那次是借一个什么大会之名,在学校大操场的露天舞台上演出的,因而规模相当大。观众除本校师生及学生家长亲友而外,还有不少"来宾",如外校的学生和武汉文艺界的朋友。(《在明灯的照耀下——谈田汉前期剧作与青年学生》)

在长期的接触与了解中,两人的感情越来越深。陈瘦竹远离家人,只身在武汉就学,所以常去沈蔚德家。在谈话中,他每提及母亲、哥哥,总透露出极其深厚诚挚的感情,对母亲的感情尤深。但两人真正确定关系是在1932年夏"落榜"事件之后。

1932年沈蔚德从二女中毕业,陈瘦竹力劝她念外文。沈蔚德一心想考取学费较低的武大。武大面向全国招生,竞争激烈。外文系招生二十人左右,报考人数竟达两千多。沈蔚德因为数学较差,名落孙山。发榜是在早晨,沈蔚德得知结果,万念俱灰,独自来到武昌码头,坐上到汉口的机动轮渡。轮渡半小时一班,但沈蔚德不想回家,整天在街上漫无目的地行走,饿了就吃刨冰。随后她又坐轮渡船回武昌,船至江心时她想到有很多人在此投江,自问要不要走极端。沈蔚德最终还是回了家。那时已天黑,一进门母亲就告诉她:"陈先生早上就来了,整整等了你一天,也出去找过,找遍了都没找到你。"陈瘦竹早晨看到名单就来她家。他劝她不要难过,鼓励她考华中大学外文系,费用高些大家一起来解决。陈瘦竹的理解与关心深深感动了沈蔚德,帮助她熬过了这一关。由此她感慨只有他才是最亲近的人,可以同甘苦共患难。这样他们的关系有了根本的改变。这时沈蔚德才肯接受他的资助,考入华中大学外文系。

沈蔚德与陈瘦竹相爱,她哥哥并不赞成,但没能阻止他们的结合。到1933年7月陈瘦竹从武大毕业,由陈源推荐去南京国立编译馆任编译时,他们已难舍难分。这样沈蔚德离开华中大学,随陈瘦竹乘船下江,由南京城北上岸。不久,他们打了两个结婚戒指,写信告诉无锡与武汉的家人,一个小家庭便组织起来了。

陈瘦竹在国立编译馆有一年试用期,工资一百大洋。他除了接受编译馆定额的翻译任务外,自己仍不倦地翻译文艺作品和论文。编译馆分配给他两间房子。吃过晚饭他就把灯拉下来,饭桌于是成了书桌。这时他已看不清字号小的字典,用的是三五倍的放大镜。即便如此,陈瘦竹在这一年里共翻译了:

人物素描 《文艺月刊》1933年4卷2、5至6期

文艺鉴赏论 《文艺月刊》1934年5卷1至5期

始末 《文艺月刊》1934年6卷3期

康蒂妲 中西书局1943年出版;《当代文艺》(桂林)1944年1卷3至6期转载;收入《萧伯纳戏剧集》第一集,人民文学出版社1956年

出版。

婚后的前两年沈蔚德留在家里，1934年生下一子。1935年国立戏剧专科学校在南京成立。沈蔚德在报上看到招生广告，希望能继续上学。当时演戏仍是件受歧视的事，许多人改名换姓才敢去报考。陈瘦竹开明民主，支持沈蔚德，所以沈蔚德是用本名报考剧专的。国立剧专学制两年，招生条件是一定文化水平的证明，第一、二届学生最低学历是高中毕业。沈蔚德1935年进国立剧专话剧科，1937年毕业，留校任教，讲授"编剧""戏剧理论"和"表演基本训练"。

1935年凌叔华创办《武汉日报》副刊《现代文艺》周刊，陈源来信约陈瘦竹夫妇为该刊撰稿。陈瘦竹写了《菱》(37期)、《借兵》(70期)和《盐》(94期)，沈蔚德以"维特"的笔名写了《母爱与友谊》(47期)和《家》(90期)。《家》后由凌叔华推荐，被选入《二十人所选短篇佳作集》，1936年由赵家璧的良友图书公司出版，1982年花城出版社重版。

抗战爆发前，陈瘦竹仍以翻译为职业，业余时间创作短篇小说。这使他的时间十分紧张，没有晚上，没有星期天，与外界接触极少，就是剧专的戏也只看名剧，很偶然才陪家人游玄武湖。其间所译作品有：

  导演与演员 《文艺月刊》1936年至1937年7卷6期、8卷2期。
  自由与组织 与陈瘦石合译。商务印书馆1936年出版。
  珍·奥斯敦评传 与陈瘦石合译。
  英国文学史 与张月超、范存忠合译。后两部译著因抗战爆发，原稿散失，未出版。

在战后的逃难途中遗失的还有陈瘦竹为一部长篇小说搜集的农民山歌抄本、新闻记事和其他有关资料。陈瘦竹与家乡保持着联系，他的小说世界仍维系在江南农村。所以当他陆续发表在上海《申报月刊》《东方杂志》《文学》上的十四篇短篇小说结集为《奈何天》,1938年由商务印书馆出版时,便被公认为乡土小说家。《奈何天》反映当时知识分子悲剧与江南农村经济崩溃,但其中最成功的如《奈何天》《小快船》《牛》和《田》等都是"乡村人物的描写"。

农村有大难要聚乡的说法。抗日战争一打响,陈氏兄弟便回到无锡家乡。国立编译馆上了庐山,兄弟俩商定一个人继续工作,一个人留下来照顾家眷。当时陈瘦石在政府资源委员会就职,就由他随机关南下,陈瘦竹告假回乡。就在这时,已迁至长沙的国立剧专给正在无锡的沈蔚德转来一封信,大意是剧专要成立研究实践部,在长沙报名,希望她能参加。当时铁路已遭轰炸,沈蔚德仍坚持去长沙,甚至想只身先行。陈瘦竹不放心,决定举家内迁。他们坐小船从无锡到镇江,正遭沉船封江,遂雇小船登上停在江中心的最后一班江船。因嫂子有身孕,陈瘦石送他们上船,然后分手南下。

陈瘦竹携家眷到武汉后,沈蔚德先去长沙。一个半月后长沙也有战事,剧专迁至重庆,而后江安。编译馆后来也迁到武汉,陈瘦竹留在武汉工作,加入中华全国文艺界抗敌协会,兼职给抗日军兵上文化课。他经常阅读《抗战文艺》,也在该刊发表过散文《武汉人》,描写保卫大武汉的热情和决心。其间他曾到珞珈山看望陈源师。这是他与这位恩师的最后一次见面。

1938年夏陈瘦竹随编译馆转入重庆。同年秋沈蔚德把母亲和孩子们接去江安。重庆的十月已是雾季,敌机不再轰炸,但报上每天都有国土沦失的消息。陈瘦竹深感笔杆的无力,也时惦念江安的家人和沦陷中的无锡家乡。次年春编译馆迁至江津县白沙镇。

白沙是一个临近长江的小镇。陈瘦竹与另外三位同事合住在离镇一里多路的一间机关公共宿舍。白天上班,翻译英国费边社会主义者韦伯夫妇考察苏联时所写的《苏联新文化》。下了班便被强烈的国愁家愁包围。实在难以排遣时便与同事到逃难的"下江人"新开的"江南春"去品尝家乡风味,或到

"醉扶归"酒店去喝绿豆烧,然后点着火把,谈着唱着,顺着狭窄的田岸一路爬坡回到宿舍。有时夜不能寐,在黑暗中听同屋的鼾声和梦呓,他终于产生了写一部小说表现日寇和汉奸的罪行、故乡人民的苦难和斗争的念头。不久,陈瘦竹在去重庆时遇见一位逃难出来的熟人,了解到故乡沦陷的前后经过,如同身受,于是决定动笔,把原先关于祖孙三代生活变化的长篇构思,放在抗战的背景下重新加以改造。

构思阶段,陈瘦竹总在晚饭后独自出去散步,有时靠着离宿舍半里的大黄桷树,直到天黑。半个多月以后,他开始动笔。起先,他总要等三位同屋上床后才在桐油灯下写作,经常熬到后半夜,第二天还照常上班,时间一长常感精疲力竭。后被同屋发现真相,他就不再隐瞒,每天吃过晚饭就动笔。两个多月后,《春雷》初稿终于写完。《春雷》1941年由唐性天的华中图书发行公司出版。《春雷》出版后,当时随武汉大学迁到四川乐山的陈源为它写了同名评论,刊登在1942年5月的《中央周刊》上。陈源认为《春雷》:

> 仍然是把江南的一个乡村做故事的背景,而把人民自卫克复一个乡镇的英雄故事作为本书的题材。所以这一部书是抗战小说,可是就因为里面描写的是他所最熟悉的乡村,它与一般抗战小说不很相同。普通的抗战小说所着重的是故事,发生的地点和参加的人民大都凭想象虚构,所以读的时候,常常使人产生上不在天,下不在地之感。本书作者所着重的却在乡村人物的描写。故事的演变即从人物个性的发展中出来。我们可以说,这仍然是一部乡土小说,只是所写的不是平时的乡村,而是抗战中的乡村。

《春雷》后由马彦祥改编为七幕十六场话剧《江南之春》,中国万岁剧团于1942年在重庆公演,颇获好评。当时中华全国文艺界抗敌协会发起过一次长篇抗战小说的评奖活动,应征小说共十九部。此活动后因种种原因没能正式公布评奖结果,但《春雷》在文学史上的地位却是公认的:"《春雷》写出了抗战中新生的英雄性格","写作上是有一定成就的","是文协公开征求长篇抗战小说后应征的十九部中比较好的一部"。(王瑶《中国新文学史稿》,新文艺出版社出版)为此,《春雷》于1985年被选入江苏文艺出版社出版的"中国现代中长篇小说选读丛书"。

《春雷》以后的一段不长的时期内,陈瘦竹陆续创作了《湖上恩仇记》《入伍前》《三人行》等五个短篇,后结集成为《水沫集》,1942年由华中图书公司出版。《水沫集》仍表现苏南人民的爱国抗日,被称为《春雷》续集。

三

抗战期间,陈瘦竹夫妇分居两地达四五年之久。沈蔚德在剧专研究实践部从事研究工作,兼任曹禺助手,写读剧报告。把婆婆与孩子们接来江安后,她的担子更重。1939年秋冬间,她参加曹禺新作《蜕变》的演出,扮演丁大夫。当时小女儿陈琳才几个月,因为是自己哺乳,只得请人抱着到处跟着她,被洗群打趣地形容为"唱《女起解》"(见沈蔚德《回忆〈蜕变〉的首次演出——兼论关于〈蜕变〉的评价问题》)。

江安地处四川泸州和叙府之间,与重庆虽有轮船相连,却异常闭塞。南门外的码头常挂着"上下水无消息"的木牌,重庆的报纸要五六天才能到。日常生活中更难找到重庆等大都市当时所特有的战争气氛。剧专因而很难吸引教师。1940年秋陈瘦竹收到沈蔚德的一封来信,从而改变了陈瘦竹的生活历程。这封信实际上是由沈蔚德出面,代表剧专校长余上沅邀请陈瘦竹前去任教。10月陈瘦竹从重庆前往江安,开始在剧专任教。四十年后陈瘦竹回忆起他与戏剧的关系,在《戏剧理论文集·后记》中不无感慨地说:

说老实话,我决定离开抗战时的文化中心到达偏僻小县,与其说是由于余先生的盛情难却或者戏剧的特大魅力,毋宁说是沈蔚德和孩子们都在那里,我可以回家团聚。在人的一生中,有时会受到偶然性的支配。到江安去,在我的生活经历中是个重大关键。从此我开始了教书生涯,并抽空从事戏剧研究,到现在已经四十多年。

江安颇具清末遗风,每逢中午和晚上起更时分,总是放炮报时。县政府遇事便派差役一边敲锣一边叫喊"鸣锣告白"。然而,陈瘦竹正是在这个偏僻闭塞的小城步入了戏剧艺术殿堂。

剧专校址设在文庙。对此陈瘦竹有过详细的描写:

> 走进大门,绕过泮池,有一个大院子,左右两边厢房改为学校办公室。第二进的大院,正面是五开间大殿,现在改成礼堂和教室,演戏时又变为舞台和后台。院子中间摆着许多长凳,可坐几百观众。大殿后还有几进正房和厢房以及一些跨院,分别作为教室、宿舍、排演场和图书馆等。

剧专聚集了全国最有名望、最有成就的戏剧专家和学者,先后在该校任教的,除校长余上沅外,还有应云卫、马彦祥、万家宝(曹禺)、陈冶策、黄佐临、金韵芝(丹尼)、张骏祥、洪深、章泯和焦菊隐等。陈瘦竹刚来剧专,余上沅与他谈的第一件事是剧专与重庆商务印书馆谈妥出版一套《戏剧艺术丛书》,第一种英国亚拉岱斯·聂考尔的《戏剧理论》请他翻译。他的教学任务是上公共课:英文和国文。国文包括古文和写作。英文课每周四学时,教材是欧洲名剧。第二年起他开始教专业课,先是"剧本选读"。

陈瘦竹是一个在感情上和在事业上都非常投入的人。来到剧专以后他被戏剧世界吸引住了,便像一个学生那样从头开始自学戏剧文学、表演、导演和舞美。他读过、看过许多中外名剧,翻译过《康蒂妲》,对戏剧并不陌生。进入抗战以后他也尝试过戏剧创作，独幕剧《复仇》发表在《东方杂志》1938年35卷2号，三幕剧《醒来吧，农民》1939—1940年在《新西北》杂志连载。剧专这个戏剧世界专家云集，有数量可观的中西文专业书，有经常性的演出，有艺术气氛，还有在他之前先行进入戏剧世界的妻子。陈瘦竹到江安后一家人住在白马街大粮绅冯老爷公馆旁的一所小院里，每天将近放起更炮，母亲和四个孩子就寝之后，陈瘦竹与沈蔚德坐在八仙桌旁，在昏暗的桐油灯光下，谈论戏剧。有时谈及具体的作品或演出，两人因意见分歧而争执起来，嗓音越来越响。一方就向对方摇摇手，指指隔壁房间，对方便板着脸不再出声。沉默中，如果一方递过一支烟，对方接过来就着桐油灯点火，喷出一口烟来，那就表示趋于和解。当时他们这些"公教人员"只抽得起土产的杂牌香烟。这种烟杂质很多，有时点不着，有时又像放花炮一样，砰的一声着起火来。在这种沉默中如果一支烟忽然放起炮来，两人都笑出声来，就和解了。彼此亲密而又严峻的合作成了他们共同研究的信心和动力。

所有这一切都促成了勤奋好学的陈瘦竹完成从小说家到戏剧理论研究者的转换。另一方面，他自身已经具备了敏锐的艺术感觉和扎实丰厚的英语功底，使他得以有效地利用学校藏书，广泛阅读原著，系统地对戏剧理论、戏剧史、戏剧文学进行深入的钻研。

1942年初曹禺辞职离校，事先他再三邀请陈瘦竹接替他的"戏剧批评"课程。这样，从3、4月间开始，剧专的"戏剧批评"由陈瘦竹讲授。他以欧洲自亚里士多德以来最有系统的戏剧理论著作、聂考尔的《戏剧理论》以及聂考尔依据的H.B.克拉克编译的《欧洲戏剧理论文选》作为主要材料，以其严密清晰的理论思维和妥帖表达艺术感知的讲授方式，赢得了学生的欢迎、校方和同事的推重。不久，国立剧专成立两个教研组，一个是剧场艺术组，杨村彬任组长，另一个是理论编剧组，组长由陈瘦竹担任。

1941年起陈瘦竹着手翻译聂考尔的《戏剧理论》。聂考尔是二十世纪英国戏剧权威，1923年出版《戏剧理论引论》，1931年增订，改名《戏剧理论》，全书分"戏剧理论""悲剧""喜剧"和"悲喜剧"四编。重庆商务印书馆当时因受战局影响,放弃了有关《戏剧艺术丛书》计划。但陈瘦竹仍坚持在课余翻译该书,因为他确信它的价值,也了解到向中国戏剧理论界全面系统地介绍西欧戏剧批评史的迫切需要。1943年6月陈瘦竹所译聂考尔《戏剧批评史纲》在《文艺先锋》2卷5、6期合刊刊出,这实际上是《戏剧理论》的简本,共十万字。因为不急于出版,他在翻译中得以把聂考尔涉及的戏剧的基本范畴展开来加以深入研究。这可从本阶段公开发表的戏剧理论论文窥其一斑:

　　论三一律　《文艺先锋》1943年

　　戏剧批评家莱森　《东方杂志》1946年1月

　　悲剧与喜剧　《文潮》1946年5月

　　论排场戏　《观察》1946年9月

　　静的戏剧与动的戏剧　《观察》1946年9月

　　戏剧与观众　《观察》1946年11月

　　自然主义戏剧论　《文艺先锋》1946年5、6期连载

　　戏剧定律　《东方杂志》1947年1月

　　戏剧基于人生关键说　《东方杂志》1947年5月

　　论悲剧人生观　《观察》1947年7月

　　亚里士多德论悲剧　《文潮》1947年9月

对悲剧、喜剧、戏剧性等戏剧基本命题的思考基于对两千多年戏剧史的接受与扬弃。把理论视野推向从亚里士多德到易卜生、萧伯纳、梅特林克、高尔基,既是从事戏剧美学的必需,也是陈瘦竹戏剧理论研究的优势。从讲授"剧本选读"起陈瘦竹就建立起了以戏剧家研究为轴心,连接剧作与戏剧流派的戏剧史研究模式。1942—1947年他涉及的流派、作家和作品有:

莎士比亚的《哈姆莱特》的性格　《重庆时事新报》1942年

萧伯纳及其《康蒂妲》　《文艺先锋》1943年11月

农民的悲剧——《烟草路》　《东方杂志》1944年3月

论《威尼斯商人》的布局　《文史杂志》1944年9月

新浪漫派剧作家罗斯当　《文艺先锋》1944年9月

象征派剧作家梅特林克　《时与潮文艺》1944年10月

世态喜剧杰作《巴瓦列先生的女婿》　《学生杂志》1945年2月

高尔斯华绥及其《争强》　《学生杂志》1945年3月

法国浪漫运动与雨果的《欧那尼》　《时与潮文艺》1945年4月

论易卜生的《野鸭》　《学生杂志》1945年6月

自然主义的名剧——高尔基的《下层》　《学生杂志》1945年8—10期

易卜生的《傀儡家庭》技巧分析　《文艺先锋》1945年7月

戏剧鬼才安特列夫　《学生杂志》1945年11—12期

俄狄浦斯王　《学生杂志》1946年3月

攸里比德斯和他的杰作《美狄亚》　《学生杂志》1946年4月

莎士比亚及其"马克白"　《文潮》1946年3—5期

《罗密欧与朱丽叶》研究　《文潮》1947年4期

《阿尔刻提斯》简论　《大公报·戏剧与电影》周刊1947年6月5日

这些论文展示了陈瘦竹学识广博、勇于探索的学者气质。他几乎成了《东方杂志》等杂志的专栏作家,他的每一篇论文都给予读者意外的收获,为提高中国戏剧的整体素质做出了突出的贡献。

在这个阶段陈瘦竹的戏剧理论研究基本上承接了两千多年来的欧洲戏剧传统,但这同时也是他的困惑。例如《戏剧理论》主要以英国戏剧为例证,其中许多名剧从未被介绍到中国来。陈瘦竹在翻译中设想过另举中国话剧为例，却发现很难用聂考尔戏剧理论解释中国话剧。

江安这个偏僻闭塞、单调沉闷的小城使陈瘦竹感到窒息，他想离开江安，加上抗战后期进步知识分子内心的压抑感，更使这位习惯于用小说创作把握世界的作家创作出了一种近乎契诃夫世态喜剧式的小说。1941—1945 年间陈瘦竹继续从事小说创作，印有短篇小说集《奇女行》（1942 年重庆商务版）和中篇小说《声价》（1944 年国民图书公司版）。这些小说的地域背景从苏南农村转向四川小城，内容从把握时代焦点转向把握世态人情。陈瘦竹小说进入了一个新阶段。那时他对契诃夫的世态喜剧特别感到亲切，沈蔚德还参加了话剧科毕业生的《万尼亚舅舅》的演出。

江安表面上与世隔绝，只有凌空而过的敌机暂时提醒人们战争就在身边。陈瘦竹密切关心战事，心系着整个国家，并且以各种方式表达对祖国的忠诚与爱。1944 年秋后湘桂大撤退之际，他的"戏剧批评"正讲到悲剧。那天他临时用都德和他的《最后一课》为范例分析悲剧美。他还从英译本《苏联文学》译出了肖洛霍夫的报告文学《为祖国而战》《顿河保卫战》。1943 年到 1944 年他在《时与潮文艺》发表的翻译小说、报告文学和散文共 6 种：

  德里之晨 1943 年 3 月创刊特大号

  高加索之死 1943 年 7 月

  掉了一个好差使 1943 年 10 月

  托翁故居燹后巡礼 1944 年 5 月

  为祖国而战 1944 年 8 月

  顿河保卫战 1944 年 11 月

抗战结束后，内迁机关陆续复员回原地。国立剧专 1945 年夏由江安迁至北碚，1947 年夏由北碚迁回南京。中央大学原由杨晦讲授现代文学，他离校后这门课无人接替。所以陈瘦竹一到南京，中央大学便聘请他兼任中文系教授,讲授现代文学。

1948年伪"国大"召开,南京街头到处张贴着"请投我一票"。剧专附小当时在排演舞剧《白雪公主》,有人主张把这出舞剧拿到国民大会堂去,向国大要点钱。附小董事会由剧专教师组成,陈瘦竹是董事长,他的两个女儿都是该校学生,陈琳在该剧扮演皇后。提案交董事会讨论,陈瘦竹认为:"我的女儿、剧专子弟都很纯洁,是搞艺术的。"反对为国民党政治活动演戏。

1948年8月,剧专学生自治会主席殷登翼被特务逮捕,扣上了"匪谍"的罪名。剧专学生组织营救委员会,请求老师们给以支持。陈瘦竹带头签名要求释放被捕学生,担任营救委员会主任。11月殷登翼出狱,陈瘦竹参加欢迎会,鼓励他不要气馁,继续前进。

1948年前后的南京没有多少平静的日子,陈瘦竹不仅在中大和剧专讲授小说、戏剧、欧洲文艺思潮、戏剧原理等课程,讲课艺术达到了炉火纯青的境界,而且为自己赢得了一张平静的书案,继续在课余从事戏剧研究与翻译工作。1948年他重点研究希腊戏剧,发表的论文有:

    戏剧普遍律　《文潮》1948年2月
    希腊戏剧艺术之渊源与竞赛　《文艺先锋》1948年4月
    希腊"戏剧艺术"剧场与布景篇　《文艺先锋》1948年5月
    希腊"戏剧艺术"之演员与观众　《文艺先锋》1948年6月
    爱斯基罗斯之生平与作品　《文潮》1948年6月

1947—1948年他的主要译作是法国浪漫主义运动的引爆之作《欧那尼》,这个译本公认为比曾朴的译本适合于演出。

    欧那尼　上海群益出版社1947年版
    编剧原理　《文潮》1947年

肖像（意大利即兴喜剧大纲）《和平日报》1948年

莎士比亚传略 《和平日报》1948年5月8日

1948年底随着淮海战役的爆发，南京物价飞涨，抢米风暴迭起，人们担心出现围城，不少教师回家离校。陈瘦竹与少数一些教师仍坚持授课，剧场艺术科与编剧理论科学生合在一起开大课。这时陈瘦竹一家由大光路迁至大钟亭中大宿舍。作为一个有正义感的教授，他不仅毅然留在南京，在学习、生活诸方面给予学生爱护帮助，还热情支持"四一"学运，积极参加护校活动。

1949年中共提出八项和平条件。3月31日晚南京大专学校在中大集合，剧专学生演出了宋之的的《群猴》，气氛十分热烈。陈瘦竹应邀前往，并且获悉南京学生次日将有重大行动。4月1日南京学生举行示威游行，要求当局接受中共八项和平建议。剧专召集教师会议，商量对策。会议中途听说游行学生途中被截遭打。中大游行队伍在珠江路受阻，部分学生冲到总统府被打。剧专游行队伍返校途中被预先埋伏在大中桥的国民党军官大队殴打，一些学生被押至大光新村军营。陈瘦竹心急如焚，不顾安危立即与助教陈中宣前往大光新村营救学生。他看望了被关在马厩里的学生，给予他们极大的安慰。但他向当局交涉抗议的行动被诬作"八路教师"，被特务扣押在卫戍司令部，被逼讯达数小时，后经据理力争，才得于深夜两点左右被释。被押学生当晚获释被送至鼓楼医院抢救。但陈瘦竹却因此被列入了黑名单。半个世纪后，这些学生在回忆陈先生挨个查询他们伤情时，仍能回味出他那慈爱之心所给予的温暖。

四

1949年4月1日后半夜，陈瘦竹对突围出来的焦一明和于乐庆说：这样黑暗的日子不会太久了，天快亮了。

南京在新中国诞生前半年解放。中央大学改名南京大学。剧专迁至北京,并入国立戏剧学院。沈蔚德随校进京,陈瘦竹留任南京大学。7月他出席了全国第一次文学艺术工作者代表大会。这时他充满着一种与祖国同时新生的解放感和自豪感。1950年沈蔚德从北京调回南京,在当时的金陵大学(后为南京师范学院)任教,住处也由大钟亭迁至碑亭巷板桥新村的南大宿舍大院。这一年陈瘦竹就任南京文联常委。当时他还希望从事专业创作。他积极投入南京郊区土改时还存着了解他所熟悉的农村的变化、积累创作素材的念头。南京大学不同意他离开教学岗位,他只得把主要精力用在教学与研究上,小说与散文创作仅有《一天晚上》(《文艺》,1951年3卷6期)、《保卫和平的人》(《文艺》,1951年4卷2期)、《解冻》(《雨花》,1958年4期)和《黄山小品》(《雨花》,1962年11期)四种。

陈瘦竹是南京大学中文系最年轻的教授,在讲坛上却与胡小石、方光焘并驾齐驱。1950—1966年他先后开设了中国现代文学史、文学引论、文学理论、文学作品选与写作、鲁迅研究、中国现代作家研究和其他中国现代文学专课共十来门,创建了南大中国现代文学专业。十几年内,他组建了现代文学教研(组)室,培养了一批又一批现代文学的教学与研究人才。青年教师第一次上讲台,他视之为神圣的典礼,传授全套讲课经验。学生组织了研究小组,他都乐意参加,认真解答问题。1959年起陈瘦竹招收中国现代文学研究生。每届学生凡选择戏剧论题写作毕业论文的,他都亲自辅导。热爱学生已成为他的一种品性。他的讲课艺术无可挑剔,其中包含的却是他对青年学子满腔的热情和深沉的期望。他参照播音速度,以每分钟二百字的速度备课。在剧专他就习惯于脱稿授课,下课铃一响,要讲的课恰好讲完。他的课思想清晰,逻辑严密,语言简洁准确,记录下来便是一篇好文章,只是经他侃侃谈来,较之文字又增加了一种现场的效果。其实他每上一堂课都收集、查阅各种相关材料,写出详细的讲稿,临上课前,从头到尾默诵一遍。这时陈瘦竹的目疾更加严重,大的东西能看见影子,读书写字都得借助高倍放大镜,字一般写得很大，一堂课的讲稿就是大厚叠。六十年代初他担心有一天会失明，在南京、北京、杭州、上海四处就医，均无效果。最后医生解释说：视网膜黄斑部色素变性的特点是中心向外发展，而不是收缩性的。从此作罢。

陈瘦竹对教育事业的奉献并不局限于南京大学，还在于他作为著名的中国现代文学专家为全国现代文学学科发展所做的努力。1954年暑期，他出席了综合大学中国现代文学史教学大纲讨论会，地点在北京大学，与会者还包括李何林、王瑶、余上沅、吴组缃、刘绶松、楼栖、刘泮溪、高兰和华忱之等十余人。

1959年春夏之交，他负责中文系师生撰写纪念左联成立三十周年论文集《左联时期无产阶级革命文学》。除了亲自撰写有关戏剧论文，他还为该书的编审出版做了大量的工作。该书1960年出版后在国内外产生了一定影响。

1961年夏他在上海与孔罗荪、田仲济等专家学者共同编选了《中国现代文学作品选》的教材。

建国初期党为改革和发展中国戏曲艺术提出了"百花齐放，推陈出新"的方针。由此，西学出身的陈瘦竹大开眼界，开始注意并且喜爱上了各种戏曲，进而学习中国戏曲史。在江安翻译《戏剧理论》时的困惑这时化作一个清晰的思路：用马克思主义的观点和方法综合中外戏剧，建立一个新的中国的戏剧学体系。这个思路得到了沈蔚德的支持。于是他开始调整研究格局。

1957年起陈瘦竹开始研究在中国现代戏剧史上最有影响的作家作品，把中国话剧的艺术价值提高到美学的高度加以认识与评判。有关论文和论著先后有：

    论丁西林的喜剧　《戏剧论丛》1957年8期
    论郭沫若的历史剧　《戏剧论丛》1958年5月
    田汉的两篇新作　与沈蔚德合著，《戏剧论丛》1958年11月

论《雷雨》和《日出》的结构艺术　与沈蔚德合著,《文学评论》1960年11月

论田汉的话剧创作　上海文艺出版社1961年6月版

论戏剧冲突和性格——重读《曹禺剧本选》　与沈蔚德合著,《江海学刊》1962年1期

这些研究勾勒出了中国现代戏剧发展的轮廓。它们与朱双云《新剧史》、向培良《中国戏剧概评》、张庚《中国话剧运动史》和《中国话剧运动五十年史料集》一起,第一次把中国现代戏剧带入了一个批评的时代,开创了中国现代剧作家研究的新路,在戏剧理论界产生过重大作用,也是中国戏剧理论史上意义重大的一页。陈瘦竹关于丁西林喜剧的类型与戏剧嘲弄技巧,关于郭沫若历史剧的悲剧美学品格与主观抒情性,关于田汉话剧的感伤的、浪漫的抒情性,关于曹禺戏剧的结构艺术与戏剧冲突的真知灼见,揭示了每位剧作家的艺术个性,表现出了一种科学的和严谨的学术态度。

陈瘦竹曾计划撰写一本《中国现代剧作家》。鉴于他在这方面的巨大影响,此书尚未全部完稿前,江苏文艺出版社便抢先将他的有关研究汇集成册,改名《现代剧作家散论》,匆匆发排。等到打好纸型正待开印,"文革"爆发了。因该书收入了《论田汉的剧作》,而田汉已被打成"反革命修正主义分子",书稿即被销毁。

"中国现代剧作家"只是陈瘦竹那部理想中的戏剧理论著作的部分素材。他为理想中的戏剧学体系做了大量的准备,积累的资料是惊人的。凡是读书观剧的感想,对于某些问题的思考以及向外地借来的外国戏剧资料等,他均做札记。当时尚未具备复印条件,他只得把外文资料译成中文,收集起来。到"文革"前夕,仅《欧洲戏剧理论史纲》,他就完成了三十余万字。

这一时期陈瘦竹在继续研究中外戏剧理论与作品时自觉地运用马克思主义的观点和方法。1961年4月8日陈瘦竹加入了中国共产党。作为一个

忠诚的党员和真诚的人,他开始探讨马克思主义戏剧理论,并且力图以此观照西欧戏剧理论史,撰写了《马克思主义以前欧洲戏剧理论》(《南京大学学报》,1962年2期)、《马克思主义以前欧洲戏剧理论介绍》(《上海戏剧》,1962年6、7、8、10期)和《历史唯物主义与戏剧》(《江海学刊》,1964年5期)。显然,相比之下,他在进一步阐释与研讨戏剧的基本概念、剖析戏剧技巧时才表现出他一贯的从容和果断,它们是:

  剧本创作问题 《文艺》1950年4月

  简谈话剧剧本开头 与沈蔚德合著,《剧本》1956年6期

  易卜生《玩偶之家》研究 新文艺出版社1958年版

  谈喜剧 《江苏戏曲》,1959年6月

  关于喜剧问题 《文汇报》1961年3月

  文学与戏剧 《雨花》1961年2、3期合刊

  论戏剧冲突 《雨花》1961年2、3期合刊

  戏剧与性格描写 《文汇报》1961年11月11日

  论喜剧中的讽刺与幽默 《江海学刊》1962年5期

  关于戏剧冲突 《文汇报》1962年12月30日

  毕竟,陈瘦竹戏剧学体系的构建受到了多方面的限制。除去严重目疾这种生理上的困扰,还有各种社会活动、行政事务和一次比一次剧烈的政治运动。

  他1952年参加赴朝慰问团。这是他唯一的一次出国。

  他1953年加入中国作协,1954年任南京市人民委员会委员,并任江苏省文联常委,1956年任省文联副主席,1960年任作协江苏分会理事。凡此种种,都占用了他不少时间和精力。1958年11月中旬他在小粉桥家里对前去征求意见的作协江苏分会的陈辽所说的一段话,不仅是他对作协工作方向的

意见,也是他对自己的要求:"作协是作家的自愿结合的群众性组织,千万不能搞成'衙门',机关化。作协的工作人员,主要是为会员服务。你们也可以搞些创作和评论,这样你们和会员就有了共同语言,容易交上朋友。搞好作协工作,要多听会员意见。会员有什么问题,存在什么困难需要解决,不要等会员找上门来才给予考虑解决,而是要主动听取他们的意见,主动帮助解决。"

1960年冬,原南大中文系主任俞铭璜调任华东局宣传部副部长,由陈瘦竹接替他的工作。陈瘦竹本来就勤于教学与学科建设,这以后他进一步把勤奋和实干的作风带给了中文系。他为人刚直,对己对人都很严格,所以尽管兼有处世谨慎,主持中文系工作后还是有很多人怕他那份刚直严峻,也免不了得罪人。

1956年5月"双百"方针提出以后,文艺界、学术界出现了一个宽松时期。陈瘦竹在1957年第6期《文艺报》上发表了《文艺放谈》,险遭大祸。

1960年4月,江苏省文联第二次代表大会在苏州举行,主题是反修正主义。江苏文艺界并无宣传修正主义的作家作品,就把张威廉、吴调公和刘开荣等人的作品拿来批评。省委宣传部示意文艺理论家兼文联副主席的陈瘦竹做一次反修发言。陈瘦竹听后说:"什么是修正主义,我还不清楚,还要好好学习。我自己都不了解修正主义是什么,我怎能做'反修'的发言呢?!"

但灾祸还是从天而降。"文革"一开始南大中文系就成了鼓吹三十年代"文艺黑线"的黑店,陈瘦竹首当其冲,被点名批判,打成"反动学术权威"。先是隔离审查,关牛棚,批斗,游街,接受批判。各种诬蔑和辱骂污水般泼在他身上。他在剧专做编剧理论科主任成了"为国民党效劳"。1957年他要把研究艾青的毕业生骆运启留下来做助教,被批判为重用右派学生。他名字中有个瘦字也被任意加上"鸳鸯蝴蝶派"的帽子。对这些有时他也去听听。眼力不济,他就站在大字报附近侧身听人议论。

一次到雨花台批斗。专政队把他从牛棚里拖出来,挂上杠铃盘,两根棍子交叉架在他脖子上,逼他低头弯腰走在队伍前。到新街口、三山街、长乐路人多的地方,棍子压得更低,他九十度弯腰匍匐而前。队伍里口号声、打倒声响成一片。他奇迹般地支撑到批斗地点——烈士纪念馆前。

接下来是抄家,扫地出门,搬进陶园北楼地下室,去溧阳农场劳改。抄家中,他损失的不只是一些钱财物品,更有历年珍藏的家人、亲友和朋辈的几大本相册,还有十五年积累而成的三十多万字札记。那天陈瘦竹夫妇又被提去劳动,造反派第三次来抄家。等他们回到昏暗的地下室,地上白花花一层纸屑,如同积了层厚雪。这次是他的两大捆札记全数被劫,被焚毁。

他感到"天地何其狭小,人世何其孤寂"!几乎不能相信外边还有广阔世界。这时期他只有一个亲人,一个朋友,那就是沈蔚德。陈瘦竹后来说过,他主要是为了她,才含垢忍辱,支撑着活了下来。可沈蔚德这时也"半靠边",在句容农场,有两年彼此见不上面。以后见了面也没有机会诉说,看到彼此都还活着,已是最大的幸福,便有力量独自忍受种种不人道的摧残。牛棚期间,在一次拷问中,他被人从背后猛推一把,跌在桌角上,胸口顿觉疼痛难熬,右间膜二、三肋骨间从此落下顽疾。

五

在一次交谈中,杨苡不经意谈到了"文革"中个人的遭遇,陈瘦竹的眼睛陡地阴暗下来,轻轻说:"还提那个做什么?"事后,杨苡写了首《木枷》,1980年刊在《当代》上,却未敢提示陈瘦竹。诗中写道:

> 是记忆造成的木枷?!
> 是衰老造成的木枷?!
> 是恐惧造成的木枷?!
> 是伤痕造成的木枷?!

还是有一种
说不出、看不见、摸不着的木枷?!
使你感到窒息、感到重压,
使你的头只能深深地、深深地低下?!

"文革"的记忆是阴影是伤痛,但陈瘦竹并未为此捆绑。"'文革'对于知识分子,是一场噩梦。梦醒了,就应当直面现实,追求未来。决不能再让过去的噩梦、梦幻罩住自己,要义无反顾地向前奔!"1976年陈瘦竹解放了。他是在精神上得到了解放,不顾0.03的视力,以惊人的毅力和超越年龄的旺盛精力投入构建戏剧理论体系与培养学术梯队。

1976年9月起他负责《鲁迅全集·集外集拾遗》的注释工作。次年6月他带领叶子铭、邹恬、朱月瑾、黄政枢、倪波等注释组成员赴上海、杭州、绍兴、北京查找资料,一同挤公共汽车、坐图书馆。到1978年1月,注释本终于出版。

这一年全国高校恢复研究生学制。陈瘦竹在"文革"后第一次招收中国现代文学研究生,在千名慕名而来的考生中招收了汪应果、王文英、任天石和朱栋霖四位弟子。开学第一次见面他提出了期望:"中国现代文学是'文革'中遭受重创的学科,它不仅要复苏,还要前进。一个时代应当有一个时代的研究水平。要把这门学科推向八十年代、九十年代的水平,希望在你们身上。"陈瘦竹对他们严格要求,从学习、研究、思想到家庭婚姻、经济状况等各方面关怀备至。以后他每隔三年送走一批研究生,又迎来一批研究生,共招收三届,十五名研究生。每届他都到现代文学教研室担任专业课,并亲自指导他们的论文写作。王文英、朱栋霖和任天石的论文出版时,他为他们撰写了文情并茂的序言。这些序言与《春雷·重版前记》《戏剧理论文集·后记》以及骆寒超《中国现代诗歌论》、伍荣本《笑与喜剧学》序言打动了许多读者,也成为陈瘦竹最好的自传。

"文革"后陈瘦竹忧国之心日重,对"文革"的遗风流毒和不正之风深恶痛绝,因此敢说敢讲,好提意见,而且语言尖锐,不留情面,痛感无能为力时就郁郁不乐。他这时经常性的话题是立德立言。他时常怀念方光焘先生,因为方先生为人耿直,思想深,有见解,语言锋利。他已是中文系名誉系主任,不再具体负责,但只要是中文系的事,从学科建设、科研规划到教学改革他都积极提出切实的意见。中文系在三十年代文学研究方面素有传统,为纪念左联成立五十周年,陈瘦竹1979—1980年组织四位研究生和骆寒超、倪波撰写、编辑了《左联时期文学论文集》及其附册《左翼文艺运动史料》。

陈瘦竹始终是一位学者。经历了生死磨难,他的记忆力竟然完好如初,加上他不知疲倦,终日伏案,在短短几年内,他以惊人的速度向刚刚复苏的学术界推出了一批高质量的学术成果。1979年被延搁了十三年之久的《现代剧作家散论》由江苏人民出版社出版。1983年《论悲剧与喜剧》由上海文艺出版社出版。它主要收集了陈瘦竹1978—1983年间撰写的有关悲剧与喜剧的论文。此书以其丰富扎实的内容和公认的学术质量,1984年获得了全国第一届戏剧理论著作奖。

1984年秋,中国戏剧家协会在承德召开全国第一届戏剧理论著作评奖会议。会上中国戏剧出版社的杜高、杨景辉向陈瘦竹约稿,希望他将新时期以来的论文整理出来,汇集出版。这便是1988年出版的《戏剧理论文集》。

陈瘦竹为欧洲戏剧与中国现代戏剧的研究所作的准备,到这时已具备了将两者汇合交融、加以比较研究的条件。收入《戏剧理论文集》的《郭沫若的历史悲剧所受歌德与席勒的影响》《关于曹禺剧作研究的基本问题》《世界声誉和民族特色》和《异曲同工——关于〈牡丹亭〉和〈罗密欧与朱丽叶〉》,无论是对陈瘦竹戏剧理论体系,还是对中国比较戏剧,都是开拓性的。正由于他对比较戏剧的深刻思考,1988年南京大学出版社请他为一本中外比较文学论文集题名时,他才能想到"中外文学因缘"这个书名。陈瘦竹还以平等严谨的学术态度,走向世界,与刘绍铭先生就丁西林喜剧,与董保中先生就田汉早期戏剧做了认真的商榷。

《戏剧理论文集》不仅进一步发展了陈瘦竹自成一体的悲剧和喜剧理论，还以自己的方式对当时输入中国的现代派、荒诞派戏剧思潮做出了反应。他通过翔实的第一手资料，以戏剧史家的眼光整体把握当代欧洲"反戏剧"思潮。他的《象征主义戏剧和现实生活》《心理分析学派戏剧理论述评》《关于当代欧洲"反戏剧"思潮》《谈荒诞戏剧的衰落及其在我国的影响》和发表在《河北师院学报》1987年第3期上的《评弗洛伊德论幽默》，超越于当时学术界的浮躁狂热之气，是认认真真接触了研究对象以后做出的反应。

1985年10月，天津的曹禺戏剧研究学术讨论会结束后，陈瘦竹夫妇带着最后一届研究生进京，参加中国话剧文学学术讨论会，并为大会致开幕词。会上，中国话剧文学研究会正式成立，陈瘦竹被推举为名誉会长。

1987年夏陈瘦竹招收了首届博士生。他赠给他们立人治学十六字原则："基础深厚，学风朴实，奋发图强，坚持原则。"他把未竟的事业寄托在他们身上，给他们划定了研究范围：周安华论悲剧美学、闫广林论喜剧美学、赵康太论悲喜剧美学，合而为一便是戏剧美学的全部。1988年5月陈瘦竹左胸发痛，本该马上住院，可他坚持先结束研究生论文答辩。6月中旬答辩结束当天，他住进了医院。经多方检查，确诊为恶性间皮瘤，"文革"时受伤处病变所致。对陈瘦竹夫妇、中文系教师、学生、子女和医生没有告以实情。

陈瘦竹抱病指导博士生。他们的长篇毕业论文，他以耳代目，全部听下来，还录制下来，反复听，以便提出准确的意见。1989年11月19日，考虑到陈瘦竹的健康状态，博士生论文答辩提前举行。陈瘦竹以重病之身参加了答辩，并为他们写了一首惜别诗：

    平生治学忌孤单，渴求知己共商谈。
    英才卓越超前辈，文章精妙胜于蓝。
    学派未立人星散，空余八十一老残。

> 请君齐心建体系,寂寞晚年泪始干。

侯镜昶英年早逝,陈瘦竹曾在寒风中迎接他的骨灰盒,在追悼会上竟至于顿足恸哭。但他并没有放弃研究。出院间隙,陈瘦竹勉力工作,其间发表的论文有《人类心灵的画师》(《人民日报》1988年6月14日)、《谈奥尼尔的〈榆树下的欲望〉》(《名作欣赏》1989年2期)、《奥尼尔的晚期悲剧的特色及其成就》(《浙江学刊》1989年3期)等。

为祝贺陈瘦竹八十寿辰和从事文学创作六十周年、戏剧理论研究五十周年,南京大学、中国现代戏剧文学界和多年来受陈瘦竹教导与关怀的学生后辈,原定1989年6月4日至6日召开陈瘦竹戏剧理论研讨会,由于环境不适,研讨会临时取消,改作分批到二号新村十幢303室陈瘦竹家祝贺。剧专校友会由甘竞存代表宣读贺词:

> ……我们不仅在戏剧理论与治学方法上深受您的影响,更深深钦佩您的道德情操。我们亲身感受与认识到:您是一位严肃的人,一位高尚的人,一位真正的人,不愧为高尔基所说"大写的人"。您不仅治学严谨,生活严肃,对学生要求严格,更可贵的是您几十年如一日,真正做到了:
> 　热爱祖国,热爱人民,热爱青年;
> 　追求进步,追求民主,追求真理。

其他学生没有参加这样正式的仪式,但大家深感无论如何要召开一次研讨会,规模再小也值得。6日下午研讨会在南大招待所举行。陈瘦竹在致答词时当众流了泪,在座的后辈无不动容。

这年秋天,经反复考虑,陈瘦竹招收了第二届博士生。这时他已被病痛折磨变形,靠高效止痛片与杜冷丁维持,仍指导他们修完了西方戏剧理论史,定期为他们布置学习任务,开列必读书目,每周三听他们的读书报告,而且依然思维敏捷，记忆力惊人。

1990年3月26日，陈瘦竹病情恶化，再次住进人民医院。5月中旬病情急剧恶化，开始接氧，臂膀肿硬发黑。因学校没有派人护理的制度和先例，晚上由他侄儿靳和陪夜，记录下每日病情。白天他自费请阿姨护理。从四面八方赶来的学生络绎不绝。沈蔚德预感到不祥，希望他能留下遗嘱，请陈玫婉言相告。5月19日陈瘦竹让陈玫记下：

> 生死是宇宙的奥秘，又是人生的大事。在离开尘世之前，能够超越尘世之见，进入无我之境，这可以说颇有大智、大仁、大勇的精神。

他铭记不忘的是沈蔚德、未竟的事业和尚未毕业的周宁、章俊弟。他还有许多事要做，他总说："等病好了……"

6月1日医院通知中文系随时可能发生意外。代表中文系前往的是邹恬，他在陈瘦竹身边坐到六点多。当天晚上，陈瘦竹睡得很不安宁，一直在做梦，先是梦见特务逼他交出进步学生名单，被他严词拒绝；又梦见有人在骂他，大约是"文革"残迹；最后是在课堂上讲莎士比亚，学生不爱听，他很生气，又着急……

1990年6月2日早上6点，陈瘦竹与世长辞，很突然，很安详。

1990年6月9日，陈瘦竹先生追悼会在南京石子岗举行。

沈蔚德的挽联是：

> 曾无涯学海共济，悲一叶孤舟难渡
> 愿天下英才齐育，恨满腔壮志未酬

陈瘦竹逝世一周年后，出于对他的人格与学识的敬仰，由南京大学、中国艺术研究院话研所、浙江大学、苏州大学和中国话剧文学研究会等单位发起，于 1991 年 6 月 2 日至 4 日在北京召开陈瘦竹戏剧理论学术讨论会,全面评价陈瘦竹戏剧理论及其学术地位。南京大学和中文系为大会准备了《陈瘦竹纪念集》。大会决定由中国戏剧出版社编辑出版《陈瘦竹文集》,以纪念这位著名的戏剧理论家。

1991 年 11 月于上海

(原载《新文学史料》1992 年第 3 期)

(黄丽华:南京大学文学院硕士,美国密西根州立大学社工学院教授。)

后　记

　　作为一代卓越的戏剧家、戏剧教育家，陈瘦竹先生把毕生精力献给了他所挚爱的艺术事业，在戏剧理论、中国现代戏剧研究、中西方戏剧美学等方面进行了全方位的探索，实现了中国戏剧研究的重大学术转换和提升。他的成就为世瞩目，也赢得了戏剧界、戏剧教育界、艺术理论界广泛的赞誉。陈瘦竹先生的学术贡献、理论探索是具有开拓性的，可以说改变了中国戏剧学术方向。在五十多年的教学研究中，陈瘦竹先生以其先进的戏剧思想、戏剧美学自觉以及对东西方戏剧的深入挖掘和全面探索，为一代人树立了戏剧学术研究的标杆，也创造了不断耕耘戏剧奥秘、努力勾勒戏剧殿堂的新姿态。

　　陈瘦竹先生在20世纪90年代初离开了我们，但是教育界、戏剧界、学术界一直都铭记着他的恩泽，及他对我国戏剧教育和艺术研究的卓越贡献。1991年汇聚了国内外学术界多篇纪念文章，描摹陈瘦竹先生生平、学术思想和戏剧研究的文集《陈瘦竹纪念集》，由南京大学出版社出版。文集字里行间饱含着学术界大佬、先生生前好友、学生们对位著名学者的深情怀念和深切回忆。

　　1999年由朱栋霖、周安华所编的《陈瘦竹戏剧论集》（上、中、下卷）由江苏教育出版社隆重出版。该书汇集了陈瘦竹先生一生最主要的戏剧理论研究、戏剧史研究和戏剧批评论文和著作，引起了学界的广泛关注。2017年周安华所编《陈瘦竹评论文选》由江苏凤凰文艺出版社出版，随后，2019年周安华所编《陈瘦竹戏剧思想研究》由南京大学出版社出版。这些有关陈瘦竹先生的著述，给人们提供了学习和研究陈瘦竹和陈瘦竹戏剧思想的极好教材，赢得了学术界好评。

2009年由南京大学主办的"纪念陈瘦竹先生诞辰100周年暨当代中国戏剧发展"学术研讨会在南京隆重举行，来自全国各地的近百位专家学者、戏剧研究家、戏剧教育家汇聚一堂，对陈瘦竹的戏剧观念、陈瘦竹戏剧研究的成就、陈瘦竹与当代中国戏剧发展，及中国当代戏剧研究面临的问题以及未来走向，进行了深入广泛的研讨，取得了丰硕成果，南京大学戏剧影视研究所所长董健教授以及知名学者胡志毅、吴戈等出席会议并发言，高度评价了陈瘦竹先生的学术追求，国内主流媒体予以了广泛报道。

2019年，"纪念陈瘦竹先生诞辰110周年暨陈瘦竹与当代中国戏剧学术"研讨会，在南京大学隆重举行，南京大学副校长张峻峰教授等出席。来自全国各地的一百二十多位戏剧教育工作者，戏剧研究者和各大学戏剧专业博士研究生等参加了此次盛会，会议再次高度评价了陈瘦竹对中国戏剧学术的卓越贡献，对其毕生努力建设的民族戏剧学学术体系，对其戏剧美学、戏剧现代性探索予以了充分肯定。

在这前后，中央戏剧学院学报《戏剧》、上海戏剧学院学报《戏剧艺术》分别发表了周安华的论文《陈瘦竹戏剧教育思想初探》、闫广林的论文《陈瘦竹喜剧研究方法论述评》等。《宁波大学学报》2020年第6期更是组织了"陈瘦竹研究专辑"，刊发了一批陈瘦竹先生早期小说与戏剧作品书影以及朱栋霖、朱寿桐、张红扬、周安华、闫广林、赵康太六位学者的陈瘦竹研究专论，其中多篇被人大复印资料《舞台艺术研究》全文转载。这些研究专刊和专题论文的问世，推动了陈瘦竹戏剧思想研究的进一步深化。

这本《陈瘦竹教授纪念集》是在南京大学出版社出版的《陈瘦竹纪念集》《陈瘦竹戏剧思想研究》以及一系列陈瘦竹研究成果基础上编撰而成的。在本书编辑过程中，编者不断重温恩师陈瘦竹先生的不寻常一生，学习和感受其戏剧思想的魅力，回忆陈瘦竹先生生前致力于戏剧教育的艰辛努力，心潮起伏，感慨万千。

由于三十多年来怀念陈瘦竹先生的文章、研究陈先生戏剧思想的学术论文，以及在各种刊物上发表的和陈瘦竹先生生平事迹相关的文章非常多，因此在本书编辑过程中，我们进行了一定取舍。根据纪念南京大学戏剧百年的主题需要，一些涉及陈瘦竹文艺思想、陈瘦竹先生生平史实考证，以及陈瘦竹先生的翻译著述等的研究，我们没有收入。有些作者有多篇陈瘦竹研究文章发表，限于篇幅的规定，我们只择要收录了其中一篇。

本书的编辑得到了海内外戏剧研究学者、学术界同仁，特别是陈瘦竹先生的好友、学生们的鼎力支持，来自各地的专家学者为本书提供了学术论文、纪念文章和回忆录以及陈先生的照片等珍贵材料，南京大学出版社施敏主任和编辑团队尽心尽力，在此我们一并表示衷心感谢。

高娜是本书副主编。在本书编辑过程中，副主编高娜全程负责资料的收集、整理、校勘及书稿校对等工作，她视野开阔，工作认真，以史学研究者的严谨态度，一丝不苟地编校书稿，显示出良好的专业素质。无疑，陈瘦竹先生的戏剧思想是永恒的，《陈瘦竹教授纪念集》的编撰，是陈瘦竹戏剧学术研究的重要组成部分，也是陈门一百多位博士、五百多位硕士所瞩望的。我们期待在未来的岁月里，有更多的后来者，更多的学者站在中国戏剧的历史和现实高度，对陈瘦竹先生的戏剧思想、他的卓越的戏剧贡献、他的学术研究对戏剧发展的意义给予更深入更全面的思考，使得中国的戏剧学术继往开来，不断攀上更高的高峰，取得更大的进步。

周安华

2022 年 10 月 28 日